俄罗斯问题研究

(2014—2015)

Исследования по России

中央编译局俄罗斯研究中心
主　编／徐向梅
副主编／王秋文

中央编译出版社
Central Compilation & Translation Press

《俄罗斯问题研究（2014—2015）》

主　　编：徐向梅
副主编：王秋文
顾　　问：李兴耕　郑异凡　杨金海
编委会成员：王秋文　朱晓中　高　歌
　　　　　　高晓惠　徐向梅

目 录

序　言 / 李兴耕 / 001
四卷本《俄罗斯问题研究》(2010—2013) 跟踪研究文集新书发布会暨近期
　俄罗斯形势研讨会综述 / 徐向梅 / 001

对话总统和总理 / 001
　2014 年俄罗斯总统国情咨文介评 / 李　莉 / 003
　2014 普京年度记者招待会 / 戚炳惠 编译 / 009
　2015 普京年度民众连线 / 王秋文 编写 / 015
　2015 年俄罗斯总统国情咨文介评 / 李　莉 / 022
　2015 普京年度记者招待会 / 付　哲 编译 / 029
　2015 年度"与总理对话" / 王秋文 编写 / 032
　梅德韦杰夫谈全球化新常态下的俄罗斯经济增长战略 /
　　　[俄] 德米特里·梅德韦杰夫 著　田　浩 摘译 / 036

政党·政治 / 043
　统一俄罗斯党内的三个政治平台 / 李兴耕 / 045
　普京的欧亚强国梦 / 庞大鹏 / 051
　索契 2014：俄罗斯展示国家形象的舞台 / 王秋文 / 056

俄罗斯政治发展的"中间状态" / 薛福岐 / 062

当代俄罗斯社会民主主义运动的经验和希望 / [俄] 瓦·祖博夫 等著

戚炳惠 译 / 068

政党和民主：俄罗斯政党制度的新趋势 / [俄] 图·罗斯季斯拉夫

斯·卡兰达绍娃 著 戚炳惠 编译 / 073

民粹主义概念的嬗变：从俄国到欧洲 / 徐 刚 / 081

相对于俄罗斯的新俄罗斯 / [俄] 亚历山大·杜金 著 郭丽双 译 / 086

2014 年改变俄罗斯的十大事件 / 李晓萌 译 / 092

2015 年俄罗斯不得不做的改变 / [俄] 塔·斯坦诺娃娅 著

高晓惠 译 / 099

社会经济透视 / 103

全球冲突下俄罗斯面临的挑战 / 徐向梅 / 105

俄联邦政府《2015 年保障经济可持续发展和社会稳定的首要措施纲要》

/ 徐向梅 编译 / 110

俄罗斯汇率制度的演进和卢布汇率波动的原因 / 徐向梅 / 114

2015 年俄罗斯经济形势评估 / 徐向梅 / 119

俄罗斯经济：从裙带资本主义到国家资本主义 / [保] 西蒙·德扬科夫 著

鲍传健 编译 / 125

俄罗斯免费医疗保障制度改革 / 童 伟 / 130

精英的分裂比社会抗议更危险 / 李晓萌 译 / 136

俄罗斯高校的效率监管问题 / [俄] 伊·莫尔恰诺夫 著 李 旭 译 / 140

外交视点 / 145

俄罗斯外交战略中的海洋战略 / 左凤荣 / 147

俄罗斯军事战略的变迁及其社会影响 / 童 伟 / 151

俄罗斯中东欧战略的发展变化

——以欧盟东扩为视角 / 庞大鹏 / 158

目 录

俄罗斯在叙利亚战略的真相 / [俄] 安德烈·苏申佐夫 著

彭晓宇 编译 / 163

普京的金砖构想 / 王秋文 / 168

深化中俄经济融合的战略升级策略 / 米 军 / 175

抓住普京访华契机，进一步提升中俄关系 / 左凤荣 / 180

俄罗斯远东开发模式及中俄合作路径 / 李建民 / 184

中俄合作中的问题与前景 / [美] 杰弗瑞·曼考夫 著 袁 倩译 / 193

丝绸之路经济带与欧亚经济联盟的关系 / 陆南泉 / 197

俄罗斯智库评"一带一路"战略 / 张琳娜 编译 / 204

乌克兰危机与俄罗斯 / 209

乌克兰危机中的俄罗斯 / 徐向梅 / 211

克里米亚入俄进程与分析 / 李 莉 / 217

克里米亚并入俄罗斯后的问题 / [俄] 奥列格·休姆科 著

李晓萌 摘译 / 224

俄乌民族的历史文化渊源 / 戴桂菊 / 229

俄乌关系中的大国博弈 / 王秋文 / 235

四方会谈后的乌克兰局势 / 王秋文 / 242

乌克兰危机中国际组织的作用和影响 / 王秋文 / 249

乌克兰发生冲突的主要原因在于苏联解体

——戈尔巴乔夫接受德国《明镜周刊》采访 / 高晓惠 译 / 257

乌克兰危机爆发后维谢格拉德集团四国与俄罗斯的关系 / 姜 琍 / 266

乌克兰危机对中东欧国家安全的影响 / 张 弘 / 270

中东欧国家发展与相互关系 / 277

东欧地区的历史进化

——兼谈（中）东欧落后的历史原因 / 朱晓中 / 279

近年来中东欧国家政治发展的新特点 / 高 歌 / 285
塞尔维亚转型现状及特点 / 左 娅 / 292
保加利亚社会党的政治教育 / 黄立茀 李 锐 刘 凡 / 297
欧洲议会选举中的中东欧国家 / 贾瑞霞 / 302
欧盟基金在罗马尼亚的使用和绩效评估 / 曲 岩 / 307
冷战后德国与中东欧国家的经济关系 / 朱晓中 / 312
德国与匈牙利的关系 / 贺 婷 / 318
简析冷战后罗马尼亚与德国的关系 / 曲 岩 / 323
中欧V4集团国家对美国加强在欧洲军事存在的反应 / 姜 琍 / 328
中东欧国家区域经济合作：问题与挑战 / 贾瑞霞 / 334
中塞关系的演变及特点 / 左 娅 / 339

中东欧国家选举聚焦 / 345

2014年斯洛伐克总统选举评析 / 姜 琍 / 347
2014年塞尔维亚大选述评 / 左 娅 / 352
2014年匈牙利议会大选述评 / 贺 婷 / 357
2014年马其顿总统和议会选举述评 / 高 歌 / 362
从转型的视角看斯洛文尼亚第八届议会大选 / 徐 刚 / 367
浅析2014年保加利亚议会大选 / 李丽娜 / 372
简析2014年罗马尼亚总统选举 / 曲 岩 / 377

交流与信息 / 383

普京的克里米亚自白 / 王秋文 编写 / 385
克里米亚入俄后的首次地方选举 / 王秋文 编写 / 387
俄罗斯人送别2014迎接2015 / 徐向梅 编写 / 389
杜马通过监控互联网知名博主的法律 / 高晓惠 编写 / 391
俄罗斯尝试缩减公务员数量 / 高晓惠 编写 / 393

目录

中俄两国在世界反法西斯战争中的地位和贡献
　　——2015年圣彼得堡国际学术研讨会
　　　　　　　　　　　　　　　　　／《俄罗斯研究信息》编辑部／394

中俄两国的人口变化与家庭政策
　　——第十三届中俄经济社会发展比较论坛
　　　　　　　　　　　　　　　　　／《俄罗斯研究信息》编辑部／396

山雨欲来风满楼
　　——1990年访苏札记　／李兴耕／399

中央编译局俄罗斯研究中心简介／405

序　言

俄罗斯是世界上幅员最为辽阔的国家，也是我国最大的邻邦。两国之间已有400多年的交往，相互产生着巨大影响。我国学术界一贯重视对俄罗斯历史和现状的研究。目前中俄关系迈入了全面战略协作伙伴关系新阶段，并将不断得到进一步提升。在这样的形势下，继续加强对俄罗斯问题研究的广度和深度，不仅有助于中俄两国相互了解和相互借鉴，而且对建设中国特色社会主义伟大事业具有重要意义。

中央编译局俄罗斯研究中心成立于1999年11月，正值世纪之交俄罗斯政局出现重大变化之际。2000年3月普京当选总统，俄罗斯进入"普京时代"。在这样的背景下，中央编译局俄罗斯研究中心于2000年4月创办了不定期内部刊物《俄罗斯研究信息》，跟踪报道俄罗斯以及东欧、中亚地区后社会主义国家的政治、经济、外交、社会、文化等方面的最新发展动态，介绍这些国家政治经济发展、体制改革、政党制度演变、社会思潮的新动向，国内外学者对俄罗斯历史和现状的重要研究成果，以及对苏联兴衰成败的经验教训的评述，译介新出台的重要政策法规、新解密的历史文献档案以及各种出版信息，供有关部门及研究人员参阅。为这个刊物撰稿和提供资料的除了我局的研究翻译人员外，还有国内外学术研究机构及高校的专家学者和翻译工作者。《俄罗斯研究信息》于2000年出版了5期，后一度中断。2010年复刊。在2010—2013年间共出版38期。信息内容丰富、资料扎实，时效性和学术性强，受到了中央有关部门、学术机构、研究人员和读者的重视，许多文章被国内众多刊物引用或转载。为满足读者的需要，中央编译局俄罗斯研究中心把2010—2013年的《俄罗斯研究信息》发表的文章和信息资料予以精选，编成《俄罗斯问题研究》文集，每年一卷，共四卷，由中央编译出版社于2014年6月—8月正式出版。

四卷文集的内容涉及当代俄罗斯发展的两个重要阶段：一个阶段是2010年至2011年，它是发端于2008年的"梅普组合"的继续；另一个阶段是2012年至2013年，从"梅普组合"转到"梅普易位"，进入"新普京时代"。

普京在其执政八年（2000—2008）间，励精图治，扭转了叶利钦时代的混乱局面，促使俄罗斯逐步走上复兴之路。2008年普京两届总统任期结束后，全力支持梅德韦杰夫接任总统，自己则转任总理，形成了"梅普组合"。2012年普京第三次出任总统，掌握了实现其"给我20年，还你一个强大俄罗斯"诺言的有力杠杆。

在2010—2013年这四年间，俄罗斯经济经历了曲折的发展过程。从2008年下半年开始的国际金融危机使俄罗斯遭到重创，导致国民经济在2009年大幅下降。尽管在2010—2013年这四年间俄罗斯遇到不少困难，但总体上仍保持了稳定发展，各项建设取得了不少成就。

梅德韦杰夫在其执政期间提出了国家"全面现代化战略"，包括经济现代化和政治民主化。在经济现代化方面，强调发展"智慧型经济"，建立以现代最新技术为基础的经济结构，实现科技创新。在政治民主化方面，强调国家的现代化必须在民主价值和机制的基础上进行，提出并实施了一系列有关反对腐败、精简机构、推进司法改革、改革政党体制和选举制度的建议和法律。在外交政策方面，"梅普组合"和"梅普换位"两个阶段之间既有继承性，又有差异性。其总的目标是加强俄罗斯在世界上的大国地位，维护其政治、经济、军事、文化的安全和利益。二者都致力于实现"独联体"一体化，反对北约东扩，巩固和发展与中国、印度的关系，提高"上合组织"和"金砖国家"在国际事务中的作用。在"梅普组合"阶段，美国曾宣布"重启"俄美关系，两国关系略有好转。2012年"梅普换位"后，俄美关系逐渐恶化，争执不断，在中东、叙利亚等问题上处于对立状态。俄力图通过举办2012年符拉迪沃斯托克APEC峰会和2013年圣彼得堡20国集团峰会的机会扩大自己的国际影响。

在2014—2015年这两年间，俄罗斯的政治、经济、外交、社会、内政等领域都发生了许多变化。简要地说，大致有以下几个方面：

在政治领域，俄罗斯经历了乌克兰危机、克里米亚入俄、西方国家的经济制裁、俄美关系紧张、俄日关系陷入僵局、俄民航客机遭恐怖袭击、俄土冲突加剧等严峻考验，但普京应对乌克兰危机和西方制裁的果断有力措施，打击叙利亚境内"伊斯兰国"极端势力的坚决强硬立场，赢得大多数民众的拥护，即使一贯对普京持批评立场的戈尔巴乔夫也赞扬普京"拯救俄罗斯于危难之际"。根据俄罗斯列瓦达中心2015年10月22日的民意调查，普京的支持率高达89.9%，创历史新高。普京在2015年12月3日发表的国情咨文中指出，国际恐怖主义威胁上升，呼吁建立全球反恐统一战线。在此期间，俄罗斯政党格局相对稳定，执政党统一俄罗斯党继续保持一党独大地位，其他三个议会政党——俄共、自由民主党、公正俄罗斯党虽然都自称反对党，但在乌克兰问题、克里米亚入俄、俄土冲突以及国际反恐斗争等方面都支持普京总统的政策，只是在经济和社会政策等领域对政府提出一些批评。

在经济领域，由于乌克兰危机后以美国为首的西方国家对俄实行制裁，国际石油价格下跌，导致卢布贬值、资本外逃、通货膨胀、汇率下降、失业率居高不下。从经济结构来看，俄罗斯长期以来一直依赖能源、原材料部门，经济增长方式落后低效，虽然包括军事工业在内的重工业部门相对发达，但基础设施和轻工业落后，产业结构很不合理。尽管当局提出要向创新型、智慧型经济转变的战略，实际上在短期内难以实现。劳动生产率低下和政府部门治理能力不强也制约了经济发展。俄罗斯经济的亮点是农业取得较好收成，出口部分粮食。俄联邦经济发展部宣称，2014年国内生产总值1.84万亿美元，增长率仅为0.6%，2015年经济萎缩3.7%。为了重振经济，俄罗斯提出了开发西伯利亚和远东地区，建立自由贸易区，大力吸引外资等计划，但成效并不显著。与此同时，俄罗斯与中国的经济合作进一步加强，中国的"一带一路"战略与俄罗斯的建设跨欧亚大陆通道设想对接，加强与欧亚经济联盟的联系与合作，为两国的务实合作开辟了新空间。

在外交领域，2014—2015年俄罗斯与西方国家的矛盾和对立加剧，但在2015年11月13日巴黎遭到"伊斯兰国"极端分子严重恐怖袭击后，俄罗斯表示愿与西方国家在打击恐怖活动中进行合作，双方关系有所改善。但西方国家对俄的制裁仍未取消。与此同时，俄罗斯与中国的全面战略协作伙伴关系迈入新阶段。两国相互配合，成功举办了纪念世界反法西斯战争和抗日战争胜利70周年庆典活动。双方在二十国集团、亚太经合组织、金砖国家、上海合作组织、亚信等机制内广泛开展合作，打击"三股势力"，成为维护地区及世界和平与稳定的重要保障。

在社会思潮领域，执政党统一俄罗斯党宣称"俄罗斯保守主义"是党的意识形态，倡导俄罗斯爱国主义。该党内部存在"社会平台""爱国主义平台"和"自由主义平台"三个政治平台，分别代表了左、中、右三种不同倾向。俄共宣布坚持共产主义理想，争取建设"21世纪社会主义"，但党内有三分之一党员是东正教徒。公正俄罗斯党信奉社会民主主义，是社会党国际成员党。自由民主党虽然自我标榜信奉自由主义和民主主义，实则具有浓厚民粹主义色彩。这些政党都强调爱国主义和保护东正教历史文化传统。目前东正教在俄罗斯具有重大社会影响，欧亚主义思潮在俄罗斯也得到相当广泛的传播，以纳瓦利内等为代表的体制外的激进自由主义流派在社会上仍有一定影响。

序 言

在内政方面，俄罗斯采取了一系列措施，增强反腐力度，改进网络管理，加强对非政府民间组织的管控、打击恐怖主义组织和活动、注重对青少年的爱国主义教育，等等，取得了重要进展。

中央编译局俄罗斯研究中心2014年出版《俄罗斯研究信息》6期，2015年决定在2014年出版的四卷文集（2010—2013）之后，把近两年的学术成果汇集起来，编辑成为《俄罗斯问题研究（2014—2015）》合刊，由中央编译出版社出版。为本卷文集撰稿的除了中央编译局俄罗斯研究中心及局属各部门的研究人员以外，还有中国社会科学院、中央党校、新华社和高校的专家学者。他们从不同角度对俄罗斯问题进行了深入探讨，提出了富有启发性的见解，提供了大量的资料。本卷还收录了有关2014—2015年中东欧及中亚国家在政治、经济、社会、文化等领域发展变化的论文和文献资料。

我们希望，与此前出版的2010—2013年的四卷《俄罗斯问题研究》一样，《俄罗斯问题研究（2014—2015）》合刊的问世能为读者提供新的具有重要理论价值和现实意义的学术观点和资料，有助于继续加深对俄罗斯、中东欧和中亚问题的了解，为进一步推动我国在这一领域的研究作出贡献。

我作为曾经参与创建编译局俄罗斯研究中心和《俄罗斯研究信息》的研究人员和老编辑，对各位撰稿人、编辑出版人员以及给予我们支持和帮助的读者表示衷心感谢！

李兴耕

四卷本《俄罗斯问题研究》（2010—2013）跟踪研究文集新书发布会暨近期俄罗斯形势研讨会综述

徐向梅

中央编译局俄罗斯研究中心《俄罗斯问题研究（2010）》、《俄罗斯问题研究（2011）》、《俄罗斯问题研究（2012）》、《俄罗斯问题研究（2013）》四卷跟踪研究文集于2014年6—8月间由中央编译出版社出版。借四卷本跟踪研究文集出版之际中央编译局俄罗斯研究中心于2014年11月20日召开了新书发布会暨近期俄罗斯形势学术研讨会。

会议由中央编译局秘书长杨金海主持，中央编译局副局长俞可平出席会议并致辞。国务院发展研究中心欧亚社会发展研究所所长、前驻俄大使李凤林、中国社会科学院俄罗斯东欧中亚研究所所长李永全、外交部欧亚司副司长桂从友、中联部欧亚局副局长钱乃成以及来自中央编译局、国务院发展研究中心、外交部、中联部、中国社会科学院、中央党校、新华社、中国现代国际关系研究院、中国国际问题研究基金会、北京大学、北京师范大学、北京外国语大学等单位的专家学者参加会议。与会学者围绕乌克兰危机爆发的因由，近期俄罗斯经济、政治和外交形势，以及乌克兰危机的未来走势、中俄关系等问题展开了热烈的讨论。下面简要介绍与会专家对这些问题的看法。

一、乌克兰危机爆发的因由

俄乌之间的政治、经济、军事关系从乌克兰独立以来就纠葛不清，因为俄美两大势力掺杂其中，乌克兰在东西方之间摇摆不定，使得形势尤其复杂。2014年3月克里米亚脱乌入俄导致局面急剧尖锐，俄罗斯面临冷战后最严峻的国际关系危机，西方阵营的集体制裁给俄经济造成严重困难。

李凤林认为，乌克兰问题是长期形成的一个问题，这次危机爆发几个方面都有责任。首先是西方国家，特别是波兰，支持乌克兰通过街头政治推翻政权。这件事情又深刻地反映了乌克兰社会自身长期存在的一些矛盾，有一部分激进分子多年来就希望乌克兰彻底摆脱俄罗斯的影响获得真正的独立，因为乌克兰历史上几乎从来没有独立过。这个国家真正独立的历史就是在苏联解体之后这段时间，没有经验，也不知道怎么管理国家。这种情况下激进分子上台，就是要独立，就是要走向西方。西方，特别是波兰在这方面做得也太急了，他们希望能更快地把乌克兰拉入到欧洲阵营，这是西方的错误。普京利用西方这一错误一举拿下克里米亚，事情做得很漂亮，但是也犯了错误。普京在3月18日克里米亚完成入俄程序当天发表的讲话，历数冷战以来西方做的一些坏事，可以说讲得淋漓尽致，很鼓舞人心。但是他提出来新俄罗斯的问题，声称要保护俄罗斯人，保护讲俄语的人，结果煽动起整个独联体地区民族主义情绪的高涨，特别是乌克兰东部、东南部地区，而俄罗斯对乌东地区民间武装的支持更加激化了俄罗斯与西方的矛盾。

中国国际问题研究基金会副理事长、前驻保加利亚、白俄罗斯大使于振起回顾自己在2008年出版的《驻外札记——一个知青大使的外交生活片段》一书中谈到的对乌克兰的看法。他认为，自乌克兰独立以来，影响这个国家局势的一直是两个基本因素，一个是乌克兰东西部之间的民族和政治裂痕，另一个是欧美双方在乌克兰的角逐。2004年底的所谓颜色革命实际上是这两对矛盾在新的历史条件下激发的表现，这场较量的结果是亲西方反对派领导人在西方的支持下战胜了来自乌克兰东部的人当上了总统，总统选举的结果并没有带来政局的稳定，而

四卷本《俄罗斯问题研究》(2010—2013) 跟踪研究文集新书发布会暨近期俄罗斯形势研讨会综述

是造成了新的不稳定。乌克兰自独立以来政局时有动荡，经济发展始终不尽如人意，就是这两对矛盾作用的结果。他当时预言"今后我们还会继续看到这两对矛盾对这个国家的影响"，不幸言中。于振起认为今年2月份乌克兰发生的重大事件就是一场升级版的颜色革命，或者说是以街头暴动出现的国家政变。

中央编译局俄罗斯研究中心郑异凡研究员认为俄罗斯收回克里米亚与其扩张主义传统有关。俄国扩张主义不是从最近或什么时候突然出现的，而是从沙俄帝国时期就开始的，十月革命以后扩张主义传统延续下来。比如蒙古问题，列宁1921年就承认蒙古独立，只不过独立真正完成是在斯大林时期。本来，民族自决权这个口号针对的是殖民地国家，目的是让殖民地独立，可当时的苏联却从中国把蒙古弄出去。另外一个例子是格鲁吉亚。格鲁吉亚是十月革命后由孟什维克组织建立的独立的民主共和国，1920年格鲁吉亚和苏俄签订了互相承认协定，但协定签订不到一年，苏俄就出兵把格鲁吉亚民主共和国归并了。当时的实际情况是格鲁吉亚某个村庄有几个俄国人起义并请求苏维埃政府支持，苏俄就出兵、占领，然后是归并。这似乎成了一个公式：当地起义，请求支援，出兵，然后通过全民公决，然后归并。这一次在克里米亚问题上也是这种做法。

二、乌克兰危机未来走势

乌克兰危机从今年2月亚努科维奇总统中断同欧盟签署联系国协定导致乌克兰国内政治危机始，已持续大半年，中间有乌克兰政权更迭、克里米亚脱乌入俄、乌克兰内战、马航坠机和西方不断加深的制裁以及俄罗斯的反制裁等等，乌克兰危机何时能够结束，未来会向哪里发展？

国务院发展研究中心欧亚社会发展研究所常务副所长孙昌洪谈到，无论是普京的整个欧亚政策，还是其追求欧洲大国地位，或者是在全球范围内拒绝美国打压，争取跟美国平等对话的权力，从各个方面来讲俄罗斯对乌克兰事件作出强烈反应都是必然的。更何况西方在乌克兰所进行的是"2.0版的"或者说是更具血腥和军事色彩的颜色革命。不过有几个问题值得关注。一个是俄罗斯，俄罗斯一方面作出强烈回应，一方面也面临外交困境，它难道真的要下定决心跟美国、跟西方对抗吗？再一个是欧洲，事件本身是欧洲和乌克兰的关系引起的，后来美国人插手操纵，结果欧洲的损失远大于美国。对欧洲的整体性和差异性怎么理解？我们之前说欧洲与俄罗斯关系比较密切的国家在立场上存在一些差异，但是随着时间的发展似乎差异性在变小，整体的一致性在增加。第三是美国，我们关注到俄美私底下的接触事实上并没有中断，俄罗斯一直有一个观点，认为美国中期选举后对俄罗斯的态度可能会有所转变。

于振起认为，乌克兰今年2月份发生的政变已触及到俄罗斯不能退让的底线，俄罗斯不能不作出坚决的反击。收回克里米亚只是一个小动作，普京总的目标是要保住乌克兰，他不需要乌克兰分裂，而是需要其完整。普京的策略就是支持乌克兰东部地区独立的倾向，然后逼着基辅中央政权同意实现联邦化。普京已经对德国媒体公开表明意在乌克兰实行联邦制。俄罗斯在乌克兰对外政策方面的底线就是不能让其加入北约，普京的新闻秘书佩斯科夫对美国CNN明确表达，这是俄罗斯的红线。

李凤林指出，目前俄罗斯、以美国为首的西方阵营和乌克兰各方都已经感到困倦，试图找到出路，但是都很难。美国相较来说比较轻松，最苦的是乌克兰，乌克兰现政府甚至不知道下一步该怎么做。欧洲的麻烦在于，它不知道怎么去跟俄罗斯最后达成妥协。现在看来欧洲的底线是，克里米亚可以不管了，但是乌克兰东部地区不能不管，乌克兰领土完整不能再破坏，边界要封闭，俄罗斯不能出兵。俄罗斯怎么办？俄罗斯大话放出去了，底线是乌克兰不能参加北约，参加欧盟得同欧亚联盟商量，乌克兰要搞联邦化。乌克兰现总统曾表态可以给乌东部地区特殊地位，但后来收回了。现在的形势和局面，似乎是说乌东这两个地区政府不管了，预算不出钱了，你自力更生吧。出现了这样的局面，可能形成一个新的德涅斯特河左岸地区，既不说独立，政府也管不了。

李凤林认为，乌克兰的问题可能会僵持一段时间，现在是心理战，看谁能够顶得住。俄罗斯很困难，俄罗斯的困难远远大于欧洲。当然最困难的是乌克兰，但乌克兰政治家没有意识到这个事情对他们造成的伤害，还在坚持其独立和摆脱俄罗斯的理念，这是非常危险的。俄罗斯能坚持多久？根据它现在的实力坚持三

四卷本《俄罗斯问题研究》(2010—2013) 跟踪研究文集新书发布会暨近期俄罗斯形势研讨会综述

年四年大概没有什么大的问题,但是其经济会受到严重的打击。加上俄罗斯的社会实际上也在变化,民情民意也在开始变化。拿下克里米亚丢了乌克兰,下一步怎么办?这个问题摆在俄罗斯精英的面前,也摆在普京的面前,这是涉及俄罗斯发展的未来的问题。

北京师范大学俄罗斯中心学术委员会主任李兴谈了他对乌克兰危机和国际格局的几点看法。第一,俄罗斯不会放弃克里米亚和乌克兰,普京尤其不会放弃。保护克里米亚就是保卫俄罗斯,如果放弃乌克兰,俄罗斯是没有国际地位的。第二,美国不会放弃重返亚太。很多人认为乌克兰把美国牵制住了,实际上不是。乌克兰对美国来讲只是面子问题,而亚太对美国才是里子问题。在乌克兰问题上表面上是俄攻美守,实际是美攻俄守。在亚太表面上是美攻华守,实际是华攻美守,美国不会放弃重返亚太,跟普京不会放弃乌克兰是一样的。第三,乌克兰问题将长期无解,但俄美关系有可能改善,改善的机会很有可能是美国大选或者普京下一任期大选。

三、西方制裁下的俄罗斯经济

俄罗斯收回克里米亚触犯了众怒,以美国为首的西方阵营对俄罗斯采取了一波又一波的制裁措施,制裁先是涉及俄罗斯一些重要人物甚至直指普京圈子,冻结其海外资产和账户,禁止入境,接下来对俄重要的金融、能源和军工部门封锁其海外融资渠道,限制向其出口高端技术和设备。融资困难,资本外流,卢布大幅度贬值,通货膨胀加剧,国际油价又大幅度下滑,俄罗斯经济面临严峻的考验。制裁下的俄罗斯经济是个什么状况,俄罗斯能否撑得过去?

中央编译局俄罗斯研究中心主任徐向梅研究员认为,西方制裁的确造成了俄罗斯经济的严重困难。宏观经济层面 GDP 下降,2013 年俄罗斯经济增长 1.3%,2014 年 1—9 月同比增幅降为 0.8%。俄财政收入赖以支撑的石油出口收入因为国际油价暴跌而锐减,而拉动经济的三大杠杆——投资负增长,消费增幅继续下降,进出口零增长。因为卢布贬值,央行动用国际储备支持卢布,国际储备已从年初的 5000 亿美元下降到 11 月中旬的 4200 亿。制裁的负面效应不只体现在宏观数据中，国内外投资者的观望和恐慌情绪有所加深，一些金融和能源企业面临现实的融资阻力和生产困难。

徐向梅认为，打击严重是无疑的，但俄罗斯经济还是撑得住的。这可以从以下三个方面来看。一是宏观指标。宏观指标的下降既有制裁的因素，也是此前由于自身结构性的抑制导致增长衰减的延续。而且，即便是宏观数据也不全是消极因素。比如看 GDP 增幅，按照俄经济发展部的宏观经济监测报告，1—7 月是 0.7%，1—9 月已经上调至 0.8%。1—9 月工业生产增长 1.5%，比去年同期的 0.1% 好不少。农业是个丰收年，同比增长 7.7%，去年是 2.2%。建筑业总体是下降，但其中居民住宅建设同比增长 24.6%。进出口贸易上半年呈下降态势，到 9 月份已经与去年基本持平。失业率依然保持在较低水平，低于 5%。二是百姓的生活状态。尽管经济增长陷于停滞，但俄罗斯老百姓的工资还在增长中，尽管增幅减小。前三个季度全俄居民名义月均工资约 880 美元，尽管有通胀，但老百姓没觉得对生活有多大影响，也没有把西方制裁太当回事。三是俄目前的国力。俄罗斯经过普京 14 年的治理，国力已今非昔比。尽管 2014 年资本外流加剧，但是截至 11 月中旬，俄依然保有 4200 亿美元的国际储备。俄罗斯仍是世界上资源最丰富的国家，尽管担心能源销售在西方的市场受到影响，但短时间内国际市场包括欧盟国家对俄能源需求改变不了，更何况包括中国在内的亚洲市场向俄敞开。况且在这样一个日益开放和全球化的世界，制裁不可能维持相当长一个时期，无论是美俄还是欧俄之间。

于振起指出，不要因为西方制裁而唱衰俄罗斯，那就太小看俄罗斯了。他认为，从苏联解体前夕到整个 90 年代俄罗斯的困难情况，以及俄罗斯复苏的全过程看，现在这种情况算不上什么。唱衰俄罗斯者除了一些人的自主行为以外，不能排除美国等西方国家出于自身的利益需要。

对于俄罗斯经济的后续发展问题，与会学者也有谈及。孙昌洪谈到，到底是安于能源大国地位，还是要选择合适的时机搞创新，走现代化发展道路，或者进行再工业化，俄罗斯经济一直处于两难境地。徐向梅谈到俄罗斯经济中存在着根本性的结构问题和劳动生产率问题，认为尽管俄罗斯在西方制裁中存在着结构调整的契机,但不能估计过高。如果不能从根本上解决经济中长期存在的这些问题,制裁过后俄经济依然会呈现外部依赖性和脆弱性。

四、当今俄罗斯的政治生态

俄罗斯转轨以后走上西方框架下的政治民主道路,但普京执政以来的政治体制和权力交接形式经常被冠以专制和独裁的帽子,饱受西方诟病。今天俄罗斯的政治发展模式和政治生态如何,未来俄罗斯会向哪里走?

李凤林认为,普京治下俄罗斯的政治体制,或者说垂直管理体制,是继承自沙皇、以致斯大林时期,这是俄国的传统,只不过用西方民主的表面形式来加以包装。这样的体制不可持续。

孙昌洪认为,俄罗斯选择的模式是自己的模式,不是中国式的,也不是西方式的,实质就是一个强权总统加一个西方民主模式包装的政权党独大的多党议会和一个相对弱势的政府。从现状上来看,强权总统以及民众支持保障了俄罗斯的社会稳定、政权稳定和政治稳定。但这里面存在几个需要思考的问题。一是普京这种支持度的真实性,我们都知道民调结果多多少少都会掺有水分,在一定程度上受到订制者主观意图的影响。二是支持度的持久性,它是否经得住时间的考验。三是当这种相对僵持停滞的状况保持下去以后,俄罗斯国内各方面的利益集团,在自己的利益受到更多更大的影响时,其选择和立场会不会发生变化。

徐向梅谈到,俄罗斯人对普京评价不一,有褒有贬,这一点在知识分子中表现得尤为明显,不过总体上俄罗斯人对普京的认同感还是非常强的。俄罗斯人一方面承认普京专制,一方面也认为其在目前还无可替代。在收回克里米亚和西方制裁过程中普京支持率更一路飙升,甚至在知识分子中,甚至达到86%。俄罗斯社会的凝聚力在西方制裁中不是下降而是得到了加强。未来一个时期,俄罗斯不会出现因为经济困难而导致政治动荡的可能。

新华社世界问题研究中心研究员盛世良认为,俄罗斯内政外交上当前的趋势是"东风压倒西风",爱国的"保守派"压倒亲西方的自由派,或者借用俄自由派的说法是"中国选择派"超过"欧洲选择派",俄政治生态显现单一化态势。

这主要表现在以下五个方面。（一）议会反对党同政权党政治方针趋同。今年11月4日民族团结日四党领袖联合举行游行，支持当局大政方针。今年地方政权机关选举中，甚至出现在野党与政权党相互支持的局面。（二）2012年《政党法》的修改导致俄政坛合法政党由7个增加到70多个，反对党过去同政府斗，现在忙于相互争夺进入议会、参与政权的机会，朝野和谐相处，甚至在野支持在朝。（三）通过《游行集会法》和《非营利组织法》，扶植并资助爱国的非政府组织，打掉了不妥协反对派的嚣张气焰，极大地压缩了它们的生存空间。（四）吸取乌克兰教训，以民主和法治加强社会稳定，破解"颜色革命法宝"——"围困政权机关"和"重新选举"。（五）营造浓重的爱国主义氛围，提高了普京的支持率和执政权威，连反对派两大头面人物纳瓦利内和霍多尔科夫斯基也怕落下"卖国贼"的骂名，不得不高喊"克里米亚是俄罗斯的"。

五、俄罗斯非要当世界一流强国吗

梅德韦杰夫总理2013年10月说，俄罗斯经济实力排在世界前十，政治影响力处于第四第五位。美国和中国是一流强国，俄罗斯与日本、德国、印度、巴西、南非同属一个等级，而且难以再跻身世界一流强国。普京却"不信邪"，非要让俄罗斯成为世界一流强国。国内学者此前也有争论，俄罗斯为什么就不能当二流国家。

盛世良介绍了他在10月下旬参加普京总统主导的瓦尔代国际辩论俱乐部年会时曾与俄罗斯多位政治学家讨论的三个问题：俄罗斯不当世界一流大国行不行？俄罗斯不收回克里米亚行不行？收回克里米亚后不支持东乌克兰"民间武装"行不行？答案是三个"不行"。

第一，俄罗斯如果甘心当二流国家，那就会沦为三流四流国家。原因是美国不放心、不甘心：俄罗斯国土太大，军事实力和发展潜力太大，不把它进一步肢解，它早晚会东山再起。要让它永无出头之日，就得削弱它，改变它的发展方向，让它沦为三四流国家。而在克里米亚、东乌克兰问题上顶不住乌克兰和西方压力，最终就会丢失前苏联地区，丧失战略缓冲区，直接面对北约，遭受西方的

四卷本《俄罗斯问题研究》(2010—2013) 跟踪研究文集新书发布会暨近期俄罗斯形势研讨会综述

地缘战略遏制。

第二,俄罗斯既然要当一流大国,就要加强在地中海的军事战略存在,就必须控制克里米亚,否则难保俄罗斯西南部的安全。

第三,得到克里米亚后,如果不支持"新俄罗斯",基辅当局在镇压东乌克兰民间武装后,就会鼓励乌克兰民族主义者挑战克里米亚,制造流血冲突,燃起内战,诱使西方插手,俄罗斯就会彻底丧失在黑海的战略要地,乌克兰就会轻松地加入北约。

六、俄罗斯对自己和世界的误判

中国现代国际关系研究院俄罗斯研究所所长冯玉军认为,俄罗斯或者说普京面临着其上台以来最艰难的时刻,根本原因在于俄罗斯自身的思维方式落后于时代发展,存在对世界和对自己的误判。

一是对现有国际格局的态度。俄罗斯不是作为现有国际格局的参与者、建设者或者挑战者,而是充当了颠覆者。普京的"3·18"讲话,表达得很清楚。而俄罗斯自身的能力显然担当不起这个重任。

二是对世界格局的判断。俄罗斯认为世界格局多极化已经到来,但实际上一超多强仍然是目前国际格局最重要的特点,而且金融危机以后美国的一超地位在反弹,而不是在弱化。

三是对世界经济的判断。俄罗斯始终认为自己有庞大的能源、资源储备,是世界经济中不可或缺的因素。但它没有看到现在世界经济的竞争已经是综合国力的全方位的竞争,新能源革命新工业革命带来的冲击是前所未有的,光有能源是不够的,还要有市场、资金、技术。在西方实施制裁以后俄罗斯资金没有了,技术得不到,俄罗斯能源经济也遇到了前所未有的困难,更重要的是美国页岩气革命所带来的全球能源市场的历史性的变化,俄罗斯远远没有充分认识到。

四是怎么样看周边。俄罗斯从来是把周边国家作为自己的势力范围和后院,不许别人染指。但是当这些原苏联国家成为独立主权国家,当欧美国家的发展模式给这些国家带来更多吸引力的时候，俄罗斯再用这种强制的方式去把他们紧紧地捆在自己身边，会引起很多的反弹，乌克兰是一个极端的例证，哈萨克斯坦是另外一个例证。尽管哈萨克斯坦和俄罗斯签署了欧亚经济联盟条约，但可以看到，最近哈萨克斯坦在采取各种各样的方式促进自己对外经济和外交的多元化，力图把美、欧、日、中国等更多的力量吸引到哈萨克斯坦，吸引到中亚，吸引到整个欧亚地区。

五是怎么样看待自己。俄罗斯身份认同问题从古至今一直没有解决，是西方一员，还是欧亚主义？是现在一些人提出来的欧洲太平洋国家，还是要转向东方，这个问题一直困扰着以后也仍将困扰着俄罗斯。

对于俄罗斯来说一个至关重要的问题是怎么样改变，或者说怎么样反思自己的思维方式。

七、中俄关系

李凤林谈到，目前中俄关系处于历史最好时期，但仍然存在着互信的基础的问题。所谓互信主要是两个问题，一是中俄对美国的态度，底线是什么；二是中国对俄罗斯，对普京搞独联体、搞欧亚联盟怎么看。中俄在这两个问题上的理念并不一致。中国对国际形势的观念有很多变化，我们不是要搞什么三角、大三角，不是要联合一个反对另一个，中俄关系和中美关系不一定是相互影响的关系，不是中俄关系好了同美国关系就一定不好，一个新的时代已经开始了。在这点上我们跟俄罗斯有不同之处。俄罗斯始终认为独联体、特别是中亚国家是自己的势力范围，警惕中国在该地区作用的上升。

李凤林认为目前中俄关系定位很好，就应该按照2001年两国签订的《睦邻友好合作条约》继续发展，不需要结盟。也不要轻信俄罗斯要面向东方和开发远东的说法。俄罗斯不到万不得已的时候，不会去真正开发远东，俄罗斯的根还是在欧洲。

于振起指出，俄罗斯是中国最重要的战略协作伙伴，在今后相当长的历史时期，这个定位是不会改变的，这是历史发展和国际关系的客观状况决定的，根源在于美国不会放弃维持一超独霸地位的战略目标，只要它不放弃这一点，中俄的战略协作关系就会有坚实的客观基础。

对于李凤林提出的中国在乌克兰危机中特别是危机陷入胶着状态情况下承担什么角色，是否要以某种形式参与调停的问题，北京大学国际战略研究院副院长关贵海认为，这样做的前提是美国和俄罗斯都有此意向，否则这个事情是做不下去的，但是只有这么做，我们同时维持好同俄罗斯和乌克兰的战略伙伴关系的目标才能真正实现。

此外，中联部欧亚局副局长钱乃成、中央编译局俄罗斯研究中心研究员李兴耕、中央党校国际战略研究所教授左凤荣等对中俄政党交往在国家关系发展中发挥的重要作用、俄联邦共产党对东正教的态度以及俄罗斯的民族文化自治等问题发表了看法。

作者单位：中央编译局俄罗斯研究中心

对话总统和总理

2014年俄罗斯总统国情咨文介评

李 莉

莫斯科时间2014年12月4日,俄罗斯总统普京发布本任期内的第三篇国情咨文。本年度咨文是在乌克兰危机、克里米亚入俄、西方国家孤立和制裁、国内经济形势面临挑战的前提下发布的。与前两篇国情咨文相比较,"建设富强的俄罗斯"这条主线还保持一贯性和连续性,但由于2014年国际时局和外部环境的变化,外交占据了重要篇幅。

外 交

普京开篇就讲,"要谈及我们所处的时代、环境以及我们当前所面临的任务"。2014年国情咨文首先就是外交问题。

克里米亚入俄

咨文指出,克里米亚和塞瓦斯托波尔加入俄罗斯并成为新的联邦主体是合法的。该项决定是克里米亚共和国通过全民公投的方式,由2010年选举的合法议会通过的自主决定。

同时普京强调,克里米亚对于俄罗斯来说战略意义重大,它是俄罗斯民族及中央集权国家的精神发源地。"正是在克里米亚的赫尔松涅斯古城,弗拉基米尔大公受洗,然后是整个俄罗斯接受了东正教。""基督教是强大的精神团结力量,这种力量促使形成统一的俄罗斯民族。在广袤的东斯拉夫世界,不同血统的部落构建了共同的国家性。这些地方有巨大的、文明的和神圣的意义。对俄罗斯来说,这些地方的意义就如同耶路撒冷之于犹太教和伊斯兰教的意义一样,俄罗斯现在直至永远都应该如此对待。"

乌克兰危机

说到外交问题,今年的乌克兰危机自然无法回避。普京在咨文中明确立场,"俄罗斯不仅支持前苏联的乌克兰和其他兄弟加盟共和国获得主权,而且在很大程度上促进了这一进程。从那时起,我们的立场从来没有改变过"。接下来他表示,"每个民族在自我发展道路上,在选择同盟国、选择社会政治组织形式,在发展经济和保障自身安全方面都拥有不可剥夺的主权权力。俄罗斯对此一贯的态度是尊重"。不仅如此,俄罗斯在经济上也给予乌克兰巨大的援助,仅近期俄罗斯银行、俄罗斯财政部及俄罗斯天然气工业公司给乌克兰的经济援助就有325亿—335亿美元。

普京回顾乌克兰事件起因于亚努科维奇总统的一个技术性的决定——推迟与欧盟签署协议。咨文认为,该做法完全符合一个绝对合法的、国际承认的国家首脑的宪法权力。接下来事件演变为武装夺权、暴动和杀害,奥德萨的一些流血事件中甚至有人被活活烧死。普京谴责西方国家用国际法和人权保障进行伪善的辩护,这些国家支持武力镇压东南部地区反对暴力行为的民众。

俄国与西方大国的关系

咨文明确指出,美国和欧洲国家更深程度地介入了乌克兰危机。"我们不是无理由地谈及我们的美国朋友,因为他们总是直接或者是私下里影响着我们与相邻国家的关系。有时甚至不知道,最好是与谁对话:是与某些国家的政府,还是直接与他们的美国庇护者和赞助者对话。"

普京再次重申反对美国霸权主义。乌克兰事件中,西方大国没有顾及俄罗斯的利益。"俄罗斯与乌克兰都是独联体自由贸易区的成员,我们有历史形成的工业和农业经济的深度协作,实际上是统一的基础设施——这些证据谁也不想看,甚至也不想听。"既然西方国家不顾及俄罗斯的利益,那么俄罗斯也不准备为西方错误行为的后果埋单。对于西方的遏制政策,普京强调国家主权,"要么是我们成为真正拥有主权的国家,要么我们就被消解了,在世界上消失了。针对俄罗斯的遏制政策多年一直存在，没有几百年也有几十年，每当有人认为俄罗斯变得过于强大了，独立自主了，就马上启动这些手段"。

关于美国单方面退出反导条约，普京认为，"美国建立全球反导系统，不仅是俄罗斯也是全世界的安全威胁，因为它恰好能够破坏目前的战略力量平衡。而且对美国自身也是有害的，它会产生一个不可战胜的、危险的幻觉，强化单极世界的希望，考虑不周的决定会导致额外的风险"。普京强调，任何国家都不能有超越俄罗斯的军事优势，俄罗斯现代化的军队有能力、意愿和勇气保卫自己的国家。

俄罗斯与多极世界

在积极应对西方国家挑战、坚决捍卫国家主权的同时，俄罗斯将继续倡导多极立场，捍卫世界多样性。"俄罗斯不会自我孤立，会积极寻找新的盟友和合作伙伴。俄罗斯的目标是在西方和东方尽可能寻求平等的伙伴，积极参与那些不把政治与经济搅在一起的，撤掉贸易、技术、投资和人员自由流动壁垒的一体化进程。"

俄罗斯不打算放弃与欧洲和美国的关系；在此基础上建立和扩大与南美大陆的传统联系；继续与非洲及中东国家合作；作为亚洲太平洋大国，俄罗斯将全面利用这个巨大的潜力。近年亚太地区发展迅速，"大家很清楚全球经济发展的领袖和火车头，其中有很多是我们真正的朋友和战略伙伴"。从2015年1月1日起，欧亚经济联盟全面开始工作，其基本原则是平等的、实用主义的和相互尊重的，保持参与国的民族独特性和国家主权。

咨文指出，"我们捍卫世界多样性。我们将向外国人民传播真相。让他们看看真正的、真实的，而不是歪曲的、杜撰的俄罗斯形象"。普京认为，那些"自欺欺人的虚假的隔离排斥，或者是用制裁进行恐吓，这些措施对俄罗斯当然是有害的，但是对发起者也同样是有害的"。希特勒没有成功，这些国家也不会成功。

内　政

经济和民生问题一贯是普京总统国情咨文关注的重点，2014年咨文将该部分在外交问题后进行阐述，并对经济、金融财政和社会发展领域的战略方针等问题进行解答。

刺激经济发展

在西方经济制裁和孤立的形势下，俄罗斯经济发展压力增大，政府希望能够借此促进经济发展的内趋力，振兴民族工业，减少外部依赖。正如咨文指出的，"我们的发展首先是取决于我们自己。如果我们依靠自己劳动取得自己的富强和繁荣，我们就会成功，而不必指望好的形势或外部局势"。普京认为，俄罗斯经济路线应该符合其地缘政治和历史地位，摆脱经济零增长的陷阱，在3—4年内使经济发展速度超过世界平均水平，增强其影响力和经济独立性。

咨文提出很多刺激经济发展的措施。第一，减少对企业的监督和限制措施。避免过度监督和检查，对于小企业，可以预先提供"监督假期"。如果企业在三年期内诚实守信，那么接下来的三年不需要进行例行的检查。第二，冻结税率。在最近四年内固定当前税率，不再给企业加重税务。在此基础上为首次注册的小企业提供两年免税期。第三，吸引资金回流，赦免税务。"对于回流到俄罗斯的资金，不再询问获得资金的来源和方法，不会获得刑事或者是行政追究，不再有税务和执法机构方面的问题。但只有一次赦免。"第四，改善企业投资和经营环境，设立投资环境的国家排名。各联邦主体应该着手基础设施建设，为企业落户和发展提供条件。第五，对联邦主体建立工业园实施支出补偿计划。第六，振兴远东，建议将符拉迪沃斯托克作为自由港，简化海关程序。促进俄罗斯亚太沿岸地区经济商务的积极性与活跃性，开发北极地区。

改善经济结构，提高劳动生产率

咨文指出，应该提高国家经济效率，提高劳动生产率，每年不少于五个百分点。按照最先进、最全面的职业标准培养工程师和技术工人，提高生产技术和工艺。一流大学、科研中心、国家科学院及商业联盟产、学、研协调，解决国家长期发展和技术创新问题。保持稳定的宏观经济形势，中期未来通货膨胀率降低到4%。协调和兼容两个目标：降低通货膨胀和刺激经济增长。针对卢布贬值的问题，普京请俄罗斯银行和政府协调行动，打击炒作汇率。政府注意监管和控制食品、药品价格。

实行进口替代政策，应该在未来3—5年在很大程度上为民众提供国家自主生产的、高质量的、价格可接受的药品和食品。摆脱对外国技术和工业产品的极大依赖，国家能源和基础设施公司应该支持本国的企业。实施大规模的石油、能源和交通方案应该向本国企业下订单。促进中小企业获得国家订单，明确每年向中小企业采购的数额。住宅公用设备的更新、公共交通、农业经济及其他领域的更新，也应该依赖本国生产企业。

继续支持和鼓励农业经济。2014年是俄罗斯历史上谷物最丰收的年景之一，产量整体上增加了6%。已经出现了高效的、大型的农业企业，国家会出台相应政策，支持农场经济。2015年启动贷款保险出口支持中心，支持非能源企业的发展。使用国家财富基金，实施主要国有银行增补资金的方案，为实体经济的大型项目贷款。保障资金的使用效率，降低花费和无效支出。

完善社会保障体系

普京认为，"教育、医疗、社保体系应该成为真正的、共同的福利，服务于国家的每位公民"。2014年俄罗斯最新人口统计（包括克里米亚）显示，总人口超过1.46亿，人口平均寿命超过70岁。2014年全球卫生保健排名中，俄罗斯首次被认为是令人满意的国家。咨文提出，2015年医疗系统必须完成向保险原则的过渡，磨合全部机制，避免间断和失灵。建立国家监督的中央管理系统，对医疗机构的工作质量进行监督。推行医生专业教育证书，通过再培训的方式提高工作能力。

教育领域的改革是增加了毕业作文，这是迈向积极评价成绩、知识面、公共文化的重要一步。教育部及相关部门应将毕业作文与国家统一考试的成绩共同评估。普京建议每年设置5000名总统奖金名额，每月20000卢布，为天才学生接受高等教育提供支持。针对俄罗斯学校和教室紧张的问题，普京提出必须补充建设450万个学生位置。

提高公民参与度和责任感

咨文指出，社会主动性是国家政治的一部分，公民积极地、建设性地表达自己，不仅是为政府提出问题，而且自身也参与问题的解决。最重要的是给予公民自我展示的机会与可能性。"在经济、社会领域，在公民首创方面给予发展的自由——这既是对外部限制最好的回应，也是对我们内部问题的最好回应。公民越是积极地参与创建自己的生活，他们在经济上和政治上越是具有独立自主性，越能够提高俄罗斯的潜力。"

普京强调要排除社会领域内对非国有机构的歧视和所有障碍。目前法律方面的歧视基本已经去除了，但还有组织上的、行政方面的障碍。保障非国有机构获得金融资源的平等准入条件。竞争和透明性是提高社会服务质量的决定性因素，可以通过独立的服务质量评价机制，保证信息公开。全俄人民阵线与社会组织需要共同协作，共同担负起社会领域改革。开放更多的平台，在此基础上扩大国家与社会的对话。国家和社会统一行动、合作和相互信任是俄罗斯迎接挑战、获得成功的保障。

结　语

2014年国情咨文表明，普京的"强国梦"没有改变。但是普京也承认，2014年国家陷入了决定前途命运的历史时刻，俄罗斯面临的复杂问题，同时也为俄罗斯创造了机会。咨文号召各政党、社会力量、全国人民团结一致，用意志、果断、坚忍这些珍贵的公民潜力，秉持爱国主义精神，勇敢地战胜困难。

作者单位：中国社会科学院俄罗斯东欧中亚研究所

2014普京年度记者招待会

戴炳惠 编译

2014年12月18号,莫斯科时间中午12点,俄罗斯总统普京在莫斯科国际贸易中心召开了一年一度的大型记者招待会。普京的年度记者招待会始于2001年,2005年、2009年、2010年、2011年空缺,今年是第十年。这一次的记者招待会有1259名记者报名参加,持续时间约为3小时10分钟。虽然并没有打破2008年的4小时40分钟的超长记录,但在这期间,普京回答了38名记者的53个提问,涵盖了俄罗斯的内政外交各个方面。根据惯例,记者的提问不限时间、不限主题,而普京对问题的回答保持了一如既往的务实风格。

在记者招待会上,普京首先就这一年的工作成果做了总结。他给出了今年国家的几个年度经济指数:今年头10个月的国内生产总值增长0.7%,全年估计为0.6%;工业生产增长1.7%,失业率保持在较低水平;农工综合体继续发展,增长3.3%,国家预算盈余1.2万亿卢布,这大概相当于国内生产总值的1.9%。至于经济困境,普京认为这首先是由外部因素挑起的,但也是由于俄罗斯在过去20年内未能实现经济多元化。

卢布汇率是大家关注的问题。在过去的一段时间里,卢布对美元的汇率从50:1,跌到了70:1,而其中最高值达80:1。多年与普京一起工作的B.捷列霍夫首先被点名发问:"卢布度过了'黑色'的星期一、星期二,对央行、总理和政府的批评如潮水般涌来。您怎么看这种批评?"普京称,央行和政府在当前情况下采取的措施是适宜的。央行提高了基准利率,而且为稳定卢布币值,略微压缩了卢布的流动。政府也积极应对，总理与一些大型公司的领导举行了会面，当前一些措施已初见成效。政府还需与通货膨胀作斗争，控制汽油、食品等的价格。总的来说，普京对俄罗斯未来的经济形势持乐观态度，他认为经济必然会适应新的外部条件，会适应在能源低价格条件下的运行。普京说："外部经济行情最不利的情况可能会持续。大概吧，谁也不能确定。有可能会持续两年。这完全是不确定的。情况可能会提前变好。"

《共青团真理报》记者A.加莫夫提问："自2008年起我们就经常说，该从'石油的针尖'上跳下来，调整我们的经济结构，使其更加有效率。但是当前的局势证明，您也会承认，总体上我们没有做到这点。……请坦率地说，您觉得我们能不能利用现在的危机实现好的转变？能不能从这个'针尖'上跳下来，调整经济结构？"普京认为，没能实现经济结构转型的关键在于外部经济行情推动着企业向能源等领域投资，因为能源行业获利丰厚且回报迅速，尽管政府竭力调整税收工具，向非能源行业提供优惠，但经济结构转型的过程非常艰难。普京表示："如果外部情况发生了变化，那么经济环境自己就会推动投资流向其他领域。"普京自信地表示，俄罗斯一定能做到，同时要利用好这个局面为制造业和经济多样化创造更好的条件。

《生意人报》记者A.科列斯尼科夫提问："您觉得国家正在发生什么？应该怎么做：是一如既往集中自己的力量，还是已经是时候分散自己的力量了，或许终于是时候彻底放开了？"普京回答道："仍需要努力工作。从这一点上说，改变不大。而且，当前的形势激励着我们。外部条件使我们变得更有效率，使我们转向创新的发展道路。"普京还表示要为未来的经济发展做些事情，"需要为商业经营创造良好的条件和保障企业家活动的自由。需要保护私有财产。需要停止借助执法机关去骚扰自己不喜欢的人以及利用这些手段参与竞争。需要为制造业提供更多的优惠，需要振兴俄罗斯联邦那些需要特别关注的地区，比如说远东"。普京还提到了持续四年的税收假期，对三年内没有严重问题的企业实行三年免检，给予小型企业优惠，等等，俄罗斯需要继续在这个方面集中力量并且落实具体的工作。

记者 B. 孔德拉季耶夫提问:"我们前不久才纪念了柏林墙倒塌 25 周年。您在东德工作的时候还亲眼见证了这一事件。但在这一纪念年的几周时间内就筑起一道新的墙。有人说几乎快到了新'冷战'的边缘。未来我们会生活在分裂的世界里吗,抑或是仍然有可能重新进行对话和合作?"普京指出,我们不是现在才看到这道墙,他说:"难道在柏林墙倒塌之后没有告诉过我们北约不会东扩?但是,东扩还进行得不慢啊!两波东扩浪潮。这是什么,难道不是墙?是的,它不是挖掘出来的,而是虚拟的墙,但是它开始筑起来了。且反导弹防御体系就紧挨着我们的边境——这难道不是墙?"普京称,当今国际关系最主要的问题是我们的伙伴认为自己是帝国,其他的都是附庸,应该受其压榨。普京还说道:"我们在乌克兰危机等情况下极其强硬的态度应该让我们的伙伴明白,最正确的道路在于停止筑墙,构建共同的人文空间、安全和经济自由空间。"

乌克兰记者 P. 钦巴柳克就在乌克兰东部作战的俄罗斯士兵问题向普京发问:"您派去了多少俄罗斯军人?运去了多少装备?有多少人死在了乌克兰?您作为最高总司令如何向阵亡官兵的家人交代?"普京说:"所有人都是听从心的召唤履行自己的责任,或是志愿参加战事,其中就包括到乌克兰东南地区,他们不是雇佣兵,因为政府并没有付钱给他们。"普京认为现在乌克兰政府的做法是没有前途的,对乌克兰国家和民族来说都是有害的。他希望乌克兰危机能在对话过程中解决,俄罗斯准备好担当调停人,通过直接的政治对话调解局势,直到重建统一的政治空间。

第一频道记者 A. 韦尔尼茨基问:"**我们现在的经济状况是否为克里米亚所支付的代价?**"普京认为,"这不是为克里米亚所支付的代价,而是对俄罗斯作为一个民族、一个文明、一个国家自我保护的天然意愿所支付的代价"。普京把俄罗斯比作守卫自己森林的熊,"如果这只熊安静地坐下,不去森林中追赶小猪,而是靠坚果和蜂蜜为生,也许,人们就会放过它?不会。人们仍然会一直试图用锁链锁住它"。普京认为,一旦套上锁链,就会立即"被拔掉牙齿和爪子"。所谓"牙齿和爪子"指的是核武器。熊要是束手待毙,便成了"玩具熊","森林"也会被别人占有。所以,问题不是在克里米亚,而是在于"要保护自己的独立、主权和生存权利"。而且,普京说:"要知道,我们几乎多次从许多(外国)官员那里听到,西伯利亚及其不可胜数的宝藏都属于俄罗斯,这不公平。怎么不公平?从墨西哥手里夺取德克萨斯——这就公平?"俄国内目前的问题,包括经济问题,普京认为是制裁造成的,但制裁的影响只占到整个问题的25%—30%。普京希望大家明白这一点:"我们是打算为生存下去进行斗争,利用目前的形势转变我国的经济结构,变得更独立自主,渡过难关,还是打算把我们的皮扒下挂在墙上。这就是我们要做的选择。这与克里米亚无关。"

俄罗斯第一频道记者 E.罗日科夫继续乌克兰问题:"**您相信明斯克协议会成功吗?是否能带来和平?怎样继续帮助顿巴斯地区:是像现在一样通过人道物资救援车队还是别的什么方式?**"普京回答,"我们的出发点是危机应将得到解决,越快越好"。普京指出,要解决乌克兰危机,不应该采用经济封锁或是武力的方式,而需要寻求政治手段。莫斯科方面不怀疑乌克兰总统波罗申科想和平解决乌克兰危机,但还需要具体的行动和步骤。在乌克兰,还有其他官员有"战斗到底"的说法,还能听到很多寻衅宣言。根据国际法的基本原则和人们有决定自己命运的权利,俄罗斯会继续帮助顿巴斯地区,现已经派出了第十支人道物资救援车队。对于明斯克协议,普京认为应当遵守,"我是倡导者之一。我们在明斯克的代表于9月签署了备忘录,附有确定分界线的议定书,而顿涅茨克的代表并没有签署议定书,这就是问题所在"。

塔斯社记者 B. 罗曼年科娃说:"能源外交成为地缘政治的关键因素。与中国和土耳其签订的天然气合同多大程度上证明了俄罗斯转向东方?有没有计算过这些项目的潜在危险,要知道许多人现在仍然认为,中国的合同无利可图,而'土耳其天然气管道'让俄罗斯依赖土耳其?"普京称,自己常常听到"俄罗斯转向东方"的说法,也有"美国转向东方"的说法。"这是与经济全球化的进程相联系的,因为亚太地区的东部较世界其他地区发展更快,出现了很多新的机遇。从能源角度来看,中国、印度、日本、韩国等国家对能源的需求增长迅速。这里的所有发展都快于世界其他地区,我们怎么可能拒绝这样的机会?"普京还强调,俄罗斯今年与中国签订的天然气合同是互惠互利的。他说:"俄中之间达成的天然气定价机制同俄罗斯与欧盟之间的并没有太大区别。而除此之外,对华能源合作使俄罗斯可以在项目实施的初期就获得巨大的资源。"普京坦言,如果没有这个合同,俄罗斯将无法解决远东和东西伯利亚地区的天然气使用问题。至于土耳其,普京表示土耳其经济快速发展需要能源,而"蓝溪"输气管道多年前已建成,现在土耳其伙伴要求增加对土耳其国内市场的供应,俄罗斯当然不会拒绝。普京还谈到在土耳其和希腊边境地区建立欧洲天然气中转站的可能性,不过这不取决于俄罗斯。如果欧洲伙伴有意,俄罗斯将朝着这个方向行动。对于欧洲来说,短时间内不可能找到比俄罗斯供应的天然气更加廉价和可靠的了。

记者 A. 尤纳舍夫问道:"一年前,您特赦了霍多尔科夫斯基。他那时承诺不会从事政治,而现在他大概已经表现出自己想当总统的野心。您不后悔吗?"普京回答说,他作出决定特赦霍多尔科夫斯基不是因为其承诺不再从政,而是出于人道主义的立场,因为霍氏母亲得了重病,并且他在监狱服刑已久,应该让他有机会与自己的母亲告别。

BBC 记者约翰·辛普森提问:"西方国家现在几乎一致认为,新'冷战'开始了,老实说,其中也有您的贡献。您是否想借这次记者招待会向西方国家宣布,您已经为乌克兰问题准备好了更有效和有建设性的解决方案?"普京回答说:"从我们的军事学说、军事演习和军事力量发展的层面来说,俄罗斯在某种程度上对世界现在的紧张态势有一定责任,但只限于俄罗斯以一种更为强硬的方式来保护自己的国家利益。"普京表示,从政治意义上说,俄罗斯不会进攻西方。"我们不会侵犯任何人,我们只是要捍卫自己的利益。"普京说,俄罗斯只有两个海外军事基地,是为打击恐怖主义势力而设在吉尔吉斯斯坦和塔吉克斯坦两国;而美国的军事基地遍布全球,美国不仅在阿拉斯加,还在罗马尼亚、波兰等欧洲国家构筑反导弹防御体系,对俄罗斯造成威胁,并且五角大楼的军事预算比俄罗斯多出 10 倍。最后,普京表示,如果西方国家在安全和经济领域无条件尊重俄罗斯的国家利益,那么俄罗斯愿意同西方保持平等的伙伴关系。

新华社记者范伟国就中俄关系提问:"您怎样评价过去一年俄中关系的发展?怎样看待未来一年两国关系的发展前景?"普京表示,中国是俄罗斯最大的经贸伙伴，今年两国的贸易额将达 900 亿美元，而且贸易额还将继续增长。普京还说："我们的主要任务在于使两国的经贸联系多样化。在这方面，我们正在积极地推进。我指的是我们要把更多的注意力放在依托高科技产品改变贸易结构方面。"此外，普京还指出，两国在国际舞台上有许多共同利益，在联合国安理会平台上的合作毫无疑问是稳定当今世界局势的重要因素之一。

普京表示，不会太在意自己的支持率。对于记者问到的"政变"问题，普京笑称："我们没有宫廷，所以也不会有宫廷政变。"普京认为，国内发生的所有情况都是国家元首的责任，自己不打算推卸责任，至于是否参加下一届总统竞选，还得看总统层面和政府层面的工作成果，但是现在作出决定还为时过早。

资料来源：
http：//www.kremlin.ru/transcripts/47250.

译者单位：中央编译局俄罗斯研究中心

2015普京年度民众连线

王秋文 编写

2015年4月16日,俄罗斯一年一度的直播电视节目"与普京直接连线"如期举行,俄罗斯总统普京与俄罗斯民众直接对话,回答民众提出的问题。这是普京与民众进行的第13次"直播连线"。2015年的"直播连线"中,63岁的普京总统用了3小时37分钟的时间回答了民众提出的74个问题,问题涉及俄罗斯国内经济形势、社会保障、乌克兰局势、俄罗斯与西方的关系等方面,其中国内经济形势和乌克兰局势成为焦点。新加入俄联邦的克里米亚居民也参与了"直播连线"。民众可通过拨打免费电话、发送短信、使用名为"莫斯科-普京"的移动设备应用程序以及登陆官方网站提问。还可以在官网上通过视频向普京发问。问题征集一直持续到"直播连线"开始前最后一秒。除了事先征集的问题,普京也在现场回答了民众提问。

一、俄罗斯民众最关注的热门问题

在事先征集的"直播连线"问题中,俄罗斯民众关注的问题范围非常广泛。关注最多的还是与日常生活紧密相关的民生问题,其中,社会保障和退休金问题占24%,住房和水电气问题占17%,工资就业问题占7%,权益保障问题占5.5%,医疗健康问题占5.3%。比较尖锐的国际问题约占问题总量的5%,包括:针对俄罗斯的对峙现象、制裁和反制裁问题、国际关系新形势、俄美关系、俄乌关系、俄欧关系、同独联体国家和未来关税同盟的关系以及乌克兰局势等等。

首先，俄罗斯国内经济问题是民众最为关注的话题。例如：去年的经济危机和卢布贬值，使商品价格上涨很快，但现在卢布正在升值，可商品价格为什么没什么变化，谁在监控价格，将采取什么措施；总统怎么看待西方制裁给俄罗斯经济和社会带来的影响；在目前经济困难的形势下，国家会不会对中小企业出台统一的税收政策；国家给予地方出台税收优惠政策的自主权，但却没有统一的标准和要求，这样是不是有失公平；由于经济形势不稳定，大量小企业倒闭，政府有没有扶持小企业发展的计划，特别是在克拉斯诺亚尔斯克边疆区；老兵购买和装修房屋的补贴政策会不会变；"母亲资本"资金计划是否还会延长；俄罗斯近期是否会提高退休金标准；为什么像急救医生这样的特殊工种还要工作满30年才能获得退休金优惠待遇；俄罗斯不同的地区平均工资水平差距很大，比如莫斯科月平均工资是5万卢布，而阿尔泰边疆区只有不到1.8万卢布，感觉好像生活在不同的国家。以边疆区的工资收入是没有能力去更高收入地区度假的，社会公平在哪里等等。

其次是俄罗斯对外关系方面的问题。例如：俄罗斯在怎样的政治军事条件下会承认顿涅茨克和卢甘斯克的独立；什么时候俄罗斯在国际市场上才可以不再使用美元；如果乌克兰现总统波罗申科遭遇亚努科维奇当时面临的危险处境，俄罗斯会对他进行营救吗；俄罗斯给了基辅很大的天然气价格优惠，这么慷慨的原因是什么；庆祝世界反法西斯战争胜利70周年纪念活动会不会成为欧盟解除对俄罗斯制裁的契机；欧盟对我们来说不仅是伙伴，更是邻居等等。也有网友关心乌克兰的战火是否会烧到俄罗斯。首次参加"直播连线"的克里米亚居民最关心的是克里米亚大桥何时能建成。

"直播连线"中民众提出的问题，几乎囊括了当前俄罗斯所面临的和急需解决的国内外所有问题，相当于俄罗斯制定国家政策的大型社会调查。

二、普京连线回答的主要观点

1. 关于俄罗斯经济形势问题

俄罗斯经济已经度过最艰难时期，有信心两年内走出困境。

俄罗斯具体的经济状况是，俄罗斯正面临诸多外部因素的限制，影响了经济发展。但是卢布汇率正在回升，市场正在恢复，我们成功阻止了通胀恶化。2014年GDP增长0.6%，工业增长0.7%，粮食生产取得创纪录的丰收，银行业情况良好，失业率上升也得到控制。2015年预算赤字占国内生产总值3.7%的水平完全可以接受。从市场情况看，经济正在复苏，这一过程大概需要两年时间，由于卢布汇率正在回升，经济复苏有可能还会快一些。我们有足够的资源，特别是人才资源。专家们认为我们已经度过了危机的高峰期。我们的问题没有像欧元区那么严重。政府制定的应对危机的政策卓有成效，俄罗斯经济"甚至不用两年"就能走出困境。去年俄罗斯出生率上升、死亡率下降、人均寿命延长，都是可喜的局面。普京的回答表达了对俄罗斯经济走出困境的信心。普京表示，理解民众面对制裁的心情，总统、政府的任务就是避免国家在制裁中遭受损失。

2. 关于社会保障和社会民生

在历年的连线中，民众提出的问题主要还是集中在社会民生领域。普京在回答民生问题时，使用频率最高的词是居民收入和国家管理。

首先，普京承诺扶植中小企业和公共事业。其次，物价涨幅会减小，应对危机的政策正在逐一落实。第三，希望通过国籍法帮助解决非法移民问题。第四，鼓励民众多生孩子。为支持出生率，除在一系列人口形势复杂地区推行"母亲资本"资金计划，还实行新的刺激措施，即对生育第三胎的家庭给予平均7000卢布的补助。

3. 关于俄罗斯国内外的局势问题

团结就不怕威胁。很多威胁没有办法预测，但如果我们能够维持国内政治局势的稳定，维持我们现有的社会团结，那么我们无需畏惧任何威胁。

对于国内反对派的参政权利问题，普京表示，反对派有权利也有机会参与国家合法的政治生活。如果想进入议会，就需要获得支持，他们需要承担起责任，作为反对党议员提出批评意见。这是好事。人民将决定谁能进入议会。

对于前财长库德林提出的"新经济模式"问题，我们应着眼现实，为商业和私人投资创造良好条件，完善信贷政策，优化国家调控，改善执法和司法体系。当意识到风险时,我们就应该着手去做。

4. 关于乌克兰局势及其发展前景

普京明确表示,俄乌之间不会发生战争,乌克兰境内不存在俄军队。普京还驳斥了有关乌克兰总统波罗申科建议他"拿走顿巴斯地区"的传言。普京表示,明斯克会谈探讨了恢复顿巴斯地区经济和社会正常运转的问题,但我们没有看到基辅当局恢复这一地区正常状态的意愿。乌克兰政府在不履行社会责任的同时,也在将自己与顿巴斯一刀两断。但他们还有机会通过和平手段解决顿巴斯问题。俄罗斯期待与乌克兰全面恢复正常关系,但前提是乌克兰把俄罗斯视为平等伙伴,并保护在乌俄罗斯族居民的合法权益。

关于乌克兰局势的发展前景,执行明斯克协议是唯一出路。我们当然不会干涉乌克兰事务,但我们可以要求乌克兰当局执行明斯克协议。

5. 关于俄美关系以及俄罗斯与西方的关系

普京表示,美国不需要盟友,他们只需要附庸,俄罗斯不可能接受这种角色,不可能在这种关系体系中栖身。美国试图把自己的发展模式强加给全世界,注定会失败。莫斯科希望与所有国家维持良好关系,但必须被看作平等的伙伴。俄罗斯主张与东方和西方所有国家建立正常关系,借助制裁挤压俄罗斯毫无意义。俄罗斯没有准备和任何国家开战,但是会加强本国防御,目的是打消任何人想与俄罗斯交战的想法。普京强调,"我们是一个有巨大发展潜力的国家。"普京还表达了这样的信息:俄罗斯最可依赖的仍然是俄罗斯强大的武装力量。

与西方关系正常化的条件不是我们破坏的,我们希望与所有国家和睦相处。与西方恢复正常关系的主要条件是尊重俄罗斯、尊重俄罗斯的利益。俄罗斯正积极发展与亚洲、非洲和拉丁美洲国家的互利合作,打破西方对俄罗斯实行的外交孤立。俄罗斯与金砖国家和上合组织成员国紧密合作,建立了建设性的关系,这些国家是俄罗斯的朋友。

6. 关于俄乌关系及其他邻国关系

俄乌两国人民很亲近。尽管乌克兰的政治局势正在变化,但人民还是那些人民,他们与我们的关系是非常亲近的,我基本不会去区分乌克兰人和俄罗斯人,我们首先是向人民提供帮助。我们希望乌克兰走出危机，俄乌边境恢复正常，以伙伴关系加强经济合作。我们没有对乌克兰提供优惠天然气的义务，但如果不给其天然气供气折扣，乌克兰的经济将是另一种结果，这样的结果很可怕，我们将努力恢复与乌克兰的关系。除了全面发展平等的伙伴关系和尊重俄罗斯族人权利，俄罗斯没指望从基辅得到什么。

关于与其他邻国关系问题，普京表示，俄罗斯没有复辟帝国的野心。乌克兰是独立的国家，我们要尊重它。同时，我们也要尊重别的国家，与之发展关系，而这些国家是超出我们的控制范围的。我们在欧亚经济联盟框架下，与邻国哈萨克斯坦、白俄罗斯发展关系，目的不是拉拢这些国家，而是让这些国家的民众生活得更好，开放彼此的边界。我们与亚美尼亚有这样的关系，现在与吉尔吉斯也有这样的关系。我们没有复辟帝国的野心，我们经常遭到这样的指责。我们推动欧亚一体化进程，不是为了维系自己的势力范围，这是正常的一体化进程，在全世界都很常见。

7. 关于俄罗斯面临的制裁问题

制裁是对俄罗斯的战略遏制。我们不要指望西方解除制裁，这是对俄罗斯的战略遏制。我们正在履行明斯克协议，但制裁却没有解除。问题的关键不是何时解除制裁，而是加强对经济的调控。基辅不急于落实明斯克协议，但西方国家对俄罗斯的制裁还将继续。普京认为，制裁已经和乌克兰局势没有关系了，制裁解除与否是政治问题。我不想说俄罗斯在制裁中损失了多少，我想说的是，制裁也有积极作用。我们需要利用当前的制裁环境，开发新领域，希望能在各个经济部门实现进口替代。的确，制裁造成了通货膨胀等负面影响，但好在农业生产情况良好，使不利情况有所缓解。虽然农民们可能不满我这么说，但制裁确实促进了生产。

8. 关于西方国家领导人缺席胜利日阅兵式

普京表示，这是政治家的选择。我从来没对这个问题进行过评论，是否出席阅兵式，这是政治家的选择，是其所代表的国家的选择。有的人是自己不想来，有的是华盛顿方面不让来，尽管他们很多人想来。这是他们自己的选择，我们一直尊重这种选择。俄罗斯是在庆祝自己的节日，我们在向那一代的胜利者致敬，同时避免再次发生战争。

三、"直播连线"的影响和意义

1. 彰显普京的治国理念

"与普京直接连线"的直播电视节目始于普京的首个总统任期，从2001年起开始举办（只在2004年和2012年停办了两次），每年的直播时间都在三四个小时以上（2013年达到创纪录的4小时47分），到目前为止，普京已在"直播连线"中回答了民众的700多个问题，累计时间40多个小时。对于"直播连线"，俄罗斯网民表示"每年都期待这一时刻的到来"，可以直接向国家总统"倾诉"自己的困境。也有网民评价："俄罗斯总统通过这种方式直接了解俄罗斯的社会民情以及民众的看法，这很亲民，是很好的传统。"因此，"直播连线"被看作是普京"贴近群众"的表现。或许也有这方面的原因，普京的支持率一直很高。

"直播连线"与每年年底的记者会不同，连线面对的是普通民众。民众通过各种方式提出成千上万的问题。据统计，2015年"直播连线"收到的提问超过300万个，创连线纪录新高。"直播连线"人气旺盛，民众提问热情高涨。也有民众曾问"为啥要连线"，普京回答说：是想知道俄罗斯民众关心什么。"直播连线"就像是民意测验，可以很直接地看到民众在关心什么话题。这是普京执政以来一直坚持的治国风格，俄罗斯历史上绝无仅有。

2. 直接对民众表态既是给国内民众信心，也是应对外部质疑

2015年的"直播连线"是在乌克兰危机的严峻形势下依然坚持进行的。毫无疑问，乌克兰局势成为焦点问题。关于西方制裁、卢布升降、商品价格、俄乌关系以及俄罗斯当前所处的国际环境等方面的问题，不只是俄罗斯民众，国际社会也都在关注着普京将怎样回答和面对国内民众对这些问题的关注或质疑。普京的做法是：直接、明确地表明自己的观点和态度。让民众了解我们在做什么，我们要承担什么，未来要怎么样。这既是给俄罗斯民众的明确态度，也是给俄罗斯民众坚定信心。有媒体评论这是在目前形势下对俄罗斯民众克服困难的动员令。

3. 公开表明对当前国际关系格局的观点和态度

2015年"直播连线"不只是俄罗斯国内民众的关注度新创历史纪录，国际社会的关注度应该也是空前的。现代世界的相互联系使得普京的"直播连线"既是与俄罗斯民众的连线，实际上也是与世界的连线；既是给俄罗斯民众的态度，也是给国际社会的态度。普京通过"直播连线"公开表明他对当前国际问题以及国际关系格局的观点和态度，表明俄罗斯的方针政策和追求目标，表达了普京一贯强硬和捍卫俄罗斯国家利益的强烈愿望。

作者单位：中央编译局俄罗斯研究中心

俄罗斯问题研究（2014—2015）

2015年俄罗斯总统国情咨文介评

李 莉

莫斯科时间2015年12月3日，俄罗斯总统普京发布本任期内第四篇国情咨文。咨文是在西方国家经济制裁力度加大、国际石油价格下跌、国内经济增长乏力、恐怖主义威胁增加的社会背景下发布的。与前三篇国情咨文相比，"建设富强的俄罗斯"这条主线保持一贯性，普京强调，"民生问题不会因为国内外形势严峻而执行力度有所折扣"。咨文重点是反恐、发展经济以及民生问题。

一、恐怖主义

咨文开篇即谈恐怖主义，"反恐是为争取自由、真理和正义的战争，是捍卫人的生命和文明未来的战争"。

1. 恐怖主义与世界

恐怖主义乃俄罗斯之痛，俄罗斯发生的多起恐怖主义事件夺去了成千上万人的生命。俄罗斯历经十余年消灭了非法武装的主要力量，基本上把恐怖分子赶出了俄罗斯，但时至今日仍在与残余分子进行不可调和的斗争。

在各国边界实际上都是开放的、世界经历着新的人口迁移的情况下，世界恐怖主义的威胁逐渐增强。阿富汗问题尚未解决，该国的情况令人震惊，不容乐观。不久前还是稳定富裕的国家，中东和北非的伊拉克、利比亚和叙利亚等国，现在已经变成混乱和无政府状态，威胁到了全世界。

普京认为，西方国家强制改变那里原有的政治制度，草率地强制推行自己的规则，其结果是这些国家的国家性遭到毁坏，内部斗争加剧，激进分子、极端主义者和恐怖分子大行其道。

2. 叙利亚问题

关于俄罗斯在叙利亚军事行动的原因，普京强调，"这首先是为俄罗斯而战，捍卫的是俄罗斯公民的安全"。集结在叙利亚的非法武装分子对于俄罗斯来说特别危险，他们很多人来自俄罗斯和独联体国家，在那里获得了金钱和武器，积蓄了力量。为了消除对俄罗斯安全产生的威胁，必须在国境以外痛击并消灭他们。该项军事行动的决议是在叙利亚合法政权的正式请求之下才通过的。

俄罗斯军队显示出自己的备战水平和作战能力。这样的实战经验，可以用于继续改革和完善俄罗斯的军事武器和装备。军事行动获得了俄罗斯社会的支持，俄罗斯公民表现出真正的爱国主义情怀和高尚的道德品质。

3. 土耳其问题

普京指责土耳其为恐怖主义提供帮助，借助恐怖主义进行投机。恐怖分子利用石油挣得金钱，招募雇佣军，购买武器，组织反人类的恐怖行动。20世纪90年代到本世纪初，俄罗斯北高加索地区的非法武装分子躲藏于土耳其，后者为他们提供精神和物质支持。

咨文声明，"我们知道是谁射击了我们的飞行员，是谁虚伪地企图澄清自己的行为，是谁掩盖了恐怖分子的罪行"。普京强调，俄罗斯不会忘记恐怖分子的帮凶，这是最可耻的背叛行为。俄罗斯不打算也不会炫耀武器。但是土耳其也别幻想仅仅是通过西红柿进口禁令和一些建筑及其他行业的限制就想脱身，土耳其将为自己的军事犯罪付出更多代价。

4. 建立反恐联盟

当前全球遭遇破坏性的、野蛮的意识形态，决不应允许新生蒙昧主义达到自己的目的。普京号召世界各国抛开争议和分歧，建立强大的、统一的反恐战线。反恐战线应该在国际法基础上、在联合国的领导下行动。

俄罗斯社会也必须团结一致，调动军事武装力量、情报机关和执法机构等，权力机关、政党、公民社会组织和新闻媒体等各司其职。坚决反对极端主义和排他主义，珍视各民族和宗教间的和谐。

二、发展经济

2015年俄罗斯的经济形势相当严峻，石油及其他传统出口商品价格下降，金融机构和公司被限制进入国际金融市场。俄罗斯应该对西方制裁的加强且可能拖延更久、原料价格下降周期、资源储备使用完毕等问题有所预期。咨文提出了促进经济发展的多项措施。

1. 优先方向

第一，当前俄罗斯有竞争力的生产主要集中在能源和开采领域。只有改变经济结构，才能解决安全和社会发展领域的重大问题。建立现代工作场所，提高人民生活质量和生活水平。在工农业领域已经有成功的中小企业，应该不断扩大其数量。实施进口替代方案，支持出口、生产的工艺技术创新，培养专业人才。

第二，一些建筑工程、汽车制造业、轻工业、铁路机械制造等领域还处于风险地带。政府应该提供专门的支持方案，预先规定财政资金支持。

第三，支持低收入者，特别是弱势群体。秉承公正原则对那些真正需要帮助的人给予社会救助。考虑到残障人士的个性化需求，为其提供职业培训和就业安置。

第四，实现预算平衡是国家宏观经济稳定和财政独立的最重要条件。严格监督国家资金的流动，包括联邦和地区对工业和农业的企业补贴。咨文建议成立统一的、整体的行政机构，管理税收、关税和其他国库支付。

第五，进一步加强政府和企业间的信任，改善商业环境。减少监督机构的数量，扩大企业自由。2016年7月1日前提出关于"消除监督检查机构多余和重复职能"的具体解决方案。

2. 支持非能源产业

提高非能源产品出口的规模和数量是未来经济发展的一项重要战略。支持和帮助中小企业，特别是那些有竞争力的企业，使之既能为国内提供现代化的高质量产品，同时也能够远销海外，占领国际市场。普京建议政府为企业提供优惠支持，在设立专门投资合同的框架下，在非竞争基础上购买其30%的产品。剩余部分进入自由市场和海外市场，防止企业失去专注于提高产品质量、降低成本的动机。

近年来农业经济发展势头良好。十年前几乎一半的食品需要从国外进口，去年俄罗斯农产品出口几乎达到200亿美元。争取2020年前实现农业经济完全保障国内市场。将俄罗斯打造成为全球市场上最大的绿色生态产品的供应国。建立并支持发展农工综合体方案，提高企业生产效率。提高农产品的生产、存贮和加工工艺，建立播种、育种基金会。收回不正当手段占有的农村土地，通过竞拍方式将土地出售给需要的人。

金融领域方案之一是建立大型私营电商集团，使俄罗斯商品通过因特网供应到世界各国。积极利用国内储蓄的投资潜力，建议通过关于发展集团债券市场的提案，简化发放和获取程序。资金大赦方案进行相应的调整，计划还将持续半年。

3. 开发远东地区

振兴远东，建议将符拉迪沃斯托克设立为自由港，简化海关程序，促进俄罗斯亚太沿岸地区经济活动的积极性与活跃性。近年来已经为哈巴罗夫斯克和符拉迪沃斯托克的基础建筑设施注入相当大的资金，效果初显。尽快审议有关远东免费提供给公民土地的法律。

共青团城阿穆尔应该成为远东的动态中心。该城市拥有现代化高科技工业，既能生产民用产品，也能生产军工产品。但市政和社会基础设施较弱，与城市的发展潜力不相匹配。未来发展目标是在已有框架基础上，集中资源，吸引专家和各领域人才，解决共青团城阿穆尔的城市问题。

4. 区域经济合作

俄罗斯在欧亚经济联盟的框架下，已经建立了资本、商品和劳动力自由流动的统一空间。就有关欧亚一体化和中国倡导的"丝绸之路经济带"连动问题达成原则上的协议。同越南建立了自由贸易空间。计划在2016年东盟首脑会议上完成互惠合作的议事日程。

与欧亚经济联盟、上海合作组织及东盟的代表就有关可能的经济合作进行协商。初步合作将集中于基本建设投资、优化商品过境程序的问题，共同制定下一代产品的技术标准，相互开放服务和资本市场。合作将本着平权的原则，并且照顾到相互利益。区域合作能够提供新的可能，即在亚太地区扩大粮食、能源、工程技术、教育、医疗和旅游服务的供给。

交通基础设施的现代化。俄罗斯将要发展功能强大的空间物流中心，如亚速海—黑海、摩尔曼斯克的交通枢纽，在波罗的海、远东建立现代化港口，增加区域间的空运系统，其中包括北部和北极地区。北部海路应该成为欧洲与亚太之间的连接纽带，扩大符拉迪沃斯托克到远东主要港湾的自由港优惠政策。

三、民生问题

民生问题是普京第三任期重点发展的领域，是建立"富强俄罗斯"的基础。

1. 人口

俄罗斯人口已经连续三年呈自然上升状态，且形势向好，当前一半以上新生儿不是家庭的第一个孩子。尽管财政紧张，母亲资金的方案即将到期，普京强调至少应该延长两年。与此相关的另一项举措是发展学前教育。近三年幼儿园额外开放了80万个学前教育位置，几乎可以保证俄罗斯所有地区3—7岁儿童获得入学机会。

2. 卫生健康

卫生健康政策一个主要成果是俄罗斯居民寿命提高了近5岁，2015年初步估计，俄罗斯人口寿命将超过71岁。2016年俄罗斯卫生健康将完全转入强制医疗保险体制。保险公司的直接义务就是维护患者的权利，否则将被除名。

增加高科技医疗救助的规模和数量。保障联邦医院和研究中心的财政拨款。责成政府准备和确立社会领域机构分置的优化方案，使人民能够就近就医。

3. 基础教育

与人口自然增长相关，俄罗斯中小学生数量逐年增加，教学条件和教育质量受到挑战。政府应该全力确保教育公平，不仅是舒适的建筑物，还包括富有责任心的教师、体育活动和课外补充教育等。2016 年联邦出资 500 亿卢布用于修理、改建、新建学校。

教育必须符合青年人的需求，符合经济、经济发展前景的需求。青年的培养不仅应是职业领域领先的、成功的，还必须是品行端正的人，必须拥有坚定的精神和道德基础。

4. 社会救助

更多地依托公民社会组织，帮助老人和残障人士，支援贫困家庭和儿童。为此，首先启动总统资助的社会方案，用于支持小城市和农村的非营利性组织。其次对那些自我推荐、背景清白的非营利性组织，提供优惠和特殊待遇。地区和市政社会方案的 10% 的资金用来支持非营利组织。

四、政治问题

明年是俄罗斯议会选举年。咨文倡导诚实选举，"竞选应该是诚实的、透明的，应该在法律框架下进行。尊重选民，确保社会对选举结果的信任"。

腐败问题是俄罗斯社会发展的障碍，普京提请各级监督和执法机构及公民社会组织进行有效的监督。官员、法官、执行人员和各级代表应该提交收入和支出证明、不动产和动产证明，包括海外财产。国家公职人员安排签署的与自己亲属、朋友和亲近者相关的契约、承包合同的信息要加以公开。

为提高诉讼程序的独立性和客观性，加强陪审团代表制度的作用。普京建议优先考虑 5—7 名的陪审团代表，保障其自主权和独立性。

结 语

咨文指出，目前俄罗斯的形势确实非常复杂，但尚未达到危机的边缘。全社会必须秉承团结、稳定和发展的精神，共同克服困难。普京说："俄罗斯是急速变化的全球世界的一部分。我们清楚地了解当前问题的复杂性和规模程度,既包括国际问题,也包括国内问题。任何发展道路总会遇到困难和障碍。我们将迎接这些挑战,创造性地、富有成效地行动。我们将为共同的福祉、为俄罗斯而努力。我们将共同前行,我们一定会获得成功。"

作者单位:中国社会科学院俄罗斯东欧中亚研究所

2015普京年度记者招待会

付 哲 编译

2015年12月17日,俄罗斯总统普京举行年度记者会。普京延续了记者会上的一贯风格,言语犀利地回答了国内外记者提出的涉及俄罗斯内政外交各个方面的问题。现将主要内容编译如下。

关于俄罗斯总体经济形势。普京表示,总体来看,俄罗斯经济已经渡过危机的"尖峰时刻"。今年前11个月,国家预算收入为12.2万亿美元,支出为13.1万亿美元,赤字为9570亿美元,估计全年预算赤字占国民生产总值的2.8%—2.9%。由于制裁以及石油、天然气等价格下跌,国民生产总值增速下降3.7%。截至12月初,通货膨胀率为12.3%,居民实际可支配收入减少,前10个月固定资本投资减少5.7%。从第二季度起,商业活动出现趋稳迹象。从5月起工业产出总量停止减少,9月和10月,工业生产增长0.2%和0.1%,国民生产总值与去年同期相比,增长0.3%和0.1%。农业生产增长不低于3%,粮食产量连续两年超过1亿吨。劳动就业市场保持稳定,失业率约为5.6%。贸易量为1263亿美元,虽然总量下跌,但是保持顺差。外汇储备为3644亿美元,虽有所减少,但总量可观。外债与去年相比减少13%。资本外流大幅减少,从第三季度起开始全面回流。

俄罗斯政府按照预估油价每桶50美元安排了2016年的预算,现在看来这个预估有些乐观,现在油价已经跌到了每桶38美元,不得不调整预算。政府预估

2016年经济增速为0.7%，2017年为1.9%，2018年为2.4%。

普京表示支持政府和央行确保宏观经济稳定的政策，认为政府的工作让人满意，在战略方面迈出了必要步伐，而且行动富有成效。

关于俄土关系。 普京认为，土耳其当局击落俄罗斯战机的行动，不是"不友好行动"，而是敌对行动。土耳其"跪舔"美国，向北约求助，加剧了局势。俄罗斯准备在对土耳其非常敏感的问题上同土进行合作，但是事实表明，同土耳其当局很难达成一致，或者说不可能达成一致。甚至在俄罗斯表示同意的时候，土耳其还让俄腹背受敌。现在皮球不在俄罗斯这边，而在土耳其那边。他并不看好俄罗斯和土耳其处理好国家关系的前景，而两国人文领域关系的前景他当然是看好的。

关于叙利亚问题。 普京称，俄罗斯支持美国发出的倡议，例如支持制定关于叙利亚问题的决议草案提交联合国安理会。俄罗斯对叙利亚的计划与美国的观点一致：共同促进叙利亚修订宪法，建立各种机制监督未来可能提前进行的选举，然后由叙利亚本国在这些民主程序的基础上自主决定，最能接受哪种政体和由谁来领导。叙利亚冲突双方达成妥协是存在可能性的，但是双方必须都做出让步。俄罗斯将一直支持叙利亚高层，直至开启政治进程、叙利亚人开启和谈，这将是一个艰难的过程，但交战各方要鼓起勇气，相向而行。

关于俄乌关系。 普京表示，俄罗斯从来没有说过乌克兰境内没有正在解决军事问题的人员，但是这并不是说乌克兰境内有俄罗斯的常规部队。俄罗斯希望乌克兰冲突尽快结束，但绝不是以乌克兰东部的人被歼灭的方式结束。俄罗斯不准备对乌克兰进行任何制裁，俄罗斯直接转为对本国最有利的贸易制度，从2016年1月1日起，乌克兰同俄罗斯的贸易将不再享受任何优待和特惠政策。俄罗斯曾尽力维持与乌克兰的经济关系，但是乌克兰单方面脱离独联体的优惠政策和零关税机制，并试图加入欧洲的所有规则。这些都不是俄罗斯的选择，是乌克兰不听俄罗斯的。

关于打击恐怖主义。 普京表示，俄罗斯会继续进行空袭，支持叙利亚军队打击极端组织，寻求与抗击"伊斯兰国"的叙利亚反对派进行接触。俄军在叙利亚的行动并未给国家预算造成太大负担，俄罗斯只是把部分本来用于军队训练和军事演习的资金改用于军事行动，没有比这更好的训练。俄罗斯暂时不打算在叙利亚建立军事基地，建设基地需要修建相当多的基础设施，需要投入资金。俄军有足够大的运送物资和兵员的能力以及补给能力，有中远程导弹，暂时没有太大的必要建立基地。

关于俄格关系。普京说，2008年的事件以及随后俄罗斯与格鲁吉亚双边关系逐步恶化，原因不在俄方，不是俄方造成的，但是俄方愿意恢复两国关系。俄方注意到格鲁吉亚现任领导人释放的信号，并收到这些信号。格鲁吉亚的红酒主要销往俄罗斯，俄罗斯也需要这些产品，两国的贸易总量增加了，尽管今年由于总体经济形势贸易量有所减少，但是仍然呈现足够快的增速。俄罗斯正在考虑并准备取消同格鲁吉亚的签证制度。

关于俄美关系。普京表示，俄罗斯在任何情况下都愿意并想发展俄美关系。美国国务卿克里最近一次来访表明，美国愿意朝共同解决必须共同解决的问题的方向作出某些努力，俄罗斯将一如既往全力支持这一立场。俄罗斯从未向美国关闭大门，俄罗斯愿意与美国人民选出的任何一位总统进行合作。

关于俄埃关系。普京称，俄罗斯作出限制俄罗斯民航同埃及航班往来的决定，不是因为对埃及领导人不信任，这不是政治决定，而是要确保俄罗斯公民的安全。一旦俄罗斯和埃及制定好确保俄罗斯公民安全的机制，俄罗斯立即取消一切限制。

资料来源：

http://kremlin.ru/events/president/news/50971.

译者单位：中央编译局俄罗斯研究中心

2015年度"与总理对话"

王秋文 编写

2015年12月9日,俄罗斯总理梅德韦杰夫参加了一年一度的"与总理对话"直播采访电视节目。"与总理对话"是俄罗斯总理梅德韦杰夫和俄罗斯主要电视媒体进行对话的一种传统方式,也是俄罗斯近年来非常值得关注的政治媒体节目之一,一般都在每年12月进行。梅德韦杰夫会在节目中总结即将过去的一年中俄罗斯的社会发展情况,向全国民众汇报俄罗斯政府一年来的工作情况并提出今后的工作计划。梅德韦杰夫首次参与该档节目是在2008年12月24日,当时他担任俄罗斯总统。2015年的"与总理对话"是梅德韦杰夫第八次在这一直播节目里与电视记者进行交谈。节目持续了一个半小时。梅德韦杰夫接受了俄罗斯第一频道电视台、俄罗斯国家电视广播公司、独立电视台、"雨"数字电视台和俄罗斯商业咨询公司五家主流电视媒体记者的采访提问。

首先,梅德韦杰夫总理表达了对俄罗斯经济的信心。《反制裁措施》是否奏效?是记者提出的第一个问题。梅德韦杰夫坦言,形势确实不同寻常,这些年来俄罗斯从来没有哪一年轻松过,国内外形势都是如此。但他个人评价说,《反制裁措施》实施一年多来已经发挥了作用,对整体经济状况的影响非常明显。金融体系获得支持,银行系统运行正常,工农业也获得了一定发展,一系列项目正在实施当中。农业领域2015年实现了2.5%—3%的增幅。但由于当前石油价格持续下跌,形势并不乐观。梅德韦杰夫表示,当前的油价已经是17年来最低。我们的经济高度依赖石油出口,这样的经济结构并不是我们主观造成的,而是60

年来的客观现实形成的，不是三五年内就能够改变的。如果形势更加严重，我们将会做出调整。对此，俄罗斯政府的态度是非常现实的。

《反制裁措施》帮助俄罗斯度过了2015年最艰难的时期。综合俄罗斯政府经济发展部所掌握的数据，对于俄罗斯的国内经济形势，梅德韦杰夫表示，俄罗斯经济度过了最困难的阶段，经济增速下降和生产下降的趋势得到了暂时的遏制。由此可以得出结论：明年俄罗斯经济形势将有所好转，经济将出现增长态势。梅德韦杰夫表示，并不是世界上每个国家都有经济自主的能力，但俄罗斯有能力独立生存。

其次，关于军费以及社会支出与国防支出的优先发展方向问题。梅德韦杰夫在回答"国防预算增加与教育医疗等社会支出减少是否意味着国家的优先方向已发生了变化"时表示，俄罗斯政府五年前就开始增加军费，这样做是绝对正确的。俄罗斯将按计划完成2020年前为70%的武装力量更新武器装备的战略任务，任何一个国家都不能不顾及国家的安全和防御能力。但这并不能说明增加安全和国防开支是俄罗斯的优先发展方向。在石油价格高企的时候，俄罗斯的社会支出曾实现跨越式的增长，承担了很大的社会责任。目前这一情况并没有改变，社会支出与国防支出同等重要。社会支出保持稳定，并未减少。如果条件允许，还有可能提高社会支出。只是目前来看还没有这样的可能性。但梅德韦杰夫强调，教育和医疗一直是俄罗斯优先发展的领域，2016年度的政府预算仍将维持在2015年的水平上。

对于俄罗斯最近在叙利亚的军事行动所产生的军费问题，也有记者问"从舰载巡航导弹到潜射巡航导弹，再到首次用于作战使用的图-160轰炸机，由此带来的花销究竟有多大"，梅德韦杰夫表示，俄罗斯动用的武装力量完全没有超过国防部预算范围，并没有因此增加国防开支。

第三，关于恐怖袭击以及俄土关系问题。梅德韦杰夫表示，在中东地区的空中航线上仍然存在再次发生恐怖袭击的可能性。俄罗斯政府会从安全角度出发做出选择。梅德韦杰夫还表示，恢复俄罗斯和土耳其之间的旅游将取决于土耳其政府的行为和土耳其安全保障的能力。同时，梅德韦杰夫还就土耳其击落俄罗斯战机一事表达了看法,他表示,土耳其击落俄罗斯苏-24战机制造了开战的理由,但俄罗斯没有采取同样的回应措施。但梅德韦杰夫表示,土耳其当局需要对此负责。正因为如此,为了本国公民的安全俄罗斯做出了这样的决定。希望这个决定不是无限期的。

第四,关于中俄合作问题。也有记者对俄罗斯与中国当前的合作力度和合作水平表示怀疑,梅德韦杰夫在回答关于"俄罗斯实施'向东看'战略到底有怎样的进展"问题时坚定地表示:俄罗斯与中国的经济合作是全面的,从远东开发到能源大单,俄中经济合作都是大手笔、大项目,充分显示出两国合作的力度和水平。中俄之间的大型项目进展顺利。梅德韦杰夫列举了中俄合作中的一些大型项目,比如西伯利亚力量天然气管线、田湾核电站机组建设,以及俄罗斯对华石油出口,等等,所有项目都进展顺利。梅德韦杰夫还表示,他将于12月14日启程赴华,他打算在这次访华期间与中国伙伴讨论两国联合投资的问题。

第五,关于乌克兰的债务问题。梅德韦杰夫认为乌克兰不会向俄罗斯偿还2015年12月到期的2013年底购买的30亿美元的乌克兰国际债券。梅德韦杰夫表示,如果乌克兰不偿还这30亿美元债务,俄罗斯将寻求宣布乌克兰欠俄罗斯的其他所有债务违约。但在回答关于"国际货币基金组织(IMF)放松对不偿还官方债务国家的贷款"规则时,梅德韦杰夫表示,如果IMF不尽快进行改革,IMF的受信任度将受到影响。据俄罗斯媒体报道,关于这30亿美元的乌克兰国际债券,俄罗斯此前曾表示愿重组这笔债务,允许乌克兰在美国或欧盟政府,又或某家国际金融机构提供担保的情况下,在2016年至2018年间每年偿付10亿美元。但美国拒绝提供担保,而国际货币基金组织近日批准一项改革,允许向主权债务违约国家提供贷款。这样一来,乌克兰即使不向俄罗斯偿付债务,也能得到援助。因此,俄罗斯总统普京下令,如果乌克兰不偿还其所欠俄罗斯的30亿美元,俄罗斯政府应就此向法院提起诉讼。

第六,关于西方制裁以及俄罗斯与西方的关系。梅德韦杰夫表示,俄罗斯从彼得大帝时期开始向西方打开窗口。但这并不意味着应从西方运回"所有垃圾"。虽然俄罗斯目前是在西方制裁之下,但俄罗斯并未被孤立,西方不要陶醉于他们的制裁决定。

另外，关于克里米亚问题，梅德韦杰夫表示，克里米亚已经成为俄罗斯不可分割的一部分。乌克兰对克里米亚实施能源封锁是"种族灭绝"行为。

总体来看，梅德韦杰夫的"与总理对话"直播采访涉及了俄罗斯一年来政治经济军事外交领域的所有敏感问题，也是俄罗斯民众最为关心的问题。由于2015年的"与总理对话"是在俄罗斯国内经济面临困难的情况下进行的，因此，梅德韦杰夫总理与俄罗斯主流媒体的对话主旨是给俄罗斯经济"打气"，向俄罗斯民众表达对俄罗斯国内经济的信心。梅德韦杰夫向媒体承诺：俄罗斯经济明年将出现增长，俄罗斯有能力独立生存。

作者单位：中央编译局俄罗斯研究中心

梅德韦杰夫谈全球化新常态下的俄罗斯经济增长战略

[俄] 德米特里·梅德韦杰夫 著 田 浩 摘译

俄罗斯联邦政府总理梅德韦杰夫在俄重要经济学期刊《经济问题》2015年第10期上发表文章，考察了后危机时代世界经济与科技的发展趋势，分析了全球化背景下俄罗斯面对的主要经济任务，并对俄罗斯未来的经济发展方向和增长模式提出了政策建议。现摘译如下。

一、结构性危机与俄罗斯的当前任务

我们所处的时代面临着一些新问题、新挑战以及应对的新方法，这是俄罗斯和其他国家都要面对的现实。由于存在各种复杂性，世界经济不会很快摆脱当前的不稳定状态。与此同时，俄罗斯的经济情况不会迅速恶化，但也不会迅速回归到从前的经济高速增长轨道。问题不只是在于地缘政治形势，也不只是在于制裁，这些只是问题的一部分。地缘政治和制裁问题本身是行动的结果，而更根本性的原因是世界秩序已经发生了深刻的变革。

旧的问题总是以新的方式出现，但有时新问题也会以旧形式出现。和以前类似，现在各种因素交织在一起，有些是可控因素，但有些则是我们控制范围之外的因素。重要的是，我们不要使这些因素变得更加复杂，同时也不能回避它们。

俄罗斯当前所要面对的任务不单是克服已出现的困难，而且还包括要解决一些根深蒂固的问题，例如预算赤字和经济结构失衡等。尽管这项工作十分艰巨，我们要面对的环境也非常复杂,但我们还是必须要形成自己的战略目标,我们最终还是要完成当前的任务,哪怕是任重道远。我们的目标很明确:俄罗斯要成为一个高福利国家。这一目标的实现要依靠人均 GDP 水平的提高和与之相关的经济效率的提升,其中主要是劳动生产率。

从很多经济指标看(例如人力资本和文化发展),俄罗斯属于发达国家。但俄罗斯经济在很多方面依然很落后,而且效率不高,例如劳动生产率水平和世界最先进国家相比还有很大差距。对于俄罗斯来说,这一问题由来已久。但历史发展不只是线性的。事实上,欧洲在一些领域中也曾落后于俄罗斯,如核能、宇航和火箭制造。但在经济效率层面上我们一直落后于西欧国家。无论是曾经的中央计划经济模式,还是后来的能源依赖型经济模式,它们都没能缩小俄罗斯和西欧国家间的差距,尽管最近 10—15 年间在福利水平上的差距有所减少。

正是在这种历史和经济背景下,上述战略任务可以说是有史以来最为艰巨的。从惯性角度看,这些任务未必能全部完成,事实上,发展模式的调整在某种程度上也要取决于外部环境的变化。实践证明,所谓的"赶超型发展"并没有实现,所以我们依旧面临着落后于发达国家的风险。

要实现我们的目标就需要深化改革,我们必须要建立一种不同于以往的、更具竞争力的发展模式,这完全不同于过去的"赶超型"发展模式。我们应该更好更快地学习,这是在当今世界中实现目标的唯一途径。

的确,在经济与社会领域中,以及在劳动市场中,结构性变化总是让人很敏感,而且总会有一些与外部因素有关的困难出现。因此,俄罗斯政府现在面临的是"双重任务",既要在这种复杂的环境下进行结构性改革,同时还要避免使居民生活水平严重下降。

俄罗斯的发展和全球化过程是分不开的。全球性议题在缺少俄罗斯参与的情况下是不可能形成的,同时俄罗斯也不可能单独制定全球性议题或单纯地忽略它,我们需要集中注意力考虑我们自己对发展与公正的理解。

二、我们所处的世界

现在人们在讨论全球问题时，越来越喜欢使用"新常态"这一术语。"新常态"也可以理解为一种"新的现实"，它所具有的一系列特点将决定未来全球经济的发展趋势。这一术语的正确性一直都存在争议，而且关于它的各种讨论并不只局限在政治经济方面，其外延还在不断扩展，例如它已经延伸到了地理和国际关系领域中。起初，这一术语是被应用在纯经济领域中，并只适用于发达国家，而现在"新常态"则开启了一个全球性空间（无论是发达国家还是主要的发展中国家），同时还具有政治、社会，甚至意识形态内容。

显而易见的是，当今世界上的主要国家都进入了新增长轨道。其主要特点不只在于新的增长速度的变化，而且还在于增长的质量、生产部门及地理分布的改变。其中，发展中国家的变化为世界经济结构注入了新元素。如果说过去每一次美国经济危机都会影响到全球经济，因此人们只关注美国经济的话，那么如今的危机则是在美国没有出现衰退的情况下显现出来的。

在困难情况下，俄罗斯面临着与发达国家进一步拉开差距的风险，但同时也有机会去彻底改变我们在世界政治经济版图中的地位。危机总是意味着挑战与机遇的并存。李光耀曾指出，新加坡正是在结构性危机中从第三世界跃升至第一世界的，危机使人们去寻求创新，并将创新成果巩固下来。而且，这种创新不只是技术上的，同时也是制度上的。20世纪的经验有力地证明，要从根本上改善一国的环境就应该吸收先进技术，同时建立相应的制度，即"游戏规则"。借用马克思的话，就是生产力和生产关系要协调一致。

世界经济的图景也可以从能源结构的变化来加以考察。大规模的液化气运输将以前世界上彼此隔绝的市场连接在一起，而页岩气的开采则使以前的能源进口国变为了出口国。很多中小型企业的创新工作也对世界能源市场产生着影响，它们在这方面甚至超过了一些大型能源企业。而且这些中小企业展现出了极高的稳定性，石油价格的大规模下跌并没有使它们大面积破产。当然，如果价格持续下跌的话，形势可能会发生变化。与此同时，我们也不能忽略太阳能、电能、混合能源和氢能研究领域中的积极探索。如果这些领域中的发展能齐头并进，而油气价格不进一步下降的话，那么世界能源领域可能会发生革命性的变化，其规模甚至超过"页岩气革命"。

在这种背景下，企业投资战略、技术创新模式及相应的宏观经济政策都发生了转变。在没有找到适当的方式来应对当今时代挑战的情况下，我们应该做的是鼓励创新进取，以及不断地学习。无论对于国家、企业，还是个人，这都是适用的。在此基础上，未来发展的主要趋势是经济生活的更加自由化和现代社会的非官僚化，这在快速变化的世界中是不可避免的。

三、俄罗斯的经济增长战略

在全球性危机背景下，俄罗斯当前的首要任务是确保经济在中长期内能够快速稳定地增长。但在这一过程中我们将面临两方面的风险，它们在形式上对立，但在实质上却很接近。

一方面是人为提高经济增速的风险。我们曾记得，1986—1989 年苏联也曾试图刺激经济快速增长，其间的经济增速确实有所提高，但也带来了很大的负面效应。这段时期经济增长的代价是外债的成倍增长。随着苏联的解体，这些债务只能由俄罗斯来偿还。

另一方面的风险是人们从心理上适应了低增长，甚至是零增长，并将这种状况视为正常现象。这在最近几年的经济政策讨论中有很明显的体现。最开始我们的任务是确保 GDP 的增速保持在年均 5% 的水平上，当时 2% 的经济增速都被视为是过低的，甚至是危险的。但今年的第一轮经济预测认为，俄罗斯全年的经济增速可能只有 2%—3%，很多人认为这一增速是有益的，是危机结束的标志。如果这样的心理定势在社会中占主导地位的话，那我们可能会陷入长期衰退。

现在人们都在谈论建立新经济增长模式的必要性。这是对的，因为当前俄罗斯的内外部发展环境都十分严峻，某些方面甚至发生了根本性的变化。人们一般认为，如果依赖外部资金的话，那么我们的经济发展几乎不可能取得成功，我们应该依靠的是国内需求的快速增长。但我还要补充的是，投资环境对于俄罗斯经济增长来说也是十分重要的，适宜的投资环境是提高经济增长质量的基本条件。在下一步的工作中，我们需要在四个方面继续努力，即宏观经济运行、结构性政策、人力资本发展和国家治理体系。

对于俄罗斯社会经济稳定发展来说，这四项指标是非常重要的，在这方面我们需要完成的任务包括：

第一，保障宏观经济稳定，其中包括实现预算平衡和低通货膨胀。这将有助于提高经济预测的准确度，并提振人们对俄罗斯经济的信心。此外，低通胀也会伴随着低市场利率，也就是说企业和居民的信贷成本会降低。同时，俄罗斯的货币政策也应该致力于促进卢布成为区域储备货币。

第二，通过完善预算程序的方式来提高预算支出的使用效率。基础设施和人力资本投资应该是预算经费使用的优先方向。

第三，吸引私人投资并提高其在经济增长中的作用。国家已经采取并即将推出一些新措施来支持投资。但国家对投资的激励不应是无限度的，国家不能取代私人投资者。在吸引投资者的同时还要考虑到国家与地方政府机构的工作效率问题。

第四，国内储蓄应该成为投资的最主要的来源。这一战略性任务多年前已经提出，但我们仍需朝这个方向努力。在当前背景下，我们需要具体研究养老基金使用的效率问题。包括养老基金在内的社会保险体系是"长线资金"的主要来源，即使再发达的银行体系也无法完全替代它的作用。

第五，将中小企业发展作为保障经济稳定增长的前提条件，同时也是保障社会稳定的重要因素。中小企业的良好发展是一国经济与社会健康运行的重要指标之一。

第六，促进竞争。缺乏竞争的一个主要原因是担心企业层面和地区层面产生社会稳定问题。因此，现代劳动力市场的发展既是社会问题，也是经济问题。

第七，促进非原料产品出口。实质上这是衡量进口替代发展的一个指标。

第八，提高国家治理效率。要建立对各级决策机构的问责制度，对官员进行考核。政府项目支出要做到有的放矢，其中包括对投资和商业活动的激励。政府决策应该具有目标性和连贯性，而且不能与国家长期发展目标相冲突。

四、结 论

综合全文分析，我们可以得出以下结论：

第一，全球性危机带来的结果是"新常态"的出现，它不仅涵盖了经济领域，而且涉及现代社会生活的方方面面。世界大国普遍都步入了新的增长轨道，这既是经济增长速度的变化，同时也是经济增长动因和质量的变化。现在需要重新审视过去评价经济发展的各种标准。

新技术和创新活动的扩展迅速改变了市场和各经济部门的形态，同时也改变了市场运作模式和长期规划的制定方式。在现代世界中，"先进"与"落后"部门间的区别已不再明显，所有部门都具有创新潜力。

第二，从一些经济指标看，俄罗斯是一个发达国家，因此它所遇到的各种问题应该首先参照发达国家的方式来解决。与此同时，俄罗斯也具有发展中国家的优点，我们也应该利用这些优点来克服当前的危机。但这并不能使我们骄傲自满，我们在世界中所处的位置给我们带来了各种各样的挑战。俄罗斯渴望成为发达国家中的有机组成部分，也正是这一愿望使我们必须要面对各个潜在竞争对手的挑战。最近以来在地缘政治上的紧张状态很大程度上也与此有关。

第三，我们必须要建立新的经济增长模式，使其符合当代俄罗斯与世界的现实情况。在全球危机的背景下，我们应该制定新的、长期的"游戏规则"。新模式应该能够在中等期限内保障俄罗斯经济稳定快速地增长，长期内则应该能够实现经济结构的优化和经济增长质量的提高。

第四，人力资本已经成为国际竞争的一个重要内容，它同时也是现代化生产的最重要推动因素。人力资本的竞争将会非常激烈，因为当今世界已经形成了一个共识，即一个国家要想成为世界发展的领导者，那么它就必须对高素质人才具有足够的吸引力。

第五，面对飞速变化的世界，人们不断地寻找应对各种挑战的方法，这一过程使我们的经济生活变得更加开放。无论是发达国家，还是发展中国家，人们已经意识到必须要为创新及资本与技术的转移创造一个适宜的环境。

经验证明，只制定政策是不够的，更重要的是将其贯彻下去，并为全社会所认同。这是我们的主要任务。

资料来源：

Д. Медведев. Новая реальность：Россия и глобальные вызовы. Вопросы экономики, 2015, 10. С.5-29.

译者单位：中央编译局俄罗斯研究中心

政党・政治

统一俄罗斯党内的三个政治平台

李兴耕

统一俄罗斯党建党以来,党内一直存在不同的思想倾向。从2012年起,在原有俱乐部的基础上成立了"社会平台""爱国主义平台"和"自由主义平台"三个政治平台,分别代表了左、中、右三种不同倾向,在党的决策过程和政治活动中发挥了举足轻重的作用。

一、演变过程

早在2005年,统一俄罗斯党内就形成了"自由保守主义""社会保守主义"和"国家爱国主义"三个政治俱乐部。三个俱乐部的代表在中央执行委员会签署了《统一俄罗斯党政治俱乐部公约》(以下简称《公约》),宣称各派都"忠于党的世界观及其基本价值、理想和纲领目标","拥护普京和梅德韦杰夫提出的直到2020年的俄罗斯发展规划,并为实现这一规划积极努力,贡献力量"。《公约》宣称,鉴于党内对如何实现国家面临的各项重大任务的道路和方法持有不同观点,应切实展开思想理论工作,进行自由辩论。同时必须遵守党的章程和纲领。一旦党的领导机关通过决议,每个成员都必须执行。该党最高委员会主席格雷兹洛夫也对党内成立三个政治俱乐部表示肯定,认为这有助于党内进行广泛讨论。

2012年3月普京第三次当选总统后指出,统一俄罗斯党想继续保持领先地位,必须提高统一俄罗斯党的生命力和政治竞争力,向广大选民表明,它选择的国家发展道路对于当前时期的俄罗斯是最合适的。为此，统一俄罗斯党进行了一系列改革，其中包括改建政治平台。

2012年4月初，统一俄罗斯党总委员会主席团书记谢尔盖·涅维洛夫在《独立报》发表的《统一俄罗斯党内可能形成几个意识形态平台》一文指出，统一俄罗斯党作为俄罗斯第一大党正在进入一个新时期，面临一系列新任务。党一直把发扬党内民主和展开辩论作为工作基础。考虑在党内建立几个意识形态平台，使党的各个团体可以表达并捍卫自己的政治观点、社会价值和经济主张。政治平台不仅要提出和讨论最重要的问题和最紧迫的事情，而且要寻求解决这些问题的办法。政治平台的多样性可以保证党的意识形态的总方向，实行合理的政治集中，在互相有矛盾的各种利益之间保持平衡，把各不相同的意见整合成统一的党的纲领。在选择继续发展党的意识形态道路上保持各种观点的平衡十分重要，既不应倒向左边，也不应倒向右边。2012年4月6日，涅维洛夫发表"统一俄罗斯党的政治平台：发展的意识形态"的讲话，特别强调建立意识形态平台是为了发展党内民主。要保持各种观点的平衡，使社会更加紧密地联合起来，形成有效的互动机制。

2013年1月23日，统一俄罗斯党总委员会主席团副书记安德烈·伊萨耶夫在三个政治平台的联席会议上说：不同平台反映了广大党员和支持者的思想观点。各派的思想观点并不完全一致，但都是爱国的、有意义的和重要的。党内确立了平台对话的机制，重要的是通过辩论进行沟通，从而找到解决各种复杂问题的办法。

二、政策主张

1. 自由主义平台

2012年3月，自由保守主义俱乐部协调人弗拉基米尔·普里金宣称，统一俄罗斯党作为一支进步的中右力量，应捍卫自由主义意识形态，坚持右翼保守主义方向，争取中产阶级的支持。2013年2月4日，自由保守主义俱乐部改组为自由主义平台。弗拉基米尔·普里金、维克多·祖巴廖夫和瓦列里·法捷耶夫三人被推选为该派协调人。自由主义平台宣称：如果没有自由思想，就不可能实现全体俄罗斯公民的繁荣和公正，繁荣俄罗斯的形象应是自由国家的形象；只有有能力保卫自由不受内部和外部威胁的强大国家，才能实现自由思想；民族资产阶级是一切自由的最可靠支柱；大众媒体应致力于促进实现民族团结的任务；自由主义是根据人民自由选择的结果确定国家发展方向的思想，要把个人利益与整体利益结合在一起。自由主义价值观的内容是：自由、私有制、公正、团结、主权。同时该派对目前流行的极端自由主义思潮提出批评。

2. 社会平台

社会平台是在社会保守主义俱乐部基础上组成的，最初的协调人是安德烈·伊萨耶夫。2012 年该政治俱乐部改组为社会平台后，由统一俄罗斯党最高委员会执行局成员、国家杜马党团副主席奥列克·莫罗佐夫任协调人。后来，莫罗佐夫转到总统办公厅工作，从 2012 年 8 月 10 日起党的总委员会副书记、国家杜马副主席谢尔盖·热列兹尼亚克担任社会平台协调人。

社会平台与自由主义平台对统一俄罗斯党的政治定位持不同观点。伊萨耶夫宣称，我们坚持中左立场，致力于提高人民的福利，不应转向自由主义，而应成为更加关注社会的力量。他认为，在选举中投票赞成统一俄罗斯党的大多数选民是中产阶级代表、熟练工人、工程师、公务员、军人、退休者，他们都支持党的中左立场。他声称，多数党员都拥护社会保守主义。统一俄罗斯党总委员会主席团副书记尤里·舒瓦洛夫认为，统一俄罗斯党应成为具有明确社会倾向的俄罗斯保守主义政党。莫罗佐夫也宣称，统一俄罗斯党应采取中左意识形态。"我们的基本原则是在政治上团结一致，在意识形态上保持多样性。"热列兹尼亚克指出，社会平台要成为有关社会领域的立法的主要倡议者；并运用最先进的信息技术，帮助制定有效的立法倡议。可见，社会平台带有一定的社会民主主义色彩。它既不同于自由主义平台，也与西欧社会民主党存在明显差异。

3. 爱国主义平台

爱国主义平台采取介于自由主义平台和社会平台之间的中间立场。统一俄罗斯党总委员会主席团成员、国家杜马安全与反腐败委员会主席伊琳娜·亚罗瓦娅担任该派协调人。她认为，统一俄罗斯党自建党起就是一个联合的、团结的党。"左"的和"右"的意识形态将会使社会分裂，互相对立。党既不应该向"左"转，也不应该向"右"转，而是要在"行动中的爱国主义"基础上把社会团结起来，向前迈进。她强调，尽管统一俄罗斯党遭到这样或那样的批评，可能犯这样或那样的错误，但党与普京和梅德韦杰夫站在一起，顺利地实行了发展国家的政策，既借鉴自由主义思想，也借鉴社会思想。现在俄罗斯需要联合起来争取胜利的意识形态。这就是国家爱国主义。只有在国家爱国主义基础上，才能实现发展国家、继续进行现代化的战略。

三、具体职能

1. 展开讨论的平台。统一俄罗斯党内的各个政治平台通过举行各种圆桌会议和辩论会，讨论有关国计民生和党的发展的各种问题，提出各种方案和建议。

2. 联系不同社会群体的桥梁。三个政治平台代表了社会不同阶层和群体的诉求。自由主义平台主要代表企业主群体和民族资产阶级的利益，致力于优化市场经济体制；社会平台主要代表普通劳动者、工会会员、科技人员、教育工作者及退休人员等的呼声，致力于改善社会保障体制；爱国主义平台代表各类强力部门工作人员、军人、老战士及广大爱国者的诉求，致力于维护俄罗斯国家利益和安全。

3. 立法倡议推动者。在俄罗斯国家杜马、各级地方立法会议以及政权机关中都有各平台的代表，他们积极参与立法活动和行政管理，在各自的领域提出了一系列的倡议和法案，开展社会公益活动。其中许多倡议和法案经国家杜马及各级立法会议讨论通过，成为国家法律或地方性法规。

4. 选举活动参加者。在总统选举以及各级政权机关、国家杜马和地方立法会议代表选举中，统一俄罗斯党的候选人名单，首先要在党内初选，各个平台都有权参加这些初选活动。统一俄罗斯党各个平台与全俄人民阵线是密切合作的伙伴，在议会选举以及重大议案表决时采取一致行动。

四、几点看法

1. 从最近两年的实践来看，统一俄罗斯党的三个政治平台在加强党内各派团结、提高党的凝聚力和影响力、促进党与社会群体的对话和沟通方面取得了一定成效。2012年实施简化政党登记程序法之后，俄罗斯政党数量大幅增加，各政党之间的竞争加剧，但并没有削弱而是增强了统一俄罗斯党的地位。统一俄罗斯党在2012年和2013年的地方议会选举和地区行政长官选举中取得了不俗成绩，其得票率在大多数地区处于领先地位，甚至高于在2011年第六届国家杜马选举中的得票率。

2. 三个政治平台都宣称拥护普京路线，但各派之间的观点分歧也相当明显。统一俄罗斯党今后能否发扬党内民主，有效地协调整合各个平台的力量，避免内耗和组织分裂，巩固和扩大党的群众基础，是关系到党的兴衰存亡命运的重大课题。

3. 2014年2月14日，俄罗斯国家杜马三审通过了普京总统提交的关于恢复国家杜马选举混合选举制的法案，规定各政党进入国家杜马的得票率门槛将从原先的7%降至5%，同时继续禁止几个政党结成联盟参加选举。这对俄罗斯今后的政党格局将产生重要影响。最近，俄反对派游行活动主要发起人之一纳瓦利内参与创建的"进步党"（Партия прогрecca）也获准登记。政党数量的增加和进入杜马的门槛降低，可能会导致有若干新党进入下届杜马或地方立法会议。这些新党对统一俄罗斯党的领先地位暂时还不会构成严重威胁，因为选举法仍然禁止在选举活动中几个政党结成选举联盟，而且反对派阵营内部四分五裂。至于将来能否成为统一俄罗斯党强有力的竞争者，取决于今后俄罗斯形势的发展变化，也取决于统一俄罗斯党能否与时俱进，进一步加强党的自身建设。

资料来源：

① http://www.cscp-nw.ru/disscusvnutrip/hartia./

② http://er.ru/core/news/subject/96.html.

③ http://er.ru/core/news/subject/95.html.

④ http://er.ru/core/news/subject/94.html.

⑤ Сергей Неверов: 5 мифов о "Единой России".《Независимая газета》02.12.2013.

作者单位：中央编译局俄罗斯研究中心

普京的欧亚强国梦

庞大鹏

如果说普京执政前八年是俄罗斯调整、恢复和实现稳定的时期,那么经历了应对经济危机、开启全面现代化进程的"梅普组合"时期之后,俄罗斯究竟要走向哪里?正是因为有此疑问,所以当普京再次就任总统的时刻,俄罗斯国内在期待:俄罗斯以何种状态迎接即将到来的全球大转型时代?世界在观察:俄罗斯将在未来六年"干什么,在哪里,去哪里"?

在经济发展道路上,普京早已在2008年提出国家创新发展战略是唯一正确的选择。在政治发展道路上,以主权民主为核心的保守主义价值观也日益巩固,加强控制性的政治稳定是普京改革举措的本质。那么,在新的总统任期上,普京如何回答俄罗斯走向何方的问题,"普京主义"的突破在哪里?目前看来,构建俄罗斯的"欧亚战略"是普京重返克里姆林宫以来执政理念的最大亮点。

早在2011年10月总统竞选前夕,普京就提出了欧亚联盟的构想:建立强大的超国家联合体模式,能够成为当代世界多极中的一极,发挥欧洲与亚太地区有效纽带的作用。2013年的外交政策构想明确提出建立欧亚经济联盟是优先任务。欧亚经济联盟是决定独联体国家未来并向其他国家开放的一种联合模式。建立于广泛的一体化原则基础上的新联盟可以成为欧洲与亚太地区之间有效的联系环节。

与欧亚联盟的思想密切相关,精英阶层关于俄罗斯是"欧洲太平洋国家"的身份认定也出现了。回顾俄罗斯在金融危机最困难之时,当全社会都在反思发展模式，俄罗斯的政治精英们却依然坚定表示：俄仍属于一流国家，仍符合世界强国水平。可以说，经历过帝国辉煌和大国地位的俄罗斯精英和许多知识分子习惯于被看作大国公民。因此，对他们来说，大国地位的衰落是一种痛苦的经历。他们与其说关心生活水平的低下，不如说更关注实力和影响力的丧失。俄罗斯不仅仅要成为欧亚国家，而且还应成为欧洲太平洋国家，这是新时期执政精英的呐喊："虽然俄罗斯非常热衷于维护自身的战略独立性，但它不应把自己看成是一个兼跨欧亚的国家，一种位于东西方之间的平衡力量，或是横跨两头的桥梁。其实，俄罗斯应当重新把自己确定为一个欧洲太平洋国家，应当不仅仅把眼光投向河对岸的中国，而且要越过大海放眼日韩，乃至越过大洋眺望北美洲与澳大利亚。"①

无论是欧亚联盟的设想还是欧洲太平洋国家的身份，背后都是普京欧亚战略的具体体现。欧亚战略表面上是要解决俄罗斯的国家定位问题，本质上依然是在回答俄罗斯的发展道路问题。事实上，从俄罗斯独立以来，发展道路的基本涵义并未发生重大改变，它依然是指俄罗斯选择什么样的政治经济制度和实行什么样的对外政策。从更深的层次看，发展道路涉及俄罗斯民族国家属性和文明的归属问题，即俄罗斯究竟应该纳入西方文明还是纳入东方文明，俄罗斯应该保持和发扬自己的文明传统，或是根据自己的特点创造一种新的文明。所有这些辩论归根到底集中为一个焦点：俄罗斯究竟应该走向哪里。

欧亚战略是要回答一个问题，就是俄罗斯需要通过经济、政治和军事的一体化，逐渐使独联体国家同俄罗斯重新联合起来，走向复兴和重新崛起。说到底，以区域性帝国的方式崛起是俄罗斯的路径依赖。俄罗斯的国家特性可以概括为"对内集权，对外扩张"。在俄国哲学家们一次又一次谈论俄罗斯性格与俄罗斯灵魂的过程中，俄国自我形象的中心预设被不断强化：由于俄罗斯缺乏防御能力，因而对外扩张不是一种殖民主义。因为在俄罗斯人的思想中，存在着一种普

---

① Dmitri Trenin, *China, Russia and the US-A Shifting Geopolitical Balance*, http://www.publicserviceeurope.com/article/1583/china-russia-and-the-us-a-shifting-geopolitical-balance.

遍的观念，即俄罗斯民族是特殊的民族，对于拯救欧洲以及整个人类负有特殊的使命。这是一种救世思想。这种自我意识其实在本质上缺乏对他者文化的尊重。这是俄罗斯如何融入世界的关键问题。可以说，俄罗斯的国家身份认定，或者说俄罗斯的自我国际定位，从历史上就与帝国意识紧紧捆绑。俄罗斯是一个寻求以帝国至少是区域性帝国的方式实现快速发展和崛起的国家。

欧亚战略的提出背景，一是国际格局变化的客观要求，二是普京对于时代特征的判断。金融危机以来国际格局出现的变化，是国际社会自1989年苏东巨变以来国际格局变动和国际形势变化最为剧烈的一个时期。现阶段国际安全事务的重心，已经从俄美博弈的重点地区即欧洲大陆与独联体地区转向中美博弈的亚太地区。中国已经成为美国最大的现实的战略竞争者，而俄罗斯则被美国看作是现实的或潜在的战略合作者。"梅普组合"时期奥巴马"重启"美俄关系以来，俄美在独联体地区的争夺、北约东扩与导弹防御之争这三大领域都出现了具有实质意义的缓和。在国际格局出现深刻变化的同时，普京对时代特征的判断非常明确，当今时代处于"世界发展的新阶段"。时代背景决定发展阶段。普京认为，在这样一个全球大转型的时代，俄罗斯的发展也进入了一个新阶段。在这种情况下，俄罗斯能够也应该发挥应有的作用，这种作用是由其文明模式、伟大的历史、地理及文化基因所决定的。在俄罗斯的文化基因中，欧洲文明的基本原则同与东方长达数个世纪的合作得到了有机的结合。基于上述考量，欧亚战略顺势而出。

欧亚战略的大局要求政治保持稳定，经济保持发展，外交遵循务实原则。就2013年俄罗斯的形势来看，普京很多举措考虑了欧亚战略的总体需要。比如，普京释放霍多尔科夫斯基有深层的政治考量。首先，普京自从2012年重返克里姆林宫以来，在政治改革上有一系列举措，已经稳住了俄罗斯的政治形势。在这个大背景下，释放霍多尔科夫斯基不会对普京政权产生实质影响。其次，2013年俄罗斯经济增长放缓，令原本存在的政治问题更加突出，普京提出保增长的任务。这时候释放霍多尔科夫斯基，有意向外界释放和缓姿态，意在传递营商环境上有所改善的信号。在得知霍多尔科夫斯基获释的消息后俄罗斯股市止跌反弹就是证明。第三，索契冬奥会在俄罗斯举办，计划中的2014年八国集团峰会，释放西方国家眼中作为民主派代表的霍多尔科夫斯基，有回应西方对所谓俄罗斯人权状况的批评、改变俄罗斯国家形象的考虑。最后，霍多尔科夫斯基的刑期本来就是到2014年8月为止。对于普京而言，与其到点释放，不如现在解套，还能产生很多正效应。这也是普京政府所乐见的。可见，释放霍多尔科夫斯基只是一种策略，为实现欧亚战略赢得政治稳定、经济发展的大局才是普京政权的根本出发点。

  2013年俄罗斯在包括叙利亚问题、斯诺登事件、乌克兰入欧和伊朗核问题等多个国际热点问题上积极施展大国外交技能，特别难能可贵的是，这些是在国内经济放缓的不利形势下取得的，这说明俄罗斯大国外交有深厚的战略文化底蕴。同时，应该看到，这与普京的欧亚战略有关。现阶段国际发展的标志性特征是以全球金融—经济危机为强力催化剂的地缘政治格局的深度变革。国际关系正处于一个过渡期，其实质在于构建多极化国际体系。在这一历史进程中，俄罗斯的角色是充当国际事务和全球文明发展中的稳定因素。俄罗斯对自己的定位是充当各主要力量尤其是欧亚之间的平衡因素，在目前美国重返亚太战略的背景下，普京认为这是俄罗斯发展的一个战略机遇期，俄罗斯要利用机遇期，实现战略目标，在大国博弈中作为一个平衡，取得自己的利益。当然，普京对于美国有深刻的防范心理和不信任感。2013年俄罗斯国内的反美倾向和反西方主义抬头。但是，正如2013年俄罗斯外交构想指出的，俄罗斯外交的基本目标是为俄罗斯经济稳定蓬勃的增长、实现技术现代化和转入创新发展道路、提高民众生活的水平和质量创造有利的外部条件。这样的基本定位决定了俄罗斯为了实现现代化，吸引西方先进技术和资金，不会冒与美国发生对抗的危险。

  相较外交而言，2013年俄罗斯经济形势并不尽如人意，这会成为普京执政乃至实现欧亚战略的一个隐忧。普京2012年5月签署一系列"五月总统命令"，涵盖俄罗斯经济、社会、军事和外交各个领域，为了落实相关指标，还特别成立了一个委员会来监督执行。但实现这些指标俄罗斯经济需要保持5%以上的增长，而俄罗斯2013年前11个月国内生产总值同比增长1.3%。未来一个时期，俄罗斯仍将处于经济低速发展时期。俄罗斯重新崛起的目标前景不明朗，如果无法实现既定战略目标，普京政权的稳定及合法性都会受到影响。俄经济学家亚辛认为，追求今后几年的增长速度毫无意义。若不进行重大改革，不是在经济层面，而是在政治和法制层面，俄罗斯将停滞不前。普京的欧亚强国梦面临挑战。

作者单位：中国社会科学院俄罗斯东欧中亚研究所

索契 2014：俄罗斯展示国家形象的舞台

王秋文

2014年2月7—23日，第22届冬季奥运会在俄罗斯黑海之滨的著名旅游城市索契顺利落下帷幕，这是俄罗斯20多年来规模最大的体育盛会，被看作是俄罗斯在国际舞台上的高调复出，同时俄罗斯在索契冬奥会上所展示的国家形象也永久地留在了国际舞台上。

一、用实力战胜威胁，全力以赴反恐确保冬奥会安全

索契冬奥会前，各种恐怖活动异常活跃。伏尔加格勒的三次爆炸案，造成40人死亡，100多人受伤；匈、德、意和斯洛文尼亚奥委会收到电子恐吓信；俄美媒体也分别爆出"黑寡妇"已潜入索契。这些都给索契冬奥会蒙上了阴影，也使俄罗斯面临前所未有的反恐挑战。面对现实的恐怖威胁，如何加强安保成为索契冬奥会的重中之重。

普京表示，俄罗斯非常清楚索契冬奥会面临的恐怖威胁，将"不惜一切代价"保证冬奥会的安全。如果俄罗斯允许自己示弱和显现恐惧，那么将促成恐怖分子达到他们的目标。因此，俄罗斯采取了强有力的手段积极应对，以"过度"的安保措施应对"极端"的恐怖威胁，最大限度地保证了冬奥会的安全。

首先，完善《反恐法》。该法的核心是恐怖分子及参与恐怖活动的人，其家属将承担连带责任，这进一步遏制了恐怖活动。

其次，针对高加索地区的恐怖袭击，采取多种方式善后，打击与安抚并举，

因此赢得民意支持。

第三，索契冬奥会在奥运历史上首次设置了特殊的"观众护照"，通过个人信息筛查进入奥运场馆的观众，最大限度减少恐怖分子混入奥运场馆的可能性，确保赛会安全。

第四，不惜代价保卫索契冬奥会，安保投入超过历届冬奥会。

负责索契冬奥会安保工作的包括俄罗斯紧急情况部、安全部门、反恐和国防力量等各个部门，形成了综合立体的安保网络系统。首先采取了内外结合的双重措施：外围由军队和武装力量形成海陆空立体部署，切断恐怖分子可能进入索契的通道；索契市区内提前清理城市非法移民，实行"分区管理"，保证核心区域和敏感区域的"绝对安全"。负责安保工作的所有部门提前一个月进入战备值班状态。同时在索契海滨部署了海上安保系统；为防止飞机和巡航导弹的攻击，还在索契部署了短程防空系统。据报道，俄罗斯共出动了约4万名工作人员负责安保，安保费用达30亿美元，成为历届冬奥会之最。最终，索契冬奥会得以安全顺利地进行。

二、积极应对压力，在体育与政治的较量中捍卫奥运精神

俄罗斯承诺要将索契冬奥会办成一次全球体育盛宴，面临的另一个巨大挑战就是来自西方的抵制。俄罗斯奥组委向国际奥委会各成员国的领导人发出了出席开幕式、观摩冬奥会的邀请，在一些欧美国家遭到冷遇。西方大国的领导人"集体回避"，包括美国总统奥巴马、法国总统奥朗德、英国首相卡梅伦、加拿大总理哈珀等多名西方国家元首缺席索契冬奥会开幕式。西方媒体的各种指责和"吐槽"铺天盖地，《纽约时报》评论说，西方的批评犹如雪崩，俄罗斯人抹掉它却如同将雪花掸下自己的衣服。最终，有60位国家元首及国际组织负责人出席冬奥会，包括中亚国家的元首们，最后改变主意的有日本首相安倍晋三，以及欧洲20多个国家的领导人。

中国力挺成为关注的焦点。中国国家主席习近平应普京之邀亲赴索契出席冬奥会开幕式，这是中国国家元首首次出席在境外举行的国际体育赛事，以表达对

俄罗斯举办冬奥会的支持，被西方媒体看作是对普京的"雪中送炭"。习近平也是普京在索契会晤的首位国家元首。中俄之间的密切互动充分显示了中俄战略协作伙伴关系的良好状态。

由此可见，让体育远离政治，虽然一直是奥林匹克运动所坚持的精神原则，但在当今的国际环境下，体育和政治难以分离。索契滑雪场上不仅有体育竞技，也有政治竞技。由于乌克兰危机的影响，当今世界的主要政治力量在国家利益和地缘政治追求上的不合拍，成为直接影响索契冬奥会的政治因素。去不去索契，便成了一种政治态度，成了当前国际政治格局中的政治立场的表现形式，在索契冬奥会开幕式的贵宾席上展现出来。

国际奥委会主席巴赫在索契冬奥会开幕式上呼吁政治家不要将运动员作为施加政治压力的工具，并向帮助运动员的世界政治领袖们表示感谢。

三、开幕式精彩绝伦，灿烂的民族文化和历史赢得世界尊重

西方的冷漠并未影响俄罗斯对索契冬奥会的热情，精彩绝伦的开幕式吸引了全球的目光。2014年2月7日莫斯科时间20点14分，第22届索契冬季奥林匹克运动会开幕式在索契市"菲什特"体育馆隆重开幕。特别挑选的这个开幕时间意指俄罗斯历史上首次举办冬奥会的时间是2014年。

开幕式以"俄罗斯之梦"为主题，通过一位名叫"柳博芙"的小姑娘的梦境，以庞大的气势和精彩绝伦的表现形式展示俄罗斯文明演进的历史，极具震撼力。既有俄罗斯童话人物、果戈理作品中的三驾马车、彼得大帝率领的舰队的浩大场面，又有作家托尔斯泰、作曲家柴可夫斯基的身影以及当代的宏伟建筑、机车、桥梁和雕塑的画面，精彩绝伦的芭蕾舞和经典音乐充分展示了俄罗斯的传统文化及其对人类文明发展的贡献。让你不由自主地真切地感知、感受并感动于其中涌动的强烈的民族自豪感和自信心。这既是艺术的魅力，也是民族的魅力。

开幕式长达3个小时。最后是在柴可夫斯基乐曲伴奏下的华丽的烟火表演。普京希望通过索契奥运会可以让人们对俄罗斯"刮目相看"，重新认识俄罗斯，

重新看待俄罗斯的传统、特色及其成就，借助索契冬奥会宣布俄罗斯回归。开幕式的震撼表明：这一切都达到了预期的目标。

俄罗斯媒体盛赞开幕式是"一场让俄罗斯找回骄傲的盛典"。《莫斯科日报》头版文章评价，"我们缺失了这种感觉许多年，一种为我们国家骄傲的感觉，一种为她的力量、团结、伟大而自豪的感觉"，在索契开幕式上感受到了。欧美媒体的评价则极具讽刺。英国《卫报》评论索契冬奥会开幕式是"乌托邦之梦"，尽管内容精彩，意欲展现俄罗斯的骄傲和抱负，但与今天的俄罗斯现实却有很大的差距。美国《纽约时报》评价索契冬奥会开幕式节目内容展现的俄罗斯灿烂历史和艺术的背后，却是索契冬奥会处处暴露的缺陷。

诚然，理想与现实之间会有差距，但俄罗斯重返世界强国的梦想却是毋庸置疑的，精彩绝伦的开幕式赢得了世界的尊重。甚至连开幕式上最大的遗憾：巨大雪花造型的奥运五环展开过程中，其中一个环没有完整展开，也成了索契冬奥会的时尚标志，并在闭幕式上用人体造型重新进行了完美的展示。

四、展示国家形象，高调重返国际舞台，索契模式被称为现代俄罗斯的形象代表

1. 展示国家形象

2014年的索契冬奥会是1980年苏联莫斯科夏季奥运会后，时隔34年俄罗斯再次举办奥运会。2014年的俄罗斯与1980年的苏联似乎没有太多可比性，但有一点，1980年的苏联已是当时的世界超级大国，2014年的普京也要让俄罗斯重回世界之巅。因此，西方媒体把索契冬奥会叫作"普京的派对"。普京自己也将其政治前途与索契冬奥会联系在了一起。对索契冬奥会倾注了极大热情，就是为了给俄罗斯一个证明实力的机会。向世界展示俄罗斯的国家形象，表明俄罗斯重返国际舞台的决心和实力。经过7年的筹备，俄罗斯做到了。索契冬奥会不仅成为俄罗斯展示国家形象的舞台，而且成为诠释民族精神与核心价值观的最佳契机，也成为俄罗斯高调复出的契机，取得了预期的效果。

2. 最大的投入与最大的热情

2014 索契冬奥会，俄罗斯以最大的投入与最大的热情，取得了历届冬奥会的一系列之最：一是历届冬奥会参赛国最多的冬奥会，有 88 个国家和地区参赛。二是项目最多的冬奥会，共设 15 个大项，98 个小项的比赛。三是火炬传递最远的冬奥会。索契冬奥会圣火传递到过北极，上过太空，潜入过世界最深的淡水湖贝加尔湖底，传递距离 65000 多千米，创历史之最。四是索契冬奥会以 500 亿美元的投入创历届冬奥会之最，等等。在冬奥会所有"之最"的背后，是俄罗斯对索契冬奥会的最大热情和寄托。

3. "激情冰火属于你"的国家特色

索契冬奥会的口号是：激情冰火属于你——Hot.Cool.Yours。三个英文单词之间用句号点隔开，没有空格。俄奥组委的官方解释是："激情冰火属于你"彰显了俄罗斯的国家特色和 2014 年索契冬奥会的价值，突出了 2014 年索契冬奥会在策划和举办方面的进步意义与新颖性。"Hot"代表火热的运动激情，也指索契的地点特征；"Cool"指冬奥会举办的季节，也代表俄罗斯的传统形象；"Yours"意味着冬奥会是全世界体育爱好者的盛事。"激情冰火属于你"体现了俄罗斯的国家特色。

2014 年索契冬奥会首次使用的数字化会徽："shchi.ru 2014"，简单明了，既是索契冬奥会组委会的官方网站，又清楚地展示出索契冬奥会的时间地点，充分展示了一个积极追求变化的新俄罗斯形象，蕴含了独特的俄罗斯文化特色。这是现代奥运会诞生以来第一个没有图案的数字化奥运会会徽。设计界好评如潮，称其为奥运会历史上的第一个数码品牌，非常契合时代变化的新形象。

4. 索契模式成为现代俄罗斯的形象代表

索契冬奥会的成功举办，给俄罗斯带来了巨大的鼓舞。索契模式被称为现代俄罗斯的形象代表。甚至有俄专家提出，2014 年俄罗斯的经济出路也寄望于复制索契模式。

索契模式的基本特点：除了技术层面上大投入大成果的操作能力，其政治层面的含义在于，不仅包括彰显大国存在感，表明俄罗斯重返国际舞台的决心和实力；而且包括彰显俄罗斯追求自身利益和拒绝别国干涉其本国事务的能力。普京时代的俄罗斯正将对这一主题不断地赋予新的含义。这是现代俄罗斯的战略选择。

作者单位：中央编译局俄罗斯研究中心

俄罗斯政治发展的"中间状态"

薛福岐

一、俄罗斯政治发展的"中间状态"

如果用"中间状态"界定当下俄罗斯的政治发展状态，是一个较为恰当的词汇。如此界定的理由是，2011—2012年选举年之后，俄罗斯精英集团或者政治阶级总体上没有对目前政治架构改弦更张的冲动，从某种意义上说城市中产阶级求新求变，但俄罗斯社会的大多数对持续不断的改革感到疲倦。维持现状是当下俄罗斯的最大公约数。

民意调查结果显示，对于俄罗斯而言，回到20世纪90年代那种发展模式是不可取的。一些人对苏联时期心怀感念，更多的是怀念特定时期的秩序和稳定，并不是想要回到苏联。2000年普京上台以来秩序得到一定程度的恢复，人们的生活水平普遍有所提高。2011年国家杜马选举和2012年总统大选表明，人们在国家杜马选举中真实地表达不满，结果是"政权党"——统一俄罗斯党失去议会下院宪法多数席位；而普京赢得总统大选，又体现出人们希望稳定、希望维持现状的心态。

国际方面，俄罗斯在20世纪90年代无论政治制度还是经济制度都是仿效西方，以融入欧洲为目标。2008年金融危机以来，欧洲深陷危机。全球范围的新自由主义在经历了20世纪90年代的高歌猛进之后，在国际金融危机中失势。俄罗斯社会内部，尤其是精英阶层和部分城市中产阶级对欧洲依然怀有深切希望，往往以欧洲为标准衡量俄罗斯国内发展。但对于大多数人来说，欧洲这个目标的吸引力大不如前。

因此，说俄罗斯政治发展处于"中间状态"，指的是俄罗斯既不可能发生社会和政治革命，也不可能发生逆转倒退这样一种发展状态。当然，俄罗斯政党制度的改革、国家杜马选举制度重新采用混合制、地方行政首长恢复直选、地方自治机构的改革等举措，可以视为在新的条件下为扩大社会力量政治参与提供一种制度化的可能性，旨在维系一个较为平稳、可持续的政治进程。但是，这种调整依然带有临时性安排的性质，完全有可能在下一个选举周期之后再次被替换。

二、"四个俄罗斯"的基本特征

俄罗斯学者娜塔莉亚·祖巴列维奇认为，2011—2012年选举的投票情况明显地可以划分出"四个俄罗斯"来，这"四个俄罗斯"可以构成俄罗斯当下政治发展的重要特点。

"第一俄罗斯"指的是12个人口超百万的大城市加上两个人口接近百万的城市，占全国总人口的21%。近20年来，这14个城市除4—5个之外，居民就业结构发生了变化，"白领"比例大大高于"蓝领"技术工人。俄罗斯3000多万中产阶级和网民主要集中在这些大城市。一般而言，大城市居民的经济状况受经济危机影响较小，但渴望变化和新的机会。

"第二俄罗斯"指的是中小工业城市（人口从2万—3万到30万—50万，最多达到70万）。这里的居民依然保持苏联生活方式，就业结构主要是"蓝领"，中小企业不发达。中小城市居民占全国总人口的25%，其经济诉求与中产阶级不同：就业和工资是关注的重点。

"第三俄罗斯"指的是广大小城镇和乡村居民，约占全国总人口的38%。小城镇和农村居民政治上处于被动状态。

"第四俄罗斯"指的是北高加索和西伯利亚南部（阿尔泰）等边远地区，约占全国总人口的6%，当地经济和居民收入主要依靠联邦财政转移支付和投资。

从政治地理的角度，俄罗斯社会变革的呼声主要来自大城市中产阶级，尤其以莫斯科和圣彼得堡两个城市最为集中。中小城市和广大乡村地区的居民并不希望看到剧烈的变动，更多是希望维持现状，提高和改善生活水平。

值得说明的是，也有俄罗斯学者从社会意识角度划分出"三个俄罗斯"，即处于后工业社会的21世纪的俄罗斯、处于工业化时代的20世纪的俄罗斯以及遵循传统价值的19世纪的俄罗斯。

无论是"四个俄罗斯"还是"三个俄罗斯"，无不凸显出近20年来俄罗斯社会结构的分化和变得复杂这个基本事实。

所谓社会结构的分化，就是俄罗斯社会分为经济上依靠国家的大多数阶层和经济上自主、政治上独立的少数城市中产阶级，以及各自所代表的不同的政治、经济和社会政策诉求。对前者而言，政治稳定、社会有秩序、国家不断增加工资和退休金就足够了。而对后者而言，国家仅仅维持政治稳定和秩序是不够的，还需要提供有效的制度，涉及反腐败、透明、效率等。二者都需要国家提供公共产品，这是重合之处，但具体的区别更有实质意义。普京的主要支持者是不太富裕的、教育程度不高的大多数，其意识形态以本土主义、"防御意识"、爱国主义和保守为主。属于少数的城市中产阶级则支持现代化、欧洲化、民主化等政治诉求。

苏联解体以来，20年间俄罗斯人的认同感已经发生重大转变。原来的"苏联人"开始逐步适应市场经济和代议制民主，逐步依靠个人努力取得成功。但"国家主义"思维、传统农民文化价值继续得以保留并有所强化。这表明，一方面新的俄罗斯认同感正在逐步形成；另一方面，俄罗斯人的认同感存在巨大的差异。这种发展趋势十分显著地表现在对西方的态度上，俄罗斯社会分化为"传统主义者"和"现代派"两大阵营。而国家认同感的高度不确定性是当前俄罗斯社会的一个显著特点。

三、民众的政治态度与政治参与

俄罗斯社会结构的变化与政治参与方式之间的对应关系也是一个重要问题。全俄社会舆论调查中心从2011年9月到2012年3月对全国40个地区1800

多名受访者连续8次的追踪民意调查显示,社会情绪变化的幅度,包括社会抗议、城市中产阶级参与的积极性及其变革诉求不应被夸大。即使在抗议活动较为积极的大城市,保守、随大流依然是社会情绪的主流。根据2011年10月7—19日的调查,61%的受访者表示,国家需要稳定,这比改革更重要。同时,城市中产阶级更渴望变化,但这种变化应该是渐进的而不是剧烈的改弦更张。

2011—2012选举年期间的民调也显示出俄罗斯人的意识形态偏好多年来基本保持不变。自由派,所谓的"城市中产阶级"居少数,占总人口的比例不超过20%—25%。而属于"保守的多数"则是超过60%的成年人。对于西方十分普遍的"左右"之分,在俄罗斯则不那么明显。

俄罗斯社会意识的结构特点是,占48%的是位于中间的主张社会主义、强国主义的人;支持共产主义的左翼占14%;右翼是自由派人士,占18%。这个图谱在整体上非常稳定。虽然政治上中派支持者的比例不超过50%,但却足以给整个体系提供支撑。

民意调查显示,抗议活动最积极的参与者不是所谓的"大都市中产阶级",不是"貂皮大衣党",而是持左翼民主立场的知识分子和大学生。前者的政治立场与所谓的"新左翼"和"新民族主义"有许多共同之处。预计未来是新的政治力量产生的基础。

就发展趋势而言,俄罗斯社会代际更替正在发生,青年一代的政治态度与老一代明显不同。在此背景下,未来政治领域的新民族主义者(младонациолисты)和左翼激进反对派(левые радикалы)将逐步走上前台。其政治和意识形态主张的特点是将民主和民族主义糅和。左翼激进派试图占领当前俄共和公正俄罗斯党的阵地。当然,必须说明的是,俄罗斯青年整体上游离于政治之外,对政治并不关心。这里所说的无论是新民族主义还是激进左翼,都是青年人当中的少数。

与此同时,抗议活动中少数人站出来提出自己的要求、维护自身利益,本身就表明政治体制需要作出适当的调整以适应这些新变化,只有这样才能维护社会局势的总体稳定。

四、政治变迁的动力

从动力来源角度看,政治变迁一般划分为三种:一是来自上层的动力。既可能由人事变动引发,也可能由意识形态变动引起。换言之,路线之争与人事变动互为表里,都可能引起政治变迁。二是来自下层的动力。来自民间的要求引发政治变迁,其方式有合法与非法两种。所谓合法,就是民众通过选举参与政治,组织政党参加竞选,获得政权;或者动员群众,取代现政权。所谓非法,就是以暴力手段推翻现政权,或者以罢工、怠工、破坏等方式迫使现政权作出改变。三是来自国际的动力。如外国的压迫、侵略等。

就当下俄罗斯而言,来自上层的动力和来自下层的动力似乎不足以引发政治变迁。尤其是在乌克兰危机的背景下俄罗斯面临的国际压力有所增大,但其后果则有可能是导致内部的动员以及"防御意识"的强化而不是变迁。

五、初步结论

历史环境和现实国情是任何一个国家进行民主政治建设的起点和基础。俄罗斯是一个幅员辽阔的国家,地区发展极其不平衡且这种不平衡会投射到选民的政治行为上来。这个因素长远来看对俄罗斯的稳定有着至关重要的影响。

俄罗斯的问题在于,在内部环境和外部环境发生剧烈变化的情况下,能够根据这些变化作出适当调整,尤其是形成能够为社会多数所接受的、有利于现代化的主流意识形态或者国家思想。在这个意义上,俄罗斯保守主义虽然在一定程度上呼应社会对理想信念的需求,但它能够在多大程度上成为"中产阶级"的意识形态和价值观并契合中产阶级的价值观需求呢?换个角度看,中产阶级在俄罗斯被称为"创造阶级"(креативный класс),被视为现代化的主要动力来源,如何为中产阶级在当下的政治发展中提供必要的平台和渠道,这都涉及政治参与以及政治参与的扩大与制度化等重要问题。

如何看待俄罗斯政治发展的前景?问题的关键也许在于如何继续对引进的西方民主政治制度进行适应性改造,同时也要对俄罗斯本土价值体系进行相应改造。这意味着既不是向"左",也不是向"右",而是走自己的路。鉴于俄罗斯历史经验和内外部环境的复杂性,目前这种"中间状态"依然是一个较为显著的趋势,将会维持一定的时期,未来在一定程度上依然是开放性的。

作者单位:中国社会科学院俄罗斯东欧中亚研究所

当代俄罗斯社会民主主义运动的经验和希望

[俄] 瓦·祖博夫 等著　戢炳惠 译

《社会民主主义的抉择》一书是由俄罗斯公正俄罗斯党的三位杜马代表瓦·祖博夫、谢·彼得罗夫、阿·切博伊和俄罗斯政治技术中心第一副总裁、政治学家阿·马卡尔金合写的，2014年3月11日，俄罗斯politcom.ru网站刊登了其中的一章，现译介如下。

社会民主主义思想在后苏联时代的俄罗斯难以定型。苏联社会主义体系的破产似乎为社会民主主义的复兴创造了良好的机会。但是，这并没有发生，尽管在当代俄罗斯历史的不同时期都存在着为数不少的社会民主主义方案。造成这种情况有以下几个原因。

俄罗斯社会民主主义失败的首要原因是显而易见的，就是苏共——俄共的因素。一系列东欧国家执政的共产党成功地完成了向社会民主党的转变。例如，匈牙利社会党（前执政党——匈牙利社会工人党）在1994年的自由大选中胜出，重新执政。在波兰，共产党政府的前部长亚·克瓦西涅夫斯基于1995年的总统选举中战胜团结工会领袖瓦文萨。同年，保加利亚社会党（前共产党）在议会选举中获胜，组成政府。甚至在罗马尼亚，齐奥塞斯库拒不放弃自己的职位，为此付出性命，而共产党也被官方禁止，组建救国阵线的改革派共产党人掌握政权。在这些国家中，执政党中的保守派成为少数，被边缘化。

而在苏联则是另一番景象。苏共的民主纲领派仅代表党内具有现代思想的少数，远不是全部，因为主要的反对派活动家，首先是叶利钦认为党不会进行改革，于是在 1990 年退党。这不是一个偶然现象。在华约国家的党内，在世界社会主义体系崩溃前的假稳定期间，大多数政治家想脱离苏共和苏联，幻想欧洲式的前景。但是，一想到"布拉格之春"，他们就竭力回避此事。当政权更替主要以"天鹅绒革命"的形式展开的时候，他们就很快地随机应变，抛弃固守老教条主义的领导人这样的"累赘"。因此，在新的执政精英中就产生了"欧洲认同"。

苏联时期，苏共的普通党员没有考虑过改革和社会民主化。他们无法"摆脱"苏共（苏联在世界社会主义体系中占统治地位），即使向往欧洲，也只能是个体行为，比如买个录像机或毛皮大衣。由此，不仅苏联共产党，而且成立于 1990 年的俄罗斯苏维埃联邦社会主义共和国共产党（现俄罗斯联邦共产党的前身）都具有了反动性。在苏联共产党存在的最后一年，堪称本党大改革家的戈尔巴乔夫能保住自己的职位，只是因为人们尊重总书记的惯性（事实上在迅速减少）、复杂的政治操纵和缺少一致认同的替代人选。1991 年 8 月，戈尔巴乔夫被国家紧急状态委员会的活动家隔离，而党内同志并没有搭救自己的领袖。苏共垮台之后，试图创立由前共产党员参与的新的改革派的党，没能成功。重建于 1993 年的俄罗斯联邦共产党固然是一支政治力量，但俄共的领导层、积极分子和其选民都留恋苏联，期望复仇。改革这样的党是根本不可能的。

俄罗斯社会民主主义（还有自由主义）失败的第二个原因间接地与俄共现象相关，这就是政党政治体系不发达。这是由 20 世纪 90 年代上半叶的许多状况决定的，那时党派划分的依据不是"自由主义改革或社会改革"，而是"支持"或"反对"进行根本改革。在东欧，"自由主义改革"的失败者在接下来的选举中投票支持"社会"改革，而在俄罗斯 1993 年和 1995 年的选举中，反对票主要是鲜明反改革的党派——左翼的俄共和民粹的俄罗斯自由民主党投出的。在这两次选举进入议会的政治力量中，"亚博卢"联盟追求社会民主主义思想，是盖达尔经济自由主义的社会替代物。但是，亚夫林斯基有着民主派的形象，支持市场经济，这对于数百万幻想着一觉回到苏联的俄罗斯民众来说是不可接受的。这就产生了一个怪现象:"亚博卢"拒绝投票支持预算(类似于欧洲的反对党),而社会又认为它比俄共更忠诚于当局,因为实际上它会派出自己的部分"后座议员"来支持预算。此外,亚夫林斯基拒绝进入普里马科夫政府,也被部分"亚博卢"选民认为是不愿意承担责任的表现。这加速了"亚博卢"的"道德损耗"。

其他社会民主主义方案的状况同样不容乐观。最明显的例子是21世纪头十年上半期戈尔巴乔夫成了俄罗斯社会民主主义运动的领袖。就国内外的声望而言,他是理想人选。他在社会党国际中也颇受尊重。但是,作为苏联第一任、同时也是最后一任总统,社会认为戈尔巴乔夫应对苏联解体负责,因此,无论如何也不能寄希望于得到20世纪90年代动荡失意者的选票。另外,对于属于改革受益者的那部分选民来说,戈尔巴乔夫已成为历史人物了。所以,他在1996年的总统选举中遭遇惨败,仅仅获得不足1%的选票就不是偶然的了。

因此,抗议选民不仅投票支持"怀旧的左派"和民粹分子,还不把社会民主党人看作"自己人"。如果第二个原因与当局活动有关,那么,第三个原因则与未成为社会民主主义支柱的不稳定的中产阶级的情绪有关。社会民主主义的主要原则之一就是团结,而俄罗斯社会继承了苏联末期高度的"原子化"和淡薄的社会关系。在动荡的20世纪90年代,甚至苏联时期存在的关系都遭受了考验,不可能带着"人人为自己"的心理投票支持社会民主党人。20世纪90年代成功的俄罗斯人多半支持1999年右翼力量联盟中的自由派或者保证四年后国内生产总值增长的当局。在这种情况下,社会民主主义被看作是软弱无力的,是"失败者"的避难所,没有任何理由投票支持它。

第四个原因比不上前几个那么重大,因为它与公众情绪无关,而只与俄罗斯权力的个人性质有关。当局一开始就希望最大限度地强化总统体制,削弱其他。如果国内不具备有影响力的立法机关和独立的司法,那么,克里姆林宫能保障独立的、强有力的政党的发展就很奇怪了。俄罗斯所有的"政权党"都具有工具性质,几乎所有的"政权党"(可能1993年的"俄罗斯选择"除外)都强调非意识形态化,尽管在其纲领中都在谈意识形态。例如,统一俄罗斯党官方信奉保守主义，不过梅德韦杰夫刚一就任总统，该党就开始尝试将保守主义同现代化结合起来。不过，无论如何，这里指的不是选择什么样的意识形态，而是模仿什么样的意识形态。或许，指的是守旧的本能，让人想起的不是法国总统戴高乐和联邦德国总理艾哈德，而是"亲爱的列昂尼德·伊里奇"（指勃列日涅夫）。

在许多情况下，当局倾向于支持甚至倡议提出中左政党的方案，这些方案兼有社会民主主义性质。但是，第一个类似方案——"伊万·雷布金联盟"就表现不佳。它本应完成一个很小的任务，即在1995年选举中从强势的俄共那里夺过来哪怕很少的选票。结果令人沮丧，"联盟"比做过鲍·别列佐夫斯基政治主顾的原共产党员、议长雷布金更短命。

十年后，公正俄罗斯党出现了，它也是在克里姆林宫的庇护下成立的，不同于雷布金联盟的是，它极为成功。该党两次进入国家杜马，这是因为党内有大量单席位选区选出的代表。对这些代表而言，在实行比例选举制之后，进入这个党名单（也就是说加入公正俄罗斯党）是从政的唯一机会。2011年，公正俄罗斯党在杜马中的代表席位增加。许多选民信任该党，认为它是真正的反对党。不过，此后许多人却失望了，发现党在"保守浪潮"背景下成为了当局的盟友，党常常在杜马中投票支持与本党选民意见相悖的方案。现在，是成为真正的社会民主主义力量，抑或是变为当局的工具，都取决于该党本身。

第五个原因是缺乏"活生生的"社会民主主义传统。20世纪20年代中期，当契卡工作人员捣毁了孟什维克的非法机构后，孟什维克党被取缔。在侨民和国家之间有一块铁幕，俄国社会民主党人的思想追求对祖国的同胞来说是陌生的。所以，无论是选民的头脑还是心灵都对"社会民主主义"几乎没有丝毫概念。

这五个原因都涉及本质特征，尽管其中有些特征是特有的，有些是所有党共有的。那么，现在这些问题又发生了怎样的变化呢？俄共不成功的转型已经同该党追求回归权力一起成为历史。目前，俄共已经变成一支边缘的政治力量。改革问题不再是划分俄罗斯人的主线。现在即使是共产党人也都赞同市场经济，不否定政治民主的基本原则。社会上绝大多数人都在向前看（尽管也会常常往回看），不再着迷于怀旧。中产阶级发生了一定的变化：实现了结构化，开始对利他主义表现出兴趣。证明这些变化的是慈善和志愿活动的日益普及（尽管不值得过分夸大这一过程的作用——"原子化"并没有消失）。社会民主主义传统未能形成，尽管在知识界的话语中存在这一向量。确实，俄罗斯权力的主要特点没有改变，它过去是、现在依然是个人性质的。

所以，在俄罗斯实现社会民主主义思想的机会增大了，虽然这个前景不是无条件的。它的成功不仅取决于社会的情绪和积极程度，而且取决于俄罗斯社会民主主义拥护者自身的能力，以及他们对现实政治、而不是模仿政治所做的准备。

资料来源：

http：//politcom.ru/17300.html.

译者单位：中央编译局俄罗斯研究中心

政党和民主：俄罗斯政党制度的新趋势

[俄] 图·罗斯季斯拉夫 斯·卡兰达绍娃 著 戚炳惠 编译

2014年11月11日，俄罗斯政治技术中心副总裁图罗夫斯基·罗斯季斯拉夫与该中心专家斯韦特兰娜·卡兰达绍娃在politcom.ru网站发表文章，谈俄罗斯政党制度发展的新趋势。

2014年9月的地方议会选举及其后续事件体现了俄罗斯政党制度发展的重要趋势。尽管政党数量众多，但议会政党体系变得越来越简单，竞争越来越小。向选民提供的长串名单不过是一种装饰，只有统一俄罗斯党掌握着可动员的资源，能够成功参与全国范围内的选举。所有其他议会政党正经受着明显的危机，对选民的吸引力下降。更重要的是，它们现在很难找到自己的政治地盘，很难向选民提出有吸引力、有说服力的清晰而实际的纲领。它们都还在解决生存问题，试图和当局进行这样或那样的合作，剩下的那些也正在销蚀已有的选民基础。

统一俄罗斯党：政治优势重新增长

2014年9月14日在14个地区（首次包括克里米亚和塞瓦斯托波尔）进行地方议会选举，统一俄罗斯党在政党领域继续占有绝对优势，使统俄党能够组成完全可操控的地方议会，还能巩固数年来形成的党和党内精英的主导地位。

统一俄罗斯党在各地的支持率较为均衡成为有趣的趋势。一方面,最高的增长率表现在一些边疆区和州,包括那些之前是最大反对派并积极支持俄共的边疆区和州。其支持率的增长在伏尔加格勒州和布良斯克州表现得最明显。这既是因为统俄党在这些地区的选举组织得成功,也因俄共的衰落。

另一方面,统俄党的支持率在一些共和国明显已达极限,或是因为潜力殆尽,或是已出现下降。与过去的地方选举相比,统俄党在卡巴尔达—巴尔卡尔丢掉了选票。而与联邦选举相比,又在卡拉恰伊—切尔克斯和阿尔泰共和国丢掉了选票。统俄党在北高加索地区得票情况急剧恶化,原因绝非选举运动的可操控性有所下降,而是当部分席位转给了代表地方这样或那样精英群体的其他政党时可操纵性变得极为复杂。这表明高加索的统俄党在地方选举中和在地方统治精英更为灵活的游戏中缺乏获得最高得票率的方针。从这点看,卡拉恰伊—切尔克斯和卡巴尔达—巴尔卡尔又明显不同于其他所有在当局的政党政治中没有任何特别灵活性的地区。

结果令人奇怪,在北高加索地区的选举中,新首脑(卡拉恰伊—切尔克斯的拉希德·捷姆列佐夫和卡巴尔达—巴尔卡尔的代理领导人尤里·科科夫)已就议会的组成和结构与精英们达成了协议。因而,高加索的"可操控的多党制"就脱离了俄罗斯一些边疆区和州的普遍的"硬性一党制",那些地方常常具有较高的抗议情绪,需要特别压制。

谈到统一俄罗斯党的实际支持率,要指出的是选民投票率的巨大差异。目前,当局没有管理投票率的统一方案。指望在选举时取得高投票率的是图瓦、鞑靼斯坦、卡拉恰伊—切尔克斯和卡巴尔达—巴尔卡尔这些共和国。

总之,统一俄罗斯党始终是投票率提高的受益者,因为随着投票率的增长,该党的得票率往往也随之增长。但在地方当局不受欢迎、引起抗议情绪高涨的地方,或是在选举打算让代表这样或那样精英群体的其他政党进入地方议会的地方,这个规则也有例外。

在明显低投票率的情况下,由于管理投票率的方案和实施选举的方案都不同,不是所有的地方都对选民进行了大规模的动员。通常在地方选举中,统俄党能吸引半数到三分之二的选民在联邦选举中投票，得票率仍然很高，在地方议会中的力量配置也相当有利。而其他一些政党在动员选民方面面临更加严峻的问题。

统一俄罗斯党在多数制选区的特权相当明显，并利用这一特权在议会中建立了绝对优势。特别是在马里埃尔、图瓦、哈巴罗夫斯克边疆区、克里米亚和塞瓦斯托波尔，统俄党的候选人在所有选区取得了绝对胜利。推出忠实的自荐者这一更为灵活的手段在莫斯科、伏尔加格勒州和鞑靼斯坦进行了试验，总体上同样取得了成功。统俄党"多数制"候选人的成功对地方议会政治力量的配置所作出的贡献是相当明显的，因为在大多数地区，尤其是在按名单和选区分配的席位比例相同的地区，统俄党由于在选区的胜利取得了更多的席位。

根据以往地方议会选举结果，统一俄罗斯党在议会政治力量的总配置上地位得到巩固，这是因为在根据名单投票时统俄党的选民支持率增加（至少在百分比上增加），而且统俄党的大多数候选人能在单席位选区获胜。

多数制选举对保证统一俄罗斯党在城市选举中获胜有着至关重要的意义。2014年的特点是采用混合选举制的地区首府数量急剧减少。现行法律允许进行多数制的市议会选举，不愿创建多党的市议会、帮助政党创造自己的"增长点"的地方精英决定利用这一点。值得指出的是，考虑到城市里相对较高的抗议情绪，在地区首府按名单投票的选举中统俄党未取得特别成绩，但在大多数选区其候选人都取得了胜利。

结果，统一俄罗斯党在市议会中的优势变得更加稳固，而其他政党即使在市一级都不能成为重要玩家。只有在共产党人塔季扬娜·费多罗娃任市长的纳里扬马尔，统俄党的候选人没能取得半数席位，但是鉴于有忠诚的议员，统俄党事实上还是在那里处于多数地位。

俄罗斯联邦共产党：永久第二

俄共目前在反对派阵营中处于明显的领导地位，但地位不稳定。在其他政党出现强有力的反对派人物或是统一俄罗斯党进行有效的选举运动的情况下，俄共及其候选人就开始失去非常多的选票。就是说在任何情况下都会投票给俄共的稳定选民减少了。在地方选举中，俄共的得票率在任何地方都没能突破20%（只在涅涅茨自治区接近这个数字）这一重要的心理门槛。

俄共的第二个主要麻烦是在俄罗斯中部和伏尔加河沿岸的"红色"地区的支持率降低，这些地区有保守倾向的选民更多地支持当局和统一俄罗斯党。克里姆林宫成功地利用了这一趋势，在选举前根据选民的意愿撤掉了布良斯克州和伏尔加格勒州的州长，换上了新面孔。俄共遭到当局削弱，失去了有效打反对派牌的机会。因此在两个潜在的最有利的地区，俄共的选民流失了。

对俄共来说干部问题相当严峻，导致该党在多数制选区不能获胜。选民支持率的降低和俄共候选人在单席位选区成功率较少（在布良斯克州、伏尔加格勒州和涅涅茨自治区得到1个席位，但在莫斯科得到有分量的5个席位），削弱了俄共在政治力量总配置上的地位。除了莫斯科、卡巴尔达—巴尔卡尔和涅涅茨自治区，在大多数地方议会中俄共党团的数量减少了。

在多数制下，只有在莫斯科形成了对俄共候选人的一系列胜利的有利的、出乎意料的局势。一是市政当局并没有干涉这些胜利，二是俄共得以利用缺乏强有力的亲政权候选人的机会。后一情况表明，俄共及其候选人由于统一俄罗斯党地位削弱或仅仅因为统一俄罗斯党缺席某选区的选举，俄共仍能重建自己不小的选民基础。但在绝大多数情况下，当局显然不会给它这种机会。且鉴于莫斯科选举的教训，将来会更加严格地追踪这种情况。

此外，在地区层面俄共的党组织缺乏一些必要的资源，大大削弱了对选民的工作。与国家杜马选举相比，在大多数地区俄共仅能动员该党不到一半的选民。

多数制占优势导致俄共在市议会的地位相当薄弱。根据名单投票时，俄共首先是在精英争斗不休、当局无法团结他们的地区获得良好的得票率。布拉戈维申斯克和埃利斯塔就是例证。在多数制下，俄共可在市政当局实际上支持它的地方表现良好，如在纳里扬马尔。但在精英群体或多或少团结起来的情况下，俄共的干部问题和资源问题立刻就会显现出来。选举结果，俄共没有进入沃洛格达、萨列哈尔德和阿纳德尔的市议会，而在其他地区，一般能赢得1—2个席位。

俄罗斯自由民主党：基础还在，支持率下降

俄罗斯自由民主党目前在选举中得票率不高，但它的地位相对稳定，始终能突破进入议会的门槛。俄罗斯自民党在哈巴罗夫斯克边疆区的得票率高达13.3%，虽难以视为出色，但也只在图瓦没能进入议会。俄罗斯自民党在克里米亚和塞瓦斯托波尔的相对胜利很有意思，在这两个地区它是排名第二和最末的议会政党，利用了当地的爱国情绪，这对当地选民而言是特殊的"新事物"。

俄罗斯自由民主党的选民在大部分地区减少了。也有些例外。与过去的地方选举相比，该党在图拉州取得了成功。在北高加索共和国，俄罗斯自民党在卡巴尔达—巴尔卡尔较之杜马选举的结果有所改善。

此外，在地区的单席位选区不能推出有竞争力的候选人是俄罗斯自由民主党的痼疾。俄罗斯自民党党团广泛分布在各地区，但数量处在最低限，只在哈巴罗夫斯克边疆区有所增长。

在市一级俄罗斯自由民主党通常不会取得市议会的半数。根据名单投票时，只在布拉戈维申斯克和辛菲罗波尔取得好的得票率。而在辛菲罗波尔，相较整个克里米亚，俄罗斯自民党更多地吸引了纳入俄罗斯政党制度的新选民：如果说在克里米亚的农村地区统一俄罗斯党的支持率最大，那么在城市地区，其他政党则得到了明显更多的选票。

公正俄罗斯党：议会党？

2014年9月的选举表明公正俄罗斯党的地位进一步恶化，选民支持率已降到最低，相当不稳定。地区层面的原因在于精英对这个不受欢迎的政党的兴趣进一步降低，同时该党也没能成功地打出反对派的牌而得到选票。没有明确的政治定位，因而不能吸引大量的选民。

但在北高加索公正俄罗斯党有积极的发展趋势，因为在这里该党参与了创建

形式上的多党制，实现精英群体的利益。在卡拉恰伊—切尔克斯，比过去的地区选举获得了更大比例的选票，得票率明显好于联邦选举。在单席位选区事实上的失败（唯一的例外是在沃洛格达州）成为公正俄罗斯党的新问题，这是失去同精英联系的明证。

公正俄罗斯党的负面政治结果是逐渐失去议会党地位。只在14个地区中的5个地区——阿尔泰共和国、卡巴尔达—巴尔卡尔、卡拉恰伊—切尔克斯、图瓦和沃洛格达州取得了进入议会的资格。且在图瓦并未获得5%的选票就获得了这一地位，只因议会中必须至少要有两个党。在哈巴罗夫斯克边疆区、布良斯克州、图拉州和涅涅茨自治区公正俄罗斯党失去了议会资格，这尤其影响到它在拥有大型党团的图拉州中的地位。

公正俄罗斯党的选举地位在市一级同样薄弱。根据选举结果，没能进入大多数市议会。根据名单选举，公正俄罗斯党在摩尔曼斯克得票率最高（11.83%），甚至略超过俄共。公正俄罗斯党在此地扮演着积极反对州长的角色。但在单席位选区很少取得成功，证明其薄弱的干部潜力。在某些城市的2个选区获得胜利，如在赤塔（州长康斯坦丁·伊利科夫斯基倾向该党）和乌兰乌德。

其他政党：寻找精英

过去的选举还不足以谈论其他政党的严峻前景。多数情况下，它们的局部胜利与纯粹出于局势考虑的精英支持有关。而且，它们在精英不太团结的地区依靠反精英群体的支持获得最好的结果。此外，个别新政党仍旧在起俄共拆台者的作用。

俄罗斯爱国者党和祖国党依靠事实上的亲克里姆林宫的地位能取得极其有限的议会资格，这是它们目前影响力的自然极限。

俄罗斯爱国者党在弗拉季高加索取得了最好的成绩（22.7%的得票率和7个席位），他们在这里扮演了与当局对立的、掌握着金融资源的强有力的反精英角色。俄罗斯爱国者党的另一个较小成功，即在卡拉恰伊—切尔克斯得以保留议会党团。

祖国党艰难地突破了门槛，在涅涅茨自治区的选举中取得 1 个席位，并在莫斯科、图拉州和库尔干的一些选区中获得一些胜利。祖国党依靠部分地方商业资源在克里米亚积极开展竞选运动的尝试被压制了，因为克里姆林宫只能指靠一个党。

选举也证实了公民纲领党地位的削弱，它表明精英和有自由思想倾向的选民失去了对其潜在的兴趣。和俄罗斯爱国者党的情况一样，该党在个别地区的成功与强有力的反精英群体的活动有关，而其他的某些成功是忠诚于州长的结果。但在地区选举中公民纲领党一无所获。

值得指出的是，绿党经当局批准后进入卡巴尔达—巴尔卡尔议会，获得 2 个席位，被列入地方精英行列。

公民力量党进入涅涅茨自治区，首次成为地方议会党。

俄罗斯争取公正退休者党仍没能走到地区层面，因为动员老年选民是无利可图的。不过有一些局部胜利：根据名单选举在布拉戈维申斯克进入议会，在图拉选区获得 2 个席位；在比罗比詹赢得了 1 个席位。

俄共的拆台者相当成功地赢回了自己的角色，但他们并未获准参与"大"政治。在摩尔曼斯克市议会取得的 1 个席位是俄罗斯共产党人党唯一的政治胜利。俄罗斯共产党人党首先在克里米亚实现了拆台功能，在议会选举中获得了 2.1% 的选票，比俄共还高，成为共和国中的议会党。俄共被其拆台者抢走了不少选票，在鞑靼斯坦，脱离俄共的领袖创建的俄罗斯共产党人党得票率为 2.4%；在马里埃尔，俄罗斯共产党人党得票率为 2.8%，"苏共"得票率为 2.2%。

总的来说，不能说新的政党以及脱胎于"旧党"的俄罗斯爱国者党在各地区取得了可靠的地位。他们有时能成为精英内部斗争的受益者，或是成为当局构建可操控多党制的受益者。

结论：惯性的力量和持续时间

2012—2014 年地方选举运动清晰地表现出政党竞争力下降和统一俄罗斯党地位加强这一趋势。2014 年的选举也不例外，不仅是对当局有利的联邦日程，还有事先确定的进程都预先决定了结果。

统一俄罗斯党的实力很大程度上取决于其他所有政党的衰弱，在2012年的总统选举以及接下来的地方选举中，这些政党没有继续2011年杜马选举取得的成绩。由此，资源继续集于一党，这个党唯一代表着精英和社会大部分人的价值观，以及基本的期望或利益。其他政党越来越难以吸引资源并作出某种显著而清晰的选择，导致其选民动员能力降低。

但在分裂或是地方精英不受欢迎的少数情况下，反对派的潜力又显现了出来，统一俄罗斯党的领导地位马上就呈现出波动和不稳固的特点。地方选举显示，社会对替代物的潜在要求仍在，但在现有政党中没有一个确定的宠儿。在这种情况下，除了明确指靠唯一的政党，同时还要吸引因此会失去一些选票的其他政党加入这一体系外，当局别无他法。更复杂的可操控的多党制游戏没有显现出效果，不过北高加索是个例外，那里，社会对选举结果的影响很小。这一进程的惯性将影响到2016年的杜马选举，尽管日益增长的社会经济问题会导致统一俄罗斯党的支持率降低到2011年的水平。向混合制过渡正好是之前经过深思熟虑的步骤，它能使政权党在可见的未来保持优势地位。

资料来源：

http://www.politcom.ru/18280.html.

译者单位：中央编译局俄罗斯研究中心

政党·政治 >>>

民粹主义概念的嬗变：从俄国到欧洲

徐 刚

近年来，从发达的欧洲、日本和中国台湾地区，到正在快速上升的俄罗斯和印度，再到发展中的拉美和中亚地区，民粹主义力量悄然抬头。全球政治中的民粹化现象也成为学者们关注的热门话题。中国学界也参与其中。然而，国内学者对于民粹主义概念的变化鲜有论及，这既不利于探清民粹主义的本源，也无助于学术的积累。

一

中国人最早通过列宁的文献知悉民粹主义的概念。尽管关于民粹主义出现的时间不尽一致，但国内外学界基本认同它首先出现于 19 世纪中后期的俄国。据俄国《最新哲学百科全书》的解释："民粹主义是 19 世纪中期产生于俄国贵族知识分子和小官吏出身的知识分子中间的一种俄罗斯政治思想体系和社会运动思潮。"[1] 波兰学者安德烈·华利斯基（Andrzej Walicki）认为："民粹主义是 19 世纪下半期农业社会主义的产物。"[2] 中国学者马龙闪指出："'民粹主义'这一术语，是在 19 世纪 60 年代中期的文献中才出现的；当时，它还没有这一术语后来的含义，通常只是表示企图研究人民生活制度，用以减轻民众（首先是农民）

---

[1] 转引自夏银平：《俄国民粹主义再认识》，广州：中山大学出版社 2005 年版，第 15 页。
[2] Andrzej Walicki, *The Controversy over Capitalism*: *Studies in the Social Philosophy of the Russian Populists*, Notre Dame: University of Notre Dame Press, 1989, p. 2.

苦难的一种愿望和努力。"同时,他还指出:"俄国民粹主义思潮从19世纪中前期形成,在60—70年代发展为社会运动,再经80—90年代的演化、低潮,到20世纪初再度活跃、高涨。"① 还有一些学者明确指出,1870年是民粹主义出现或者使用的重要节点。② 需要提及的是,民粹主义作为指称一种普遍现象的概念,是由爱德华·希尔斯(Edward Shils)引入英语世界的。在希尔斯之前,英文中的"populism"一词只有两个特定的用法,一是专指19世纪末美国"人民党(People's Party)"乡村运动,二是指19世纪60、70年代俄国知识分子中的"民粹派"主张。③

二

自俄国后,在不同的政治文化氛围、不同的历史时期以及不同的国家中,民粹主义均伴随现代化的进程出现。总的来讲,民粹主义主要经历了三次浪潮:(1) 19世纪末在俄国、美国以及东欧出现的第一代民粹主义;(2) 20世纪60—70年代全球兴起的第二代民粹主义,尤以拉美的民粹主义复兴为甚;(3) 20世纪80年代尤其是90年代以来在欧洲和北美复兴的第三代民粹主义。需要指出的是,有不少学者均将东欧纳入第一代民粹主义的范畴,笔者认为这需要更多的研究来论证,仅从目前的文献上来看,这方面的研究相当缺乏。从东欧国家当时的发展来看,它们更多的注意力在于实现民族解放和国家独立,民粹主义存在的基础和表现形式是什么都需要辨析。

---

① 马龙闪、刘建国:《俄国民粹主义及其跨世纪影响》,桂林:广西师范大学出版社2013年版,前言第2页。

② Franco Venturi, *Roots of the Revolution: A History of the Populist and Socialist Movement in Nineteenth Century Russia*, trans. Francis Haskell, London: Weidenfeld and Nicolson, 1960, p. xxxiii;[英]保罗·塔格特:《民粹主义》,袁明旭译,长春:吉林人民出版社2005年版,第63页;夏银平:《俄国民粹主义再认识》,广州:中山大学出版社2005年版,第13页。

③ Edward Shils, "Populism and the Rule of Law," University of Chicago Law School Conference on Jurisprudence and Politics, Conference Series No. 15, 1954, pp. 91-107.

冷战结束后欧洲出现的"新民粹主义"即属于第三代民粹主义，它与世界政治转型的第三波浪潮正好相叠合。那么，民粹主义与新民粹主义有什么关联和区别？或者说，民粹主义内涵经历了一个怎样的演进过程？民粹主义本身是一个语境依赖很强的概念，至今也没有一个明确的定义。民粹主义复杂多变，在不同国家、不同历史阶段有着不同的表现形式和内容。仅仅在政治层面，它可以被看作是一种社会政治思潮、一种社会运动、一种政策策略或者一种政治心态。除政治层面的区分外，还有经济民粹主义、生态民粹主义、文化领域（主要是文学、美学）的后现代民粹主义等表现形态。从具体的政治诉求来看，"民粹主义是变形金刚，它瞻之在前，忽焉在后，看似在左，倏然在右，今天要平等，明天就要特权，一会儿是民主主义者手里的讲稿，一会儿又是独裁者比如庇隆脚下的阳台，这个国家的民粹主义者要加税，那个国家的民粹主义者要减税，甚至拒绝缴税，比如法国的鲍杰德主义……"①

虽然民粹主义的内涵过于宽泛，其自身定位也模糊不定，没有自己的核心价值，但其基本取向是一致的，即将社会分成平民与精英，以民意的真实代表自居（民众是建构出来的概念），反对精英。换言之，民粹主义是政治生态的民意反应，标榜民众（people）与他者（other）的对立。只不过，在不同国家不同时期，民粹主义所指示的"民众"与"他者"有所不同。在19世纪末的美国，"民众"是南部和西部农民及其利益代表者人民党，"他者"是金融寡头、银行资本家、铁路当局以及对民众诉求充耳不闻的民主党与共和党；在19世纪中后期的俄国，"民众"是代表普通农民的知识分子，"他者"是沙皇俄国的政权；在20世纪中后期的拉美，"民众"是魅力型领袖及其代表的利益受损与缺乏保护的中下阶层，"他者"是贫困与不平等的制造者。

---

① 吴稼祥：《民粹主义的三只手》，载《南方周末》2008年4月24日，第E31版。

三

民粹主义作为现代化进程中一种具有历史复发性的现象,尤其出现于社会转型时期,它也因此成为现代国家政治生活的一个重要视角。甚至有学者指出:"只有像'民粹主义'这样模糊和内涵不清楚的概念才能让人认识到世界很多地方发生的急剧政治转变。'民粹主义'比现在流行的任何其他概念都更好地抓住了自由民主在当今遭遇的挑战的本质。"①

20世纪中后期,一些极端右翼政党和组织在欧洲政治舞台频频出现并有不俗表现,宣告民粹主义的复兴。虽然新民粹主义并不仅限于欧洲,在美洲等地区也存在,但新民粹主义在欧洲的表现最为突出也最有影响。或者说,新民粹主义这一概念最初就是用来描述欧洲民粹主义在20世纪后期的某种"回归"。

那么,欧洲新民粹主义究竟是怎样一种政治现象呢?对民粹主义研究最负盛名的英国政治学者保罗·塔格特(Paul Taggart)认为,新民粹主义是反全球化、反移民、种族主义、欧洲怀疑主义(Euroscepticism)、反伊斯兰和福利沙文主义(welfare chauvinism)的混合物。② 具体说来,它包括以下一些特征:不是反对民主而是反对自由主义;主张反对精英政治;怀疑欧洲一体化进程;以政党活动或社会街头运动等形式表现;跨国联系越来越紧密。③ 欧洲新民粹主义指代的"民众"是一系列因全球化、欧洲一体化等运动造成利益损害的群体,而"他者"则是全球化或欧洲一体化的推动者或者说因此而获益者。

还需要指出的是,由于20世纪上半叶在德国和意大利等国家存在着法西斯式的民粹主义,使得人们简单地认为欧洲新民粹主义是其"复活"或"回归",

---

① Ivan Krastev, "The populist moment," http://www.eurozine.com/articles/2007-09-18-krastev-en.html. Paul Taggart, "Rethinking populism in contemporary Europe," December 5, 2012, http://www.policy-network.net/pno_detail.aspx?ID=4298&title=Rethinking-populism-in-contemporary-Europe.

② Paul Taggart, "Populism and Representative Politics in Contemporary Europe," *Journal of Political Ideologies*, Vol. 9, No. 3, October 2004, p. 285.

③ Jonathan Birdwell & Jamie Bartlett, "Populism in Europe," http://www.demos.co.uk/projects/thefarrightineurope.

并冠之为"新法西斯主义"(neo-fascism)或"后法西斯主义"(post-fascism)。这种将近来频繁活动的欧洲极右翼势力比作"法西斯的重生"完全是超越时空的,也是不合理的。从实际过程可以发现,稍具规模和影响力的极右政党均不再公开推崇法西斯主义,也不再公开鼓吹种族主义,而是打着为民众谋福利的旗号"转型"为右翼民粹主义政党。

四

从民粹主义力量的发展来看,它从最早的俄国向北美、拉美、欧洲等区域渗透,其概念也相应地有所变化。即使在同一个区域,不同国家的民粹主义的表现形态或许也有差异。因此,我们在讨论民粹主义时需要注意其地域性和历史性差异,注意其时空背景,切忌被一些片面的现象所遮掩,进而成为"复活论""相似论"的蒙骗对象。一个不能忽略的方面是,我们在提出民粹主义概念时,一定是有特定时空框架的,要么是某个时期的民粹主义,要么是某一区域的民粹主义。

作者单位:中国社科院俄罗斯东欧中亚研究所

相对于俄罗斯的新俄罗斯

[俄] 亚历山大·杜金 著　郭丽双 译

本文最早刊登于 2015 年 5 月 10 日的《新闻战线》通讯社网站，后被《青年近卫军》等多家网站转载，作者亚历山大·杜金是莫斯科大学教授，俄罗斯"新欧亚主义"的代表人物，乌克兰危机以来引起国际社会的极大关注。本文是亚历山大·杜金对"新欧亚主义"的最新概括与发展。

没有新俄罗斯的俄罗斯将不再是俄罗斯了，这不仅涉及国界和疆域问题，更重要的是，我们能否跨过这道界限将决定丧失一切还是获得一切。

2014 年的乌克兰事件成为俄罗斯现代历史的一个转折点。莫斯科清楚这个挑战但是没有作出回应。这个挑战是根本性的，要求明确"是"或"否"的态度，但是莫斯科既没有表明"是"，也没有回答"否"，就是说，既不完全是，也不完全否。结果，采取了对乌克兰亲欧盟示威运动的紧急应对措施，克里米亚成为俄罗斯联邦的组成部分。但是，在对新俄罗斯的问题上莫斯科犯了难，摆在面前的问题是：新俄罗斯究竟是什么？答案可以从几个层面上给出。

一、从地缘政治方面解析

从地缘政治上来看，乌克兰和俄罗斯联盟是重建俄罗斯欧亚帝国的主要保证，这是我们的历史责任，也是对我们的敌人——美国、北约和西方国家的主要威胁。然而，在乌克兰亲欧盟示威运动后形成的局势，基辅被新纳粹军政府占领，甚至连理论上恢复"大空间"的可能性也已经丧失，这意味着大西洋主义的胜利。乌克兰将不愿与俄罗斯结成联盟，亚努科维奇被推翻和其后的一系列事件印证了这一事实。

因此，出现了克里米亚和新俄罗斯的议题。克里米亚和新俄罗斯——从地缘政治上来说是一回事，是俄罗斯因乌克兰亲欧盟运动而失去了与整个乌克兰形成共同战略空间的前景而作出的反应。

乌克兰亲欧盟示威运动后，乌克兰转到敌方阵营，挡住了我们的帝国复兴的可能性。俄罗斯处于困境之中。于是决定：如果不是全部，那么就让半个乌克兰融入帝国，虽然这看起来有点糟糕，但这更靠谱。我们接受了挑战，兼并了克里米亚。乌克兰军政府的纳粹政策，给了我们采取这一系列行动的道德基础。然后，为了新俄罗斯开始合乎逻辑的战斗——从中心地带到顿巴斯，从敖德萨到哈尔科夫。千万不要忽略了是谁策划并支持在基辅上演的政变。政治——这只是力量的平衡。强者就能做想做的一切事情，弱者几乎什么都做不成。

我们进入克里米亚的行动具有地缘政治的正确性。怎样才能使这一行动更强呢，但目前还没有后续的行动步骤，这样就使这一行动变弱了。况且我们还没有回答这样一个问题："我是处于弱势地位任人宰割的、颤抖着的牲畜，还是我有强大的权力呢？"现在只是推迟回答而已，但愿这一切都将自行解决。因此，新俄罗斯带有血淋淋的不确定性，而这首先源于俄罗斯自身地缘政治地位的不确定性。

我们是谁？世界强国？区域大国？或者次区域大国？克里米亚事件表明了我国对自己在世界上的区域地位不满。有关新俄罗斯问题上的犹豫，意味着我们作为次区域大国正在谋求区域大国的作用。

新俄罗斯事件也将成为莫斯科执政者的检验：是作为国家利益的代表者，还是作为大西洋势力的"第六纵队"。较量的结果是成果各半且充满变数：一方面，克里米亚成了我们的，俄罗斯拥有权力；另一方面，《明斯克协议》即是"第六纵队"的胜利。

因此，新俄罗斯表现出现代俄罗斯明显的原则上的地缘政治的不确定性：一半是主权国家，一半是社会政治和经济上作为西方的殖民地。因此，新俄罗斯是我们的社会被撕裂成两半的真相的显现：一部分人，他们觉得自己是俄罗斯人（这是大多数，对他们来说新俄罗斯就是一切）；而另一部分人，他们诅咒目前的道路，想为敌人打开城门。

二、从文明的观点解析

从文明的视角看，新俄罗斯是俄罗斯世界的一个组成部分，而且这个部分使得俄罗斯变得更加完整。在历史、文化、民族起源、宗教、自我意识等方面，新俄罗斯——从敖德萨到哈尔科夫——是大俄罗斯不可分割的一个组成部分，没有它俄罗斯是不可想象的。2000万人生活在这片土地上——无论他们是什么种族，在文化意义上都是俄罗斯人。很显然，在俄罗斯土地上生活着的远不只是种族意义上的大俄罗斯人（旧称），俄罗斯文明范围内的所有人都是俄罗斯人。当顿巴斯崛起的时候，与之一同崛起的是俄罗斯世界。一大批俄罗斯的年轻人，谁也不会怀疑有他们这样一些人的存在，他们向往新俄罗斯，甘愿为自己的祖国抛洒热血，不是因为得到命令，而是听从内心的召唤。许多人牺牲了，长眠于地下。他们为了梦想中的俄罗斯，献出了自己的生命。

新俄罗斯向俄罗斯人展现的是——我们在，我们仍在。我们没有被这难以摆脱的糟糕的梦魇的可耻的几十年折断自己的脊梁。我们在，这意味着我们就在这里，准备着为俄罗斯去赴死。而俄罗斯世界，新俄罗斯意味着——觉醒。看来，是在俄罗斯内部有一些人吓唬当局。因为，觉醒的俄罗斯人的事情还没有提上议事日程，睡着的我们没有恶意也是无害的。一些人试图熄灭这种觉醒。这在某种程度上做到了，因为有大批的群众被调动去扼杀由克里米亚拉开的"俄罗斯之春"。

从很早起就已开始潜伏着以上两条思想路线的斗争，但彼此相对立的思想路线在20世纪90年代更加鲜明，那些统治我们的人仇恨和惧怕我们，这是一个事实，它已成为新俄罗斯的事实。对各方来说这些事实都是很困难的。我们已经觉醒了，准确地说，我们已开始觉醒。新生力量过分羸弱，无法充分表达自己的意见。我们，俄罗斯人，当前还需要国家的支持，自 2014 年 5 月开始国家给予我们某种普遍性的支持，但现在国家放弃了。这是一个非常困难的局面，它也被称为"新俄罗斯"。"俄罗斯之春"的流失。

新俄罗斯——这也是指顿巴斯。包含他的人民、他的英雄、他的气质、他的品性和他的风格。这是独特的新俄罗斯的俄罗斯人——非常顽强，常常过于大胆和执着，用哥萨克语来说是无政府主义、追求自由和叛逆，就像生活在大俄罗斯边境的居民，他们，顿巴斯人是新俄罗斯的支柱。这些人以他们自己的血，儿童、妇女和老人的血，以及他们自己儿女的血浇灌新俄罗斯神圣的土地。如果没有他们，就不会成长起对抗基辅纳粹主义和大西洋主义的力量。他们不仅在转折时期坚持下来，而且他们还将以超乎想象的毅力继续坚持这一立场，决不妥协。任何一个模棱两可的莫斯科的管理者碰到新俄罗斯的顿巴斯支柱都改变了立场。这是自由的俄罗斯人，比那些面向东方和面向西方的人们更自由，新俄罗斯——这是载入历史的顿巴斯的胜利。这对我们所有人来说都具有崇高的象征意义。真正的壮举，不是在历史教科书中，而是在此时此地。看着这些无论是活着的，还是死去的顿巴斯人的面孔，你就会知道，为什么我们在历史上能赢得如此多的战争。原因就在于，我们是以鲜血和非凡的顽强意志，有点顿涅茨克哥萨克的精神。

三、从国际现实利益斗争中解析

西方将通过其代理人对莫斯科施加影响，他们提出用克里米亚交换新俄罗斯（《明斯克协议》及其变体）。如果我们屈服，开始积极准备推翻当前政权并进攻克里米亚，那么由于是攻击方，我们的机动空间将会大大缩小。什么时候政权能最终明白这些呢？也许永远也不会明白，就像 20 世纪 80 年代末 90 年代初的共产党领导人那样，他们什么都不明白，从来都不理解（直到现在）也不打算去理解一样。正如布热津斯基对我说："我们只是骗了戈尔巴乔夫。"基辛格和布热津斯基完全可能在晚些时候谈起某人时说："没有任何个人因素，只是大政治。"

结局会是什么？如果敌人获胜，我们的政权将被推翻，俄罗斯将解体，这是西方希望达到的结果，西方制定一整套战略就是要实现这个总目标。那么有计划地通过其代理人网对俄罗斯社会从上到下进行全方位渗透的工作取得预期结果了吗？时间会证明一切，当前来说，既不是是，也不是否。而一切都将取决于此。在精神层面"俄罗斯人开始并赢得胜利"的救赎方案简单明了，但我看来，其可能实现的机会不是很大。莫斯科对俄罗斯历史和主权给出"是"的肯定立场，并在真正意义上融入新俄罗斯。这些都是很困难的、可怕的和冒险的。但是，如果我们坚持得住，那么现行的世界秩序就会崩溃，它将最终完成自己的历史使命。许多战争并不是我们挑起的，但是在那些强加给我们的大多数战争中我们都胜利了。现在，我们说的是我们祖国的土地——新俄罗斯，我们可以牺牲什么？事实上是我们可以献出一切。我们已经开始并且正在赢得胜利，这将不只是帝国的新生，这将是一场精神觉醒，冲断和结束"文明查理"对世界的统治。我们将突破封锁，把欧亚保守主义革命扩展到欧洲和美国。

我们将把世界人民，从寡头式的跨国资本专政、利息奴役和变态的少数人专政中解放出来。欧洲是欧洲人的欧洲，法国是法国人的法国，德国是德国人的德国，自由民主制将终结，然后，借助于我们，政权将从世界上那些幕后精英银行家和金融家手里转移到人民自己的手中，那些银行家和金融家不代表任何人或任何东西的利益，他们只能代表魔鬼的利益。就像科索沃—塞尔维亚。

新俄罗斯——在崩溃和新生这两种情况下都有其自身宝贵的特点。但如果崩溃是不可避免的，而我们有时甚至是定期地经历着真正的崩溃，比如在1991年，或者说在90年代，以及在21世纪初的车臣，俄罗斯人应该站在即将起航的党这一面。如果现政权本身自行解体，我不会感到惊讶，如果它不解体，我反而会感到惊讶。但这不是我们放弃的理由。新俄罗斯——这是我们的一个极点，我们的边界。我们必须为它奉献一切，甚至那些我们自身并不拥有的东西。这就是命。在这里"是"或"否"的立场极尽纠结，已经超越了计算、分析、预测复杂的计划。这是历史的脚步。如果对新俄罗斯回答"是"，那就是肯定克里米亚，肯定俄罗斯，肯定俄罗斯对世界的救赎；如果回答"否"，那么我们敌人的力量将变得壮大。没有新俄罗斯的俄罗斯将不成其为俄罗斯，再不是俄罗斯。我们将依靠科技力量击败新世界秩序的所有反对者。

当海德格尔追问什么可以拯救西方文明免于崩溃时，他伤心地回答："只有上帝。"对于不相信上帝的人而言，这的确是非常可悲的事情；但是，对于那些相信上帝的人而言，一切都会变得更有希望。上帝将拯救新俄罗斯、俄罗斯、俄罗斯世界。但是，只有当我们自己站在上帝的一边，而不是执着于满足物欲，追逐娱乐或"自我至上"，上帝才能拯救人类，拯救我们每一个人。我们曾经忘记了这一点，只要回想起来——我们就能取得胜利。

资料来源：

http：//news-front.info/2015/05/10/novorossiya-krax-ili-vzlet-dlya-rossii-aleksandr-dugin/.

译者单位：中央编译局 2015 级博士后

上海社会科学院中国马克思主义研究所

2014 年改变俄罗斯的十大事件

李晓萌 译

毫无疑问，2014 年是俄罗斯当代史上最为鲜明、最充满时代印迹的一年，这一年俄罗斯再次成为全世界关注的焦点。《联邦新闻》编辑部评选出了最值得关注的年度十大事件，这些事件改变了俄罗斯，也许还将对俄罗斯的生存产生长远的影响。

一、索契奥运会："奖牌焰火"

对于俄罗斯来说，年初举办的索契奥运会取得了辉煌的胜利。俄罗斯代表团在奖牌榜上占据首位，摘得 13 金、11 银、9 铜共计 33 枚奖牌。残奥会运动员们的表现更为出色，按照总统普京的话说，他们的表现称得上是"焰火般的枚枚奖牌"，摘得 30 枚金牌、28 枚银牌和 22 枚铜牌。

这次体育盛会的筹备和举办工作的水平之高，得到大多数参与者和客人的称赞，批评者也无法向组织者提出任何实质性的质疑。奥运会的开幕式和闭幕式令很多人印象深刻，得到国内外观众的高度评价。

不仅从基础设施的发展和俄罗斯运动员的表现来看，而且从商业的角度来看，索契的"白色奥运会"（即冬奥会）都是成功的。副总理德·科扎克表示：组委会的收入超过其支出的 15 亿卢布。

当局保证所挣的钱将用于发展群众性体育运动，俄罗斯运动员取得的成绩应促进群众性体育运动的普及。

二、"我们的克里米亚!"

从 2013 年年底开始,俄罗斯人对近邻乌克兰事态的发展颇为担忧。基辅暂停与欧盟签署联系国协定的决定在亲欧反对派当中引起极大的愤怒,并引发大规模抗议活动,这些活动导致 2014 年 2 月底亚努科维奇总统的倒台。

乌克兰普通公民对首都发生的"二月政变"所持的观点不一。社会分裂、地区之间的政治分歧已经鲜明地显现出来了:如果说西部地区的居民对欧洲一体化进程表示支持的话,那么中部和东南部地区的很多居民则持亲俄立场。

克里米亚和塞瓦斯托波尔独居一方:既与基辅的新当局找不到共同语言,又害怕民族主义者的惩罚性袭击,地方当局举行了全民公决,基于公决结果半岛成为俄罗斯的一部分。

俄外交部长谢·拉夫罗夫表达了莫斯科的立场,即克里米亚全民公决完全符合国际法和联合国宪章。与此同时,西方国家公开表示不承认克里米亚人的投票结果,称俄罗斯的行为是"吞并"。

三、顿巴斯冲突

"二月政变"以后,乌克兰危机进入了一个更加戏剧化的阶段。新当局拒绝与反对派重启对话,宁愿采取武力行动威慑反对者。最终,骚乱和冲突的浪潮席卷整个国家,造成大量人员伤亡。

基辅最活跃的反对者是东南部地区的居民。出于担心克里米亚事件重演,取代亚努科维奇团队的政治家们宣布开始顿巴斯军事行动;当地居民拿起了武器。冲突时而逐渐停息,时而由于新力量的加入而爆发,持续至今,在乌克兰顿涅茨克州和卢甘斯克州已经出现了"人民共和国"。

乌克兰领导人依靠西方国家的支持,多次指责俄罗斯进行全面军事入侵。总统波罗申科将顿巴斯的冲突称作"卫国战争":"乌克兰的边界 70 年不曾改变,直到战争再起。这一次战争不是来自西方,而是来自东方。"

莫斯科对乌克兰冲突的起因和进程的观点与基辅官方的看法相左。俄罗斯总统普京指出，乌克兰发生的事件以事实说明，今天对很多国家来说"国家主权"的概念已经成了相对的东西：有人提出这样一个公式——某个政权越效忠于世界上唯一的势力中心，其合法性就越高。

四、俄罗斯与西方的制裁战

乌克兰危机之初西方国家就公开指责俄罗斯干涉邻国内政。西方领导人称克里米亚和塞瓦斯托波尔加入俄罗斯是罗斯"吞并"半岛，称顿巴斯事件是"俄罗斯的侵略"。

美国对克里姆林宫立场的批评最为积极；最终美国领导人倡议采取一系列限制措施对俄进行政治和经济制裁。那些似乎和乌克兰不稳定局势有关的俄罗斯和乌克兰的个人和组织也受到了制裁。在华盛顿的强压之下欧盟和其他一些国家也加入了制裁战。

作为制衡，俄罗斯将对施压行为予以回应，普京总统表示："试图用最后通牒和制裁的方式与俄罗斯对话是完全不能接受的，也是毫无前景的。对此我们的回答曾经一直是并且也将永远是制衡并考虑俄罗斯在国际条约中，包括世贸组织框架下的国际条约中的权利和义务。"

莫斯科已声明制定综合措施回应西方国家的行动，但截至目前，措施仅限于禁止食品进口。

与此同时，在旧大陆的政治家当中关于对抗无益的观点已日趋成熟。因此，法国总统奥朗德公开表示，如果俄罗斯积极协助解决乌克兰危机，则支持减轻对俄制裁。他认为，如果今天俄罗斯拿出我们所期待的那些姿态，就没有必要采取新一轮制裁，恰恰相反，我们需要考虑的是如何开始使之逐步降级。

五、俄罗斯旅游业的"黑色季节"

2014年夏，俄罗斯旅游市场遭遇重创：公司接二连三地宣布破产，如"涅瓦""世博游""风玫瑰图世界""理想游"等公司。社会资产成了某些公司可疑的运作模式，由此牵出一些刑事案。

俄总理梅德韦杰夫承认，总的来说，当这个领域开始"松动"时，当然会感觉很沉重。

年底卢布大幅贬值使该行业的形势雪上加霜：由于本国货币汇率震荡，俄罗斯人不再购买大多数传统线路的海外游，首当其冲的就是去往欧洲的线路。

大多数分析家们观点一致，他们认为不利趋势2015年仍将持续，但某些线路，如土耳其和埃及，有可能吸引甚至比往常更多的俄罗斯度假者。

六、清理银行业

俄央行在埃·纳比乌琳娜的领导下积极地将不良玩家清理出银行业。一年内吊销了70余家商业银行的银行业务经营许可证。同时削减了非银行信贷机构的数量。

清理市场的绝大部分工作在2014年年底前已经完成。央行副总裁阿·西蒙诺夫斯基指出："现在从（不良银行）数量上看这个问题已不那么尖锐。"

其实早在金融领域发生这些事件以前就能看出，俄罗斯人已经不大相信银行了。同时，俄罗斯联邦地理登记、地籍勘察和制图局的数据显示，俄罗斯住宅不动产市场的夏季投资交易份额增长了20%—30%。

七、卢布崩盘与国家经济危机的开始

俄罗斯经济遭遇困难为时已久：国家还是没能摆脱对化石能源的依赖，增长速度还有待加快。世界石油价格的急剧下降，以及西方制裁的影响使情况进一步恶化。

俄罗斯货币卢布早在秋季已开始贬值，到12月中旬发生了真正的灾难：美元和欧元对卢布的汇率上涨至前所未有的水平，刷新了历史最高点。正如晚些时候当局代表所指出的，货币市场大幅波动的原因之一是投机行为。

在卢布疲软和通胀风险加剧的背景下，央行通过了将基准利率由10.5%提高至17%的决定，并制定了稳定金融市场的计划。

俄罗斯的经济困难不只是由外部原因造成的，还和当局所做工作不够有关，总统普京指出:"政府必须履行社会职责,与俄罗斯央行合作维持卢布汇率。"

必要时政府应采取人为控制措施:"应使所有部委的工作协调一致,应与总统办公厅、央行协调一致,应使一切尽在掌握之中。"

克服困难并转向可持续增长的时间不会早于2016年。

八、国企要求提供援助

西方国家领导人主张惩罚俄罗斯领导人在乌克兰问题上的立场,在华盛顿的影响下对俄罗斯采取了一系列政治和经济制裁。国家大型国有企业也受到"制裁打击"。

力图将制裁的负面影响最小化,缺乏资金的国企开始请求国家援助。俄罗斯石油公司领导层的活动反响最大,他们要求从国家福利基金中向公司提供超过2万亿卢布的资金。

伊·谢钦认为,他的企业在严峻的经济形势下请求援助是可以接受的:"我们不羞于提出这样的请求……如果我们得到了这样的机会,则意味着将有更多的投资计划,增值效应也将更大。如果得不到这样的机会,我们将用自己的力量来应付。"

九、几乎被遗忘的选举

在汹涌的对外政策议程背景下,9月14日统一投票日的结果实际上并不引人注意。其实当天除印古什共和国、卡巴尔达—巴尔卡尔共和国、克里米亚和塞瓦斯托波尔以外,在全国其他所有地区都进行了投票;俄罗斯联邦30个联邦主体进行了地方首脑的选举。

统一俄罗斯党候选人取得了全胜,尽管其他政党的代表在很多情况下对他们造成了有力的竞争。

外部因素对投票结果造成了前所未有的影响:公民团结在国家总统周围,有关候选人的得票率相当高。

十、大灾难

遗憾的是,没有一年能够免于重大事故和灾难而顺利结束,许多人因此丧生。

莫斯科地铁事故

仲夏,7月15日,首都地铁内发生严重事故:一辆列车的三节车厢在阿尔巴特—波克罗夫卡线上的胜利公园站和斯拉夫林荫路站之间脱轨。结果造成23人当场死亡,百余人不同程度受伤入院。因事故造成人员伤亡已构成刑事案件,莫斯科地铁总监被免职。

波音飞机在顿巴斯失事

几天以后,7月17日,马来西亚航空公司的波音777飞机在顿巴斯失事的消息震惊了世界。机上298人全部遇难,其中包括85名儿童。

基辅当局称飞机是被东南部民兵击落的,但后者声明没有能够在这样的高度击中目标的装备。同时,据证人证词可以断定波音飞机是被乌克兰苏-25强击机击落的。目前俄罗斯联邦调查委员会正在验证证词。

达道尔公司总裁在伏努科沃机场身亡

10月21日夜间,私人飞机Falcon在伏努科沃机场坠毁,机上载有法国达道尔石油公司总裁马哲睿。除此以外在事故中丧生的还有3名机组人员。

众所周知,马哲睿一贯主张发展对俄关系,并不顾"制裁战"呼吁继续合作。

在此次飞机失事的刑事案件中,5名伏努科沃机场工作人员被捕,调查仍在继续。

格罗兹尼的恐怖主义行动

尽管俄罗斯强力部门领导人声明国内恐怖主义的地下活动潜能已经耗尽,但是匪徒们还是成功制造了多起大规模恐怖活动。

12月4日,武装分子袭击了格罗尼兹的一处交通检查站,随后藏匿在新闻大厦和一所学校里。消灭凶犯的行动持续了数个小时,其间14名执法人员牺牲,另有36人受伤。11名恐怖分子死亡。

悲剧事件过后车臣掀起了复仇的浪潮：当地居民开始追击涉嫌非法武装团伙成员的亲属。地方首脑拉·卡德罗夫发表了数个强硬声明，引起了广泛的社会反响。

毫无疑问，2014年发生的事件还将对俄罗斯造成长远的影响。受制于国家经济领域长期存在的问题和不利的国际局势，近期我国不得不在全面经济危机的条件下生存。莫斯科在国际舞台上遇到了前所未有的压力：西方试图将其孤立，而中国、印度、土耳其等国则审时度势为自己在合作中赚得更加有利的条件。

多年以来通货膨胀首次达到两位数，卢布对世界主要货币的汇率大幅下跌。物价上涨，国民实际收入降低。

无论是俄罗斯联邦总统普京，还是各位联邦部长都不会有新年长假，总统新闻秘书德·佩斯科夫指出："形势的变化需要密切关注并每日监控；没有办法休长假。"

"政府要对经济形势负责，它无法承受漫长的新年假期"，俄罗斯总统普京在与政府成员的会面中表示。

资料来源：

http：//fedpress. ru/news/polit_ vlast/news_ polit/1419598440 - itogi—2014 - goda-desyat-vazhneishikh-sobytii-izmenivshikh-rossiyu.

译者单位：中央编译局俄罗斯研究中心

政党·政治

2015年俄罗斯不得不做的改变

[俄] 塔·斯坦诺娃娅 著　高晓惠 译

2014年12月29日，俄罗斯政治技术中心分析部主任塔·斯坦诺娃娅在该中心网站（http：//www.politcom.com）发表了题为《2015年俄罗斯不得不做的改变》一文，预测2015年俄罗斯的发展形势，内容如下。

2014年的俄罗斯充斥着坏消息。先是乌克兰革命，然后西方出乎意料地团结一致对俄罗斯收回克里米亚作出强硬反应，再有波音777飞机失事，世界石油价格下跌。所有这一切都不可能事先预见，所有这一切都给俄罗斯带来重大影响。2015年肯定会有不少困难，俄罗斯如果不摆脱惯性思维，后果可能是灾难性的。2015年俄罗斯将日趋削弱，石油价格保持低位徘徊，卢布未必能撑得住，经济进入衰退阶段，改革无法推进。同西方的关系暂时不会改善，乌克兰危机还远得不到解决。2015的年俄罗斯将会是怎样的前景？

第一，不可避免地会加速进行不受欢迎的社会改革并缩减预算支出。更糟糕的是，地方当局为了执行普京的"五月指令"（指普京总统就职演说），不得不更大幅度地缩减支出。于是，至少不得不忘记普京本人竞选时所许诺的目标，将颇为野心勃勃的方案往后拖。这必然会对州长一级官员进行微调，而且不排除那些2014年年初向普京争取到改选机会的地方首脑离职。在个别情形下，这是拖延解决问题的一种形式，克里姆林宫完全可能这么做。

第二，极有可能在政府层面进行重大的人事重组。假若决定不让梅德韦杰夫总理辞职，那么大概将更新政府的组成。在危机背景下必须巩固权力执行机关的队伍，变动可能涉及经济集团，包括副总理。显见的趋势是：收缩梅德韦杰夫周围人选的可能性，扩大普京直接管理政府的团队。不排除重组总统办公厅，包括强力机构。有风险的职位是总检察长和内务部长，还有克里姆林宫里负责反腐败斗争的人，如叶·什科洛夫。

第三，政治领域将出现相互矛盾的发展趋势。克里姆林宫不大可能放弃甚至软化自己的保守主义学说，多半会相反。撕掉保护精英的外衣比给他们披上更难。不过，这样的任务多半也不会提出来。普京总统第三个任期的最初几年，蒙昧主义大概仍是国家现实生活中的一部分。只要世界石油价格进一步下跌，卢布疲软，对俄罗斯金融经济领域的负面新闻不断，克里姆林宫就完全可能回到同反对派适度对话的有限策略上来，正如2011年年底一样。

在克里姆林宫看来，2015年的危险是社会抗议的政治化。因为有失去收回克里米亚的综合效应的危险，社会抗议的产生也是完全可能的。因此，当局不得不全力关注抗议活动的积极程度，避免挑起大规模的不满情绪。由此，对纳瓦利内作出什么样的判决就至关重要，因为错误的代价是巨大的。同时，也不排除比如通过人民阵线联盟更积极地吸收体制内政党加入到亲政权的共同行动机制中来，因为国内的议会反对派不管多么驯服，一旦发生危机，就会复活。

第四，国内精英极有可能发生冲突，这种冲突已在2014年开始复活和显现。亲克里姆林宫的媒体指责克里姆林宫资助纳瓦利内，俄联邦调查委员会搜查了社会活动家、著名博主克里斯季娜·波图普奇克，谢钦把库德林列入"第五纵队"，格拉季耶夫指责苏尔科夫背叛，安·别洛乌索夫批评俄罗斯经济发展部，俄罗斯石油公司（Роснефть）攻击俄罗斯天然气工业公司（Газпром）。例子很多，但结论显然只有一个：随着资源减少和在政治斗争中赌注提高，主要利益（势力）集团的利益之争将越来越尖锐。这就是说，"自己人"之间的大战将不可避免。

第五，俄罗斯与西方的关系不会发生重大改变。在恶化的局势下，俄罗斯将面临持续数年的严厉制裁，要停止制裁，几乎就要依赖改变政治制度，同时也不排除减轻制裁。国家现在的趋向有助于缓和乌克兰局势。莫斯科准备对话并寻找在乌克兰东部达成妥协的途径。不过依然取决于其主要诉求——顿涅茨克和卢甘斯克的特殊权利,即保存莫斯科对地区精英集团的政治影响力,克里姆林宫对此不会让步。乌克兰问题仍将持续成为"热点"。

2014年是动荡的一年,新的一年矛盾只会尖锐。俄罗斯今日的主要病症绝不是强加的保守主义或者反西方主义和蒙昧主义,而是缺乏明确的战略。国家生存和运行依靠一个特别设定的逻辑:一切服从于此时此地具体的形势和动机的操纵。短期目标永远优先,并与长期利益相冲突。这个病症日益严重。失去的机会,会年复一年。制度的惯性可能不受普京本人的控制,他可能失去国家发展的主动权。动荡必然推动国家作出改变,但国家是否准备好了应对这一切,这是2015年的主要问题。

资料来源:http://www.politcom.ru/18452.html.

译者单位:中央编译局俄罗斯研究中心

社会经济透视

全球冲突下俄罗斯面临的挑战

徐向梅

20世纪末到21世纪初,全球形势发生了显著变化。东欧剧变,苏联解体,中国力量上升,国际与地区力量加速分化组合。在一超多强的多极化世界格局下,俄罗斯正从苏联解体后的衰退中复苏,欲重寻昔日大国荣光。但是俄罗斯复苏的脚步并不顺畅。1999—2008年十年增长之后,俄罗斯先是受到国际经济和金融危机的冲击陷入衰退,从衰退中缓过来没几年,就进入一种增长衰减状态,且这种增长衰减发生在国际油价高位运行的背景下。而正当俄罗斯苦于增长乏力、强国目标受挫之时,乌克兰危机以来的一系列问题使俄罗斯又站在了国际关系的风口浪尖上,以美国为首的西方国家集团对俄罗斯的经济制裁使俄罗斯经济雪上加霜。全球化冲突下俄罗斯面临怎样的挑战?俄罗斯如何克服阻碍,实现自己复兴的目标?

一、美国发动经济战与苏联经济解体

1979年底苏军对阿富汗的入侵乃至绵延十年的阿富汗战争被视作苏联外交政策上重大的失败,全面恶化了苏联与西方的关系。特别是随着里根政府的上台,美苏缓和时代正式画上句号,美国发动了一场旨在改变苏联制度的经济战。经济战主要包含下面几个内容:一是打压油价。1985年在美国推动下,沙特阿拉伯石油产量由每周200万桶增加到900万桶,国际油价从每桶30美元跌至12美元。二是实行禁运,限制向苏联出口高技术产品。三是阻止西方银行对苏联提供贷款。四是加紧进行军备竞赛，用庞大的军事支出拖垮苏联经济。

当然，美国发动的经济战终究只是外部因素，其之所以能对苏联经济造成严重的打击，加剧其内外交困的局势，究其根本还是因为苏联经济存在着结构问题。

首先，重视重工业特别是军事工业，轻视轻工业，抽取农业资源支持工业化是苏联经济的根本特征。牺牲农业支持工业造成严重后果，致使苏联农业发展长期滞后。俄国在20世纪初曾经是世界最大的粮食出口国，其粮食出口约占世界粮食出口总额的45%。随着农业的衰落，1980—1990年间，苏联已成为世界最大的粮食进口国，其进口额在世界粮食进口总额中占16.4%。1985年，苏联进口粮食4400万吨，占粮食需求的20%多，粮食进口的资金占到进口总额的21%。苏联粮食进口需求大幅增长的时期，正遭遇国际粮食价格暴涨，导致进口出现困难，形成粮食供应危机。

其次，苏联经济的另一个结构性的问题是没有跟上"二战"后至20世纪70年代西方国家蓬勃兴起的以原子能技术、航天技术、电子计算机应用以及人工合成材料、分子生物学和遗传工程等高新技术为标志的第三次科技革命浪潮。即便是在苏联高度重视的工业或者说重工业领域，其生产的车床、汽车、农用机械、日常设备以及计算设备都无法与美国、西欧国家和日本相提并论，在世界市场上没有竞争力。苏联的劳动生产率在1983年仅相当于美国的38%，联邦德国的46%，法国的51%。

技术的落后导致工业产品在国际市场上失去竞争力。以1985年为例，代表新科技革命成果的高新技术产品在苏联的出口结构中几乎看不到，机械设备出口仅占出口总额的13.9%，能源原材料以及工业半成品占其出口的绝大部分，达到68.4%。

与美国实行经济战相关的世界油价大幅下跌对石油出口收入占外汇收入60%的苏联是个沉重打击，而苏联本国其他实体工业无法替代支撑起整个国家的经济运转，直接关乎民生的粮食进口失去了赖以支撑的资金，苏联经济面临空前的困难。里根政府利用苏联的经济困境逼迫其在政治上不断退让，放弃东欧，实行政治民主化改革。内忧外困加之急剧升温的国内政治矛盾和民族矛盾，苏联这个庞大的帝国顷刻间倒塌了。

二、乌克兰危机中的西方制裁与俄罗斯经济

从 2014 年 2 月乌克兰危机及至克里米亚脱乌入俄引起国际形势紧张，俄罗斯遭受以美国为首的西方国家的集体制裁。从制裁手段来看，与苏联解体前美国对苏实行经济战的情形非常相似。禁止相关人士入境，限制西方银行对俄贷款，限制对俄出口高端技术和设备，军事上支持乌克兰政府对抗亲俄的乌东地区反政府武装。

西方制裁造成了俄罗斯经济的严重困难。宏观经济层面 GDP 在 2013 年增长衰减（仅为 1.3%）的基础上继续下滑，2014 年同比增幅降为 0.6%。俄财政收入赖以支撑的石油出口收入也因为国际油价暴跌而锐减，拉动经济的三大杠杆——投资负增长（-2.5%），消费增幅继续下降，从上年的 3.9% 下降到 2.5%，进出口也出现双降。卢布大幅贬值，通货膨胀率重上两位数，达到 11.4%。俄居民实际可支配收入十年来首次出现下降。俄央行动用外汇储备支持卢布，外汇储备年内减少 1241 亿美元。俄罗斯 PTC 股指下跌 45.1%，储蓄银行和俄罗斯石油公司市值损失过半。俄罗斯银行业遭受重创，因各种原因 2014 年被吊销营业执照的银行达 112 家。年内俄资本外流超 1500 亿美元。多家国际评级机构下调俄罗斯主权信誉评级，2015 年 1 月 26 日，标准普尔将其降为垃圾级。俄政府经济发展部预估，2015 年在世界石油价格维持在 50 美元的情况下，由于内部投资需求和消费需求的下降，俄罗斯经济将整体下滑 3%。

三、俄罗斯能否撑过危机走向复兴？

大面积的西方制裁对俄罗斯来说犹如又一场经济战，奥巴马政府试图通过经济上施压搞乱俄罗斯国内的政局，最终导致普京威信下降甚至失去执政的合法性。今日俄罗斯与苏联解体前有什么不同？俄罗斯能否挺过这场危机？未来又将走向哪里？

苏联解体前粮食严重依赖进口，但是俄罗斯经济自21世纪初复苏伊始，即实现了粮食自足，并在其后的十几年间成为世界最大的粮食出口国之一。据俄农业部预测，2014—2015年度俄罗斯粮食出口将达到2800万吨。俄罗斯是世界最大石油天然气生产国和出口国之一，不存在欧洲国家以及乌克兰的断气危机。温饱无虞是一个社会保持稳定的基本前提。

苏联解体前外汇储备曾一度低至2600万美元，而国家外债余额600多亿美元。今日俄罗斯尽管在乌克兰危机引发的经济困境中损失1000多亿美元外汇储备，但是截至2015年3月20日，还有3529亿美元。到2014年底，俄罗斯国家、银行和企业部门全部外债余额5986.8亿美元，其中国家外债522亿美元，2015年需要偿还外债总额1288亿美元，就是说偿债不是问题。从俄罗斯国债即内债加外债占GDP比例来说，俄罗斯只有14.5%，也在非常安全的水平。

苏联解体前，戈尔巴乔夫经济改革没有搞好，政治改革弄得国家失去了控制，加之民族矛盾激化，无论是在苏共党内还是老百姓中间都丧失了权威性。今日俄罗斯，普京在其执政十几年间政治支持率稳定，在收回克里米亚以及对抗西方制裁的问题上更得到举国拥护，尽管遭遇经济困难，但国家凝聚力反而增强。

上述比较得出结论，今日俄罗斯与苏联解体前不可比，说今日的俄罗斯再现苏联解体前的状况言过其实，这两年的困难完全撑得过去。

但撑得过去也不是说不存在问题，应该说问题也很严重。

苏联解体尽管受到美国发动制裁和经济战的催化，但是根本原因还是在其自身特别是经济上的结构性问题。今天的俄罗斯无论是能源依赖性还是科技进步方面存在的问题较苏联时期依然没有得到解决，甚至还有强化的趋势。

俄罗斯的工业结构长期是以能源、原材料为主导。从2014年数据看，能源、原材料开采及加工占到整个工业产值的一半以上。按年均价格计，乌拉尔石油2014年同比下降9.5%（年均97.6美元/桶），天然气价格下降6.5%（376.7美元/立方千米），这样大幅度的降价都没有影响石油、天然气出口在俄全部出口商品总额中占70.2%的比重，而且这还没计算金属、原木等其他原材料出口，可以说今日俄罗斯的能源依赖较苏联时期有过之而无不及。代表一定科技含量和国家工业发展水平的机械制造产品出口仅占到出口总额的5.4%，高新技术产品微乎其微。科学技术落后成为俄罗斯国家创新发展的严重阻碍。

全球冲突下俄罗斯国家地位面临挑战，但这种挑战本质上不是政治挑战，而是经济挑战。西方为什么总能制裁俄罗斯，原因就在于俄罗斯经济存在根本的缺陷、致命的弱点，是能够被别人掐住脖子的弱点，这就是结构性问题。如果走不出能源依赖的怪圈，即便是挺过眼前的困难——像俄罗斯经济发展部预测的那样，2016年就可能走出跌势恢复增长，也难以摆脱增长衰减的困局，长时期内仍无法避免受制于人的状态，包括一再受到制裁。

俄罗斯的国家创新发展战略提了多年，但落实有限，因为仅凭市场力量根本无法改变资本的逐利动机和利益集团对政策的影响力，从而影响到能源型经济的转变，因此必须以国家力量推动这一战略的实施，实现经济结构的根本改变，只有这样，俄罗斯才能真正有望摆脱二流国家的地位，实现稳定而持续的增长，并迎来盼望已久的复兴。

作者单位：中央编译局俄罗斯研究中心

俄联邦政府《2015 年保障经济可持续发展和社会稳定的首要措施纲要》

徐向梅 编译

2015 年 1 月 27 日俄联邦政府公布第 98 号令，确认了保障经济可持续发展和社会稳定纲要。

一、总 则

2015—2016 年将要实施一些重要举措，旨在促进俄罗斯经济结构的改变，稳定重要部门骨干企业的工作，促进劳动力市场平衡，降低通货膨胀，缓和重要商品和服务价格上涨对低收入家庭造成的损害，促进中期宏观经济增长速度和稳定。

在最近几个月要实施的措施包括以下重要方向：

——支持进口替代，扩大非原料商品包括高技术商品出口；

——降低资金和行政成本，促进中小企业发展；

——为用可接受的价格吸引流动性资金和投资资源用于最重要的经济部门创造条件，包括实施国家国防采购；

——对最脆弱的公民群体（退休者、多子女家庭）由于通货膨胀造成的额外的生活成本予以补偿；

——缓解劳动力市场的紧张状态，支持有效就业；

——优化预算支出，甄别和缩减无效的花费，集中资源用于优先发展方向，完成社会性义务；

——提高银行体系的稳定性，建立有问题的骨干企业的整顿机制。

俄联邦政府向国家杜马提出法案，2015年大部分联邦预算支出缩减10%。首先是减少无效的花费，同时要充分保障社会性义务的执行，要求划拨额外的预算经费。此外，不会减少用于保障国家国防能力的支出，扶持农业，执行俄联邦的国际义务。预算投资将集中用于完成先前已经开始的项目，部分新项目将推迟实施。缩减用于国家权力机关运行的支出，包括减少用于服务过高的生活条件的支出。

在不利的外部环境持续以及新的宏观经济预测的基础上，要准备好继续优化中期联邦预算结构，包括在三年内每年至少降低5%的支出。2017年前在俄罗斯主要出口商品价格适宜的条件下必须实现预算体系平衡。

俄联邦政府希望，世界原料市场的逐渐稳定以及政府与俄央行共同采取的措施将促进外汇市场形势正常化，并为实质性降低名义利率和方便获得贷款创造条件。这些，其中也包括依靠因卢布汇率降低而造成的俄罗斯商品更大的价格优势，将可以保证主要经济部门彻底摆脱萧条。与之相伴的消费品市场通胀的降低将使危机对俄罗斯人家庭生活质量的影响最小化。

与实施反危机措施一起，实行旨在促进经济多样化和为中期稳定的经济增长创造条件的结构改革也是政府工作的优先方向。需要绝对保障宏观经济稳定和低通胀，除此之外还要求：

继续实施国家计划，旨在提高符合21世纪需求的医疗卫生和教育体系的质量；

为实现私人投资在国内生产总值构成中超速增长创造必要条件，加速和充分执行国家企业创新"路线图"，全面完善监管和监督活动，以促进俄罗斯在世界各国营商环境排名中稳定居于前列；

有效使用所有工业政策工具，首先是为保证进口替代和支持出口，包括吸引大量外国直接投资（计划拨款、担保、工业支持基金、工业园、国家采购、国家—私人伙伴关系）；

在俄罗斯和世界基础科学先进成果基础上建立和开展国家技术创新，利用已经建立的创新基础设施（斯克尔科沃创新中心、科学城和技术园、主要高校、创新发展研究所）；

在利用结构改革的税收刺激措施的同时，稳定税收体系；

继续实施养老体系和社会优惠体系的现代化，促进平衡发展；

大力提高国家管理体系的质量和国家控股的大公司的工作效率。

反危机措施的实施将在俄罗斯联邦政府的主导下，在"开放政府"体系以及其他共同工作形式的框架内与联邦会议、联邦主体国家权力机关以及地方自治机关、职业和专家团体紧密协作。首轮措施清单并不是全面的，必要时会补充新的反危机措施。

二、首轮措施清单

第一篇 促进经济增长

"促进经济增长"篇包括稳定措施、进口替代和支持非原料商品出口措施、降低商业活动成本和支持中小企业措施。

其中比较大的拨款项目有：增加俄联邦预算用于为2015年联邦主体实施保障经济可持续发展和社会稳定计划的预算提供贷款的资金，1600亿卢布以内；为大的信贷组织增资，1万亿卢布（分配在2014年联邦预算框架内）；向使用俄国家福利基金实施基础设施项目的银行增资，2500亿卢布以内；用国家福利基金向发展与对外经济活动银行注资3000亿卢布以内；增加对国家债券和企业贷款的担保等，2000亿卢布。

第二篇 支持经济部门

在"支持经济部门"篇里规定，重新审查国家计划措施、联邦专项计划和向最优先方向以及补充的反危机措施拨款的专门投资计划。制定支持农业、住宅建设和住宅公用管理、工业和燃料动力综合体以及交通部门的措施。

第三篇 保障社会稳定

"保障社会稳定"篇里规定了促进就业结构改变、对公民的社会支持以及卫生领域、保障药品制剂和医疗用品方面的措施。

第四篇规定了经济和社会领域形势的监测和监督。

有些项目暂未列拨款数额,是因为还需要按照本政府令来确定。

资料来源:

俄联邦政府网站。

译者单位:中央编译局俄罗斯研究中心

俄罗斯汇率制度的演进和卢布汇率波动的原因

徐向梅

俄罗斯向市场经济体制转轨以来,其经济发展过程起起落落,金融市场跌宕起伏,其中卢布汇率机制的转变无疑是自由化进程中的重要环节之一。随着国际经济金融环境的变化,卢布所经历的剧烈波动也成为整个俄罗斯制度转轨和经济发展的缩影。

一、俄罗斯汇率制度的演进

苏联解体以前,在高度集中的计划经济体制下货币汇率虽经多次调整,但始终是国家集中管理,货币完全不可自由兑换,卢布汇率长期存在高估现象,官方汇率与黑市汇率相差悬殊,黑市交易泛滥。苏联解体后,俄罗斯走上激进的经济改革之路,随着对外经济活动的自由化,卢布汇率形成机制也发生了彻底的转变。

俄罗斯汇率制度的演变可以分为三个阶段。

第一阶段:1992—1994年。随着俄联邦《外汇调节法》和《外汇调节与管制法》的颁布,俄罗斯开始实行卢布国家内部可兑换制度,本国居民——无论是法人还是自然人,只要是不涉及国际资本流动的卢布都可以自由兑换成外国货币,兑换可以在外汇交易所、指定的商业银行和交易网点进行。由交易所市场形成统一汇率,并可自由浮动。

第二阶段:1995—1998年8月。俄联邦政府和中央银行加强了对货币发行和卢布汇率的调控，卢布汇率不再完全由市场供求决定，而是由中央银行对外汇交易所和银行间外汇市场上卢布对美元的比价预先规定一个上下浮动的范围，即"外汇走廊"，实行管理浮动汇率制度。中央银行借助于外汇储备对外汇市场投入美元或卢布实行干预，以此平衡市场供求，抑制汇率的过度波动和外汇市场的投机。这种汇率机制在限制卢布当天浮动界限的同时，减少了市场投机规模，增加了外汇市场和中央银行汇率政策的可预期性。

从浮动汇率制过渡到"外汇走廊制"后的三年中，卢布汇率走过了一段相对平稳的时期，这有助于通货膨胀的降低和遏制外汇市场的投机，增强了俄罗斯金融工具对外国投资者的吸引力。

第三阶段：1998年的金融危机。俄罗斯中央银行先是放宽"外汇走廊"，允许卢布对美元汇率在6—9.5∶1之间浮动，之后由于外汇储备枯竭，被迫放弃"外汇走廊制"，卢布汇率制度恢复到主要由外汇市场供求来决定的自由浮动汇率制。之后，尽管中央银行又逐步加强对外汇市场的监管和干预，但1998年金融危机后至今，依然保持了卢布汇率的自由浮动。2006年7月，俄罗斯修订《外汇调节与管制法》，放松了资本项目下的卢布管制，卢布实现了完全可兑换。

二、俄罗斯转轨以来经历的几次重大汇率危机和卢布贬值

卢布内部可兑换是在激进改革引发的严重经济衰退和恶性通货膨胀的情况下实施的，因此大大刺激了本国企业和居民货币的美元化过程，也引发了外汇市场上严重的投机性操作，导致卢布汇率大幅度下跌和严重的资本外逃。第一次大规模的汇率危机发生在1993年9月23日的"黑色星期四"，这一天里卢布对美元的汇率下降了25%。第二次更大规模的汇率危机是1994年10月11日的"黑色星期二"，一天内美元汇率上涨27.7%。尽管央行采取措施，但10月份美元汇率依然平均上涨了15%。① 实施自由化和卢布内部可兑换的几年中，卢布汇率倾泻式下滑，仅从1994年7月到1995年7月实施"外汇走廊"之前的一年间，卢布

---

① ［俄］Г.克谢利曼、А.伊戈金：《1998年8月后俄罗斯的金融市场》，莫斯科西林出版社2002年版，第77页。

对美元汇率从1989∶1跌到4553∶1。1998年8月份爆发的金融危机中，卢布对美元的汇率从8月15日的1∶6.29下跌到9月9日的1∶20.825。

随着经济形势的好转，以及央行加强监管和干预，卢布汇率下跌趋缓并在其后形成了长达十几年的相对稳定时期。即便是在受到国际经济金融危机冲击发生严重经济衰退的2009年，卢布汇率也保持了稳定。

但是2014年春乌克兰危机和俄罗斯收回克里米亚引发的西方经济制裁，特别是国际石油价格的急剧下跌，引发了卢布汇率新一轮的剧烈波动。卢布对美元汇率从2014年初的32.66∶1跌到2015年11月初的63.79∶1，下跌超过了50%。2014年12月15日卢布大跌13%，俄央行16日凌晨紧急宣布把基准利率上调650个基点到17%，但依然没有止住卢布继续大跌，卢布与美元汇率一度跌破了80∶1，两天的累计跌幅达25%。

转轨以来卢布汇率变化动态

时间	1992.7.1	1993.7.2	1994.7.1	1995.7.1	1997.7.1	1998.7.1	1999.1.1
1美元∶卢布	125.26	1059.00	1989.00	4553.00	5782.00	6.20*	20.65
时间	2000.1.1	2010.1.1	2014.1.1	2014.10.1	2014.12.18	2015.1.1	2015.11.1
1美元∶卢布	27.0	30.19	32.66	39.4	67.9	56.24	64.4

*1998年以后是新卢布，1新卢布=1000个旧卢布。

资料来源：俄中央银行网站。

三、卢布汇率剧烈波动的原因

通常一个国家汇率的形成主要是依据购买力平价，但影响汇率波动的因素有很多，包括国际收支、利率、外汇储备、突发性国际国内事件等，这些因素无疑也是影响俄罗斯卢布汇率波动的重要因素。但是与其他国家不同的是，俄罗斯是能源依赖型经济，经济增长和卢布汇率直接与国际石油价格挂钩，因此油价就成为影响卢布汇率的最重要因素。

俄罗斯经济对能源的依赖有几个直观表现。近年来，在俄罗斯出口商品结构中，石油和天然气出口额占出口总额的 70% 左右，在国内生产总值构成中也占到 30%，俄联邦国民收入的一半要依赖于油气出口利润。根据俄罗斯经济发展部的经济监测报告数据，与去年同期相比，2015 年 9 月乌拉尔石油降价 51.3%，每桶从 107 美元下降到 40 多美元，天然气价格也下跌了 37.6%。石油和天然气的国际贸易是以美元结算的，油气收入的大幅下降，一方面直接造成俄罗斯国际贸易收入减少，外汇储备来源减少，国家财政预算收入紧张，带来直接的经济困难；另一方面，美元进款的减少导致美元需求上升，卢布汇率下降。油价和卢布汇率的相关性从图 1 清晰可见。

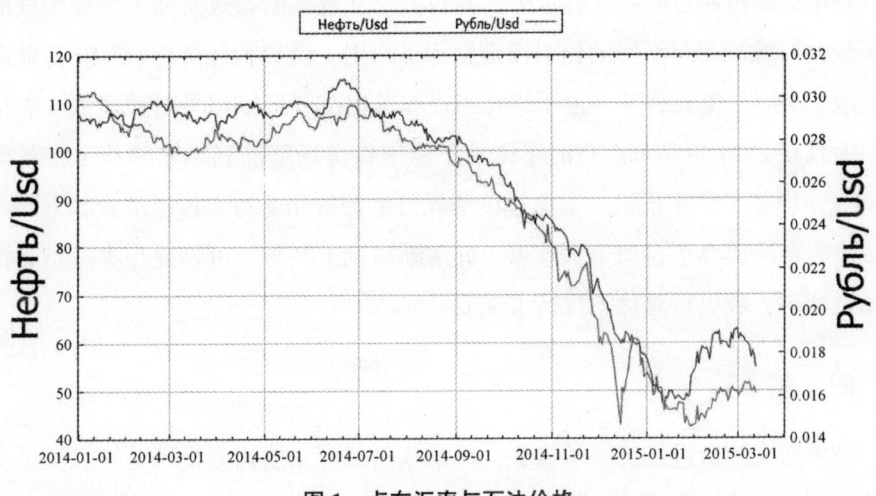

图 1　卢布汇率与石油价格

资料来源：http://habrahabr.ru/post/253285/.

影响卢布汇率波动的另一个重要因素是外部环境的变化。2014 年春乌克兰危机爆发，继而俄罗斯收回克里米亚，造成与西方国家间关系的急剧恶化，引发一轮又一轮的经济制裁。西方国家限制俄罗斯银行和企业在西方资本市场上融资，禁止向俄罗斯出口关键产业的高新技术和设备，给俄经济造成严重困难，各项经济指数加速下滑。标准普尔和穆迪等西方著名的信用评级机构纷纷降低对俄罗斯的国家信用评级。俄国内经济下滑和持续的外部压力造成的对俄经济预估的不确定性，导致投资者信心受到严重影响，不少外国投资者抛售在俄企业的股份，并把资金撤走。2014年俄罗斯资本外流总额达到1540亿美元，从而增加了对卢布汇率下行的预期。

通常俄罗斯人对本国经济形势的预期和对本币的信任也是影响卢布汇率走向的一个重要因素。在20世纪90年代几次大的汇率危机中，这两个因素也发挥了重要作用。这次危机中，因为对经济形势的预估存在不确定性，居民储蓄率总体上有所上升，居民存款结构中外币储蓄额有所增加，但幅度不是很大，没有发生经济美元化和银行挤兑现象，这反映出今天的俄罗斯人只是对经济发展预期不是很乐观，但并没有对政府不信任。

俄中央银行通过向市场投放外汇和提高基准利率的方式实施了一定程度的外汇干预，对维持卢布汇率的相对稳定发挥了作用。俄央行仅2014年10月就向市场投放了290亿美元，并一度承诺每当卢布跌出交易区间以外时就投放3.5亿美元，而且在2014年年末卢布汇率剧烈下跌中将市场基准利率临时从10.5%调高到17%。但基于防止投机、避免过度消耗外汇储备和支持实体经济贷款方面的考虑，央行很快放弃了自动干预政策，并逐渐回调了利率。可以说在本轮卢布汇率波动过程中，俄央行总体上保持了克制。

四、结 论

俄罗斯实施激进经济改革以来，卢布从内部可兑换到完全可兑换经历了十几年的时间，其间汇率制度几经演变，从多重汇率到自由浮动汇率到"外汇走廊"最后又回到自由浮动汇率，汇率波动幅度巨大，市场动荡不定，甚至几次遭遇严重的汇率危机。但不可否认的是，汇率制度的改革和卢布的自由兑换为俄罗斯外贸体制的自由化、外汇市场的发展以及卢布国际化和加速融入全球经济创造了前提条件。俄罗斯汇率制度改革和卢布汇率波动起伏以及中央银行的监管干预的经验教训值得我们吸取和借鉴。

作者单位：中央编译局俄罗斯研究中心

2015年俄罗斯经济形势评估

徐向梅

一、2015年俄罗斯经济形势

2015年俄罗斯总体经济形势的特点是：由于外部经济形势恶化，包括油价持续下跌、西方制裁继续、国内外对俄投资积极性下降，以及大规模的资本外流，经济呈现全面下滑态势。

1. 经济总体下滑

2013年俄罗斯经济已呈增长衰减态势，GDP年增长只有1.3%。2014年受乌克兰危机和西方制裁，特别是国际大宗商品价格下跌的影响，经济陷入衰退，当年GDP增长0.6%。2015年，上述不利因素持续，且油价继续下跌，俄罗斯经济陷入深度衰退。

2015年第一季度GDP下降2.2%，第二季度下降4.6%，第三季度下降4.1%。前三个季度经济总体下滑3.8%。其中，工业下降3.2%，加工工业尤甚，下降5.2%，固定资本投资下降5.8%，建筑业下降8.3%，实际工资下降9%，实际可支配收入下降3.3%，零售贸易下降8.5%。外贸前三个季度总共只有4029亿美元，下降约34.5%。当然也有部分经济领域保持了增长，比如农业增长2.4%，住宅建设增长7%。

观察俄罗斯经济有几个最敏感的指数。一个是大宗出口商品价格，可以说全面大幅下跌。2015年9月比去年同期：乌拉尔石油降51.3%（46.7美元/桶），天然气降 37.6%（233.6 美元/立方米），铝降 20.3%，镍降 45.3%，铜降 24.2%，铁矿石降 44.3%。

另一个是卢布汇率，同比去年也下跌了一半，从 1 美元兑换 30 多卢布跌到 1 美元兑换 60 多卢布。

再有一个是通货膨胀，通胀率从年初到 9 月底达 10.4%，预计全年可能达到 15%，特别是食品类将达到 20%。

2. 出现一些积极因素

一些主要经济指标在 7—8 月保持了相对稳定之后，9 月份出现了微弱好转的迹象。环比来讲，GDP 9 月比 8 月增长了 0.3%。工业在第二季度下跌 4.9% 的情况下，第三季度下跌 4.2%，跌幅减小，9 月环比增长了 0.8%，其中加工工业增长了 1.2%。建筑业降幅减小，从 7、8 月的环比下降 0.8%、0.9% 减少到 0.4%。不过投资、零售贸易、建筑业等仍保持了较大的跌幅。

国际储备止住了 2014 年的下跌趋势，稳定在 3600 亿—3700 亿美元。1—9 月国际储备下降了 3.7%，截至 11 月 6 日有 3661 亿美元。

外债下降。俄罗斯外债峰值出现在 2014 年 7 月 1 日，7328 亿美元，此后连续 5 个季度呈下降趋势。在 2014 年外债减少了 18% 的基础上，2015 年继续下降，到 9 月底，外债总额 5216 亿美元，一年间减少了 2112 亿美元，其中国家外债只有 502.264 亿美元。[①]

私人部门资本净流出减缓，1—9 月为 450 亿美元，去年同期为 768 亿美元。2014 年全年资本外流高达 1515 亿美元。

卢布汇率在 2014 年深跌近半的情况下 2015 年以来基本稳定在 60 多卢布兑换 1 美元。就业市场保持平稳。1—9 月银行部门总资产增加了 2%。

3. 社会领域的状况[②]

尽管经济困难，但是人口保持了正增长，从年初到 9 月底常住人口增加了

---

① 俄财政部网站，http://www.minfin.ru。
② 俄国家统计局，http://www.gks.ru。

13.5万人，全国人口达到1.464亿。

1—9月份的人均名义月工资为33104卢布（按平均汇率60计算，约等于551.73美元），最低生活标准为9673卢布/月（160美元），比第二季度增加了3.4%，比上年同期增长了19.6%。但因为卢布贬值，通货膨胀，如前所述，居民实际收入和生活水平是下降的，居民生活困难增加，特别是对低收入阶层来说更是如此。贫困人口比前两年有所回升。

4. 社会情绪

2014年至今，应该说俄罗斯百姓总体心态比较平稳，特别是在政治上保持了对政府和总统的信赖和支持。不过因为经济困难持续，他们对经济形势的预期也不是很乐观，其中的一个表现是：在实际工资和可支配收入下降的情况下居民储蓄率上升，特别是外币储蓄率，反映了居民已经开始给自己建立储备以应对经济形势可能的恶化。2015年9月份储蓄额增长了15%。

二、俄罗斯政府的反危机措施

2014年针对西方制裁、国际油价下跌、卢布汇率波动等造成的经济困难，俄政府采取了一系列支持本国银行和重点企业、巩固卢布汇率的反危机措施。2015年1月，俄政府出台《2015年保障经济可持续发展和社会稳定的首要措施纲要》[①]，作为反危机的系统性纲领，主要内容如下。

促进经济增长，包括支持进口替代，扩大非原料商品包括高技术商品出口，降低商业活动的资金和行政成本，促进中小企业发展。其中比较大的拨款项目有：增加联邦预算用于为2015年联邦主体实施保障经济可持续发展和社会稳定计划的预算提供贷款的资金，1600亿卢布以内；向使用国家福利基金实施基础设施项目的银行增资，2500亿卢布以内；用国家福利基金向发展与对外经济活动银行注资3000亿卢布以内；增加对国家债券和企业贷款的担保等，2000亿卢布。

---

① 俄联邦政府网站，http://government.ru。

提高银行体系的稳定性，建立有问题的关键企业的整顿机制，为大的信贷组织增资1万亿卢布（分配在2014年联邦预算框架内）。

重新审查国家计划措施、联邦专项计划和向最优先方向以及补充的反危机措施拨款的专门投资计划。制定了支持农业、住宅建设和住宅公用管理、工业和燃料动力综合体以及交通部门的措施。

节约开支，优化预算支出，甄别和缩减无效的花费。俄联邦政府向国家杜马提出法案，2015年大部分联邦预算支出缩减10%。

保障社会稳定，在优化预算支出的同时承诺要充分保障社会性义务的执行，并要求划拨额外的预算经费，对最脆弱的公民群体（退休者、多子女家庭）由于通货膨胀造成的额外的生活成本予以补偿，支持有效就业。

尽管俄罗斯经济今天依然处在困境中，但随着上述纲要措施的落实，已经趋于稳定。银行因为政府的紧急支持获得了喘息时间，避免了系统性风险的发生。通货膨胀得到一定程度的控制。由于中央银行坚持浮动汇率制度，没有过多地用外汇储备去干预市场，卢布汇率的贬值使得进口减少，经常账户得以保持平衡。

俄罗斯经济发展部部长阿列克谢·乌柳卡耶夫说，俄罗斯经济在2015年年中以后表现出对新的经济形势的适应性，他指的新的经济形势是外部资本市场关闭，几乎所有品种的原料商品价格下跌。

三、俄罗斯经济的近期和长期前景

俄罗斯经济转型已经20余年，其间经济或衰退或增长，跌宕起伏。

可以说，20世纪90年代俄罗斯市场经济制度的构建就初步完成了，也正因此，在考察了货币可自由兑换、雇主与工人之间通过谈判确定工资的程度、外国公司在该国投资行为自由化程度、政府对企业所有权掌握程度或控制方式、政府对资源调配、企业产品定价和生产数量的控制程度等领域的情况的基础上，2002年美国承认了俄罗斯市场经济国家的地位。

转型是为了什么，自然是增长和发展。转型可能是一个漫长的过程，其绩效也许要从更长期来看，但至少考察转型这20多年来俄罗斯经济的增长与衰退的历史，发现它与制度转型并没有表现出多大的相关性，更多的是与国际油价的波动和国际经济和政治形势的变化相关。而在 2012 年下半年到 2013 年，也就是经济从 2008—2009 年的危机冲击中恢复以后，在石油依然保持高价位的情况下俄罗斯经济出现增长衰减的情况，经济增长甚至与国际油价的相关性也下降了——当然油价下跌仍然会沉重打击其经济，但油价保持高位，却也不能再刺激其经济的高增长。可以说，俄罗斯构架了市场经济体制，但并没有解决增长和发展的问题。高油价也并不总是能支持俄罗斯经济的持续增长。

要解决这个问题，还是要解决增长模式转换的问题，也就是结构转型，摆脱能源原材料依赖。2015 年，俄经济发展部经济监测报告认为出口结构有改善，石油天然气占比下降了 6 个点，占 64.8%。但是这不能说是结构向好的表现，因为国际石油价格比去年同期降了一半，天然气价格也降了 37% 多。2005 年至今十年来在出口结构中技术和知识密集型产品在 GDP 中的占比几乎没有变化。

技术和知识密集型产品在 GDP 中占比（%）

2005	2006	2007	2008	2009	2010	2011	2012	2013	2014
21.2	21.4	22.5	22.8	24.4	22.8	21.9	22.1	23.1	23.5

资料来源：俄罗斯国家统计局。

从短期前景上看，俄罗斯经济因为政府的反危机措施和适应了新的经济态势而显现出一定程度的稳定，在国际油价维持相对稳定的情况下，这种态势能够得以保持。第四季度估计随着圣诞节和新年的到来，国内消费下降会有减缓，但是由于对俄经济的不确定性估计，投资将会继续下降。2015 年经济的跌幅不会继续加深，在油价企稳并在西方制裁减缓或者取消的情况下，随着投资和消费需求的复苏，可能在 2016 年逐渐走出衰退。不过如果油价继续下跌，俄罗斯经济中出现的微弱的积极苗头又会被断送。

但是不论短期前景如何，因为影响经济增长的实质性问题——结构问题依然顽固地存在，走出衰退以后的俄罗斯经济有可能保持比较长一段时间的低速增长状态。从长期看，不解决根本的结构问题便无法保证其持续稳定的增长。这个问题俄罗斯提了很多年，这次反危机措施纲要中还提出"与实施反危机措施一起，实行旨在促进经济多样化和为中期稳定的经济增长创造条件的结构改革也是政府工作的优先方向"，要"加速和充分地执行国家企业创新路线图"。不过难度依然很大，因为与资源依赖有关的经济结构优化和经济增长的制约因素依然难以消除，包括因为能源行业的高额利润导致资本和人才自觉地向该行业流动，超额利润行业的存在引起的普遍的国内价格和工资的提高对其他竞争性行业发展的制约，政府和民众的惯性和惰性以及利益集团对政策导向的影响，等等。俄罗斯还特别需要避免当外部经济环境对俄罗斯经济结构转型所产生的刺激因素减弱后失去结构转型的动力。

作者单位：中央编译局俄罗斯研究中心

俄罗斯经济：从裙带资本主义到国家资本主义

[保] 西蒙·德扬科夫 著 鲍传健 编译

美国著名智库彼得森国际经济研究所 2015 年 9 月发表前保加利亚副总理和财政部长西蒙·德扬科夫的文章，题为"普京治下的俄罗斯经济：从裙带资本主义到国家资本主义"。文章认为，2000 年以来普京治下的俄罗斯经济呈现了从裙带资本主义到国家资本主义的转变。主要内容如下。

一、裙带资本主义与普京的崛起

随着 20 世纪 90 年代初俄罗斯市场经济改革的推进，国有资产私有化产生了第一波的亿万富翁。私有化意在取得国内对改革的支持，避免国有资产落到出价更高的国外投资者手中。改革目标实现了，但代价高昂。由于私有化并没有带来预算收入的显著增加，俄罗斯很快面临国内民众对裙带资本主义的广泛不满，政府积累了大量公债。

事实上，俄罗斯的微观经济转型要远比东欧国家困难。首先，相较于大多数中东欧国家，俄罗斯国内的前共产主义精英的政治施压要更加强大。改革派总理盖达尔的政府只维持了半年。其次，大量自然资源（包括天然气、石油和金属）的存在导致了对改革的支持不足。自然资源部门的收入可以弥补其他部门的低效，使得大多数政治家不情愿进行大的转型改革。第三，俄罗斯国内的政治气候不断分化，人们的心理氛围也不如东欧国家积极。车臣战争对此后的几届政府都造成了严重影响。

因此，俄罗斯的市场经济转型是一个走走停停的过程。1993—1994 年盖达尔先后作为总理和副总理实施的私有化计划，将大多数企业的股份由政府转到经理、工人和公众手中，这与其他后共产主义国家的票券私有化类似。1995 年开始的"贷款换股权"计划，将一些国有自然资源企业的所有权转让给国内的少数大亨，以换取他们对政府的借款。这加速形成了许多可以影响政府的大型金融实业集团，如鲍里斯·别列佐夫斯基、弗拉基米尔·古辛斯基、米哈伊尔·霍多尔科夫斯基和弗拉基米尔·波塔宁等人的商业帝国。换句话说，这巩固了俄罗斯的裙带资本主义。

叶利钦赢得了 1996 年的总统选举，但是俄国内进一步改革的愿望逐渐消失，公共财政处于危险的境地。1998 年俄罗斯与其债权人的再谈判尝试失败之后，政府宣布暂停偿还债务。这导致了清偿系统的垮塌和民众生活的困难。自由市场不再受到青睐，国家转而寻找一位铁腕人物以避免产生动荡。

普京在情报部门的工作经历给予他一种果断和刚毅的气质。他在圣彼得堡市政府工作期间与改革派的共事也为他赢得了经济自由主义者的支持，后者在叶利钦时期非常具有影响力。在普京的第一任总理和两任总统期间（1999—2008 年），俄罗斯人民的实际收入上涨了 250%，实际工资增加了两倍以上，失业率和贫困率下降了一半以上。不过，在最高收入梯队上的机会不平等并未改变。一个新的富翁阶层逐渐形成，他们都与普京有着密切的私人联系，包括格纳迪·季姆琴科、弗拉基米尔·亚库宁、尤里·科瓦尔恰克和谢尔盖·切梅佐夫等。这种转变预示着裙带资本主义的结束以及国家资本主义的开始。在国家资本主义体系下，主要的生产性资产或者直接归于国有，或者由总统的亲信控制，而这些亲信为了换取政府合同、国有银行贷款和对个人财富的保护，他们的企业会为国家和总统效力。

二、俄罗斯经济从裙带资本主义向国家资本主义转变的五大特征

第一，国有经济比重增加。2003 年 10 月，俄罗斯亿万富翁米哈伊尔·霍多尔科夫斯基被逮捕和起诉，是俄罗斯从裙带资本主义向国家资本主义转变的分水

岭。政府同时以逃税为由，将尤科斯石油公司的股份国有化。这一举措迎合了俄罗斯民众对新富阶层的不满情绪，加强了普京的受欢迎程度，为下一个十年政府在媒体、能源和银行等部门快速增加所有权铺平了道路，同时国有经济延伸到高科技、交通和机械设备等领域并占据主导地位。2005 年私有商业银行占银行业总资产的 70%，到 2015 年这一数值降至原先的一半。到 2015 年上半年，国家控制了俄罗斯经济的 55%，政府直接雇佣了 2000 万人，占全部劳动力的 28%。

第二，能源成为外交政策工具。过去十年来，欧洲国家越来越依赖于俄罗斯的能源供应。芬兰、爱沙尼亚、保加利亚和斯洛文尼亚几乎百分之百依赖于俄罗斯的天然气供应。希腊和捷克的天然气供应有四分之三来自于俄罗斯。西欧国家对俄罗斯能源供应的依赖也在增加。2011—2012 年建立的北溪管道，将天然气从俄罗斯输送到德国，占德国天然气供应的 30%；北溪也输送天然气到法国和荷兰。不过，俄罗斯能源外交的主要目标是加强与中国和日本的关系，俄罗斯的外交重心正逐渐向亚洲转移。例如，2014 年 5 月俄罗斯与中国签署了"西伯利亚力量"天然气管道项目，这一项目意在调整俄罗斯东部经济对欧洲的依赖，转而面向亚洲建立战略同盟。

第三，结构性改革停滞不前。结构性改革取决于三个因素：其一，国家正经历财政或社会困境，从而改革可以被放到中心地位；其二，改革通常发生在政府任期的开始阶段；其三，政府需要信念坚定的改革家。俄罗斯满足前两个条件，但至少近十年来缺乏坚定的改革家。这是因为缺乏政治竞争的情况下，缺乏实行改革（通常不受既得利益者欢迎）的激励。如果改革者不能赢得选举，正如俄罗斯的情形，则没有人愿意去当改革者。

第四，经济大亨的数量在增加。自普京执政以来，私营部门大亨们的财富稳步增长。一方面，部分战略性资产的国有化使得其私人拥有者一夜暴富，如三方对话（Troika Dialog）投资银行及秋明英国石油公司（TNK-BP）的拥有者。另一方面，过去十年商品价格的上涨也使得这些资产拥有者获得巨大财富。此外，与普京具有密切联系的二十多位商业大亨也通过基础设施项目获得高额回报。目前，居住在莫斯科的亿万富翁数量超过世界其他任何城市。

第五，俄罗斯采取更加强硬的外交政策。由于普京对乌克兰的强硬政策，俄罗斯的金融和能源部门受到了严厉的经济制裁。这些制裁的负面作用已经开始显现，例如有效地驱逐了对俄罗斯的新增投资。大型国有企业或者具有政治联系的企业可以设法获得国有贷款，而没有政治背景的私人企业则面临严重的融资约束。随后的卢布贬值更让这些企业雪上加霜，2015年伊始商业贷款利率上涨至20%—25%。这些都将导致一个结果：长期的经济停滞。

2015年1月1日生效的欧亚经济联盟（Eurasian Economic Union）是普京实行强硬外交政策的另一个砝码。截至2015年5月，该联盟包括亚美尼亚、白俄罗斯、哈萨克斯坦、吉尔吉斯斯坦和俄罗斯。欧亚经济联盟一定程度上推进了普京在前苏联国家中统一市场的步伐，同时也搭建了与亚洲经济合作的桥梁。欧亚经济联盟的总人口约为2亿，按购买力平价计算的GDP达到4万亿美元，接下来也可能吸纳塔吉克斯坦和乌兹别克斯坦加入。普京还通过该联盟来增加与东亚国家的贸易。2014年，该联盟与东盟就贸易合作展开对话，最近，还与越南签署了自由贸易协定。该联盟还积极参与中国的"新丝绸之路"计划，许多联系中国与欧洲的基础设施投资协议已经签署或正在谈判。中国计划投资58亿美元建设莫斯科至喀山的高铁，并计划在哈萨克斯坦的基础设施上投资82亿美元。作为欧亚经济联盟与中国协议的一部分，俄罗斯最大的商业银行联邦储蓄银行（Sberbank）与中国国家开发银行签署了人民币60亿元的贸易目的便利协议。

三、短期内俄罗斯既有政策不会改变，国家资本主义将会持续

综上所述，俄罗斯经济向国家资本主义的转变表现在五个方面：在金融、能源、交通和媒体等关键部门国有比重显著增加；战略性能源出口越来越成为外交政策工具；2004年以来结构性改革停滞不前；亿万富翁的数量大量增加；普京的强硬外交招致了美国和欧盟的经济制裁。随着欧洲增长模式面临困境，俄罗斯转而寻找替代的经济模式，如土耳其等国的国家控制的资本主义。俄罗斯当前的政治生态不利于政治竞争的发展，其经济发展模式在短期内亦会保持相对稳定。

资料来源：

Djankov, Simeon. (2015). Russia's Economy under Putin: From Crony Capitalism to State Capitalism. Peterson Institute for International Economics (Policy Brief No. PB15-18). Retrieved from https://www.piie.com/publications/pb/pb15-18.pdf.

作者单位：中央编译局世界发展战略研究部

俄罗斯免费医疗保障制度改革*

童 伟

俄罗斯通过近二十年的不断努力,较好地构建起运行良好、覆盖广泛的现代医疗保障体系。

一、俄罗斯医疗保障制度的建立与发展

俄罗斯医疗保障制度始建于苏联时期,到20世纪80年代后期基本成熟。苏联解体后原来由国家统包的医疗保障制度难以为继。为保障宪法规定的公民在医疗健康方面拥有的权利,俄罗斯对医保制度进行了根本性的改革与重构,改革举措主要集中在两个方面:一是以完全保险为原则,构建新型医疗保险体系;二是以财政投入为工具,强化国家的主导与干预。

(一)俄罗斯医疗保险体系的建立

俄罗斯医疗保险体系始建于1991年6月颁布的《俄罗斯公民医疗保险法》(以下简称《医疗保险法》),对俄罗斯医疗保险体系的资金来源、免费医疗服务范围、医疗保障国家财政拨款原则以及拨款方式都进行了清晰界定。

《医疗保险法》规定:(1)医保体系的资金将主要来源于强制医疗保险缴费和自愿医疗保险缴费;(2)所有公民均须参与强制医疗保险,保险费用由政府及企业共同负担。在职者由所在单位缴纳,无工作者由政府预算支付;(3)政

---

* 本文受教育部新世纪优秀人才支持计划、国家社科基金项目和中国财政协同创新中心资助。

府在强制医疗保险范围内提供免费医疗服务；（4）设立以非国有保险机构为主体的自愿医疗保险体系，企业和个人依据保险合同自愿参保，免费之外的医疗服务费用由非国有保险公司承担。

根据《医疗保险法》，俄罗斯于1993年开始建立强制医疗保险基金和非国有医疗保险公司。

1. **建立强制医疗保险基金**。该基金属于国家预算外社会保障基金的一部分，由联邦强制医疗保险基金和地区强制医疗保险基金组成。基金的主要任务是保障俄境内强制医疗保险体系的统一；保证俄宪法规定的公民各项医疗权利的实现；均衡各地区医疗服务水平和医疗服务质量。

基金资金主要来源于：（1）强制医疗保险缴费，保险缴费的费率为工资总额的3.6%；（2）国家财政转移支付；（3）基金资本运营所得。俄强制医疗保险基金具有非营利性，其经营所得全部用于基金储备。

基金的支出范围为：强制医疗保险范围内的医疗服务支出，基金的运营与管理支出，应纳税款及其他支出。

俄罗斯强制医疗保险基金由强制医疗保险基金会管理。基金会为非营利自治机构，负责强制医疗保险费的集中、分配和使用，并对医疗保险公司和医疗机构的业务进行监督与管理。基金会的建立标志着俄罗斯医疗保险体系的运营主体，由政府垄断转变为由非营利机构独立经营。与此同时，俄罗斯医疗费用的承担主体也随之发生了改变，由国家预算统包转变为由国家、企业、保险机构和个人共同负担。

2. **成立非国有医疗保险公司**。非国有医疗保险公司为独立经营主体，不受政府部门管理，可承接强制、自愿及其他方面的医疗保险业务。医疗保险公司与投保人——企业和政府签订医疗服务合同，当被保险人在指定医疗机构就医时，由保险公司承担合同范围内的医疗费用。

（二）俄罗斯医疗保险体系的发展

为提高俄罗斯医疗服务质量，加速医疗保险现代化，向完全保险原则过渡，2010年俄罗斯颁布了《俄罗斯联邦强制医疗保险法》，并于2011年启动了新一轮医疗保险体系改革。改革的核心内容为：

1. **赋予被保险人自主选择医疗保险公司的权利**。自2011年《强制医疗保险法》颁布起，被保险人可自由选择医疗保险公司。这一举措通过有效市场选择及自由竞争，起到了促进医疗保险公司提升服务意识、改进服务质量的效果。

2. **取消私人医疗机构进入强制医疗保险体系的限制**。随着准入限制的取消，进入强制医疗保险体系的私人医疗机构大幅度增加，使强制医疗保险基金的合同医疗机构由8200余家扩展至8400余家。

3. **提高强制医疗保险费率**。2012年将强制医疗保险费率提高到5.1%，同时规定，地区医疗保险基金不再负有养老保险费的征集义务，所有养老保险收入全部纳入联邦强制医疗保险基金，由联邦强制医疗保险基金统一收入、分配与管理。

二、俄罗斯医疗保障体系的筹资渠道

俄罗斯医疗保障体系的资金主要有三大来源：政府预算拨款、强制医疗保险基金缴费和居民个人支付的医疗费用。政府预算拨款和强制养老保险缴费构成俄罗斯国家免费医疗服务的主要资金来源。2012年，俄免费医疗支出28985亿卢布，约占全部医疗支出的68%。其中，政府预算拨款22834亿卢布（包含给强制医疗保险基金的拨款和联邦转移支付），约占免费医疗支出的78.8%、全部医疗支出的53.6%。

1. **俄罗斯医疗的政府预算拨款**。向全社会提供最基本的医疗保险和医疗补助，使所有居民都能享受大致均等的基本医疗服务，是由政府供给的最为典型的公共产品。俄将保障强制医疗保险基金财务稳定，保障公立医院正常运营，为无工作居民缴纳医疗保险金，使俄境内所有居民都可享受国家规定范围内的免费医疗服务，并确定为国家最为重要的支出责任之一。

医疗卫生也因此成为俄罗斯国家重点投入领域，在政府预算支出中仅次于社会政策、国民经济和教育支出，居第四位。

2. **医疗保险基金缴费**。强制医疗保险基金缴费是医疗保障体系重要的收入来源之一。2012年俄强制医疗保险基金收入13681亿卢布,其中52.3%来自政府预算拨款,44.8%来自企业缴费,2.9%来自基金经营和有偿服务。同年,俄罗斯强制医疗保险基金支出13287亿卢布,约为免费医疗支出的47.2%、全部医疗支出的32.1%。

3. **居民个人付费**。俄罗斯居民个人还需支付相当大一笔医疗资金。2012年俄居民个人支付的医疗费用占全部医疗支出的比重约为32%(略高于发达国家27%的平均水平),其中72%用于购买药品。

三、俄罗斯医疗保障体系存在的问题

经过多年的财政投入和不断变革,俄免费医疗服务范围不断扩大,医疗保障水平逐渐提高,突出的问题和发展瓶颈是:

1. **国家医疗财政投入水平偏低**。俄医疗财政支出占GDP的比重在国际上依然较为落后,不仅与市场经济发达国家相去甚远,就是与新欧盟国家相比也存在相当大的差距,如捷克、匈牙利、保加利亚等,与俄罗斯经济发展水平相当,但其医疗财政支出占GDP的比重大多超过6%,约为俄罗斯的1.6倍。

2. **工资待遇偏低,医务人员缺口增大,严重制约医疗服务水平的提高**。医生工资水平低是俄罗斯极为突出且普遍存在的问题,俄罗斯医生的工资仅为全国平均工资的78%。而在同等收入国家中,医生的工资水平约为国内平均工资的1.5—2.5倍。这使俄罗斯医生数量严重不足,医生缺口4万人,中级医护人员短缺27万人。这一缺口在未来5年间还将进一步扩大。

3. **缺乏免费医疗服务供给标准,寻租现象严重**。由于国家医疗服务规划未能就免费医疗服务的范围和标准予以清晰界定,使俄罗斯在向居民提供免费医疗服务的过程中出现了一系列问题,例如,同一种疾病在不同地区或不同医院享受的治疗水平和免费药物不同,同样的患者住院排队的等候时间相差甚远,同样的病患免费获得高科技医疗服务的机会大不相同等。

免费医疗服务标准的缺失使医疗服务成为寻租和腐败的高发地带。调查结果显示，在承认有行贿行为的被调查者中，其54%的行贿对象为医务人员。

4. **绩效目标不明确，管理效率低下。** 虽然俄对政府预算已实施了多年的绩效管理，并取得明显成效，但医疗卫生领域的管理方式依然沿用粗放的投入管理，既缺乏前瞻性的宏观战略规划，也缺乏针对医疗服务质量和服务安全确定的结果导向目标。低效管理使医疗资金的支出结构极不合理，稀缺的财政资金被大量投入到高风险、低回报的地方。保障医疗服务质量与规模的医疗人力资本发展与培养支出，低投入与高产出的疾病预防支出，始终得不到财政资金的充足保障。

四、俄罗斯医疗保障制度的完善路径

为解决俄罗斯医疗保障体系存在的上述问题与发展瓶颈，俄罗斯2012年10月颁布了《2013—2015年俄罗斯联邦医疗发展规划》，指出要加大医疗预算拨款规模，强化医疗保险基金支出绩效，扩大免费医疗服务范围，提高俄罗斯医疗服务水平和服务质量。并着重提出：

1. **提高医疗财政支出水平。** 随着经济发展程度的提高不断加大国家预算的投入力度。2020年俄国家预算对医疗卫生的支出应提高到GDP的4.8%，同时鼓励私人增加医疗保险支出，私人医疗保险支出应提高到GDP的1.1%—1.5%，使俄罗斯医疗支出的总体水平提高到GDP的6%—6.3%。

医疗财政的主要投入方向应为：（1）提高医务人员的工资水平，2018年医务人员的工资应达到本地区平均工资的200%；（2）扩大免费医疗服务范围，住院治疗的全部药费以及标准疗程中所需的一切药品均应由医院免费提供。

2. **以立法的形式向居民提供大致均等的免费医疗服务。** 每一种由国家提供免费治疗的疾病，都应由法律确定标准的医疗程序、治疗费用和适用药品，使人们在不同地区、不同医疗机构，都能够得到相同质量的医疗服务，使国家的免费医疗服务落到实处。

3. **放宽强制医疗保险体系准入门槛。**放宽强制医保体系准入门槛,取消医疗保险机构进入强制医疗保险体系时在法定资本金、资产结构等方面的限制,保护投保人的权益、提高医疗资金的使用效益。

作者单位:中央财经大学财经研究院

精英的分裂比社会抗议更危险

李晓萌 译

2014 年 12 月 15 日欧元与卢布的汇率一度达到 100∶1，美元对卢布达到 80∶1。次日，俄罗斯《报纸》网发表了娜塔莉娅·加莉莫娃等人的采访报道《对普京来说，精英的分裂比社会抗议更危险》，几位专家针对危机将如何发展，对普京的支持率、俄罗斯人的社会幸福感和抗议活动有何影响等问题谈了各自的看法，现译介如下。

政治技术中心副主任亚历山大·马卡尔金认为，形势严峻，但很多人还期望反弹。一切将取决于这种形势将会持续多长时间。人们目前还没有感觉到生活的恶化，但商人请求允许按约定的货币单位标明价格绝非偶然，并且约定的货币单位所指已非美元，而是更值钱的外币欧元。

一旦人们有所察觉，反应将不尽相同：有的人将缩减支出，有的人找工作，有的人酗酒，而有的人将寻找移居之地。这将多少有些接近于 20 世纪 90 年代时的反应。

90 年代有过抗议，但形势有所不同。顺便说一句，大多数居民没有参与抗议活动。上街的主要是矿工——人数并不那么多。当时的态度也不同：如果有人试图组织现在这样的抗议活动，当局的反应会强硬得多。

但是，当发生什么紧急情况或两三个消极因素同时起作用时——比如，工厂关门并且住房公用设施费用增加，则有可能引发大规模集体行动。如果有些因素是在地区范围起作用,则有可能爆发抗议活动。首当其冲的将是总统和政府支持率的下降。总统的支持率将会降低,但幅度不会很大,因为对大多数人来说,如果不相信总统,那就不知道还能相信谁了。

政治技术中心政治学家塔季扬娜·斯塔诺娃娅认为,社会政治形势将取决于两个因素。第一个因素——目前体制内的政治力量在多大程度上准备好将来也处于其中。俄共就是体制内政党,但如果事态的进一步发展使居民不再支持当局的话,我们将持续地观察这种影响及其对体制内的影响。

第二个因素——普京能够在多大程度上使精英群体保持团结,最富裕的阶层是否准备好在目前这种环境下生存下去。对普京来说,精英的分裂比社会抗议更危险。

商业活动领域将出现问题,将开始裁员,失业率将会上升。之后我们会看到,当局能将局势控制在什么程度。无论如何,在我们今天所观察到的形势下,总统的支持率不可能达到80%,即便是在拥有强大的信息资源的情况下。我认为,收回克里米亚的效应将很快消失。公民已经把"克里米亚是俄罗斯的一部分"当作理所应当的了。

政治专家组领导康斯坦丁·卡拉乔夫认为,新年过后当人们看到商店里的新价签的时候,公民的社会幸福感将会下降。

目前人们的第一反应是震惊,然后是麻木。不过来年国内形势仍将按惯性发展:人们等待着一切烟消云散,当局将利用克服2009年危机的经验。

经济危机发展成社会危机,社会危机发展成政治危机,这个过程不会少于一年的时间。到2015年年底我们将遭遇社会危机,那时处在全俄运动——2016年杜马选举和2018年总统选举的前夕。

原则上,可能会出现消极的抗议形式,如在社交网站上更多地批评当局。有的地方不排除罢工的可能性,但所有这些都会相当谨慎。积极的抗议形式还远未到来。首先,人们开始离开国家。其次,2015年地方选举的参选率将会大大降低。总统的支持率将下降。如果形势得不到改善的话,崩溃将可能在2016年发生。但目前人们还在期待国家首脑创造奇迹，他有坚实的基础，远不到支持率崩溃的时候。

财经大学政治学研究中心主任巴维尔·萨林表示，他不会夸大卢布贬值对俄罗斯人社会幸福感的影响。当我们分析这个话题的时候，有些偏离重点。专家和媒体代表在讨论这个话题的时候，首先关心的是中产阶级、有积蓄的人。有积蓄的人关注汇率，因为他们对如何保全自己的个人储蓄感到担心。

如果看看社会调查资料就会知道，我们一半以上的人没有储蓄，他们关心的不是汇率。当然，物价上涨了不少，但目前还没有出现因美元和欧元升值引起的暴涨。价格在上涨，但并不是像 1998 年或 1992 年那样成倍地上涨。

社会幸福感下降的水平不会与汇率上升成正比，至于中产阶级和精英的上层，他们的心情是相当郁闷的。如果这种趋势继续的话，那么这些情绪将会传染给其他阶层——他们的情绪也将逐渐低落。过不了一年半载，这种趋势将传染到所有居民阶层。

对当局来说，一切都将取决于它如何对待有实力的企业：这样的企业大幅提高了其员工收入，那里的工资具有竞争力，而现在有可能贬值了。如果当局不补偿贬值的这部分，企业将失去存在的一个根基。现在重要的是，当局如何应对目前的形势。如果回避，那么不仅当局而且普京的支持率都会遭受重创。

高等经济学院教授尼古拉·彼得罗夫认为，当前受到打击的首先是商人，而普通人感受到的主要是表面现象，当然尽管他们看到了物价上涨，中产阶级则不得不节省新年旅行的开支。重要的是接下来要发生的：它破坏了人们眼中能掌控局势的那个当局的形象。明年年初尖锐的形势会有所缓和：相比于目前情况，卢布会恢复稳定。但是通货膨胀和物价上涨都将持续。形势的恶化是否会以社会抗议的形式表现出来？短期来看这不会发生。但不满情绪将增长，人们也会重新审视对当局的态度。总统本人的支持率将受到侵蚀，但下降的速度则取决于他在今年 12 月 18 日年度记者会上怎么说。如果普京能够展示出成效并使人们信服，那么支持率的降低会徘徊一年，也可能是数月。如果做不到，支持率将加速下降，但无论如何这都不会瞬间完结，不满情绪将全面增长。

资料来源：

http://www.gazeta.ru/politics/2014/12/16_a_6344701.shtml.

译者单位：中央编译局俄罗斯研究中心

俄罗斯高校的效率监管问题

[俄] 伊·莫尔恰诺夫 著 李 旭 译

  伊戈尔·尼古拉耶维奇·莫尔恰诺夫是莫斯科大学经济系教授，俄罗斯联邦政府金融大学金融理论教研室教授，经济学博士。本文分析了俄罗斯在教育机构工作效率评估方面存在的迫切问题，针对如何提高普通（学校）教育、中等职业教育和高等教育机构的工作绩效的问题，探讨解决方案。主要内容如下。

  教育的主要目的在于造福社会、提供教育服务，具有重要的社会意义。保证社会各阶层、各群体的民众都能接受教育，建立普通教育、中等职业教育和高等教育机构均衡发展的环境，是造就高素质人力资本最为关键的影响因素。

  保证教育质量是俄罗斯国民经济结构现代化建设的重要任务之一。《俄罗斯联邦教育法》中"教育质量"这一概念的主要定义是："教育质量是对教学工作和学生培养活动的综合评定，也是教学活动是否符合国家教学标准、联邦准则以及（或者）个人或法人需求的体现，也体现其完成教学大纲计划目标的情况。"也就是说，教育质量必须既符合基本标准（国家）的要求，又满足购买者（用户）的需要。

  俄罗斯很早就形成了国家管理教育机构的传统，国家的职能之一就是对教育质量进行监督和管理。联邦层面、地区层面和地方层面的教育管理职能分别由俄罗斯联邦教育和科学部、各联邦主体的教育部以及各市属教育局负责。

俄罗斯的高校工作亟待改善，因此有必要定期组织进行以教育质量评定为目的的监管活动。监管的任务是监测教育机构的状态，获取他们的相关信息，并将这些信息以特定形式、在指定时段、最大程度地向公众公开。而监管的最终目标是提升高校工作的绩效，并帮助巩固其在教育服务市场的经济地位。

教学活动的绩效反映了既定教学目标的完成情况，也就是通常理解的教育质量。同时，教学绩效与学生受教育的质量是紧密相关的。教育质量的评价标准建立在法律法规以及定期更新的国家教学规范的基础上。依据这些标准，各高校制订不同的教学计划并付诸实施。

提高高校的工作绩效是一项复杂的任务，要综合运用科学知识，进行跨学科研究并运用系统的方法寻找解决方案。运用系统的方法来评估高校教学工作的绩效是方法论上一种新的方向，这种理念将教育过程视作一个整体，并根据一定原则将其划分成元素（成分）组（或者称为集合或体系）。他们之间（内部环境）既相互联系，同时也与其他客体（外部环境）相互作用。采取这种系统方法可以完成以下任务：

第一，将教学活动、科研活动、财务活动和其他相关活动分离为整个教育过程中独立（同时又相互联系）的组成部分；

第二，指出各成分在教育系统整体中不同的功能；

第三，揭示各部分在统一的教育过程框架内相互作用、协调配合的逻辑关系；

第四，系统地归纳出所有影响教学、科研和其他活动（作为教育这一社会活动的独立组成部分）自我发展的因素。

如果从系统的角度出发，那么教学工作绩效评估就必须考虑教学过程中所有参与要素的影响。这些要素是相互联系且相互作用的，它们可以构成如下的结构体系：其一，普通（中小学）教育和中等职业教育机构（"供应者"）；其二，受到相应教育可以考入大学的中学毕业生（"原材料"）；其三，在大学接受了专业教育的毕业生（"成品"）；其四，用人单位（"消费者"）；其五，按照教学规范和教学计划提供教育服务的教育机构工作人员（"生产者"）；其六，开展教学活动必备的仪器设备，包括体育器材、乐器、教具、电脑、互联网、硬件软件、视听设备、印刷或电子教学资料、信息资源，以及其他必要的教学工具（"物质和技术基础"）。所有这些要素之间都保持着特定的紧密联系。

要保证上述各要素在教育体系内协调运作，必须有稳定的财务机制作为支撑。基于教育领域的特点，各类法律组织形式的教育机构的财务机制，在财务活动的种类、财务关系的形式、资金投入和使用方式以及计算方法上存在着广泛的多样性。在教育服务市场全球化的背景下，这些财务机制的功能即更好地保障教育机构完成国家（或地方）的教学任务以及满足民众接受教育的需求，资金的稳定投入及其社会经济地位的巩固。

俄罗斯的高等教育质量评估是由国家管理机关来负责，并且主要是通过国家监督认证来实现的。这种方式在全世界的实践中并不多见。在其他国家，国家管理机关一般被严格限制从事教育质量评估并以此为依据给高等教育机构分级排名。判定学生培养和教学结果是否符合国家规范的相关工作一般交由在业内享有声誉且受到国家认可的专业鉴定机构来完成。

到目前为止，在俄罗斯国内的实践中，国家机关对教育质量的监督依然凌驾于社会监督和行业自我管理之上。在国家立法中还进一步巩固了国家评估教育质量的手段，即：发放教学活动许可，鉴定教学计划，终期绩效考核，国家机关对教育领域的监督。

但是，立法中也允许成立和发展社会组织和自管理组织。它们的任务是帮助高校改正不足，为改善他们的工作提供建议，而不需要任何上级批准。这一发展方向意味着教育质量评估应当采取非国家参与的评估手段，即第三方评估，对教育机构进行社会认可以及行业认证。由此可见，俄罗斯的现行法律就国家机关和非政府组织在全国教育质量保障体系中的分工已作出相关规定。

对高校的第三方评估可以由教育质量监督和职业发展办事处以及用人公司旗下成立的各类鉴定机构来完成。职业资格方面的鉴定可以由俄罗斯机器制造业协会、中小企业协会、"俄罗斯支柱"（一个全俄性质的企业联合会——译者注）、俄罗斯餐饮业和酒店业业主联合会、市场营销人员联合会、经理人协会、俄罗斯法律工作者协会、俄罗斯工程业协会认证中心、自由经济协会等社会团体负责开展。借助这种模式，用人单位和业界可以检视教育质量的优劣。

截至目前，俄罗斯还没有一份全国性的教育行业鉴定组织名录。鉴于此，当前的首要问题是规划出全俄统一的教育质量评估体系。而且在我们看来，这个体系应该是多功能的，融合了许可、认证、教学监督等国家管理手段。同时，这个体系应该是综合性的，囊括国家终期考核、教育质量独立评估、教育机构内部绩效检查等多项内容。此外，应当对国际上、全俄罗斯、地区层面以及地方上的教育监管经验开展研究，并且利用这些手段（包括自我评估手段）对所有教育阶段进行质量评估。

应当承认，俄罗斯尚未全面建立起教育质量国家评估体系。构建这一体系可以纳入《俄罗斯联邦 2013—2020 年教育发展国家规划》（以下简称《规划》）的子项目（部分）框架。这份综合性文件系统地阐述了解决这一问题的多种途径，以及在解决问题的过程中需要运用的一系列组织工具和经济手段。《规划》还指出，教育领域迫切需要成立联邦认证中心，搭建鉴定机构网络，而政府和社会资本合作模式的发展也同样值得关注。

由于俄罗斯目前并没有切实保障教育质量的工具和手段，创新势在必行。应当进一步完善国家对教学活动内容的管理，支持国民教育独立评估的发展，推广社会组织鉴定、行业协会鉴定和职业资格认证的实践，健全教育监管的组织和方式。在方法论的系列问题上，应当革新监管的原则、方式、方法和技术，优化监管措施及相关工作的逻辑性与连续性。

参考文献：

1. I. N. 莫尔恰诺夫：《现代俄罗斯教育潜力的形成和评估》，载《人文和社会科学》2014 年第 2 期，406—410 页。

2. 《俄罗斯联邦教育法》（2012 年 12 月 29 日第 273-ФЗ 号通过，2015 年 3 月 31 日修订增补并生效），参见"顾问"网（http://www.consultant.ru/）。

3. N. P. 莫尔恰诺娃、I. N. 莫尔恰诺夫：《俄罗斯非商业教育机构财务机制的基本原理》，载《审计与财务分析》2015 年第 2 期，437—444 页。

4.《俄罗斯联邦政府关于批准"俄罗斯联邦 2013—2020 年教育发展规划"的决定》（2013 年 5 月 15 日第 792-p 号），参见"顾问"网（http://www.consultant.ru/）。

译者单位：中央编译局俄罗斯研究中心

外交视点

俄罗斯外交战略中的海洋战略

左凤荣

俄罗斯既是世界上陆地面积最大的国家，也是世界海疆线居于前四位的国家。俄罗斯与12个海相邻：北临北冰洋的巴伦支海、白海、喀拉海、拉普捷夫海、东西伯利亚海和楚科奇海，东濒太平洋的白令海、鄂霍茨克海和日本海，西连大西洋的波罗的海、黑海和亚速海，海疆线长约3.8万千米。其优势在于它既临太平洋，也可通过波罗的海进出大西洋，还可通过黑海海峡进到地中海；而劣势在于其海岸线为陆地所阻断，是不连贯的。

2013年2月16日俄罗斯总统网站发表了普京第三次入主克里姆林宫签署的新版《俄罗斯联邦对外政策构想》，与前一版即2008年7月12日梅德韦杰夫签署的《俄罗斯联邦对外政策构想》相比，这一构想所确定的俄罗斯外交战略明显加大了对海洋权益的关注。

在2008年版对外政策构想中，涉及海洋的内容只有一段："无论从经济还是巩固安全的角度看，海洋空间的重要性都在与日俱增，如何有效地利用海洋成为非常迫切的任务。为此，俄罗斯联邦将努力维护符合国家利益的安全航行、捕鱼作业和在国际海域从事科考活动的制度，同时注意保护海洋环境，与恐怖主义和大规模杀伤性武器的扩散做斗争。俄罗斯准备确定与国际法相适应的大陆架外部边界，同时加大对矿产资源勘探和开发的可能性。"

在2013年新版对外政策构想中，除重申上述对海洋的总体政策规定外，还更具体地阐述了与北欧国家在海洋领域的合作指针及俄罗斯对北极和南极的政策。

2013年新版对外政策构想强调:"俄罗斯同北欧国家的实际合作正在不断向前发展,包括在多边机构框架内实施巴伦支海和欧洲北极地区及整个北极地区的联合合作项目,同时兼顾原住民的利益。俄罗斯参与波罗的海国家理事会框架内的合作能起重大作用。俄罗斯主张进一步挖掘'北部'项目及其伙伴关系的潜力,使其成为欧洲北部地区合作的平台。"从中可以看到俄罗斯愿意与北欧国家合作,愿意利用多边平台。俄罗斯与挪威解决争端问题的努力就可以证明这一点。

俄罗斯与挪威在巴伦支海的争端由来已久,谈判早在1970年便已开始,在其后40年中没有取得建设性的结果。俄罗斯人一直坚持苏联政府在1926年确立的"区段原则"(依据的则是沙皇在1916年下达的一道敕令),坚持将国境线作为所谓的区段线,沿经线延长至北极点。挪威人则偏爱"中间分界线",即西边的斯瓦尔巴群岛和东边的新地岛与法兰士约瑟夫地群岛之间的中线。2010年4月,俄罗斯成功地解决了与挪威在巴伦支海的争端,基本认同了挪威人坚持的原则,17.5万平方公里的争议区由两国分享,"争议区"估计蕴藏着18亿吨石油和5.87万亿立方米的天然气,还有取之不竭的渔业资源。

近年来,北极成为热点地区,有关国家利益争夺激烈。俄罗斯2013年新版对外政策构想用很长的篇幅谈到了北极,强调:"俄罗斯推行旨在加强北极地区各种国际合作的主动性和建设性方针。在坚持不懈地实现国家利益的同时,俄罗斯以现有国际条约和法律基础为出发点,通过谈判的方式,以期顺利解决该地区出现的所有问题,包括北冰洋大陆架外部边界的划分问题。俄罗斯将同北极国家的合作置于优先地位,包括在地区中心论坛——北极理事会以及北极沿岸五国、巴伦支欧洲北极地区理事会及其他多边形式框架内的合作,在尊重北极国家独立、主权和对北极司法管辖权的条件下,对同地区外玩家的互利合作也持开放态度。利用北方航道对地区发展具有重大意义,这条航道是俄罗斯北极地区的国家运输通道,在互利基础上向国际航运开放。"

俄罗斯是北极沿岸国家中实施北极战略最为积极的国家,2013年2月,总统普京批准了《2020年前俄罗斯联邦北极地区发展战略》。该战略函盖了俄罗斯在北极地区的优先发展方向和战略利益，包括国家安全保障、经济和社会发展、科技发展、现代信息通信基础设施建设、生态安全保障、国际合作、军事安全保障、国界保护等内容。2014年4月24日，总理梅德韦杰夫签署《2020年前俄罗斯北极地区社会经济发展国家纲要》，该纲要涵盖俄罗斯各部门拟在北极地区实施的具体措施，被视为俄罗斯实施北极区域战略规划的指南。未来六年，俄罗斯将斥资630亿美元用于开发北极。俄罗斯一方面积极利用多边合作平台伸张俄罗斯的权益，另一方面利用方便条件加大对北极地区的开发。

1996年建立的北极理事会正在成为北极地区重要的国际组织，2011—2013年瑞典担任北极理事会轮值主席国期间，在接受新观察员国问题上态度积极。2013年5月在瑞典基律纳举行的北极理事会部长会议上，中国等6个国家被接纳为北极理事会正式观察员国，俄罗斯也改变了态度，欢迎中国等国家成为正式观察员国。为了加强在北极地区的合作和寻求其他国家对俄罗斯北极战略的理解，俄罗斯每两年举办一次"北极——对话之地"国际论坛。2013年9月在俄罗斯举行了第三届"北极——对话之地"国际论坛，论坛的主要议题是北极生态安全和开发。来自北欧各国、加拿大和俄罗斯的北极问题专家一致认为保护北极生态环境刻不容缓，积极呼吁各国加强合作，建立北极生态灾难联合应急机制，将北极开发过程中出现生态灾难的风险降至最低。2013年俄罗斯在北极地区建立了3个事故救援中心，并计划在2015年之前再建立7个救援中心，以应对北极地区突发情况。

俄罗斯重视"北方航道"的建设。按欧洲国家的定义，从北欧出发，经巴伦支海、俄罗斯北部海域、楚科奇海进入太平洋的航道称为"东北航道"，又称"北方航道"。这条航道大大缩短了亚欧之间的航运里程。俄罗斯始终强调该航道位于俄罗斯的内水或专属经济区内，俄罗斯法律规定要求使用"北方航道"的船只需要先取得由俄罗斯颁发的许可证方可通行，并且要使用由俄罗斯提供的破冰船，需要支付高昂费用。对此，挪威、瑞典等同美国一道反对俄罗斯将"北方航道"作为国内交通线，坚持认为"北方航道"所经过的水域是国际海峡，过境通行原则在"北方航道"应当适用。

俄罗斯也在加大对北极资源的开发力度。俄罗斯是世界上首个开发北冰洋大陆架资源的国家，2014年4月21日，"普里拉兹洛姆纳亚"钻井平台启动输油，标志着北极开发进入新阶段。普里拉兹洛姆油田的可采石油储量高达7196万吨，计划每年开采大约600万吨（将在2020年后得到保证），2014年计划开采至少30万吨。

为了保障自己的权益，俄罗斯加紧在北极部署军事力量。2013年11月，俄罗斯开始在北极部署空天防御部队分部并建设北极（沃尔库塔）导弹袭击早期预警系统雷达站，2013年12月，普京责成国防部2014年完成北极地区的部队组建和基础设施部署工作。2013年，俄罗斯包括10艘战舰和核动力破冰船在内的特遣舰队完成了对北极地区2000英里海岸线的巡逻。

俄罗斯同样重视南极，2013年新版对外政策构想强调："将继续保持和扩大俄罗斯联邦在南极地区的存在，包括有效利用南极条约体系所规定的机制和程序。"2012年10月，由俄罗斯水文气象和环境监测局定制并在圣彼得堡海军造船厂建造的"特列什尼科夫院士号"考察船交付使用，船上可容纳60名船员和80名南极考察组的成员。这是俄罗斯近20年来首次打造的科研考察船。这艘考察船的启用将可以让俄罗斯恢复南极"别林斯高晋"站的年度保障，以及重启1989年关闭的南极"俄罗斯"站。为了保障"特列什尼科夫院士号"科研考察船的运营，俄罗斯2012年拨款1.11亿卢布，2013年为1.5亿卢布，2014年为2亿卢布。此举说明俄罗斯特别重视南极，但具体在南极取得了哪些新进展，还有待观察。

总之，俄罗斯越来越重视海洋，其海洋战略是全方位的，不仅关注自己邻近的海洋，也关注遥远的南极。同时，俄罗斯也在不断完善自己的海洋战略，拓展海洋利益。俄罗斯在维护和拓展海洋权益方面手段特别灵活，有许多经验值得借鉴，应该加强对俄罗斯海洋战略的研究。

作者单位：中央党校国际战略研究所

外交视点

俄罗斯军事战略的变迁及其社会影响

童 伟

俄罗斯国家安全战略的变化鲜明地体现在国家财政政策及其支出结构的变化上。本文通过对俄罗斯国防财政支出决策、规模、方向及结构的全方位剖析,探寻俄罗斯军事发展战略在国家社会经济发展中的沿革与变迁,并对俄国防支出最新发展态势及其社会影响进行全面的探讨。

一、俄罗斯军事战略的演变与国防支出的变迁

苏联时期的经济曾被称为"世界上最军事化的经济"[①],国家军事支出在财政支出总额中所占比重极高,几乎占到国家财政支出的三分之一。苏联时期军事支出的不断膨胀严重影响了社会经济的全面协调发展,国民经济其他领域的支出受到极大挤压,成为苏联社会经济各种矛盾冲突日益尖锐的根源,也成为导致苏联经济增长速度放慢直至停滞和衰落的主要原因。为此,去军事化成为俄罗斯独立以后公共财政体制构建、财政制度转轨的重要标志与特征。

(一)公共财政体系构建时期去军事化特征显著(1991—2000年)

苏联解体后,俄罗斯的军队也经历了最为严峻的考验。新组建的俄罗斯军队陷入重重危机之中:备战程度和作战能力急剧下降,政府拖欠军费,军队凝聚力不强,军事改革迫在眉睫。

---

① 引自戈尔巴乔夫1991年2月的讲话。

然而，独立后的俄罗斯国家财政却难以承担起保障军事改革如期进行的重任。俄罗斯向公共财政制度的转轨，使国防支出在此阶段不再享有国家财政的优先保障，俄罗斯国防军事发展亦随之进入举步维艰的困难时期。1992年5月，俄罗斯启动独立后的第一次军事改革，希望能够建立起一支"精干、强大而又便于指挥的现代化职业军队"[①]。然而，由于未能得到国家财政的支持与配合，俄罗斯这一军事改革未能如期开展。1992年，俄罗斯国防部提出1.1万亿卢布预算申请，财政部仅批复0.4万亿卢布，批复率36%。虽然年中又追加了一部分预算拨款，但国防支出需求与实际拨款额之间的缺口仍然相当大。此后数年间，俄国防资金保障率持续下降，徘徊在30%—70%之间。1997年，俄国防支出陷入前所未有的窘境，年初国防部申请预算260万亿卢布，财政批复104.3万亿卢布，批复率40%，实际拨付率更低，仅81.4万亿卢布，不到申请额的31%。[②]

俄罗斯国防支出保障水平的连年下降，使其占国内生产总值的比重不断下降，由5.3%下降到3.5%，下降了近三分之一。国防支出的窘迫不仅严重影响了俄罗斯军事改革的进程，也严重制约了俄罗斯军队的发展。俄罗斯继承了苏联时期约80%的军力，但此时俄罗斯军队的"战斗素养几乎被彻底颠覆。由于没有资金建设新的军事城、训练场和住房，俄最有战斗力和装备最好的部队痛苦不堪。军官们数月拿不到津贴，几万军人被解职，将军、上校、中校和少校的数量超过了上尉和中尉的数量。国防企业停产，很多最珍贵的专家流失。"[③] 俄军的作战能力下降到了历史最低点，整体上处于维持状态，战备水准只达到规定值的40%。

与此同时，经费下滑、生产转轨、体制结构变革等多重危机，也使俄罗斯的

---

① 俄罗斯此阶段的军事改革目标为：在1992年底完成国防部、总参谋部和其他指挥机关的组建工作，清点现有装备，削减军队员额，制定军队结构、编成、部署和裁减计划；1995年底完成军兵种结构调整，陆军向旅级结构过渡，原苏军驻扎部队撤回，向混合兵役制（义务兵役制与合同兵役制相结合）过渡，将俄军队员额裁减至150万以内等。
② 河山：《2005年：俄罗斯军事改革进入快车道》，载《中国国防报》2005年1月11日。
③ 普京：《变革中的世界与俄罗斯：挑战与选择》（下），载《当代世界与社会主义》2012年第3期。

国防科技工业如临深渊，武器装备生产和研发能力急剧下降，军事装备现代化程度仅达到20%，不足同期欧洲军事装备现代化的1/4。正如普京在2006年国情咨文中所指出的，这期间"俄罗斯军队在地图上行军，军舰停在岸边，飞行队停在机场"。

1998年，随着俄罗斯政局渐趋稳定，国内经济逐步回升，俄罗斯制定出新一轮军事改革计划，希望能使俄罗斯武装力量的结构、战斗编成和人数达到最佳状态；提高军队技术装备的性能水平和战斗准备程度；切实改善军官队伍状况，改进军官的培训和保障；加强军事科学体系和军事基础设施建设；为军人及其家属提供可靠的社会和法律保障。在这一改革方案的支持下，俄罗斯于1998年初确定了818亿卢布的国防支出预算，但其后金融危机的全面爆发，使俄国防支出只实现了69.3%（567亿卢布），仅为国内生产总值的2.1%，为独立后最低值。

1999年，俄罗斯国防支出937亿卢布，约合47.2亿美元，仅为同期美国军费（3000多亿美元）的1.6%，只够84万兵力（总兵员120万人）的基本维持费用，史称"死亡预算"。随着国防支出一次又一次跌入谷底，俄罗斯国防军事力量遭受严重打击。

（二）国家财政状况改善，国防资金保障率逐步提高（2000—2007年）

普京执政后，秉持"没有一支强大的军队，俄罗斯就没有'竞争力'，就不能保卫自己国家或盟国，并且可能会被经济上和军事上更强大的国家所征服"[①]的理念，做出了大规模军事改革的决定，希望通过改革军事机构，增加军事拨款，研制现代化武器装备，把俄军建成一支有能力以较小的伤亡和更先进的装备应对各种威胁的职业化军队。

由此，俄罗斯新的国家安全战略被确定为："集中有限资源，着力建设一支与其世界性大国地位相称的强大的武装力量，即人数较少、装备精良、训练有素、机动灵活、能给来自任何方向的侵略者以毁灭性回击的职业化、现代化军

---

① 郭朝蕾、马杰：《俄罗斯的大国意识与"冷和平"》，载《国防科技工业》2007年第10期。

队。"① 以此为出发点的俄罗斯军事改革将其主攻方向确定为:

(1) 全面改革机构。裁军20万,改变官兵比例不协调、高级军官比例太高、非战斗人员太多的落后状况。

(2) 增加军事拨款,优化支出结构。调整武器装备研发与人员供养之间的支出比重,使其由此前的2∶3转化为3∶2,增加的军事拨款优先用于先进武器的采购和研制。

(3) 向职业化部队迈进。对三分之二以上的部队进行合同兵役制改革,包括115支常备部队,15.53万个军士和士兵岗位。

由于得到财政资金较为充足的保障,俄罗斯这一时期的军事改革进展较为顺利:合同兵役制如期启动,部队作战训练强度和质量得到提高,陆军和空军接到第一批新型升级武器,官兵薪水连续增长,军饷拖欠现象消除。

这期间,俄罗斯国防支出呈现出如下特征:(1) 国防支出规模不断扩大;(2) 支出保障水平不断提高;(3) 支出结构发生了一定的变化。

(三) 国防支出增速加快,所占比重逐步回升(2008—2012年)

尽管普京上任伊始就不断推进军事改革,但积重难返的俄罗斯军队仍存在诸多弊端,2008年8月8日爆发的"俄格五日战争",更使俄深刻地认识到,俄军在战争理念、指挥架构、武器装备等方面已无法适应现代战争的需要。

2008年12月,俄罗斯正式颁布《2009—2011年俄罗斯军事改革规划》,②期望在军队规模结构、领导指挥体制、部队编制、院校体制、干部制度、社会保障等多个领域推动全方位改革,在2012年前将俄军建设成为一支编制体制合理、机动能力强、武器装备先进和待遇优良的职业化军队。③ 俄罗斯将这一时期的军事改革战略确定为:(1) 以非对称原则,突出发展重点。(2) 核常兼备,提高遏制能力。(3) 不断提高官兵素质,提高军人社会地位是增强军队作战实力的基础。

---

① 马建光、张明:《俄罗斯军事改革任重道远》,载《国防科技》2009年第5期。
② Алексей Арбатов, Владимир Дворкин. Военная реформа России : Состояние и перспективы. Москва.,2013.
③ 张国凤、吴雄文:《俄罗斯的军事经济安全问题》,载《国外理论动态》2002年第4期。

为促进这一军事改革的顺利进行，俄罗斯国防支出得到了独立后最为充分的资金保障。自2009年开始，俄罗斯成为世界上国防支出增速最高的国家，快速增长的国防支出使其超越英国和日本，成为世界上第三大国防支出国。国防支出由2008年的10408亿卢布增长到2012年的18140亿卢布，提高了74.3%，年均增速超过17%。虽然这一增速低于2000—2007年间的23.4%，但这一增长是在国际金融危机全面爆发，俄联邦财政收入大幅下降，财政赤字重现的情况下进行的，显得尤为不易。2010—2012年，俄国防支出增长速度达到联邦财政支出增速的1.5倍。

二、俄罗斯国防支出及军事战略近期发展态势

2012年初第七届总统选举前夕，普京发表长文《强大是俄罗斯国家安全的保证》，针对俄罗斯面临的国家安全挑战进行了专题论述。普京认为，在全球转型过程中隐藏着各种风险，这些风险使俄罗斯在任何情况下都不能放弃战略遏制潜力的发展与巩固。"如果不能保卫俄罗斯，如果不能预计到可能面临的危险，不能保证国家的军事独立，不准备对某些挑战在军事上做出应有的回应，俄罗斯将不能巩固国际地位、发展经济和民主制度。"为此，普京提出，2020年前保障国家军事发展应成为俄罗斯未来国家政策最重要的优先方向。

俄罗斯由此将2020年前的军事发展战略确定为：（1）为武装力量装备全新的武器，到2020年军队中新式武器的配比不低于70%，继续服役的武器系统也将逐步升级改造。（2）现代军队要有文化，训练有素，会使用最先进的武器。军人应该拥有全套的社会保障，要与其巨大责任相符。军人的津贴应相当于主要经济部门的专家和管理者的工资，或者更高。（3）建立职业化的军队。2017年，在100万人的武装力量中，70万人应是职业军人，包括军官、军事院校毕业生、军士和合同兵。到2020年，应征入伍的人数要减少到14.5万人。（4）发展军工企业，保持技术、工艺和组织优势，推动军事部门和军民两用部门发展基础学科和应用学科，促进技术改造和新武器的研发。为配合普京的这一军事改革战略，2013年俄财政部制定了独立后增长幅度最大的国防支出预算，希望在5年内

将国防支出提高 67.4%，使其占联邦财政支出的比重上升到 20.9%，占 GDP 的比重提高到 4.0%。

但俄罗斯的这一军事改革战略及国防支出未能如期执行。2014 年，乌克兰事件爆发，西方对俄罗斯实施了一系列制裁。俄罗斯陷入近 20 年来最大的政治经济危机之中，与西方的对立与冲突不断加剧。为适应新的安全形势，在综合考量俄军发展现状及国内外安全环境之后，2014 年底，俄发布了系统性战略报告《军事学说》。报告明确提出，遏制和防止军事冲突，完善武装力量，改进武器装备，确保俄在北极地区的国家利益，强化太空防御能力，建立和发展军事基础设施是俄军事发展的优先任务，俄国家财政有义务为此提供必要的资金和物质支持。为此，在石油价格暴跌、卢布汇率下降、预算收入大幅度萎缩、预算支出全面紧缩的情况下，2015 年俄国防支出继续走高，占财政支出和 GDP 的比重均出现了较大幅度的提升，分别达到 23.0% 和 4.2%，攀升至独立后最高值。

三、国防支出膨胀对俄罗斯社会的影响

财政支出结构的变化既反映了国家的战略选择，也体现了政府的施政重点及活动方向的转变。在总量既定的情况下，财政支出中任一组成要素的变动都会对其他要素产生相应影响，俄罗斯国防支出的大幅度提高，势必引发其他连锁反应。

向市场经济的转轨使俄罗斯政府职能发生的最大转变，就是政府公共职能不断增强，民生服务类支出不断提高，民生服务支出占联邦财政支出的比重由苏联时期的不到 30%，逐步上升到 2010 年的 45%，增长了近 50%。但在 2013 年大规模军事改革启动后，俄罗斯财政支出结构发生了显著变化：（1）国防支出大幅增长，国防支出成为俄联邦财政支出中唯一一个高速增长的支出项目，并由排名第三跃居为第二。国防支出的这种增长态势使其如普京所希望的那样，成为俄国家政策最重要的优先保障方向，也使俄经济军事化倾向进一步加重。（2）社会政策支出缓慢下降。俄罗斯在住房、医疗、教育等领域支出的这种下降态势，使民生服务成为俄罗斯财政支出结构调整中利益受损最为严重的领域。民生服务在

财政支出总额中所占比重迅速下降，由最高值点 2010 年的 45.8%，下降到最低点 2015 年的 33.1%，降幅高达到 27.7%，几乎重新退回到苏联时代。(3) 国民经济支出降幅显著，其占财政支出比重由 2011 年的 16.8% 下降到 2017 年的 13.9%，降低了 17.3%，排名也由第二下降到第三。(4) 民生服务支出大幅下降。住房、医疗和文化支出所占比重降幅分别达 88.5%、61.5% 和 46%。就连俄罗斯传统上一向得到较为充足保障的教育，其支出占比的降幅也超过了 1/4，接近 28%。

从上述分析可以发现，俄罗斯国防支出的扩张和膨胀，并非如普京所宣称的那样，对国家的经济力量不发生任何损害。俄罗斯国防支出的扩大已实实在在地对俄罗斯的社会民生、国民经济产生了显著的负面影响。这样一种与社会生产的目的和需求相悖、束缚社会生产力发展的财政支出模式，是非常不利于俄罗斯国内社会经济发展的。

作者单位：中央财经大学财经研究院

俄罗斯中东欧战略的发展变化

——以欧盟东扩为视角

庞大鹏

对于中东欧国家而言,苏联解体后,如何处理同俄罗斯的关系是几乎所有中东欧国家对外关系中的一个普遍问题,主要考虑的是避免再次成为俄罗斯的势力范围。对于俄罗斯而言,除独联体外,俄罗斯周边安全的要义在于与欧盟的关系,尤其是处理好与入盟后中东欧国家之间的关系。俄罗斯的中东欧战略总体上从属于俄罗斯与欧洲关系的范畴。而俄罗斯与欧洲的关系不是一般外交范畴的双边关系,其重要性远远超过人们津津乐道的双边经贸关系、能源依赖乃至安全合作等一系列对外战略中的常规问题。俄欧关系具有国家认同的战略意义,归根结底与俄罗斯的文明选择与自我国际定位密不可分。苏联解体后,俄罗斯是一个什么样的国家?俄罗斯的发展道路在哪儿?这是俄罗斯转型与发展的核心问题。要回答这一问题,首先就要正确处理俄欧关系,这是历史上"俄国与西方"问题在当代的延续。因此,研究俄罗斯的中东欧战略,核心问题是要看在不同历史时期,俄罗斯对于国家认同及自我国际定位是否有不同的观念理解与战略选择。

苏联解体以后,在叶利钦时代,俄罗斯坚持欧洲—大西洋主义,俄欧关系的发展基本顺利。1994 年 6 月俄罗斯与欧盟签署的《伙伴关系与合作协定》明确了俄罗斯与欧盟关系的性质,即俄罗斯在欧洲方面的主要利益与欧盟息息相关,欧盟是俄罗斯在欧洲建立合作关系的主要伙伴。1999 年欧盟通过的与俄罗斯发展关系的总战略,以及俄罗斯提出的建立同欧盟关系的中期发展战略(2000—

2010年）则进一步奠定了这种合作关系的政策基础。普京上台后延续了俄欧关系发展的良好势头，明确提出与欧洲国家的关系是俄罗斯外交政策传统的优先方面，其中与欧洲联盟的关系具有关键性意义。1999年12月，普京表示：当今世界在沿着一体化程度越来越高的道路上发展，欧盟是实现这种进程的范例，俄罗斯希望通过欧洲联盟能够更紧密地加入欧洲大陆的经济合作以实现自身的快速发展。因此，普京执政之初对欧盟东扩表示理解，并且强调俄罗斯的战略目标就是建立俄罗斯和欧盟在新的更高水平上的协作关系。这种关系旨在同欧盟保持长期的战略接近。

然而，2003年以后在格鲁吉亚、乌克兰、吉尔吉斯斯坦等独联体地区的一些国家相继发生"颜色革命"，导致这些国家出现政治危机与动荡，更在一定程度上鼓舞了俄罗斯国内反对派，对俄罗斯的政治稳定形成挑战。颜色革命的主要原因肯定是国内因素，但由于别斯兰人质事件后西方对于普京政治改革的指责和压力，使俄罗斯更多地将颜色革命爆发的原因解读为外部影响。普京认为，颜色革命表明，西方出于政治上的考虑，绕开各种法律准则，在国际关系中用武力解决某些问题。这一国际政治观一以贯之，随后发展到2005年的主权民主思想，再到2007年慕尼黑讲话对单极世界的抨击。最集中的体现是在乌克兰危机后普京2014年3月18日关于克里米亚入俄问题的演讲。这一国际政治观的核心理念是影响国家安全与发展的外在因素是欧美干涉及单极霸权，内在危险则为违宪武力夺权。

正是基于这种判断，俄罗斯认为，通过吸收新成员，逐渐扩大西方的势力范围，并在国际政治中保持敌我分界线的方针是"冷战胜利综合征"的表现。由此俄罗斯对欧盟东扩的看法出现变化。2007年俄罗斯的对外政策概论指出，俄罗斯与欧盟的战略伙伴关系的发展总体上是建设性的，但是2004年加入欧盟的国家试图利用成员资格的优越性来解决与俄相关的政治问题，把俄罗斯与欧盟的关系变为其自身狭隘的国家利益的筹码。俄罗斯认为，欧洲需要建立真正开放、民主的地区集体安全与合作体系，应该通过与欧盟的平等合作，来实现欧洲没有断层的真正统一。

就在俄欧关系踟蹰不前之时，2008年的俄格战争进一步激化了双方业已存在的矛盾。2009年，欧盟推出了"东方伙伴关系计划"。俄罗斯认为该计划的主旨是进一步蚕食和挤压其战略空间。此后，俄罗斯开始对国家身份的认同进行重新思考。2011年10月竞选总统前夕，普京提出了欧亚联盟的构想，要在欧亚大陆建立强大的超国家联合体模式，使之成为当代世界多极中的一极，并成为欧洲与亚太地区的有效纽带。

欧亚联盟构想的背后体现的是普京的欧亚战略。表面上看，欧亚战略是要实现三个斯拉夫国家——俄罗斯、乌克兰、白俄罗斯的重新一体化，但其实质是寻求俄罗斯主导的独联体的一体化，维护俄罗斯在独联体的势力范围。因此，2011年以来，俄罗斯国家认同的基本特征是两点：一是俄罗斯倡导的一体化，不是经济一体化，也不是政治一体化，而是国家一体化。二是与国家一体化的内核相互联系，普京的战略目标不是恢复西方所担心的苏联，而是试图建立一个斯拉夫文明的新俄罗斯。在自我国际定位明确的前提下，俄罗斯领导层制定出相应的大政方针。欧亚战略正是集中体现了俄罗斯精英阶层的时代观和国际政治观，它构成了当代俄罗斯国家身份认同的基础。

随着欧亚战略的提出，俄罗斯对欧盟东扩所涉及的国家拆分为三个板块看待：独联体国家的欧洲部分、中欧和东南欧。独联体的欧洲国家指白俄罗斯、乌克兰和摩尔多瓦，俄罗斯把它们视为对其扩大势力范围并对欧盟施加影响具有战略意义的国家；中欧国家，特别是波兰，是对独联体邻国造成消极影响的潜在根源，因为波兰是欧盟东部伙伴关系计划的主要发起国和积极推动者；东南欧则被俄罗斯看成是一个传统的利益区。在2013年外交政策构想中，俄罗斯对东南欧的政策十分明确，即全力发展同东南欧国家全面务实和平等的合作，因为这一地区对俄罗斯具有重要的战略意义，是俄罗斯向欧洲国家输送石油和天然气最大的运输和基础设施枢纽。与东南欧的地区间关系也被俄罗斯视为与欧美进行重要战略博弈的一组国际关系，因为这与俄罗斯南部高加索地区及黑海沿岸的安全环境密切相关。与此同时，这一地区也是后冷战时代俄罗斯与西方在欧洲博弈的主要争夺点。

在上述三个板块中，独联体国家的欧洲部分对于俄罗斯欧亚战略的实施至关重要。当前的乌克兰危机反映了这一点。既然俄罗斯要依靠整合独联体实现国家的重新崛起，俄罗斯就难以接受乌克兰脱俄入欧。如果乌克兰脱俄入欧，普京的欧亚战略就不会实现，俄罗斯的发展前景也会因此面临挑战。正是基于上述战略考量，普京要"收回"克里米亚，并提出俄罗斯的调解方案，即乌克兰实行联邦制与中立化。但这导致俄罗斯与欧盟出现价值观理念上的分歧，与欧洲各国业已形成的大欧洲联合的社会共识存在根本分歧。俄罗斯对欧盟东扩的看法与20世纪90年代相比因而也发生了本质上的变化，质疑大于理解。

应该指出，欧盟的历次扩大使欧洲大部分国家在经历多年的分裂和冲突后通过和平的方式联合起来，它给欧洲大陆带来了更多的稳定、民主和富裕。加入欧盟的希望是许多国家进行变革的强大动力。比如，西班牙、葡萄牙和希腊在20世纪70年代摆脱了集权统治，并开始建立民主制度。苏联解体后，中东欧国家开始了一个相同的进程。然而，与以往不同的是，2004年以来，中东欧国家在加入欧盟以后开始出现不稳定的迹象，民族激进主义有所抬头，在匈牙利等国家精英阶层的执政举措甚至背离欧盟原则。这些问题实际上已经影响到欧元区的扩大以及欧盟伙伴国之间的关系。在这种背景下，国际社会开始关注，要建立怎样的欧洲？欧盟是一个把注意力集中于自己的一体化能力的联盟吗？欧盟能否是关注世界其他地区并应对全球挑战和全球竞争的联盟？欧盟是否还能继续意识到建立一个更加广泛的共同体的好处？欧洲怀疑论开始出现，保持民族国家独特性的思想开始强化，新老欧洲的利益分歧显现。在这样的国际形势下，加上美国战略重心转向亚太，以及金融危机后欧洲与美国实力相对衰弱，俄罗斯实际上面临自苏联解体以来最好的国际环境。因此，普京积极推进俄罗斯的欧亚战略，着眼于实现俄罗斯在多极世界的国际格局中牢牢确立独立一极的目标。

然而，乌克兰危机改变了俄罗斯周边及全球范围内业已形成的良好国际环境。从历史上看，俄罗斯帝国时期对中东欧的强权统治以及苏联时期中东欧国家作为卫星国在发展道路问题上遭受的创伤，就已经直接导致苏联解体以来中东欧国家正是在去苏联化以及去俄化的过程中确定了新的国家认同。从这个意义上说，中东欧国家首先看重的不是在欧盟中的执行能力，而是在欧盟中它们实现了自我保护的目标并结成了可以互相支持的联盟。现在，尤其在当前的乌克兰危机后，中东欧国家在地缘政治范畴内地域联合的思想更为强烈。这对于欧盟的一体化建设具有长远的文化意义，是一种观念上的巩固。而出现这一趋势的主要原因，恰恰是由于俄罗斯因素的存在。也正是从这个意义上讲，中东欧国家在欧盟的执行能力会不断加强，而这种执行能力的加强由于中东欧国家对于俄罗斯敌意的加深将造成俄罗斯周边战略环境的恶化，从而影响俄罗斯国内发展所需良好外部环境的基本战略需求。北约在乌克兰危机后遏制俄罗斯的战略指向得到进一步明确，这对俄罗斯而言更是雪上加霜。

未来俄罗斯对欧盟东扩的抵制态度很难发生转变，与之相关联的是俄罗斯与中东欧国家的关系也难以改善。其原因是，从更深的层次看，欧盟东扩问题已经触及俄罗斯民族国家属性和文明的归属问题，即俄罗斯究竟应该纳入西方文明还是纳入东方文明，俄罗斯应该保持和发扬自己的文明传统，又或者是根据自己的特点创造一种新的文明。所有这些辩论归根到底集中为一个焦点：俄罗斯究竟应该走向哪里。欧亚战略已经回答了这个问题，就是俄罗斯需要通过经济、政治和军事的一体化，逐渐使独联体国家同俄罗斯重新联合起来，走向复兴和重新崛起。说到底，以区域性帝国的方式崛起是俄罗斯的路径依赖。从这个意义上说，欧盟东扩与俄罗斯的欧亚战略有结构性的矛盾。俄罗斯对欧盟东扩持负面看法，俄罗斯与中东欧关系难以实质性地改善也就不难理解了。

作者单位：中国社会科学院俄罗斯东欧中亚研究所

俄罗斯在叙利亚战略的真相

[俄] 安德烈·苏申佐夫 著　彭晓宇 编译

2015年10月1日，俄罗斯在叙利亚开始轰炸行动。10月11日，俄罗斯国际关系学院副教授、瓦尔代俱乐部的项目经理安德烈·苏申佐夫在美国的《国家利益》(The National Interest) 半月刊上发表文章，对俄罗斯在叙利亚的军事行动进行了分析，包括战争可能展开的两种方案、战前准备和隐含的风险。主要内容译介如下。

克里姆林宫不久前开始的在叙利亚的行动，让伊斯兰国以及西方的情报部门和分析家们都措手不及。俄罗斯能够动用最少的资源，以最好的隐蔽性改变了中东的战略形势。但是莫斯科对伊斯兰国开战也不是为了高尚的目的，而是因为这与俄罗斯的国家安全是紧密相关的。

战略准备

早在2013年第一次提出俄罗斯维和部队替换格兰高地的奥地利维和部队时，俄罗斯就开始考虑介入叙利亚冲突的可能性了。2013年莫斯科在叙利亚交出化学武器一事上发挥了重要作用，从那时起俄罗斯就与大马士革就对付极端分子问题开始了最初的谈判。与此同时，俄罗斯与伊拉克也进行战略对话，与巴格达签订了2012年出售42亿美元武器的合同，在2014年供应了苏-25轰炸机。2015年7月，俄罗斯与伊朗商谈帮助叙利亚对付伊斯兰国。从那时算起，进攻伊斯兰国就不是"会不会",而只是"何时"和"用什么方式"的问题了。乌克兰危机没有改变俄罗斯的这一计划,只是稍稍推迟了一下。

俄罗斯主要关注的是安全。如果任由伊斯兰国控制了叙利亚和伊拉克,那么五年后,训练有素的恐怖分子就会重回北高加索和中亚。根据俄罗斯方面的估计,七万伊斯兰国的战士中至少有五万是来自俄罗斯和独联体国家。从战略角度长远来看,在中东消灭恐怖分子对俄罗斯有好处,这与在俄罗斯境内对付恐怖分子相比,支出也更少。

有限参与方案

俄罗斯在叙利亚的战略有两种方案。第一种就是有限参与叙利亚的危机。这个战略的好处是,耗费的资源有限,而好处多多。

首先,俄罗斯可以摧毁这个恐怖组织的基础设施,让其无法扩大范围,但不必完全消灭。俄罗斯境内的北高加索恐怖分子被彻底消灭了,但他们可以在叙利亚成立训练营,把恐怖分子出口到俄罗斯,塔利班时期他们在阿富汗就是这么干的。

其次,莫斯科希望在叙利亚维持一个对俄友好的政府。这样俄罗斯就可以给地中海的海军基地增加投入,保证在叙利亚、塞浦路斯和以色列的大陆架的天然气项目中占据主导。

第三,俄罗斯要成为在中东起主导作用的大国,能在那里开展有效的军事行动。而目前,除了美国还没有其他国家有能力向如此远离本土的地方投放兵力。俄罗斯在叙利亚展示了重返叙利亚、对远离本土的地区施加影响的能力,这样就改变了中东各国的计划。俄从里海发射导弹打击叙利亚的伊斯兰国武装,巩固了其在当地的存在。

最后一点,出兵叙利亚是在实战中展示俄罗斯武器装备、通讯系统和"格罗纳斯"全球卫星导航系统的高效、高精度和高安全性的机会。这个展示首先就是给中东这个最大的潜在客户和正在成长中的市场看的。这也表明,俄罗斯有能力在战争中维护自己的全部主权。

把世界的注意力从乌克兰转移到叙利亚不是俄罗斯的主要目的，但是最近发生的这些事就导致了这样的结果，这也算俄罗斯的成果之一。

大规模参与方案

上面提到的目标，都是最低的预期，只要轰炸行动进行得顺利，俄罗斯就会实现这些目标。而第二种方案的要求就要高很多了，当然也有更大的风险。

有了叙利亚、伊拉克和伊朗的支持，俄罗斯希望可以消灭该地区全部的伊斯兰国武装，其中包括来自独联体的那些恐怖分子。如果这个目标能实现，叙利亚和伊拉克的传统边界就可以恢复，它们将成为俄罗斯未来的坚定盟友。叙利亚和伊拉克两国的稳定就能让这些国家恢复正常的生活。这就可能结束欧盟和该地区的难民危机。

但是要实现这些目标，就必须要动用更多的资源和参加更强大的联盟，这个联盟可能会包括西方大国和波斯湾的阿拉伯国家。没有这个联盟，第二个方案中的那些目标，比莫斯科现在的方案要庞大得多。

在对伊斯兰国战争中掌握的资源

俄罗斯现在有叙利亚、伊拉克和伊朗的彻底支持，因此不需要在乎西方了。对于战胜伊斯兰国，俄罗斯的盟友都非常关切。在俄罗斯出手之前，这几国就想要打败伊斯兰国。看看数字就能发现，在这个联盟中，俄罗斯付出得最少，但实际上俄罗斯的参与才有决定性的作用。

俄罗斯有充足的军事资源在叙利亚进行长期的有效的行动。批评家们忘了，俄罗斯在经济形势困难的20世纪90年代，还直接介入了在格鲁吉亚、摩尔多瓦和塔吉克斯坦的军事冲突。

而且，俄罗斯的逊尼派团体（大约1400万人）的领袖们都支持克里姆林宫的做法，并谴责伊斯兰国的理念。9月，莫斯科欧洲最大的逊尼派大清真寺重新开放，穆斯林教会对政府给予了更大的支持。普京参加了盛大的开幕式，表示坚信这将推动"人道主义理念、伊斯兰真正的价值观念"在俄罗斯的传播,并指责"伊斯兰国""对伊斯兰教的歪曲"。

战略隐含的风险

俄罗斯在叙利亚的行动可能带来巨大的益处。但是与此相关的风险也很高。俄罗斯出兵叙利亚是很有效率的,但撤出叙利亚就是一项复杂的任务了。

首先,俄罗斯可能会破坏与重要的地区盟友——土耳其的关系。安卡拉感兴趣的是阿萨德下台,利用对伊斯兰国的战争来压制叙利亚一侧的库尔德武装。尽管双方都声明,政治问题不会影响到两国之间的经济联系,但雄心勃勃的"土耳其梦"要推迟到2017年才能开始实施了。这不是俄罗斯和土耳其之间第一次在地区问题上出现分歧了,但是以前双方能够避免冲突。

其次,俄罗斯可能深陷叙利亚,就像苏联当年陷入阿富汗一样。正是为此,莫斯科是在认真研究后才开始行动的,并得到了可靠的地区盟友的支持,有明确的退出计划。俄罗斯在阿富汗和车臣都有教训,做好了进行小规模的军事行动的准备。

但是,最大的风险是,俄罗斯可能站在什叶派一方卷入逊尼派和什叶派的地区性冲突。在俄罗斯境内有很多逊尼派教徒,莫斯科应该对此保持谨慎。批评家们认为,与伊斯兰国开战可能让俄罗斯与本地区所有逊尼派对立起来。但是这个看法是假设所有逊尼派都支持伊斯兰国,而事实上不是这样。

俄罗斯吸收了在车臣的教训,在寻找叙利亚问题解决之道的同时,与当地愿意加入反恐斗争的有影响的逊尼派教会领袖们进行协商。如果这些领袖中有一个最终胜出,他将会填补伊斯兰国留下的真空,就像是拉姆赞·卡德罗夫。

在叙利亚局势中采用车臣方案,这是非常困难的。但这也是解决这个被战争摧残的国家的问题的唯一途径。也因此,俄罗斯认为,法国提出的叙利亚政府与叙利亚自由军中"健康反对派"(healthy opposition)联合,是一个有意思的想法,值得探讨。

资料来源：

The National Interest, http://www.nationalinterest.org/feature/lowdown-making-sense-russias-syria-strategy-14047.

译者单位：中央编译局俄罗斯研究中心

普京的金砖构想

王秋文

乌克兰危机以来,俄罗斯一直承受着巨大的外交压力。随着欧美制裁的不断扩大,俄罗斯面临的压力也在逐步增加。虽然俄罗斯一再表示制裁的影响是双方面的,但相互制裁对俄罗斯政治经济生活所带来的影响已是不可避免。俄罗斯如何摆脱困境,成为普京新任期(2012—2018年)试图重构国际关系格局的关键程序。一方面,俄罗斯仍在艰难缓和乌克兰危机,继续表示维持与西方的合作;另一方面,俄罗斯高调强调积极发展与金砖国家的合作与影响。

俄罗斯学者也纷纷表示,在俄罗斯遭遇西方制裁的情况下,金砖国家为俄罗斯减少因经济制裁而带来的影响提供了更多的可能性,金砖国家机制在这个特别时期对俄罗斯具有了更加重要的意义。这也是影响普京新任期关于金砖构想的重要因素。

一、金砖国家对话机制成为俄罗斯外交优先发展方向之一

所谓外交优先发展方向,是指特定时期的外交战略重点。一直以来,俄罗斯始终奉行欧亚平衡外交。但在普京新任期以来的外交发展战略和外交实践中,俄罗斯非常看重金砖国家对话机制。因此,可以这样理解,普京新任期关于金砖机制的构想是在其利益优先的战略调整中形成的。

近年来,金砖国家作为新兴经济体的高速发展推动着世界经济的增长,也吸引着俄罗斯外交优先视角的转移。金砖国家为促进全球发展作出的贡献使金砖国

家机制在世界舞台上的威信和影响力不断提高。（可以想象，当年奥尼尔首次提出"金砖"概念时，他是如何能设想10年后的"金砖"具有如此的影响力。）因此，俄罗斯同金砖国家机制增强协作，可以在最大程度上为俄罗斯经济增长创造条件，并在共同关注的一系列国际问题上提升合作水平，这有助于俄罗斯追求地区利益最大化，在多极世界中占领有利的战略位置。因此，基于利益优先的外交原则，金砖国家对话机制便成为新时期俄罗斯外交优先视角的重要内容。

2013年2月18日俄罗斯外交部公布了普京批准的新的《俄罗斯联邦外交政策构想》。其中，金砖国家对话机制成为普京新任期俄罗斯外交优先发展方向之一。这是普京新任期俄罗斯外交政策的指导性文件，奠定了近年来普京金砖构想的基础。

按照普京新任期的金砖构想，俄罗斯作为金砖国家机制的创始成员国，也是第一次金砖峰会（叶卡捷琳堡）的主席国，以更加积极主动地参与金砖国家机制作为俄罗斯外交的优先发展方向之一意义重大。为此，普京还批准了《俄罗斯在金砖机制中：战略目标及实现手段》，确定了俄罗斯同金砖国家机制进一步发展协作关系的战略构想。

当然，在俄罗斯的外交优先发展方向中，恢复俄罗斯的大国地位，是俄罗斯外交发展战略的核心基础。而金砖国家对话机制是俄罗斯处理复杂地区关系的重要举措。

二、俄罗斯对金砖国家机制的预期

金砖国家机制对于俄罗斯的意义在于，其对当前的国际关系格局将产生重要影响。据俄罗斯媒体报道，俄罗斯把金砖国家机制看作是全球经济危机后取代西方的另一个影响力中心，并对其寄予很高的预期。

1. **期望通过金砖国家机制制定全球游戏规则。**俄罗斯金砖国家研究委员会专家格奥尔基认为，俄罗斯的出发点是，"金砖国家可以成为新全球管理体系的关键组成部分"，并成为打破旧的国际关系格局的"全球关系新模式"。随着金砖国家峰会的深化，俄罗斯愈加表明其欲制定全球游戏规则的决心。

2. **加强能源合作，成立金砖国家能源协会**。俄罗斯希望金砖国家加强能源合作，普京建议成立金砖国家能源协会，设立金砖国家能源储备银行和能源政策研究所。希望此举将有助于巩固金砖国家能源安全，并为将来建立能源交易新机制和新平台打下基础。对俄罗斯这个能源大国来说，通过金砖国家机制的平台增加其能源安全和能源市场，意义重大。这是俄罗斯对金砖国家机制更加青睐的另一个因素。

3. **呼吁金砖国家在国际事务中共同行动**。由于在乌克兰危机中的立场，俄罗斯受到美欧等国的制裁。普京呼吁金砖国家应同俄罗斯一道，抵制西方"迫害"。建议金砖国家成立各种地区冲突磋商机制，借此形成共同立场，共同进行危机的政治和外交协调。俄专家建议金砖国家共同制定一套措施，建立一种建设性机制，当国际关系出现危机时制定和协调共同的政治路线。

4. **未计划建立军事政治联盟**。尽管俄罗斯对金砖国家机制预期很高，但普京一再公开表示：俄罗斯希望金砖国家有愿望加强带有政治内涵的合作，又强调没有以金砖国家为依托建立军事政治联盟的计划。只是强调加强金砖国家的政治协调，以应对安全领域内的威胁与挑战。

三、积极推动金砖国家开发银行的建立

迄今为止，金砖国家领导人峰会已经在各领域合作上进行了良好的协调，取得了可观的成就，共同确立了作为推动世界经济稳步增长主要动力的地位。

2013年，俄罗斯提议成立金砖国家银行及金砖国家外汇储备库，研究金砖国家经济合作战略。俄罗斯希望能够发挥金砖银行的潜力，为俄罗斯的重大项目提供服务，更加积极地发展与金砖国家之间的经贸联系与合作。同年，俄罗斯商界代表成立了金砖国家商务委员会专门开展相关工作。

2014年，第六届福塔莱萨金砖峰会以"包容性增长的可持续解决方案"为主题，重点讨论重组全球经济结构，改革国际货币基金组织及其他国际金融机构以及影响当前国际关系发展的重大问题。这次峰会的最大成果就是签署了巩固金砖国家经济合作的文件，即成立金砖国家开发银行和外汇储备库的协议，这充分

体现了俄罗斯在金砖成果中的作用与影响。对此，俄罗斯媒体给予高度评价。认为2014年峰会标志着金砖国家合作进入务实新高度，金砖开发银行的成立将对美国金融霸权形成挑战。

普京强调，成立金砖国家开发银行和外汇储备库是俄罗斯采取的旨在巩固国际金融架构、使其更加平衡与公正的实际行动。这不仅是俄罗斯提议并积极推动的结果，应该也是近年来普京金砖构想的最大成就和具体体现。

1. 成立金砖国家开发银行为改变国际金融秩序迈出第一步。 发达国家和发展中国家在当前全球经济和金融体系中的地位不平等，金砖国家机制希望通过提倡"包容性增长"开创一种更为公平的全球经济发展模式。

2014年峰会通过的《福塔莱萨宣言》指出，鉴于金砖国家及其他新兴市场和发展中国家在解决基础设施缺口和满足可持续发展需求方面仍面临很大融资困难，本次峰会宣布签署成立金砖国家开发银行协议，为金砖国家以及其他新兴市场和发展中国家的基础设施建设、可持续发展项目筹措资金。金砖开发银行作为全球发展领域的多边和区域性金融机构的补充，将为实现强劲、可持续和平衡增长的共同目标作出贡献。

金砖国家开发银行法定资本1000亿美元，由创始成员国平等出资，银行行长由金砖成员国轮流担任。首任行长将由印度代表出任。新开发银行相等的注资比例意味着各成员国会有相同的投票权，但更丰富并具实践意义的游戏规则将由印度人制定。俄罗斯代表将担任首任银行理事会代表机构主席，金砖国家财长研究确定银行运营模式。总部设于上海，同时在南非设立非洲区域中心。预计将于2016年正式开始运营。

同时，宣布签署初始资金规模为1000亿美元的应急储备安排协议，帮助金砖国家克服国际资本流动的不稳定性问题。

普京在专访中表示，总资本为2000亿美元的金砖银行和外汇储备库为金砖国家之间协调宏观经济奠定基础，这将有助于金砖国家摆脱对西方国家金融政策的依赖，大大巩固全球金融体系。

2. 金砖国家金融机制将对未来国际金融结构发出挑战。 有媒体将金砖国家银行定义为世界银行和国际货币基金组织的替代品。对此,俄专家格奥尔基认为,金砖国家开发银行是为金砖国家的重要经济项目提供资金,而应急储备安排可以说是"迷你版"的国际货币基金组织,二者结合可以降低金砖国家对西方国家掌控的国际金融机构的依赖。至于对未来国际金融秩序的影响,理论上,金砖国家开发银行和应急储备安排与国际货币基金组织、世界银行应该是合作关系,而不是竞争关系。但实际运作中的关系如何,将取决于未来的发展。

另一位俄罗斯专家卢贾宁认为,建立在金砖国家机制基础上的金砖开发银行,尽管未致力于同国际货币基金组织和其他国际金融机构相抗衡,但依然会成为另一种独特的替代组织。这种机制的出现,将为金砖国家机制提供新的发展机遇,对未来的国际金融结构发出挑战。

金砖国家开发银行的建立将开启金砖国家运行机制的制度化。这是金砖国家机制中又一个前所未有的重大措施。金砖国家创建了在金融领域相互支持的机制,将使金砖国家的金融市场变得更加稳定。金砖国家开发银行与现行国际金融机构之间的显著差别是没有政治上的影响因素,并且将按平等分配份额来进行运作。

3. **就争议问题寻找集体解决办法并共同应对**。对于当前的热点地区问题,俄媒评论道:金砖国家已就在国际组织中相互保护对方利益达成一致。普京也在峰会上强调了需要就全球发展的所有问题,以及改革目前世界经济与金融体制等问题坚持一致立场的重要性。

2014年峰会《福塔莱萨宣言》重申,对其他国家内部事务进行干预是不可接受的行为。应当共同研究措施,就一切有争议的问题进行文明和相互尊重的对话。全面发展在联合国框架下的合作,更加积极地加强金砖国家之间政策的一致性,加强机制合作的政治分量,不断拓展相互协商与相互协作。利用金砖国家对话机制框架下已经建立的众多的合作形式,在国际事务中共同应对争议问题。

四、关于金砖国家机制的未来发展与影响

俄罗斯能否借力金砖国家机制增强国力,普京的"金砖构想"能否成为其改变当前国际关系格局的战略推动力,金砖国家机制未来将如何发展,俄罗斯各

界都高度关注。

1. **应将金砖国家机制的作用提升到全新高度**。普京在专访中表示，金砖国家机制在当今多极世界中的意义日益提升，已经是时候把金砖国家机制的作用提升到一个全新的高度了，从而使金砖国家机制成为有益于持续发展的全球管理体系不可缺少的一部分。

普京的金砖构想希望在金砖国家之间开展相互合作的模式，能够对国际关系的可预见性与稳定性给予切实的促进和提升。希望金砖国家的联合能够促进国际关系体系发生重大变革。金砖国家的潜力不仅表现为在国际经济领域相互协作，而且提供了在地缘政治方面发展合作的机会。

因此，俄罗斯对于金砖国家机制未来发展的战略定位是：金砖国家首先应致力于促进世界经济走上稳定的、可持续的、可以自我支撑的增长道路，改革国际金融和经济结构。同时，俄罗斯建议将金砖国家机制由一个就有限问题协调立场的对话论坛逐渐演变成为全方位的战略合作机制，并通过这个机制寻求共同解决世界主要问题的方法。这应该也是普京致力于重构国际关系格局战略构想的重要内容。

2. **金砖国家机制已成为多极世界象征**。俄外交部二十国集团和金砖国家问题协调员、无任所大使卢科夫表示，金砖国家机制的形成与发展已经成为多极世界的象征。现阶段金砖国家机制在全球经济秩序中的作用尚有待提高，其主要手段是促进各国经济增长并为此目的在金砖国家机制框架内相互帮助，这是金砖国家机制成功的基础。

普京则强调，金砖国家是正在形成的多元化世界的重要组成部分之一，但俄罗斯不认为金砖国家是西方国家地缘政治的竞争对手。在世界多极化模式框架内，我们准备同所有希望与我们沟通的各方进行对话。

普京非常重视俄中在金砖国家机制中的合作，这是金砖机制发展的重要动力之一。随着金砖国家机制在世界舞台上分量的增长，俄中在金砖国家机制中的合作成为俄中战略伙伴关系越来越重要的方向，也是影响世界格局变化的重要因素。

3. **金砖国家机制对当前国际关系格局的影响。**《福塔莱萨宣言》指出：基于以往国际力量格局形成的全球治理架构逐渐失去其合法性与有效性，金砖国家是对现行机制进行渐进式变革的重要力量。《宣言》重申需要对联合国包括安理会进行全面改革，使之更有代表性、合法性及效率，以更好地应对全球挑战。

俄罗斯学者发表评论认为，金砖国家机制是一个世界秩序改革者的联盟；金砖国家机制或许可以集体预防国际经济政治方面的消极现象；金砖国家可以成为新全球管理体系的关键组成部分，成为打破旧有"东西"或"南北"分界线的全球关系新模式，等等。

无论如何，从俄罗斯的角度来说，影响和掌控未来的国际关系格局，是俄罗斯外交政策的战略追求，也是俄罗斯大国意识的体现。金砖国家机制既是俄罗斯挑战当前国际关系格局的借力杠杆，也是俄罗斯试图重建国际关系格局的战略推动力。在俄罗斯目前的综合国力条件下，强调世界的多极化，也强调联合国在解决国际问题中的作用。普京以其丰富的外交能力和外交经验在金砖国家机制的运行和发展中发挥了重要的作用。俄罗斯正在致力于通过金砖国家机制的平台，推行和实现俄罗斯作为一个"区域性"大国暂时还难以达到的目标和追求。在乌克兰问题上，俄罗斯成功争取到金砖国家机制的支持，这是俄罗斯外交的重大成功，对俄罗斯具有重大意义。同时，金砖国家机制也是俄罗斯可以与欧美制裁相抗衡的重要支持力量，或将成为改变世界格局的重要步骤。

作者单位：中央编译局俄罗斯研究中心

深化中俄经济融合的战略升级策略

米 军

过去十多年间,中俄经济融合水平的提升得益于双边贸易、资金流动和人员交往等因素的综合带动效应,其中双边贸易、资金流动因素在促进两国"经济互补性",尤其是"资源互补性"的有效实施方面发挥了重要作用。长期来看,资源互补性合作存在稳定性不足且可持续性差等内在缺陷;另外,投资合作进展缓慢,直接投资规模不大,证券投资占比微不足道,这些必然限制中俄经济融合水平的进一步深化。中俄要以互补性为合作的基点,优化贸易投资结构,进行多维、高层次的战略合作,只有这样才能为经济融合提供持续动力。中俄战略合作强调的是共同发展和未来的动态收益或国家整体利益。这就要求两国的经贸合作在兼顾眼前利益最大化的同时,更要放眼长远利益。为此,深化中俄经济融合,需要双方制定科学的国际战略和策略,通过国家层面战略升级实现区域经济融合共赢。

一、完善战略经济合作机制

影响两国经济融合进程的主要因素是双方经济领域合作机制不健全。中俄作为重要的新兴经济体,彼此的利益交汇点很多,同时也会产生某些相互竞争,此时仅仅依靠每年一次的中俄总理定期会晤来解决问题是远远不够的。创新经济合作机制,就是要在充分发挥现有中俄总理定期会晤机制和中俄副总理级能源谈判机制作用的基础上,尽快启动中俄战略与经济对话机制,建立战略与经济合作贯彻落实的长效机制，实现中俄两国在经济领域的战略沟通。近期的主要任务是继续提升贸易投资便利化水平，推动各方企业开展高效的经贸合作。第一，继续强化在海关和质检领域的协调与合作，创造区域内便利化的通关环境仍是中俄合作的重要任务。第二，促进交通运输合作发展，实现便利运输。第三，解决中俄人际交往中的人口流动问题。第四，优先发展非资源领域的经济技术合作，优化贸易投资结构。第五，推进本币结算的制度性约束以及推进跨境经济合作区建设。

二、从战略合作层面建设跨境经济合作区

建立跨境经济合作区能够为进一步推进贸易投资便利化并提升贸易投资规模提供重要保证。中俄作为地理上相邻的两个国家，其空间经济联系程度日益加深，因此在边境地区延伸腹地空间合作模式对中俄区域经济一体化的影响越来越大。早在2009年绥芬河市被我国列为建设中俄跨境经济合作区的试点，随后满洲里、黑河、珲春也不同程度地加快了跨境经济合作区的规划建设和实施进程，但直到今天中俄跨境经济合作区依然举步不前，进展缓慢。中俄跨境经济合作存在跨境运作的复杂性和主权让渡的敏感性等阻碍因素，要解决跨境经济合作区建设中存在的这些难题，需要不断加强两国国家战略层面的升级和不断完善合作机制。也就是说通过国家层面的战略升级，能有效解决因主权让渡和共享所产生的边境管理制度对生产要素的阻碍，有效协调两国产业规划、标准一致化以及其他基础设施建设问题，并尽快在两国合作中达成一致，以降低合作成本，提高合作递增收益。

三、主辅式复合型国际产业合作策略

在中俄诸多合作领域中，主辅式复合型国际合作策略有助于深化空间经济联系和融合进程，即以能源和科技两大行业合作为主轴，向其他领域拓展和辐射为合作辅轴。这一合作策略力图厘清两国诸多产业合作领域的主次，以期为更有效地开展务实合作提供明确而具有可操作性的思路。具体来说就是以能源和科技两大行业为支撑点辐射三大产业，依据辐射带动效应和产业关联度，在每个产业中

选择重点推动行业，以此为中俄经贸合作的最佳切入点。主辅式复合型国际化产业合作策略，旨在构建"梯形"国家化的产业集群，在中俄地区优势产业集群发展的基础上，以支撑行业为先导，以重点行业为推动，以跨国大项目的实施为纽带，相互交流，相互辐射，构筑具有地方特色、带动能力较强的区域经济综合体，使之成为地区的经济增长极。

四、推行本国货币国际化战略

本币国际化战略有助于解决两国对外贸易中本币结算制度约束问题，推进经贸合作规模。长期以来，中俄贸易中卢布与人民币之间的汇率需要通过美元进行换算，由于两国货币不能直接兑换致使汇兑成本居高不下，成为阻碍两国经济合作的重要壁垒。国际金融危机之后，中国和俄罗斯政府都试图推动两国货币结算的便利化，中国启动了对俄本币贸易结算，俄罗斯多次建议中国以卢布结算油气等大宗商品交易，但效果并不明显。目前，中俄贸易本币结算仅局限在规模不大的一般商品，油气等大宗商品一直在使用美元结算，人民币和卢布都无法成为两国贸易的计价货币。原因在于两国存在本币结算的制度性约束，需要加快或完善本国金融体制改革才能实现根本性解决。从中方金融体制看，为了保持国内金融体系稳定，中国主要通过对外贸易渠道拓展人民币国际化程度，资本项目开放较为谨慎，这一制度安排使得人民币证券投资功能不足，由此限制其他国家大规模储备人民币，制约了人民币跨境结算业务无法在大宗商品贸易中打开局面。人民币投资渠道的缺失是影响中国扩大对俄贸易人民币结算的重要制度障碍。俄罗斯通过金融制度改革，推动了卢布及卢布资产国际化进程，能够为中俄贸易的卢布结算提供便利，但俄罗斯证券市场的不稳定性让中方敬而远之。当前中俄两国通过货币互换的方式推动本币结算，这种方式尽管能在一定程度上防范汇率风险，但无法在对外贸易中大规模实施，属于推动中俄贸易本币结算的权宜之计。中俄双方只有加快或完善金融体制改革，即俄罗斯要进一步完善对证券市场的监管，中国要有序加快以资本项目开放为主要内容的金融体制改革，才能真正实现本币结算的常态化。

在两国本币结算不具备完全实现的条件下，当前加强中俄金融战略合作，旨在一方面推进中国资本项目开放内涵发展，另一方面又能为深化双方贸易投资融合提供资金来源。为此需要两国实现多层面的金融战略合作：一是对等发行卢布、人民币国债，相互认购；二是向俄罗斯商业银行提供人民币贷款；三是继续扩大两国货币互换规模；四是允许具有增长潜力的俄罗斯能源、高技术企业到中国A股上市，增加对俄证券投资；五是积极采取措施促进双方银行互设金融分支机构，拓展本币业务发展，尤其是为各种跨国项目进行本币融资；六是推进中俄开发银行组建，从中方意愿尝试发放人民币出口买方信贷和本币债券，既可以设立反危机基金和发展基金为两国提供本币贷款帮助，也可以为两国铁路、公路、跨国油气管道等各种跨国基础设施建设项目提供本币融资支持。此外，利用中国资本优势，扩大对俄的直接投资和证券投资，通过企业对外投资提高资本项目下输出人民币的能力，拓宽对俄罗斯对外发行的主权欧洲债券和具有成长潜力企业的证券投资，有助于优化资产结构。

五、多边机制下的战略协作策略

中俄在高度重视双边合作的同时，在多边磋商与合作机制框架内协调互助、谋求发展，这是适应全球化和区域经济集团化趋势的必然选择。中俄尤其要加强在上海合作组织、金砖国家以及国际金融体系建设上发挥作用。当前的重点是实现中俄—中亚区域经济一体化战略升级，深化中俄经济融合规模和范围，这也是我国开辟、深化亚太区域经济合作的新的战略措施。当前，要以上海合作组织为平台，积极推进成员国的沟通对话，中俄两国应发挥组织内大国领导作用并且敢于担当和承担责任。近期目标是启动战略性对话，在资源、金融、市场、投资领域签订战略协议，远期目标是建立中俄—中亚更为紧密的跨境自由贸易区。为了实现战略目标，应采取非均衡的重点突破战略，以点带面（尤其是重点培育中俄东部毗邻区和中俄哈区域），层层推进，最终实现全面发展。

大力推进中俄—中亚区域经济一体化战略升级具有重大的实践意义和政治价值。一方面，这对于中国破除能源资源瓶颈、促进能源可持续性具有重大战略意义,也是中国克服欧美市场紧缩、摩擦的一个重要途径;另一方面,中国可积极发挥资本优势、产业优势和劳动力资源优势,扩大对俄罗斯、中亚国家金融和经济的影响力,推动区域经济共同发展,从而消除普京"欧亚联盟"构想撇开中国的狭隘性,使俄罗斯认清只有中俄主导的中俄—中亚经济一体化战略,才是应对美国重返亚太的良策,也是实现中俄共同发展的长久之计。

总之,改变中俄双方经贸合作的不理想状况,必须以科学的国际战略和策略加以应对,不仅要充分发挥现有双边框架协议及合作机制的作用,大力推进经济融合模式转变,还要在多边机制框架下实现战略升级,尤其是启动中俄—中亚经济一体化战略。要充分抓住俄罗斯入世的机遇期,通过不断增强双边贸易、投资、资金流动关系和人员、劳务等交流状况的一体化程度,更大地提高中俄经济融合水平,进一步夯实两国战略协作伙伴关系的物质基础。

作者单位:浙江师范大学经济管理学院俄罗斯非洲投资研究所

抓住普京访华契机,进一步提升中俄关系

左凤荣

在当今世界格局中,中美俄之间的大国博弈始终产生着巨大的影响。俄罗斯收回克里米亚,激化了与美国和欧盟的矛盾,俄罗斯面临来自西方的巨大压力,这可能直接影响俄罗斯经济的发展,俄罗斯将会更倚重中国,这对促进中俄关系是有益的。有人认为,俄罗斯与西方不睦,给了中国10年的机遇,将会因此减轻美国对中国的压力,实则不然。从奥巴马的亚洲之行看,美国同样在加强冷战时期建立的亚洲政治军事同盟。美国的战略是既遏制俄罗斯,也遏制中国。因此,加强中俄关系,有利于增强中国对美外交的回旋余地。今年5月下旬普京总统访华,俄罗斯希望得到中国的切实支持,特别是经济上的支持。中国应该很好地利用这一契机,推进中俄关系的发展。

充分认识俄罗斯世界一极的地位,加强与俄罗斯在国际舞台上的协调

当今的俄罗斯已经不是20世纪90年代叶利钦时期那个孱弱的俄罗斯了。经过20多年的发展,俄罗斯已有能力与西方较量,在涉及自身战略利益的问题上,普京敢作敢为。2008年在格鲁吉亚危机中俄罗斯已先胜一筹,在此次乌克兰危机中,美国和欧盟所支持的激进派夺取了政权,为俄罗斯收回克里米亚提供了机会。

俄罗斯之所以能够收回克里米亚和塞瓦斯托波尔,主要是有坚实的民意基

础。90%以上的俄罗斯人支持归并克里米亚，克里米亚的民众也乐于回归俄罗斯。在3月16日举行的克里米亚全民公决中，投票率为83.1%，96.77%参加投票的选民赞成克里米亚并入俄罗斯成为俄罗斯联邦的一部分。在克里米亚居民中，俄罗斯族约占58%，乌克兰族约占24%，克里米亚鞑靼人约占12%，鞑靼人抵制了这次公投，也就是说，大多乌克兰族人也赞成克里米亚并入俄罗斯。

克里米亚成功并入俄罗斯，大大增强了俄罗斯的民族凝聚力，加强了俄罗斯的战略地位。俄罗斯在南部少了外界的制约，牢牢地掌握了黑海出海口，从而巩固了俄罗斯在整个黑海和高加索的战略地位，掌握了黑海地区安全态势的主动权。

普京第三次入主克里姆林宫以来，改变了梅德韦杰夫与西方建立现代化联盟的外交政策，强调"国际关系正处于一个过渡期，其实质在于构建多极化国际体系"，俄罗斯要成为"现代世界有影响力和竞争力的中心之一"。普京的外交目标就是要使俄罗斯成为世界上有影响力的重要一极，参与国际议事日程的制定。冷战结束后，经济全球化在加速运行，各国之间的联系日益紧密，形成了类似于冷战时期核威慑的"经济恐怖平衡"。但美国不顾这一历史潮流，不断巩固和加强冷战时期建立的军事政治同盟，让原苏联地区的国家选边站队，乌克兰正是美国政策的牺牲品。乌克兰危机使俄罗斯最终认清西方不会承认俄罗斯的平等地位，俄罗斯可能放弃与西方建立平等伙伴关系的努力，更多地谋求西方以外的支持。中俄可以在反对美国扩大和加强冷战时期所建立的军事政治同盟、扩充军备、纵容日本加强军事力量建设等问题上，阐述两国共同的立场，加强中俄在国际政治领域的协调。

提升中俄双边关系的着力点

近年来中俄关系发展顺利，但仍有加强进一步合作的空间。

（一）对克里米亚和乌克兰问题，可以采取更超然的立场。对于克里米亚事件和乌克兰东部的动荡，可以将之看成是苏联解体的继续，是苏联解体遗留的问题和苏联解体进程的延续，这一问题应该由俄乌协商解决，外界可以在保障各民族权益的基础上进行调解，但不宜插手过深。

（二）**可以加大对克里米亚的投资**。克里米亚长期缺少投资，基础设施落后。克里米亚入俄后，俄罗斯肯定会加强对这一地区的建设，但受实力限制，俄罗斯需要中国的帮助，特别是中国的投资。克里米亚风景壮丽优美，气候温暖湿润，曾是苏联著名的旅游疗养胜地，旅游业前景看好。这里居民素质高，政治上不会有大的动荡，投资环境应该是相对安全的。中间可以鼓励民间资金去克里米亚投资，参与基础设施建设、发展旅游业。在中国企业到俄罗斯投资时，最好办合资企业。俄罗斯已经在研究把这一地区辟为经济特区，给予更优惠的政策。

（三）**与俄罗斯的天然气合作大有前途**。俄罗斯与西方（包括日本）关系的恶化，加上美国页岩气革命的影响，从长远看俄罗斯向欧洲供应天然气肯定会受到影响，天然气的价格相应也会有所下降。这有利于中俄的天然气谈判取得实质性的进展。考虑到俄罗斯的开采条件没有中东国家好，成本也相应高，在价格问题上需要互谅互让。未来中俄的能源合作会有更好的前景。

（四）**进一步加强与俄罗斯在亚太地区的安全合作**。中俄不可能结盟，但可以加强在军事安全上的协作。中俄在解决朝鲜核问题，把朝鲜纳入区域经济合作上，可以更有所作为。因为朝鲜进行核试验或发生核事故，直接受影响的是中俄这两个与朝鲜接壤的国家（其宁边核设施离中俄很近）。美日长期以应对朝鲜威胁为借口进行大规模军事演习和加强军事力量，如果朝鲜核问题解决了，更有利于加强与美日军事政治同盟的斗争。同时，也可以促进东北亚的经济合作，俄罗斯一直努力修建从陆上到韩国的天然气管道和把韩国的货物通过西伯利亚铁路运至欧洲。如果朝鲜把重心放在与邻国的经济合作上，无疑有利于地区的和平与经济发展。

（五）**把俄罗斯纳入新丝绸之路经济带建设的范畴**。2013年9月习近平主席提出"丝绸之路经济带"构想，不少俄罗斯人把这看成是与俄罗斯争夺中亚国家，是要建立类似欧亚联盟的经济一体化组织。实际上，"丝绸之路经济带"的实质是加强中国与欧盟的经济联系，俄罗斯可以发挥东西方桥梁的作用。俄罗斯正在开发的"北极航道"（俄罗斯称"北方航道"）和正在改造的西伯利亚大铁路，比从连云港到欧洲的第一条欧亚大陆桥更安全，通关国家少，在过境费用等问题上更容易协调解决。因此，可以明确把俄罗斯的这两条大通道纳入"丝绸之路经济带"互联互通的范畴，打消俄罗斯认为中国提出"丝绸之路经济带"建设是抢其生意的顾虑。

（六）加强与俄罗斯在中亚的合作与协调。无论是从地缘，还是从传统影响看，俄罗斯在中亚都比中国更有影响，中国现在扩大在中亚的经济影响是必然的，但也需要照顾到俄罗斯的利益。普京把发展与近邻国家的外交、整合后苏联空间作为重点，要在俄白哈关税同盟的基础上，组建欧亚联盟，并争取到了吉尔吉斯和亚美尼亚的支持。"对俄来说，中亚成为越来越重要的地区"，"俄将加大对中亚的战略投资，以把与中亚国家的双边关系提升到战略伙伴甚至盟友的高度"。中国提出建设"丝绸之路经济带"，把中亚定为"丝绸之路经济带"建设的中心地区，引起了很多俄罗斯人的疑虑。中吉乌（中国—吉尔吉斯斯坦—乌兹别克斯坦）铁路计划被俄哈吉塔（俄罗斯—哈萨克斯坦—吉尔吉斯斯坦—塔吉克斯坦）铁路计划所取代就是一个例子。俄罗斯分析家认为，吉尔吉斯政府与中国修建铁路的声明，损害俄罗斯的地缘政治利益。俄罗斯评论家特别感到不安的是，新铁路将按照欧洲宽轨的标准建设，而不是原来苏联的标准，这意味着破坏了前苏联的交通系统。2010年中国提出在上海合作组织框架内建设上合组织发展银行，但俄罗斯人认为，这将使中国成为上合组织中真正的领导者，因此反应冷淡。俄罗斯对中亚的影响力不能低估，中国在中亚推出一些大项目时，最好能与俄罗斯合作。不应过分纠结于建设中吉乌铁路，而要充分利用好中亚现有的三条铁路，以及未来要建设的俄哈吉塔铁路。现在已经不是铁路修到哪儿，影响就到哪儿的年代了，利用这些铁路，成本相对低，也更安全些。"丝绸之路经济带"建设还应该更多在上海合作组织框架下进行，发挥上海合作组织政策协调的作用，要努力寻找"丝绸之路经济带"与俄白、俄哈关税同盟，与欧亚联盟之间的合作点。

作者单位：中央党校国际战略研究所

俄罗斯远东开发模式及中俄合作路径

李建民

俄罗斯的远东地区地广人稀，对俄罗斯具有重要战略意义。进入 21 世纪，远东作为俄罗斯面向亚太地区的门户和其生存发展的重要战略储备基地的作用更为突出。苏联解体后 20 多年，远东开发计划曾多次被提出，但由于多种原因却仅停留于纸面。普京新任期以来远东开发问题再次升温，从 2014 年开始俄罗斯政府高密度出台了一系列政策措施，酝酿已久的远东地区发展战略进入实施阶段。从历史上看，每一轮远东开发的高潮周期为 10 年左右，作为近邻的中国深化与俄罗斯在远东开发中的合作，是在区域经济一体化背景下的顺势选择。如何把握这一机遇，是当前的重要任务。

一、开发机制及保障措施

在新一轮远东开发中，俄罗斯从以往的开发历史和国外开发落后地区的做法中汲取经验，高度重视制度和机制的保障作用，在机制和体制上做了重大调整。在振兴远东的思路方面也做了重要改变，这是此轮远东开发的重要特点。

1. 建立权威性的专门组织管理机构。在新一轮远东开发中，俄罗斯注重建立权威性的专门组织管理机构，并赋予其强大的行政决策权。远东开发是一个涉及领域广、工作难度大的系统工程，不仅需要政府的果断决策和周密部署，而且需要社会力量的通力合作和行动部门的精心实施。建立权威性的专门组织管理机构，对成功开发落后地区将发挥重要作用。

(1) 成立远东发展部。2012年5月21日成立远东发展部，主要功能是协调遴选和落实远东地区优先投资项目，分配基建资金补贴，评估地方政府工作效率，参与制定远东地区城建规划和经济特区管理等。2014年，远东发展部还被授权与自然资源部共同检查远东地区所有自然资源开采项目许可。

(2) 成立远东开发政府委员会。2013年9月17日成立远东开发政府委员会，该委员会参照北高加索地区发展委员会模式，由政府总理直接挂帅，由国家的意志主导推动开发。主要功能为：负责审查和准备有关远东贝加尔地区社会经济发展建议，协调联邦执法机构实施远东贝加尔地区社会经济发展的国家政策行动，完善联邦执法机关和远东联邦区高级执法机构之间有关远东社会经济发展问题的协调机制。该委员会的成立意味着远东开发的领导机制发生了根本改变，远东发展部实际上已经成为一个执行机构，而决策和计划的权限都将被收归远东发展委员会，一个由总理领衔的委员会其影响力显然远远大于远东发展部。

(3) 成立远东人力资源发展署。2015年9月2日成立远东人力资源发展署，目的是为了综合解决远东联邦区投资项目及劳动资源保障问题，以及通过人口的额外流入和巩固达到移民的积极变化。人力资源发展署将在跨越式发展区内设立入驻企业服务中心，专门为企业（包括外国企业）提供注册服务等。

(4) 成立远东吸引投资和促进出口署。2015年9月2日成立远东吸引投资和促进出口署，旨在鼓励投资者向远东地区投资，推动远东地区企业向亚太地区出口。远东发展部在该署注册和资金投入方面享有全权。

2. **开发政策和规划法治化。**为保障远东开发政策和规划的落实，需要将开发政策和规划用法律法规的形式固定下来，促使开发与建设工作法治化。可以看到，在新一轮远东开发中，所有的规划和政策或是以联邦专项规划，或是以总统令、政府决议方式出台。规划政策法治化的做法将会产生三个方面的益处：一是使远东开发有稳定、可靠的法律保障；二是规范政府行为，让政府不要以直接投资人的身份去从事微观经济活动，而应发挥政策和法律的引导、规范作用对企业行为进行宏观调控；三是保证开发政策的严肃性、稳定性和连续性。

3. **确定以跨越式发展区为主导的开发模式**。俄罗斯远东发展部提出，要借鉴中国、美国和日本等国的成功经验，在远东地区推广建设经济特区、产业园、科技园等，促进对亚太地区市场的出口（主要出口食品、化工产品和电力）。2014年12月25日，俄罗斯联邦委员会批准了《社会经济跨越式发展区联邦法》，确定将在远东建设14个跨越式发展区。截至2015年9月，已经批准9个。根据《社会经济跨越式发展区联邦法》，政府将为发展区内企业提供在税收减免、土地、基础设施建设等方面最优惠的条件，具体包括：入驻企业头5年实施零利润税、资产税和土地税；进出口零关税；用于加工的进口零增值税；头10年投资者保费缴纳标准由30%降至7.6%；免费获得土地和准备好的基础设施；对出口商实行快速返还增值税程序；对投资者实行"一个窗口"办公；设立自由海关区；简化国家监管；加快和简化行政程序，其中包括获得建筑许可证和通关。俄罗斯希望在《社会经济跨越式发展区法》的框架下，10年内能吸引超过6000亿卢布的投资，创造3.7万个就业岗位。

4. **建立以自由港为主体的海洋物流中心**。2015年10月12日，《符拉迪沃斯托克自由港》联邦法正式生效。根据该法案，将符拉迪沃斯托克辟为自由港，自由港总面积为3.4万平方千米，区域包括滨海边疆区的15个行政区，覆盖行政区域内的所有海港及其水域。自由港设立期限为70年，这一期限可以延长，也可以提前中止。自由港将在税收、保险、海关和检疫等方面为入驻企业提供政策支持和优惠。任何一位外国公民，在入境自由港区域时就可自动获得8天的签证。从事外经活动者，可在"一个窗口"办理过境货物的海关、运输、动植物检疫等手续。在简化行政手续的同时，还将对货物部分关税、保险等费用进行减免，实行自由关税区和入驻企业税收优惠制度。入驻企业经营开始赢利后的前5年将可享受5%最小利润税（正常情况下为20%），随后5年为12%。此外，入驻企业还可以免除财产和土地税，社会保险缴纳比例从30%降低到7.6%。俄罗斯建立自由港，是想效仿两个模式。一个是改革开放之初深圳的特区模式，另一个是效仿香港和新加坡模式。通过自由港和跨越式发展区，拉动俄罗斯经济，培养新的增长点，打造新的增长极。预计到2034年，自由港制度将使滨海边疆区 GDP 增长 2.4 倍，整个远东地区增长三分之一，并为滨海边疆区提供 35 万个工作岗位。

5. 确立远东地区发展优先项目。 以重大项目来带动促进落后地区发展是国际上的通用做法，这对于远东开发同样至关重要。在世界经济复苏缓慢，俄罗斯经济停滞下滑的背景下，为防止远东经济进一步衰落，俄罗斯政府计划确定一系列发展远东和外贝加尔的优先项目，率先实施。2013 年 6 月 2 日，梅德韦杰夫总理签署批准了远东联邦区优先发展项目清单。该清单包括 38 个项目，涉及工业生产、木材深加工、发展公共住房建设、医疗基础设施、交通基础设施、能源基础设施、社会项目等多个领域。项目主要集中在远东南部的哈巴罗夫斯克边疆区、滨海边疆区和阿穆尔州。

在铁路和航空运输领域，将扩大铁路建设投资。2016 年前俄铁路公司将投入巨额资金发展东部铁路干线，计划 2016 年前投资 2910 亿卢布用于维修和发展贝阿铁路和西伯利亚大铁路的基础设施，其中 2080 亿卢布用于贝阿铁路。

在口岸建设方面，俄罗斯已经完成了《联邦国家边境地区总体发展规划》的制定，计划 2020 年之前，加大对远东地区 16 个口岸的投入力度。

在能源合作方面，俄滨海边疆区政府与俄罗斯天然气工业股份公司签署协议，决定在符拉迪沃斯托克建设第二座液化天然气生产厂，项目计划投资 70 亿美元，到 2017 年工厂的生产能力将达到 1000 万吨，随后增加到 2000 万吨。目前，俄罗斯只有"萨哈林-2"油气项目框架内运营的 1 家天然气液化厂，年产能力为 1050 万吨。按计划，该厂的生产能力将扩大 50%。建新厂的原因之一是增加对远东地区能源的供应，此外，俄罗斯经过充分论证，认为向日韩出口液化天然气是唯一选择，建设油气管道得不偿失。

大力开发南千岛群岛，俄罗斯计划在千岛群岛发展旅游业、黄金开采以及渔业加工。2015 年 8 月 4 日，俄罗斯政府批准了《千岛群岛（萨哈林州）2016—2025 年社会经济发展联邦专项规划》，拨款近 700 亿卢布（按照 2015 年 8 月 4 日的汇率，折合 11 亿美元）。为此或将在该地区内设立跨越式发展区，为投资者推行特别经济机制。

6. **改革现有远东开发投融资机制**。为了实现远东地区的超前发展，需要巨额资金投入。据专家估计，为使远东发展不落后于俄其他地区，每年对该地区的资金投入总额至少要达到 3 万亿至 4 万亿卢布（当时 1 美元约合 31 卢布）。为解决远东开发中的融资难问题，俄罗斯外经银行 2011 年出资设立总额约 150 亿卢布的远东发展基金，2015 年决定将基金扩容至 1000 亿卢布，计划 2015 年年底将一半资金投入远东基础设施项目建设。除改善居住条件的民生工程外，提高交通运输能力、帮助企业降低成本也是投资重点。俄官员和实业界人士普遍认为，考虑到远东发展资金需求庞大，必须拓宽融资渠道，要有效利用国家—私营伙伴机制，争取更多利用私人投资。根据规定，基金在保本前提下进行投资决策，项目投资收益率由基金董事会确定。目前基金董事会已批准四个投资项目：修建同江铁路大桥、扩建符拉迪沃斯托克国际机场、建设滨海娱乐休闲中心以及南千岛渔业加工集群项目。

7. **实施远东土地免费发放**。增加人口是远东发展的核心问题，鼓励人口流入是远东开发中的重点目标。为解决劳动力问题，俄远东发展部已经起草《关于向公民提供远东联邦区地块特点》法案，2015 年 12 月 15 日，俄国家杜马将进行一读通过。据此法案，每位俄罗斯公民均可在远东地区免费租赁 1 公顷土地，租期 5 年，承租人可在该地块开展任何合法活动，如确实对其加以利用，则 5 年租期满后可获得该土地的所有权，否则土地将被国家收回。法案明确规定，该法案只针对俄罗斯本国公民，外国公民不享受该政策。预计法案实施后，远东地区的居民人数将增长 6 倍，从现在的 640 万上升到 3600 万。全俄社会舆论研究中心针对这一法案的调查结果显示，有 3000 万俄罗斯人表示自己会考虑去远东居住并获得免费土地，约占俄总人口的 1/5。

二、远东开发合作的优先领域及合作路径

（一）优先领域

1. **资源开发及深加工是战略性重点合作领域**。在远东开发的初始阶段，原材料和能源出口仍是拉动地区经济增长的动力。中俄应根据各自国内的经济、能

源和安全战略，协调双方的利益关切，开展更加广泛的能源资源合作，推动合作方式由资源贸易型向生产加工型转变，按照立足长远、互利互惠的原则建立起紧密的利益纽带。

2. **把创新转型作为双边合作新的增长点。**俄罗斯东部地区的科学研究基础和实力较强，拥有相当数量处在市场转化阶段的成果，需要注入资金。金融危机后，中俄两国都面临着创新转型、调整结构的重任。两国确定的战略产业有很大一部分是重合的，中国在消费品生产、资源深加工、工程建设、技术成果产业化等方面具有一定优势，俄罗斯在高技术、重大装备、新材料、技术研发等方面具有相当优势，在远东开发中，应该在这些领域形成战略竞合关系。

3. **加大基础设施建设力度，提高经贸合作潜力。**新一轮远东开发战略的优先方向之一就是要加大基础设施建设的力度，使其符合东部地区经济振兴的要求。按照中国新一轮走出去战略的要求，通过产品出口、对外投资和工程承包将中国标准打入俄罗斯市场应该是参与远东开发的重要目标。应以俄远东大开发为契机，扶持有实力的企业参与俄远东地区大型基础设施建设。特别是在中俄蒙经济走廊框架下，推进黑龙江省与远东海陆联运建设、运输物流通道建设，带动装备技术标准的输出。

4. **拓展农业开发合作。**目前俄罗斯是中国农业走出去最大的目标区域之一。中俄农业合作的主要形式为农业劳务合作、农产品贸易和农业经济技术合作三种形式。需要发挥政府间合作机制的推动作用，指导和推动中国在远东地区农业合作项目的落地实施。

5. **深化金融合作，助推远东开发。**资本充足是中国参与远东开发的比较优势，远东开发资金需求庞大，必须拓宽融资渠道，鼓励国内商业性和政策性金融机构参与开发合作，扩大双方本币结算，筹建中俄地区合作发展投资基金，重点支持远东开发合作项目，这将会进一步强化中俄在远东开发中的合作基础。

6. **扩大地区间旅游合作。**旅游业作为对外交流中的新兴产业，也是中俄地区合作的一个重要领域。对东北和远东地区来说，开展跨境旅游合作还可推动地区产业结构升级转型，带动地区交通运输、城市建设、商贸、餐饮服务、文化娱乐等行业的发展，从而提高地区现代服务业的主体发展水平，提高第三产业在经济发展中的贡献率。未来可结合边境地区客源需求，加快旅游资源和产品开发，打造中俄跨境旅游的特色品种和特色路线。

（二）合作路径

俄罗斯远东开发为中俄地区合作和东北振兴带来了新的历史机遇。如何有效推进双方的合作，将东北与远东的合作潜力和互补优势转化为实实在在的利益，还需要在实践中不断探索和总结。

1. **充分利用大项目的带动作用**。大项目合作是中俄远东开发中的重要支撑点和推动力。中方已明确表示，愿意在俄方确定的远东开发重点领域中，以俄方认为合适的方式开展合作，着重在港口物流、资源深加工、农产品加工、科研教育、酒店建设和旅游、交通基础设施建设等领域早定项目、早出成果。

2. **大力发展边境地区加工业**。深化边境地区合作需要整合内外资源优势，大力发展边境地区加工业，尤其是出口加工业，鼓励扶持东北企业在沿边地区规划建设对俄出口加工基地，通过两地边境企业的对接实现优势互补，实现边境地区"以贸带工、以工促贸"的良性循环。

3. **利用好中心城市的聚敛能力搭建合作平台**。通过打造各类会展平台，将其办成集商品贸易、投资合作、技术服务、高层论坛和文化交流于一体的综合平台，为两地企业进入对方市场搭建合作桥梁，创造合作机遇。会展不仅仅是年度的造势，更应是机制化的服务功能。

4. **立足区域基础扩大"外引内联"**。东北和远东在各自国内都属于经济欠发达地区，仅仅依靠区域内的土地、资源、劳动力等初级生产要素的比较优势开展合作，只能是同质竞争，不能实现高附加值的经济效益，且极有可能陷入"比较利益陷阱"。东北地区参与远东开发必须引入区域外发达地区或国家的资金、技术和管理经验。要积极联合国内其他发达地区共同参与远东开发，把东北地区对俄经贸载体优势与国内外其他发达地区的资本和管理优势相结合，把东北地区的客户优势与国内其他大企业的品牌优势相结合，才能提升边境地区对外开放和对外合作的整体水平。

5. **以大企业为龙头参与合作**。中俄双方合作参与的主体实力不强。俄罗斯远东无大型企业，即使有也是总部在莫斯科的企业，企业在远东无决策权，远东地区自身以小企业为主。中国在俄远东地区投资的主力军为民营小企业，其中90%为黑龙江的企业，实力有限，在运作项目时多有融资难的问题。俄罗斯远东发展规划提出的很多大型项目有较高的门槛，这些企业还达不到合作的要求。从宏观角度看，中国与俄远东要进一步扩大合作的规模，特别是开展投资合作，需要增强双方合作主体的实力。

6. **利用好俄方出台的新政策和优惠措施**。在新一轮远东开发中，俄高度重视制度和机制的保障作用，除了制定明确的开发规划，还注意构建相应的保障机制。要密切关注和跟踪俄方出台的相关法律法规和政策，企业应根据自身优势，选择性进入，要有协调安排，充分利用其中的优惠条件。

三、展　望

俄罗斯远东新政的实施，将为远东发展带来新的机遇，也为远东尽快搭上东北亚经济快车提供了可能。综观远东开发的历史，苏联解体后俄罗斯制定的一系列远东开发战略和规划多数在落实过程中成了一纸空文。此轮开发恐不会一帆风顺，普京远东政策能否真正得到落实也有待观察。据俄罗斯学者统计，1972—1986年，苏共中央决议的执行率为65%，1986—2000年的国家专项纲要执行率为30%，1996—2005年的国家专项纲要执行率为10%。美国布鲁金斯学会的报告认为，开发极寒地带的成本过人，甚至成了国家的负担，当年苏联是依靠举国之力才能维持远东地区的正常发展。然而今日俄罗斯早已没有苏联时期的国力，现阶段远东开发的条件已不同于前。远东地区发展面临着从"追赶型"向"超前型"的转变，能否实现这一转变，不仅取决于远东开发的力度，也取决于其开放的程度。新一轮远东开发目标宏大，任重道远。从开发模式看，只能量力而行，"点状开发"是现实选择，不大可能全面铺开；从资金来源看，中央政府无力大包大揽，所选择的是国家—私人—外资相结合的模式；从管理体制看，指令性计划早已退场，将是政府主导下的市场化运作；从开发方式看，必须走国际合作之路，特别是加强与亚太近邻的经济合作；从开发理念看，不能以高能耗、高物耗、高污染为代价，而是要在环境可持续发展的前提下实现经济增长。远东开发需要借重周边国家的力量，中国应是首选，开发远东是中俄共同的机遇，如何将中国的东北振兴战略与俄罗斯的远东开发战略衔接，实现共同发展，互利双赢是中俄双方面对的重要任务。

作者单位：中国社会科学院俄罗斯东欧中亚研究所

中俄合作中的问题与前景

[美] 杰弗瑞·曼考夫 著　袁　倩 译

2015 年 11 月 15 日美国战略与国际研究中心（CSIS，Center for Strategic and International Studies）在该中心的官方网站上发布了《2016 全球展望》的研究报告。其中，战略与国际研究中心俄罗斯与欧亚项目副主任、高级研究员杰弗瑞·曼考夫（Jeffrey Mankoff）在报告的相关部分中分析了中俄合作的当前进展和潜在矛盾，并对 2016 年中俄合作的前景进行了分析预测。内容如下。

随着 20 世纪 70 年代初理查德·尼克松访华，美国外交政策的核心变成了如何平衡与中国和俄罗斯两国的关系。如今，中俄两国在经济、军事和政治领域的合作持续升温，美国同中俄两国的关系则困难重重。中俄目前的合作是否具有可持续性？中俄合作将对美国产生怎样的影响？

在很多方面，中俄的合作都得益于双方的利益互补，以及两国现在都与美国关系紧张这一事实。与美国的疏远促使中俄在其他一些方面加深了彼此的合作。尽管如此，两个国家的合作并不平衡：与中国对俄罗斯的依赖相比，俄罗斯对中国的依赖更强。然而，这两股强大的、自利的力量却有着更加隐晦的议程，即通过两国联合来对抗由美国主宰的世界秩序。但是，若美国能避免让两国走得更近，还是有机会利用双方之间存在的差异处理相互关系的。

中国和俄罗斯在许多方面存在互补。俄罗斯丰富的自然资源在中国拥有广大的市场，而中国的资金投资则可以帮助俄罗斯开采这些资源。自 2010 年起，中国已成为俄罗斯最大的贸易伙伴,贸易额从1992年的44亿美元上升到2013年的890亿美元。2011年,中国国家主席胡锦涛和俄罗斯总统梅德韦杰夫共同宣布,2015年中俄双边的贸易额要达到1000亿美元,2020年则要达到2000亿美元。

经过十几年的谈判,中国和俄罗斯在2014年春季签订了总额4000亿美元的天然气协议,通过新建的"西伯利亚力量"(Power of Siberia)管道从西伯利亚东部向中国提供天然气。供气量将达到每年380亿立方米。随后,双方又签订框架协议,计划通过阿尔泰管线额外增加100亿立方米的对华天然气出口。

除了经济合作,中国和俄罗斯有着相似的政治文化和世界观,两者均强调国家的绝对主权,谴责美国通过军事和政治干预改变外国政体。中俄两国都担心美国会把改变中俄政体作为它的终极目标,因此,中俄双方相互支持,严格限制媒体和社会舆论。中俄反对美国为推翻压制性政府所做的努力,譬如叙利亚问题。俄罗斯在中国军队的现代化过程中也发挥着不可或缺的作用。俄罗斯向中国出售先进的巡航导弹、雷达以及其他一些军事科技来支持中国在西太平洋的反介入区域拒止战略(anti-access/area denial strategy)。

同时,中国和俄罗斯大力支持建立新型经济与安全体系,以削弱美国在国际体系中的中心地位。为了减少美元在国际贸易中的作用,中俄在2010年达成协议,双方货币可以相互交易。而早在此之前,两国就已经达成共识:双边贸易过程中使用卢布和人民币而不是美元。美国威胁将俄罗斯排斥在环球银行金融电信协会(SWIFT)之外,这促使莫斯科和北京寻求另外一种支付方式,来规避金融制裁。

中俄两国同时也大力构建新型多边论坛,为其在21世纪构建国际合作秩序取得更大的话语权。由于美国不愿意全面修订布雷顿森林货币体系,中国则带头创立了其他的金融机构,包括亚洲基础设施投资银行和金砖五国(巴西、俄罗斯、印度、中国和南非)新开发银行。在国家安全方面,中俄推动成立上海合作组织(SCO),在很大程度上作为双边协议的"保护伞",同时也通过联合军事演习促进信息共享。

尽管中亚地区长期以来被视为中俄的竞争焦点，但双方却在近年来展现出更多的合作姿态。俄罗斯主导的欧亚经济联盟（EEU）在一定程度上寻求限制中国商品进入中亚；而中国国家主席习近平在2013年底提出丝绸之路经济带（SREB），旨在开通新的运输走廊，绕过俄罗斯将中国商品通过中亚送往欧洲。但是，在2014年5月，习近平和普京达成协议，将上述两大战略对接。同时，中方同意在俄罗斯另建一条铁路运输通道。

尽管近年来中俄与美国的关系日益紧张，促使中俄加强了经济与安全合作，但是双方的关系仍然受到相互不信任和不对称的困扰。中国经济增长速度的放缓，使其对俄罗斯能源的需求大幅下降；同时全球能源价格的下跌，也极大地削弱了"西伯利亚力量"工程的经济效益，以至于发生了工程延期。中俄双边贸易额的增长幅度与胡锦涛和梅德韦杰夫当初设下的目标相差甚远。两国总贸易额在2015年可能会下降近三分之一，投资额则在同年前7个月中下降了五分之一。货币交易也因为卢布的波动而满目萧然。

中国没有表示与俄罗斯团结一致共同抵抗西方制裁，而是利用俄罗斯的孤立地位坐收渔利。中国政府曾承诺为"西伯利亚力量"工程预先支付250亿美元，但却并未兑现。同时中国还暂停了阿尔泰管道项目。中国的国有企业成功地获得了俄罗斯石油和天然气的股权，而这些股份俄方从未想过要授予西方国家的私营公司。

中国和俄罗斯对主权承诺的理解有所不同。中国既反对驱逐亚努科维奇，又不赞成俄罗斯鼓动克里米亚和顿巴斯地区的分裂主义。中国主张完全主权，而俄罗斯却想置邻国政府于不顾而干涉邻国内政。

虽然两国宣布要实现欧亚经济联盟和丝绸之路经济带的对接，但是这两个项目的潜在逻辑仍然是冲突的。横跨俄罗斯的新建铁路将会和中国在中亚建设的运输走廊形成竞争。但是不管怎样，许多中亚国家都认为欧亚经济联盟是一个新帝国主义举措，而将中国（以及美国）视为平衡俄罗斯影响力的力量。

其他方面，俄罗斯向印度和越南大力出售军事武器，而这与中国试图成为地区主导的抱负正相矛盾。俄罗斯拒绝在中国领海争端的问题上发言（却向越南出售先进潜艇），并且努力与日本发展双边关系。

总而言之，中国和俄罗斯的合作可以说是"各取所需"而非"休戚与共"。中国和俄罗斯仍然是国家利益至上的两个大国，利益高于两国对未来的任何共同愿景。中俄以各自不同的方式充当着某种强国的角色，在全球层面，两国都对现状不满，这是它们合作的黏合剂。美国的政策无疑会成为决定中俄未来合作关系的主要变量。如今，反对美国，将美国视为一种遏制因素和民主推广的力量，加快了中俄之间的合作。

对于俄罗斯在乌克兰的军事行动、中国的领土主张、网络间谍以及其他一些对抗行为，美国当然有充分的理由持反对立场。然而美国还不能简单地无视俄罗斯或中国，而应该"接触"和"遏制"策略双管齐下。对于美国而言，中国和俄罗斯均是大国，它无法同时将两者孤立起来。

资料来源：

美国战略与国际研究中心报告："2016 Global Forecast—PART 4: Russia, Europe, and Eurasia-Sino-Russian Cooperation", http://csis.org/publication/2016-global-forecast。

译者单位：中央编译局全球治理与发展战略研究中心

丝绸之路经济带与欧亚经济联盟的关系

陆南泉

中国提出"丝绸之路经济带"战略以来,"丝绸之路经济带"与欧亚经济联盟的关系问题,不仅引起国内外的普遍关注,也成为中俄两国领导人讨论的重要议题。

一、俄罗斯创建欧亚经济联盟的意图

苏联解体后,后苏联空间(主要是独联体国家)不断地尝试启动一体化的进程。苏联解体初期,独联体各国领导人的首要任务是解决国内亟待解决的问题:克服严重的经济困难,巩固政权,建立新的国家机构,发展与西方国家的经济关系等。1993年俄罗斯经济度过严重的转型危机后,就开始着手第一个一体化计划,1995年1月俄罗斯与白俄罗斯签署了俄白关税同盟协议。2008年金融危机后,俄、白、哈商谈建立关税同盟,并于2010年正式运行。2014年5月29日俄、白、哈三国元首签署《欧亚经济联盟条约》,宣布于2015年1月1日正式启动。

俄罗斯通过建立欧亚经济联盟积极推进独联体地区一体化的主要意图是:经济上,通过建立统一的经济空间加强经贸合作,以利于克服经济困难;地缘政治上,俄罗斯力图强化与扩大在独联体地区特别是在中亚地区的影响;对外政策上,这些国家联合在一起,可以更有力地应对西方国家的政治博弈,避免独联体国家在国际社会被边缘化的危险。2011年10月3日,作为总统候选人的普京在

《消息报》发表了《欧亚新的一体化计划：未来诞生于今日》一文，作为总统竞选的政策性文件。普京对欧亚联盟的设想是："欧亚联盟作为大欧洲不可分割的一部分，将立足于普遍适用的一体化原则，共享自由、民主和市场规律的统一价值观。早在2003年，俄罗斯与欧盟就达成了建立共同经济空间、协调经济活动规则（不建立超国家机构）的协议，现在的关税同盟以及今后的欧亚联盟将直接参与与欧盟的对话。这样，加入欧亚联盟除了直接的经济利益外，还可使每个成员以更有利的地位更快地融入欧洲。欧亚联盟和欧盟合作伙伴合理及平衡的经济体系能够为改变整个大陆地缘政治和地缘经济创造现实条件。"

从俄、白、哈关税同盟发展为欧亚经济联盟，这对俄罗斯在推进欧亚经济一体化方面具有重要意义，而且这一进程还在不断地发展。亚美尼亚与吉尔吉斯斯坦也已成为成员国，还有约40个国家和组织表达了与欧亚经济联盟建立自贸区的意愿。《欧亚经济联盟条约》计划在2025年前实现商品、资本、服务和劳动力的自由流动，并在能源、工业、农业、交通运输等重点领域推行协调一致的政策。① 显然，欧亚经济联盟除了有利于扩大成员国之间的市场空间，提高经贸合作水平，推进融入亚太地区的进程以外，对于当前以及今后一个时期内由于乌克兰危机而面临着不利的国际环境的俄罗斯来说，欧亚经济联盟的启动，还能在应对外部战略挤压与区域安全方面发挥作用。

二、丝绸之路经济带与欧亚经济联盟的对接合作问题

丝绸之路经济带与欧亚经济联盟对接合作的领域十分广泛，其中，交通运输基础设施与能源两大领域的合作是先行的重点。

（一）交通运输基础设施领域的合作应先走一步

"丝绸之路"顾名思义就要有路，即要形成经济带就要铺设交通运输通道。正如2015年7月10日习近平在乌法上合组织理事会上的讲话中指出的："交通设施互联互通是区域合作的优先领域和重要基础。各方应积极参与上海合作组织

---

① 参见《欧亚经济》，2015年第3期，第15页。

公路协调发展规划的制订工作,加快实施成员国间道路运输便利化协定。中方愿同各方加强合作,优先实施已经达成共识的互联互通项目,为项目可行性研究和规划提供资金支持,参与设计和建设的投融资合作。在未来几年,推动建成4000公里铁路、超过10000公里公路,基本形成区域内互联互通格局。""丝绸之路"将是一条特殊的从亚洲(具体说从中国西部)到欧洲的交通运输走廊。这是一条几乎穿越整个欧亚大陆的跨国运输走廊。俄罗斯学者塔季扬娜·戈洛瓦诺娃认为,这一运输走廊的意义在于,这将使中、俄与中亚各国的经贸合作迈出新的一步。新的运输通道的建成,不仅能便利商品和贸易的流通,还可以催生出新的工业群、新的产业和技术。如这一计划能实现,中国将大大缩短货运周期。现在中国商品走海路到欧洲需要45天,走西伯利亚大铁路需要两个星期,走新的丝绸之路则不超过10天。这条运输走廊的建设,俄罗斯、中亚国家都将获益。她还认为俄罗斯是赢家,因为可以利用过境运输国的所有便利条件,普京总统在圣彼得堡经济论坛上也曾谈到这一项目的重要性。哈萨克斯坦肯定也会从中获益,它现在已经在利用自己的地理位置赚钱了,如今有大量货物经哈通往欧洲。

问题是,不论是俄罗斯还是中亚国家,在交通运输设施方面并不很发达,特别是俄罗斯东部地区较为落后。《俄罗斯联邦远东和外贝加尔1996—2005年及2010年前社会经济发展专项纲要》指出:"远东和外贝加尔占俄罗斯疆土的40%,交通运输网欠发达。这是制约其经济发展的重要原因之一。""与全国的平均数相比,按1万平方千米计算,该地区公共使用的铁路经营长度比全国少三分之二,硬面公里比全国少五分之四。"

早在2006年3月22日,普京在中俄经济论坛上谈到加强两国区域合作问题时就表示:"地区合作成功的一个重要条件就是发展地区的基础设施,包括建立边境贸易综合体、过境站和过桥通道。我们希望,无论是俄罗斯的还是中国的企业家应把现钱投出来建设基础设施。"据俄媒报道:2015年中俄财团中标莫斯科—喀山高铁(全长770千米),2015年6月18日中俄就该项目的设计签署合同。中俄计划于2016年初签署关于建设莫斯科—北京高铁线路的政府间协定。

哈萨克斯坦在世界银行的支持下，制定了"2020年前国家交通基础设施一体化及发展规划"。哈总统认为，运输领域正成为欧亚地区经济发展的主要动力。从上述计划来看，哈在交通运输设施建设方面面临着巨大的任务，要对3万千米的干线公路进行翻修，2020年前将4500千米的国道建成一级公路。铁路建设现代化是哈发展交通运输中的一个重点，要建设若干新的铁路线，还要翻修650个火车头、2万个货运车厢和1138个客运车厢。另外，在运营联合运输物流公司的框架内，哈、俄、白三国的铁路部门将实现基于同一窗口、统一规程、相同定价标准等原则基础上的一体化服务。哈还要将国内现有的18个机场中的11个进行改造。

目前，中国有两条铁路与哈连接，一条是在阿拉山口，一条在霍尔果斯口岸。这一口岸依托铁路，中哈两国已建立起跨国国际合作中心与国际合作区。预计到2018年货运量可达到2500万吨。中哈两国铁路、公路的相通，意味着中国与中亚各国都将连接起来。之后，再建中吉、中乌铁路，这样就可以形成较为完整的中亚立体交通网。

由此可见，不论是俄罗斯还是中亚国家，要适应"丝绸之路经济带"构想发展的需要，加强交通运输设施的建设，是一项十分迫切的任务，但这些国家在资金与技术等方面都需要发展与国外合作。因此，中国在这一领域可以成为重要的合作伙伴。

目前，"一带一路"已达成协议或正在商谈中的大项目很多，仅丝绸之路经济带包括的经济走廊就有：中国—中亚—西亚经济走廊；新欧亚大陆桥经济走廊；中俄蒙经济走廊；中巴经济走廊；孟中印缅经济走廊等。海上丝绸之路既包括港口网络建设，也包括投资产业园区，还包括海上安全合作机制，海洋资源开发保护等。① 现正与马来西亚协商的在马六甲打造一座国际水平的港口，与希腊协商的改造比雷埃夫斯港三号码头等工程项目，不仅对提高运输能力、推动贸易发展有重要意义，还有利于保证贸易安全。

---

① 参见张君荣：《"一带一路"进入落实之年》，载《中国社会科学报》2015年3月8日。

(二) 能源领域的合作在丝绸之路经济带建设中具有重要意义

第一，在丝绸之路经济带上，在地理上比较接近的国家中，集中着大的能源生产国与出口国和大的能源消费国与进口国。前者有俄罗斯、哈萨克斯坦、土库曼斯坦、阿塞拜疆、伊朗等国；后者有中国、印度等国。能源资源国与消费国两者之间的合作，对双方的能源安全都是十分重要的。

第二，上面提到的一些国家之间，在能源领域的合作已有相当的基础。以中俄两国为例，经过双方努力能源合作已经取得不少进展。2014年中国从俄进口石油3310.82万吨（占中国进口石油总量的10.7%），这个供应量将逐步增加。2015年5月俄罗斯向中国出口石油量超过沙特，跃居中国头号石油供应国，并且双方在电力、煤与核能方面都有合作。2014年5月21日，中国石油天然气集团公司和俄罗斯天然气工业股份公司在上海签署了《中俄东线供气购销合同》。双方商定，从2018年起，俄罗斯开始通过中俄天然气管道东线向中国供气，输气量逐年增长，最终达到每年380亿立方米，累计30年。这项合同的签署将是中俄能源合作领域具有里程碑意义的突破。中俄双方都明确提出，要建立全面的能源合作伙伴关系。西线向中国供气的合作项目也正在洽谈。

2013年哈萨克斯坦向中国出口石油1198.06万吨，土库曼斯坦向中国出口天然气241亿立方米，比2012年增加了22%，占我国天然气进口总量的一半。乌兹别克斯坦对中国出口的天然气也逐年增加，到2016年可能达到250亿立方米。

第三，今后，中、俄、哈、乌、土国家之间的油气合作，将会日益加深，朝着上、中、下游多领域并举方向发展。值得一提是，据俄媒2015年4月8日报道，俄将邀中国投资具有巨大潜力的万科尔油田，该油田是俄近30年来发现的最大油田，日产40多万桶。中国有可能获得10%的股份。媒体称，俄邀中国投资万科尔油田，是深化中俄能源合作的一个重要信号。另外，中国与上述国家在资源开发、资金、技术等方面有很强的互补性。

关于丝绸之路经济带与欧亚联盟的关系，可以说，不论在地缘政治还是在地缘经济利益方面，丝绸之路经济带与欧亚联盟是不同的。欧亚联盟完全由俄罗斯主导，而丝绸之路经济带主要是中国与中亚在经济上相连接。这决定了客观上丝绸之路经济带与欧亚联盟就存在着竞争性因素，但是也不能把两者之间的差异看得过大。因为丝绸之路经济带与欧亚联盟的参与国有许多是重合的，地域上的交叉十分明显，功能亦有雷同之处。因此只要中国对中亚政策得当，就可使丝绸之路经济带与欧亚联盟两者在利益上趋向一致，弱化竞争性因素。为了协调好两者的关系，2015年5月习近平访俄时中俄双方承诺要搞好两者之间的对接，并发表了《关于丝绸之路经济带与欧亚经济联盟建设对接合作联合声明》。

三、欧亚经济联盟在相当一个时期内作用有限

尽管欧亚经济联盟的启动，是推动欧亚一体化的重要步骤，但它在相当一个时期内的作用有限。欧亚一体化的进程不会很顺利，它受到多种因素的制约。

（一）在推进贸易合作中不少实际问题有待解决。一是能源领域不同的利益诉求；二是对欧亚一体化的目标与实现时间有着不同的认知；三是建立统一的货币绝非易事。

（二）在俄罗斯的思想深处，力图通过经济联盟最后发展成政治联盟，这对大多数独联体国家，特别是中亚国家来说都是难以接受的。这些国家认为，如欧亚经济联盟发展成政治联盟，很可能就会影响其独立的主权国家地位。中亚国家有着十分强烈的民族国家独立主权的意识与敏感性。因此，俄罗斯在推行欧亚联盟战略时，可能由于在有关欧亚联盟发展趋向问题上的不同认识而出现不利影响。

（三）欧亚联盟由俄罗斯主导，这是毫无疑问的。但俄要起到主导国家的作用，不只是做组织协调工作，还必须对欧亚经济联盟参与国在经济上给予利益。对经济较为落后的中亚国家来说，加入欧亚联盟自然希望从俄罗斯得到经济实惠。但问题是，俄罗斯经济本身是个软肋，近几年来俄经济增速大幅度下滑。2013年GDP增速降为1.3%，2014年为0.6%。问题的严重性还在于俄经济的这种下行趋势具有中期或较长时期的特点，即俄罗斯经济将在相当一个时期内处于低速增长期。在这种经济背景下，俄罗斯在欧亚联盟中的主导作用将受到制约，而中亚国家亦将对欧亚联盟能给它们带来多大经济利益产生疑虑。另外，中亚国

家为了自身利益最大化,一直在大国之间搞平衡外交,一旦从欧亚联盟中难以获得其所需的经济利益,必然会拉近其与中国或美国的关系。

(四)乌克兰问题的影响。乌克兰不论从经济还是综合国力来讲,都居独联体国家中的第二位。俄罗斯离开了乌克兰就不再是一个强大的欧亚大国。正如布热津斯基在谈到乌克兰对俄罗斯的重要性时指出的:"没有乌克兰,俄罗斯不能成为帝国。"当前的乌克兰危机使乌根本不可能考虑加入俄主导的欧亚联盟,而是一心想加入欧盟。因此,2015年启动的欧亚经济联盟显得十分弱势。

综上所述,尽管俄罗斯要求欧亚经济联盟作为一个整体与丝绸之路经济带合作,但在相当长一个时期内这一合作仍将是以双边合作为主。

作者单位:中国社会科学院俄罗斯东欧中亚研究所

俄罗斯智库评"一带一路"战略

张琳娜 编译

2013年9—10月间，中国先后提出共同建设"丝绸之路经济带"和"21世纪海上丝绸之路"的战略倡议，引起了世界各国的广泛关注。俄罗斯是这一进程的重要参与者，俄智库学者亦对此表现出极大的兴趣和研究热情，他们纷纷对"一带一路"战略提出自己的看法，并就其实施的现实意义、存在的问题以及对俄罗斯的影响进行深入的思考和分析。

一、俄罗斯智库肯定"一带一路"战略

俄罗斯高等经济研究大学欧洲及世界综合研究中心主任季莫费·博尔达切夫指出，中国新一代领导人提出重建古老贸易通道的设想，其中包括"丝绸之路经济带""21世纪海上丝绸之路""孟中印缅经济走廊"和"中巴经济走廊"。这些尚处在萌芽状态的项目旨在建立连接欧亚非三块大陆的纽带，构建东起西太平洋沿岸、西到波罗的海的广阔贸易网络，为融资和货币一体化创造条件。

莫斯科国际关系学院东亚与上海合作组织研究中心研究员伊戈尔·杰尼索夫表示，与将耗时多年、可替代巴拿马运河的尼加拉瓜运河项目不同，从严格意义上讲，"一带一路"并不是一个有着明确完成时间、行动清单和具体数据指标的经济项目，而是中国扮演全球治理新角色过程中的重要一步。这是实现中国梦的"国际版"，是中国在由大国向强国转型时期采取的重大外交策略。

俄罗斯联邦外交部外交学院副院长亚历山大·卢金称，俄罗斯对"新丝绸之路"概念表示欢迎，不过俄方更倾向于使用"欧亚一体化"的说法，并希望在互利共赢基础上，通过平等合作和政治经济往来，保存自己在中亚地区的影响力。

俄罗斯科学院世界经济和国际关系研究所副所长瓦西里·米赫耶夫认为，为了给横贯欧亚的"丝绸之路经济带"以及非洲和拉丁美洲的市场投资创造良好环境，中国会不断地加强"外交投资"，这将为俄罗斯带来机遇。但目前中国还未公布具体行动计划，这不免引起俄罗斯的担忧，毕竟中国国际地位的提升会在一定程度上削弱俄罗斯的世界影响力。在西方对俄罗斯制裁的背景下，要想在以基础设施一体化为目标的"丝绸之路经济带"战略中获益，俄罗斯必须学会适应新角色。

二、关于"一带一路"战略的现实意义

在俄罗斯智库专家看来，中国提出"一带一路"战略主要有三个方面的考虑。

1. 经济发展需要。从外部环境看，1998年金融危机后的十几年里，亚洲新兴市场和发展中国家为全球经济增长提供了新动力，不断提高的人力资源成本使生产线逐渐向欠发达国家和地区转移，产业价值链布局发生变化，建设新基础设施和物流中心的需求开始涌现。在这种情况下，加强区域互联互通的重要性就凸显出来。就国内情况而言，依靠内需拉动，中国将经济增速保持在7.5%左右，这虽然能满足就业需求，但要想在发展上有所突破还远远不够。因此，中国亟须促进资本出口，以求在一定程度上弥补国内制造业增速下降带来的缺口。此外，近十年来，中国同欧盟贸易往来频繁，且货物运输以海运为主，但海运各种潜在风险的增加以及运输成本不断上涨促使中国开始转向发展洲际陆路运输。

2. 外交战略调整。过去几十年里，中国外交的主要任务是为国内经济发展创造良好的外部环境。改革开放之初，中国外交始终坚持"不结盟、不扛旗"的原则，避免与其他国家发生冲突，以便有更多的精力在众多问题上和广泛的地

缘政治空间中维护自身利益。而现在，外交重心已由邓小平当年提出的"韬光养晦"向"多做实事"过渡。习近平总书记将中国外交定义为"大国外交"，并把周边外交作为新外交策略的重要组成部分。这表明，中国开始对中美新型大国关系发展缓慢感到失望，并意识到要应对美国对自己的抑制战略，就要同更多国家建立友好伙伴关系，扩大自己的朋友圈。而要与美国重返亚太战略相抗衡，则首先要向西拓展，巩固和加强自己在新丝绸之路沿线的影响力。

3. **安全问题**。鉴于国内伊斯兰极端主义和恐怖主义有所抬头，中国希望通过"一带一路"加强同沿线国家的合作，消除对自身而言的不稳定因素和恐怖主义的生存土壤。此外，美国继续加强在东南亚地区的军事存在，对中国的海上运输安全造成严重威胁。而"一带一路"可以将各种物流、能源和文化人文项目融合在一起，从而在欧亚空间内为中国铺设一条"友好国家带"。也就是说，就运输安全而言，一旦由于突发事件造成马六甲海峡封锁，中国也可高枕无忧。

三、"一带一路"战略需要解决的问题

综合俄罗斯各智库专家观点，"一带一路"战略的顺利实施需要着重解决以下几个问题。

首先，"一带一路"沿线各国主要港口、公路和铁路间的联通性较弱，一些地区的地貌特征（山地地形、热带丛林等）限制了地面基础设施的发展。

其次，各国政治经济发展不平衡，区域界限划分不明朗、区域认同度低等因素影响了一体化进程。目前已有的大部分机制（东盟、亚太经合组织、六方会谈、上合组织等）都是自下而上的次区域合作尝试，全区域性的合作机制尚未建立。如果亚洲各国缺乏对一体化模式的共识，再好的建议也无法付诸实施。

再次，中国与日本、印度之间的摩擦不断，竞争升级，使得区域一体化发展呈现不平衡态势。从目前情况看，日本和印度将继续保持在政治和经济领域的合作，日本与中国无论在亚洲还是世界舞台上都将是竞争对手，而中国与印度的关系正处于深度调整期。中印一方面保持在投资、贸易等方面的往来，另一方面，

由于缺乏足够的相互信任,印度将继续同日本、越南、尼泊尔保持密切联系,而中国也在加强同巴基斯坦和斯里兰卡的战略合作伙伴关系。

另外,中国是否有能力领导新型东亚甚至整个亚洲的经济社会发展模式,是否有能力引领亚洲区域创新?今日东亚之经济不禁让人联想到20世纪80年代中期亚洲以日本为中心的垂直经济一体化模式——"雁阵模式"。目前,中国以其经济实力可能成为亚洲经济一体化的领导者,其国内也正在发生一些积极变化,如在一些高新技术领域和高附加值领域,中国企业已经取得了显著成就(电信领域的华为和中兴,重型机械制造业的三一集团和徐工集团),国防工业亦得到长足发展,尤其在喷气式战斗机、深海勘探和航天技术等方面,一些技术突破还逐步扩大到民用领域。但经济发展进入转型期后,中国的主要任务是摆脱依靠高积累率保持经济增长的模式,推进以改善人力资本、鼓励创新和共享经济发展成果为基础的包容性发展。目前看,中国领导"新雁阵模式"的技术基础尚未形成,以创新带动区域一体化的能力还有待提高。

四、"一带一路"战略对俄罗斯的影响

俄智库专家一致认为,"一带一路"对俄罗斯而言既是机遇也是挑战。随着各国间经济往来的逐渐加深,目前连接中国和欧亚大陆西部的交通网络将无法满足日益增长的贸易需求。在这种情况下,俄罗斯有两种选择,要么作为"一带一路"的建设者积极地投入到战略实施过程中,要么袖手旁观,继续自己的西伯利亚大铁路和贝加尔—阿穆尔铁路干线现代化改造工程。但很显然,选择前者会突出俄罗斯作为重要物资运输过境国的地缘经济地位,加快俄罗斯相关地区交通基础设施的升级改造和现代化进程。据专家推算,目前货物由中国运往欧洲,通过南部海运需要45天左右的时间,经由西伯利亚大铁路运输要18—20天,使用连云港到汉堡国际铁路运输也要11—13天,如果修建一条由中国经中亚至俄罗斯的运输走廊,则会节省更多的时间和运费。这样还可减少欧亚经济联盟同中国的摩擦,增加中国出口货物数量,弥补提高关税带来的损失。

一言以蔽之，加入"一带一路"战略对俄罗斯来说利大于弊，将来在中国"西进"的过程中，俄罗斯也将效仿中国，通过帮助中亚各国经济转型升级加强同他们的交往与合作。

资料来源：
http://www.studytimes.cn/shtml/xxsb/20150525/11459.shtml.

作者单位：中央编译局俄罗斯研究中心

乌克兰危机与俄罗斯

乌克兰危机中的俄罗斯

徐向梅

一、近年俄罗斯经济发展的一般特点

苏联解体至今俄罗斯的经济发展可以分为以下几个阶段。第一阶段是全面衰退阶段（1991—1998年）。这个阶段由于苏联解体，旧有的经济联系全面断裂，俄罗斯经济一落千丈，国内生产总值下降50%以上。第二阶段是恢复和恢复性增长阶段（1999—2008年）。从1999年经济摆脱跌势到2007年10年间国内生产总值平均增长7%。2008年尽管受到世界经济和金融危机的影响，年经济增长依然达到5.2%。第三阶段是危机和后危机阶段（2009—2011年）。受危机影响，2009年俄罗斯经济下滑7.9%，之后三年呈恢复性增长，年均涨幅4%左右。第四阶段是增长衰减期（2003年至今）。2013年俄罗斯国内生产总值增长1.3%，2014年上半年增长1.0%。普京承认，尽管存在世界经济萧条因素的影响，俄罗斯经济增长放缓还是因为内部原因。

俄罗斯经济尽管呈低增长状态，但总体上处于安全范围。2013年俄罗斯国内生产总值超过2万亿美元，人均14000美元，国际储备5000亿美元，国债占GDP比例远远低于发达国家，失业率保持在低水平。但经济对能源的依赖和效率问题依然存在，无论在经济衰退期还是快速增长期都没能克服。

二、普京第三任期俄罗斯的政治气候

2011年议会选举和2012年总统大选前后，俄罗斯爆发全国范围的抗议浪潮，为缓和局势，普京推出了全面政治体制改革，包括：简化政党注册程序，降低政党准入条件；恢复州长直选；放宽政党参加选举条件，降低总统候选人门槛等，一定程度上向政治民主化迈进了一步。与此同时，普京加紧整肃国内公共政治空间，修订《非营利组织法》，遏制外国势力对俄政治的干预，整肃互联网，对集会和游行示威出台限制性措施。经过一系列改革整肃，抗议风潮基本平息，政治局势稳定。

俄罗斯人对普京评价不一，有褒有贬，在知识分子中表现得尤为明显。但总体上俄罗斯人对普京的认同感还是非常强的，一方面承认其独裁，就像一位莫斯科大学老师说的："普京，这就是一切！"另一方面也接受了这种执政风格，认为普京在目前的俄罗斯无可替代。2013年10月全俄社会舆论研究中心的调查显示，65%左右的俄罗斯人认为普京深谋远虑、意志坚强、目标明确、精力充沛。

三、乌克兰与俄罗斯纠结不清的关系

俄乌之间是割不断理还乱的关系。

俄乌具有历史文化同源性，同属东斯拉夫人，共同起源于古基辅罗斯文明，近代以来到苏联时期三百多年间同属一个国家。苏联解体以后，乌克兰成为独立国家，但在前苏联加盟共和国中，乌克兰是地缘位置特殊、与俄罗斯经济相关性最强的国家。

地缘上，乌克兰是俄罗斯与欧洲之间的"地缘政治支轴"，用布热津斯基的话说，"没有乌克兰，俄罗斯就不再是一个欧亚帝国"。克里米亚半岛上的塞瓦斯托波尔是俄罗斯四大海军舰队之一黑海舰队主基地，俄力求尽量延长其租期。

经济方面，俄罗斯是乌克兰最大贸易伙伴国，2012年对俄贸易占乌国家外贸总额的29.6%。而乌克兰也是俄罗斯在独联体国家中最大的贸易伙伴国，相互间贸易占俄与独联体国家外贸总额的34.6%，占俄外贸总额的近5%。

乌克兰东部地区聚集了原苏联国防工业遗留在乌克兰境内大量重要的军工企业，乌本国军工品的10%供应俄罗斯，而其自身军需设备及配套用品的供货商

70%位于俄罗斯。

乌克兰本身对俄天然气依赖程度相当高,而且又是俄罗斯天然气过境输往欧洲的重要通道,从乌克兰过境输往欧洲的俄气约占俄罗斯出口欧洲天然气的一半。因为天然气价格和债务问题,这些年俄乌之间纠葛不断。

乌克兰独立以来经济发展不顺,政治局势不稳,特别是各派领导人在东西方之间摇摆不定,俄乌关系屡次面临挑战。

四、克里米亚脱乌入俄

2014年3月16日,克里米亚公投。96.77%的公民支持脱乌入俄。俄议会上下两院迅速完成了克里米亚入俄的一系列法律程序,克里米亚和塞瓦斯托波尔成为俄罗斯新的联邦主体,俄罗斯举国欢庆。

收回克里米亚,一举解决了黑海舰队驻地问题,使俄罗斯重新拥有了从黑海进出地中海乃至大西洋的重要军事战略要冲。收回克里米亚,也对普京恢复独联体地区控制、实施其欧亚一体化计划具有重要意义。克里米亚回归,其实也是克里米亚人的愿望,公投结果并不是因为受制于俄罗斯。笔者本人在克里米亚入俄三个月后访问过半岛上的雅尔塔和塞瓦斯托波尔两地,尽管也听到不同的声音,但可以感受到绝大多数人对回归发自内心的欣喜。

收回克里米亚,俄罗斯普通百姓士气高涨,一扫苏联解体以后的自卑感,认为俄罗斯在未来的15—20年将重新成为世界强国。普京的国内信任度从2014年初的60.6%,一路攀升至82.3%,达到六年来的最高。统一俄罗斯党的支持率也创下五年来最高,达到56.2%。

但收回克里米亚恶化了俄乌关系,惹怒了以美国为首的西方阵营,使俄罗斯面临冷战后最严峻的国际关系危机。

五、制裁与反制裁

随着克里米亚脱乌入俄以及乌克兰局势不断恶化,以美国为首的西方阵营针对俄罗斯出台了一波又一波的制裁措施。

第一波制裁是克里米亚公投入俄后，美国、欧盟等国宣布对俄罗斯相关人员个人的制裁，包括冻结银行账户、查封财产并拒绝入境，两家俄罗斯银行被禁止使用维萨和万事达国际支付体系。

第二波制裁与乌克兰东部局势激化有关，西方指责俄罗斯支持乌东民间武装，破坏乌领土完整。制裁升级直指普京圈子，将国家杜马外事委员会主席普什科夫、俄罗斯石油公司总裁伊戈尔·谢钦等高官和对俄经济发展有重要影响的商界人士囊括其中，而且制裁开始针对俄罗斯金融、能源、军工等重要经济部门。

第三波制裁是7月17日马航波音777客机坠机事件后，西方指摘坠机罪在俄支持的乌东民间武装，7月底至今出台了一系列针对俄罗斯金融、能源和军工部门重要企业的实质性的制裁措施，俄罗斯储蓄银行、外贸银行、俄罗斯石油公司、天然气工业公司等都榜上有名。制裁包括禁止美欧的公民和公司向俄一些主要银行及其相关的法人提供长期贷款，禁止他们持有俄一些重要企业的资产和债券；禁止向俄能源公司提供先进的开采设备和技术；禁止向俄国防工业出售高科技产品及其部件等。

针对西方制裁，俄罗斯也采取了反制裁措施。首先是禁止相关人员入境，积极建立自己的国家支付体系，探讨使用中国银联支付系统的可能性，要求维萨和万事达支付赔偿。按照摩根士丹利的估计，完全停止在俄业务，维萨和万事达每年将分别损失3.5亿—4.7亿美元和1.6亿美元的收入。针对乌克兰停止向俄供应武器和提供军事技术，普京表示，将寻找替代供应商，而且寄希望于俄罗斯自己的国防工业能够弥补。8月6日，针对7月底西方对俄重要经济部门最严厉制裁措施的出台，普京发布《关于采取保障俄联邦安全的特别经济措施》的总统令，禁止对俄采取经济制裁措施的国家生产的农产品、原料和食品进口俄罗斯，禁运种类包括：肉、奶、鱼、蔬菜、水果和坚果类。制裁范畴内的农产品和食品年度进口总额约90亿美元。8月11日，俄政府限制向除关税同盟以外的所有国家采购轻工业品。

六、俄罗斯经济面临挑战

乌克兰危机前,俄罗斯经济由于自身结构性制约,已经进入低速增长阶段。随着乌克兰危机的深化,西方逐步加大对俄制裁,俄经济发展面临更大的挑战。

随着制裁的深入,俄国内外投资者的观望和恐慌情绪加深,受制裁企业面临现实的困难。目前,与俄合作密切的国际金融机构已经向俄政府提出合作方式问题,俄国内出口商开始要求政府提供政治风险担保,俄最大石油公司俄罗斯石油已经要求政府注资400亿美元帮助其偿债。

制裁带来的负面效应在俄宏观经济发展数据中也有所显现。2013年俄经济增长1.3%,2014年1—7月同比增幅降为0.7%,特别是6、7月与上年同比增长分别为-0.1%和-0.2%。下降最显著的是投资,同比下降2.6%。进出口贸易额同比都有下降。消费增幅继续下降。俄近年居民收入增长显著,但今年头7个月居民实际可支配收入增幅只有0.2%。卢布持续贬值,从年初到9月中旬卢布已经贬值18%。资本外流上半年已达746亿美元,超过去年全年总额。

制裁对俄经济造成的打击毋庸置疑,但谈不上是毁灭性的。宏观指标的下降既有制裁的因素,也有俄此前自身结构性抑制增长衰减的延续。梅德韦杰夫总理9月20日在接受俄24频道电视采访时谈道,俄罗斯经济受制裁影响造成的损失仅占5%,其余是由于内部结构性所限。同一天他在自己的"脸书"上表示:制裁对国家来说"不是最可怕的","俄罗斯能够经受得住"。尽管我们不知道5%的损失是如何测算出来的,但说俄经济撑得住制裁的确不无道理。

经过普京执政的14年,俄罗斯国力已今非昔比。尽管2014年资本外流加剧,但是截至9月,俄罗斯依然保有4600多亿美元的国际储备。俄罗斯仍是世界上资源最丰富的国家,国际油价也依然在高位盘旋,尽管担心能源销售在西方市场受到影响,但短时间内国际市场包括欧盟国家对俄气的需求改变不了,更何况包括中国在内的亚洲市场向俄敞开。

制裁并不是一个单向的行为,后果也往往不是由一个国家来承担。作为俄罗斯最大的贸易伙伴集团,欧盟自身也将深受其害。乌克兰因为与俄罗斯纠结不清的关系，彻底割断联系也不可能，局势总要缓和下来。在一个日益开放和全球化的世界，制裁也不可能维持相当长一个时期。因此以俄罗斯目前的国力，熬过一两年、两三年的艰难时日不是太大的问题。从政治形势来看，以俄罗斯人目前对普京和政府的支持率，保持社会稳定应该也没有问题。

制裁自然不是好事，但是客观上也给俄罗斯的经济布局调整创造了机遇。比如说，西方市场的限制，使俄罗斯天然气等能源企业开始关注面向东方，开辟更多元的销售市场。反制裁禁止西方国家农产品和食品的进口，给发展俄罗斯本国农工产业创造了机会，当然因为短时间内无法实现完全的进口替代，价格会有一定程度的上涨，通胀会有所增加。在反制裁禁运西方国家食品的同时，俄罗斯政府甚至开始限制从除关税同盟国家以外的所有国家进口轻工业品，意在刺激本国轻工产业的发展。因为受到维萨和万事达支付系统的限制，俄政府开始推动发展本国支付体系。这些调整可能不能解决俄罗斯经济中存在的根本性的结构问题，但是可以成为其经济结构调整的开端。

因此，西方制裁的确会对俄罗斯经济发展造成比较严重的影响，无疑会使在低增长境况下本已难兑现的普京的竞选承诺更加无期，而且会阻滞普京复兴俄罗斯的宏伟目标的实现。但是影响不是致命的，度过危机期，调整得当，俄罗斯的未来仍可期待。

作者单位：中央编译局俄罗斯研究中心

克里米亚入俄进程与分析

李 莉

2013年11月底乌克兰爆发政治危机。导火索是乌克兰政府在当月21日宣布暂停与欧盟签署联系国协定的准备工作，同时表示加强与俄罗斯等独联体国家的经贸关系。这一举动引发了国内亲西方派的不满，首都基辅独立广场出现了大规模的示威游行，矛盾逐步升级，最终导致国家分裂，克里米亚自治共和国以全民公决方式宣布独立，并加入俄联邦成为其新联邦主体。

最初就"是否扩大克里米亚自治共和国权力"为主题的全民公决设在5月25日，不久提前至3月30日。3月6日克里米亚自治共和国议会通过决议，将有关克里米亚地位的全民公决提前到3月16日。

2014年3月16日，克里米亚和塞瓦斯托波尔市就共和国地位问题举行了全民公决。3月17日，克里米亚自治共和国全民公投委员会主席马雷舍夫通过克里米亚电视台宣布，公投投票率为83.1%，96.77%（不包括塞瓦斯托波尔的数据）的选民投票支持克里米亚共和国加入俄罗斯联邦。3月18日，俄罗斯总统普京与克里米亚总理谢尔盖·阿克肖诺夫、议长弗拉基米尔·康斯坦丁诺夫及塞瓦斯托波尔市新任市长阿列克谢·恰雷共同签署国际条约。

法律基础

克里米亚共和国是苏联解体后外国部分地区并入俄联邦并成为新主体的第一个先例。主要法律依据为《俄罗斯联邦宪法》和《关于加入俄罗斯联邦及在俄罗斯联邦组成中成立新主体的程序法》。

根据1993年通过的《俄罗斯联邦宪法》第65条第2款规定：接受新主体加入俄罗斯联邦和在俄罗斯联邦组成中成立新主体，均应当依照联邦宪法性法律规定的程序进行。俄罗斯联邦组成中增加新主体有两种途径：一是依照俄罗斯联邦宪法性法律规定的程序，接受外国整个或其部分领土加入俄罗斯联邦；二是在俄罗斯联邦组成中任何一个或几个主体的领土上，成立新主体。克里米亚共和国入俄属于第一种情况。但宪法并没有对外国全部或部分领土并入俄罗斯联邦的具体条款和程序进行司法解释。同时根据宪法第86条第2款：俄罗斯联邦总统主持谈判并签署俄罗斯联邦国际条约，由普京总统签署俄罗斯与克里米亚共和国的国际条约。

2001年俄罗斯通过《关于加入俄罗斯联邦及在俄罗斯联邦组成中成立新主体的程序法》(2005年10月签署该法修改令)。该法规定，加入俄联邦的新主体应在自愿基础上通过双方协商的原则进行。该法的通过，排除了外国全部或部分地区加入俄联邦并成为俄联邦新主体的法律真空状态，同时也为俄罗斯恢复后苏联空间提供了法理保障。通过全民公决的方式加入俄联邦可以绕过中央政府，通过忽视国际公约的方式恢复苏联。但这项法律几乎一直处于休眠状态。克里米亚共和国成为第一个法律适用对象。

法律程序

根据《关于加入俄罗斯联邦及在俄罗斯联邦组成中成立新主体的程序法》(2001年)，新并入俄联邦并成为新联邦主体的法律流程如下：

克里米亚入俄走的正是这样的法律程序。

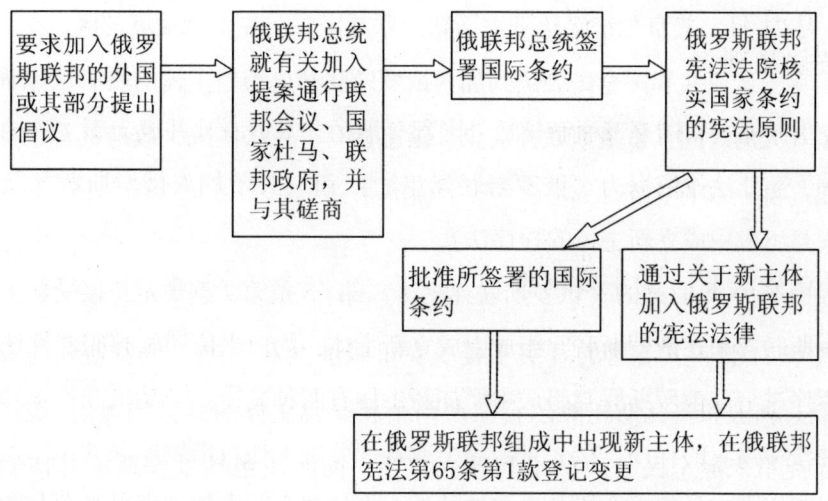

3月16日举行全民公决。

17日就全民公投结果克里米亚提出入俄申请。

3月18日,普京下令批准关于克里米亚加入俄罗斯的国际条约草案。同日正式通知联邦会议、国家杜马和政府,关于克里米亚议会和塞瓦斯托波尔城市议会申请加入俄罗斯联邦并成为俄罗斯新的联邦主体,建议启动成立新的联邦主体的相关程序,这是克里米亚成为俄联邦国家新主体所需的第一个立法步骤。普京向联邦会议提交审议《关于接受克里米亚共和国加入俄罗斯联邦成为克里米亚共和国和塞瓦斯托波尔直辖市两个新联邦主体的立宪法案》以及《关于克里米亚共和国加入俄联邦并成为联邦新主体的联邦条约》。

3月19日,俄罗斯宪法法院承认克里米亚加入俄罗斯联邦的国际条约。

3月20日,上述两个法律文件获得国家杜马的通过。

3月21日,联邦会议批准通过。普京正式签署了经联邦会议批准通过的《关于接受克里米亚共和国加入俄罗斯联邦成为克里米亚共和国和塞瓦斯托波尔直辖市两个新联邦主体的立宪法案》《关于克里米亚共和国加入俄联邦并成为联邦新主体的联邦条约》。这标志着克里米亚加入俄罗斯联邦的法律程序全部完成。

3月21日，普京总统组建俄罗斯新的联邦区——克里米亚联邦区。

从克里米亚共和国全民公决到加入俄罗斯联邦成为新主体的所有法律程序仅仅用了6天的时间，俄罗斯联邦会议、国家杜马、宪法法院、政府甚至包括民众表现出高度一致的立场。

《立宪法案》的主要内容

普京21日正式签署的《关于接受克里米亚共和国加入俄罗斯联邦成为克里米亚共和国和塞瓦斯托波尔直辖市两个新联邦主体的立宪法案》。该法案考虑到了克里米亚全民公决结果和独立声明，同时还包括俄罗斯联邦体制的原则，公民的权利与自由，甚至还包括俄罗斯联邦主体间形成的历史的和文化的关系，社会—经济的可能性等。

法案内容非常丰富，共有24条。对新联邦主体的地位、边界、语言、过渡时间及管理体制等方面都有明确而具体的规定。

法案规定了克里米亚为共和国地位，塞瓦斯托波尔为直辖市。共和国的官方语言是：俄语、乌克兰语和克里米亚鞑靼语。共和国的边界由截至加入俄联邦前的疆界构成。2015年1月1日前为过渡期，用于解决新联邦主体与俄罗斯社会生活各个领域的一体化适应性问题。

关于组建克里米亚共和国和塞瓦斯托波尔直辖市的国家权力机构的规定如下：国家权力机构的选举定在2015年9月的第二个星期天，在此之前由克里米亚共和国国家委员会—共和国议会和部长委员会、塞瓦斯托波尔城市立法会议实施全权，在不违背俄罗斯联邦宪法的前提下有权实施法律调整。根据共和国宪法和直辖市章程组织权力执行机构，机构体系应该符合俄联邦主体国家权力执行机构的共同组织原则。

过渡期间将建立执行权力的联邦机构的领导机构。安全机构、海关、警察及其他机构的工作人员，甚至包括在克里米亚共和国和塞瓦斯托波尔市工作的乌克兰的检察机构的工作人员，有继续在新主体的相应机构任职的优先权。希望继续从事原职业的人在具备俄罗斯公民的条件下需要通过俄罗斯联邦法律和相关职务要求的考试。

过渡期间将建立检察机构。新主体的总检察长由俄罗斯联邦总检察长提名，与联邦主体协商，由俄罗斯总统任命。过渡期间在新联邦主体设立俄罗斯联邦法院，实施司法权力。过渡期间的社会保障和健康保护根据俄罗斯联邦相应法律措施和标准实施。

新的联邦主体通用货币为卢布，过渡期间格里夫纳（乌克兰货币）也可以流通，但是付税、社会支付、预算支付等须使用卢布。过渡期间银行可以进行业务操作，过渡期结束后需要获得俄罗斯联邦的许可证书。

事件影响

克里米亚共和国是苏联解体后第一个外国部分地区并入俄罗斯的新的联邦主体。第68届联合国大会3月27日投票，声明对乌克兰主权和领土完整的承诺，促使各方通过政治手段和平解决乌克兰危机。尽管并没有获得乌克兰及国际社会的普遍承认，但是克里米亚共和国仍然加快了入俄的步伐。这对于俄罗斯国内、独联体地区甚至是整个国际社会都产生了极大的影响。

第一，克里米亚共和国加入俄联邦后，联邦主体由原来的83个扩大到85个（克里米亚为共和国，塞瓦斯托波尔为直辖市）。原本数量众多的联邦主体现在更加复杂而多变。同时，关于联邦主体地位问题也可能会引发新的问题。俄罗斯原有的共和国，主要划分原则是依据民族—国家的划分原则，共和国往往是俄罗斯联邦的少数民族聚居区。共和国有自己的宪法，有权确定自己的国家语言。而现在克里米亚共和国的主体民族是俄罗斯，原土著人克里米亚鞑靼族已经下降为少数民族，仅占12%左右。早在1993年宪法通过、联邦体制确立之时，一些边疆区和州就不满于实际上的不平等地位，纷纷提出建立共和国的要求。尽管联邦条约签订后，边疆区和州被提高到联邦主体的地位，扩大了法律调整和管理权限，但事实上的不平等还是存在的。因此，克里米亚共和国可能会产生一个先例，使联邦主体共和国倾向加剧；克里米亚共和国还可能为任何一个联邦主体的分离倾向创造出法理基础。俄罗斯几乎所有的联邦区都优先由边疆区和州构成，唯一一个由民族共和国构成的就是北高加索联邦区。因此，克里米亚作为一个联邦区也可以视为独特的存在。

第二，早在1991年12月8日，前苏联的俄罗斯总统叶利钦、乌克兰总统克拉夫丘克和白俄罗斯最高苏维埃主席舒什克维奇签署了一项关于建立独立国家联合体的协定，同年12月21日，由苏联11个共和国的领导人在阿拉木图举行的首脑会议上签署《阿拉木图宣言》和《关于武装力量的议定书》。宗旨和原则主要是互相承认和尊重国家主权和主权平等，互不干涉内政；互相承认并尊重领土完整及现有边界不可侵犯等。克里米亚加入俄罗斯联邦并成为新的联邦主体主要依据为《俄罗斯联邦宪法》和《关于加入俄罗斯联邦及在俄罗斯联邦组成中成立新主体的程序法》，但已然违背了独联体协定。克里米亚入俄可能会在独联体地区引发地区独立或入俄趋势，对俄罗斯目前积极推行的欧亚联盟将产生消极影响。

第三，主权和人权概念将继续引发争议。比如：在民族组成较为复杂的国家和地区，如一地区民族行使自决权声明独立，甚至能够进一步加入其他国家，是否能够获得国际承认。在不通过中央政权的条件下，缺乏国际组织的允许，全民公决的结果是否合法。具有分离倾向的全民公决不是依从于有关文化、语言、种族歧视等自主权利或人权的具体破坏，全民公决结果能否获得承认。民族复杂地区的全民公决，越过正常民主程序，是否会产生多数暴力，从而损害少数人的合法权利。

克里米亚共和国对于俄罗斯国家战略具有重要意义，入俄后还可以解决俄罗斯黑海舰队问题，对国家安全有决定性的作用。但是，克里米亚共和国是否会对俄罗斯联邦制产生消极影响，引发分离主义倾向？克里米亚经济发展与俄罗斯一体化的问题，提高当地居民生活水平、医疗保险、社会保障和退休金问题等都将会使俄罗斯付出许多代价。这是否会成为俄罗斯经济现代化的包袱？当民族主义激情退却，社会不满情绪可能会日益显现，可能会引起俄罗斯国内形势的变化。克里米亚入俄的影响和后果尚需继续关注。

作者单位：中国社会科学院俄罗斯东欧中亚研究所

克里米亚并入俄罗斯后的问题

[俄] 奥列格·休姆科 著　李晓萌 摘译

2014年8月15日，俄罗斯政治技术网刊登了政治学家奥列格·休姆科的文章《克里米亚并入俄罗斯后的问题》，通过对克里米亚人的访谈结果分析了克里米亚并入俄罗斯后的问题和发展趋势，现译介如下。

用于发展克里米亚的史无前例的财政投入（普京宣布到2020年拨款7000亿卢布以上），使得半岛自苏联解体以来首次谈得上基础设施和经济现代化。这些资金将发放到哪里，克里米亚人对并入俄罗斯有何看法，在接下来的社会空间变化的过程中可能出现哪些困难？笔者于2014年7月在克里米亚共和国和塞瓦斯托波尔市进行的田野调查试图回答这些问题。

大约20次的访问涉及了最广泛的人群，民族层面上包括俄罗斯人、乌克兰人、鞑靼人和白俄罗斯人；社会地位层面上包括打工者、受赡养者、中小企业主、中小学教师、大学教师、官员以及难民。访问尝试在历史比较框架下找到俄罗斯和乌克兰之间的差异，同时提出俄罗斯当局的做法在业已形成的严峻形势下是否有效的问题。

人们都愿意来聊聊。尽管有些人在谈话前预先声明不讨论政治问题，尽管事先约好的见面有中断的危险，但是几分钟后交谈者不仅愿意吐露自己的看法和担忧，甚至纷纷反问起采访者来。大多数受访者的普遍感受是——不确定。不确定的不仅是自己的未来，也包括现在。其中重要的原因是缺乏客观信息，传言四起。第一位受访者说：给克里米亚人发放的是"临时护照"，所加盖的不是内务部护照办公室的公章，而是联邦移民局的公章似乎证实了这一说法。应该说"有关护照的问题"在发放之初就成了关注的焦点。序列编号、纸张质量、落地签（来自俄罗斯其他地区的）似乎都印证了护照的临时性。这些传言反映了当地人的一种看法，即俄罗斯反正要把克里米亚还给乌克兰的。

需要强调的是，目前在克里米亚的既有俄罗斯媒体，也有乌克兰媒体。大量信息的不断交换，为彼列科普地峡两端双方形势的对比提供了依据。

克里米亚的政治制度目前仍处于某种空白状态。俄罗斯各政党布置了不少宣传广告牌，不过，尽管这轮秋季选举已近，却没有进行多少真正的宣传鼓动。全俄性政党的办事处要么关着门，要么表现不积极。俄罗斯爱国者党不仅没能提供分发的材料，也没有解释其政治纲领的实质，仅以党刚开始工作为托词。在塞瓦斯托波尔，新市长本人招致了大量问题，他实际上不为市民所熟悉并被看作是"外人"。

不了解新规则以及缺少新规则，在克里米亚产生了一个现象——官员不再收受贿赂和进行勒索。如果在原来，为了住进雅尔塔医院，一定要付医院床位费和餐费，现在这些服务都免费了。照受访者的话说，在乌克兰执政时不行贿就一个问题也解决不了，现在官员们因为担心自己的前途不敢拿钱了。不过也有人认为，到新的一年这种事情还会恢复原状。

克里米亚入俄后另一个出人意料的情形是，在商业活动领域中，与此前乌克兰当局勾结的非正式组织的贿赂活动消失了。今天，为这一集团从克里米亚经济中捞取好处的"密使"不见了。是否会出现新的"保护伞"，以什么形式出现，尚不清楚，但这短暂的间歇，按照很多记者的话来说，已经让人惊喜了。

经济因素极大地影响着对新政权的态度：好感还是恶感。商品和食品的价格平均上涨了一倍，较便宜的乌克兰产品的数量减少了，特别是进口药品更贵了。工资，特别是在私营部门，按1∶3的汇率直接兑换，而各种费率，受访者们确定，则按1∶3.3的汇率重新核算。与此同时，退休金正在逐步增长到俄罗斯平均水平。塞瓦斯托波尔市的平均工资在9000—15000卢布（按照格里夫纳汇率，此前大约是 6000 卢布）。银行职员的工资，和乌克兰类似职位相比，增加了 6000 卢布，达到 20000 卢布。工资 25000 卢布以上的职位出现空缺。物价上涨的失衡引发了这样的不满："物价像莫斯科，工资却像克拉斯诺达尔边疆区"，尽管克里米亚的物价明显低于莫斯科，但因为缺乏比较才滋生了类似看法。

并入俄罗斯后去往乌克兰的克里米亚人和从乌克兰来的游客（包括难民），在接受采访时强调，乌克兰的物价也在上涨。大多数商品的价格都涨了，除了汽油，相比较而言，克里米亚的汽油平均比乌克兰的便宜三分之一。

今天，中小商人对俄罗斯抱有最良好的态度。这种态度仍是观望的，但预期是积极的。当局目前暂时放弃增加企业主的税收，这将在相当大的程度上弥补他们在过渡时期的损失。2014 年当季客流量的下滑对于商人来说也不是注定的。一方面，某些地区（例如巴拉克拉瓦）完全没人去了；另一方面，俄罗斯游客比例的增加使饭店的平均消费提高了 1—2 倍。结果，总量上属于少数的游客（俄罗斯人）弥补了克里米亚人由于乌克兰度假者锐减而造成的损失。目前，企业家们实际上对俄罗斯的税收制度、对中小企业的优惠制度和扶持方案还一无所知。

基础设施方面，克里米亚可以说是一座"孤岛"。将它与大陆相连接的狭窄的彼列科普地峡成为政治上的阻隔。海空联运的刻赤港，目前显然不能完全覆盖半岛和俄罗斯大陆之间的交通需求。即使是克里米亚范围内的往来也存在诸多困难。糟糕的道路质量，特别是刻赤—辛菲罗波尔公路，加剧了公共交通系统的缺陷。城市建设问题备受指责，比如胡乱开发、私吞土地、老旧住宅。在基础设施规划上，克里米亚不仅不如举办奥运会的索契，甚至比不上克拉斯诺达尔边疆区的普通地区。

在不确定阶段还存在过渡到新标准的问题，这首先反映在教育上。中小学教育首当其冲。不仅仅是使用新的教学大纲的问题。首先，教师的地位从根本上改变了。在俄罗斯，克里米亚教师的平均年龄最高。他们的职业能力，特别是在运用新技术方面亟待提高。2015 年计划提高教师工资至人均 37000 卢布（目前大约为 20000 卢布），这将使教师成为该地区收入最高的职业之一。负责学校向新标准过渡的俄罗斯官员对乌克兰教育的繁琐规章感到气恼。而学校校长到现在也不理解，为什么克里米亚教育部不直接隶属于莫斯科。在乌克兰教育体系下，校长甚至无权决定教师的录用或辞退，他预算内的权限仅限于工资、税款、公共事业缴费这三项支出。

高等教育的情况更加复杂。危机表现为极度缺乏国际交流，这对克里米亚的大学来说是最致命的。重塑学术地位问题、收入上的限制和必须过渡到新规则在这里引起了比中等教育系统更多的不满。

民族问题。笔者基辅的朋友在克里米亚举行并入俄罗斯的全民公决后，马上提出了他认为首要的问题："你们要拿克里米亚鞑靼人怎么办？"鞑靼人占半岛200余万人口中的约30万。作为曾被驱逐到中亚的民族，他们在20世纪90年代初的回归过程中与当地居民以及行政当局发生过大量的摩擦和冲突。实际上，这个社会地位明显分化的民族群体内部矛盾重重。克里米亚鞑靼人全面接收了早先在乌克兰获得的政治文化，在那种政治文化下对抗性的立场使他们获得了政治经济上的特惠。联邦中央看到了这种行为中存在的危险，因此以自己的历史经验为出发点，避免因软弱和犹豫不决而导致的悲剧。新产生的冲突，或许可以通过严格遵守俄罗斯在民族文化自治权方面的法律来调节，但鞑靼人对这种方法并不特别信任。

当今克里米亚矛盾复杂，在某些地方发生直接冲突，这不仅产生了风险，也开辟了一定的前景。在克里米亚平台上，俄罗斯第一次能够在生活质量和行政管理实践上真正地和另一个国家相比较，尽管这个国家在社会经济规划上和自己一脉相承。许多参与制度统一过程的官员接触到乌克兰国家的管理并获得了经验。相信曾经的乌克兰人不会默默无闻，而是将融入俄罗斯国家机关。

克里米亚人的期待在很多方面触及俄罗斯国家的优势和不足。对于所有受访者来说，无论社会地位如何，摆在首位的问题是国家的公正、他们权利和自由的维护、官员的公道。如果说乌克兰当局的主要优势通常是对克里米亚生活的"放任自流"，那么相反，对俄罗斯的期待则是希望更多的介入。克里米亚人在地区工业发展（更确切地说是重建）中看到了自己的未来，积极地接纳合法化了的各种社会的和经济的关系与实践（比如企业主有权建议安排其员工的工作）。

　　前面多次提到，客观信息的缺乏催生了冲突。通常这是由心理状态和政治文化上的差异所引发的。例如，一位受访者指出了与俄罗斯相比乌克兰电视新闻的一个优点——主持人对所评论的事件和新闻主题注入强烈的情感。对于已经习惯于自由，也就是国家不负责任的自由的人来说，更严格地遵守俄罗斯法律就会引发社会和政治的紧张状态。克里米亚人对俄罗斯联邦的预期信任，主要是建立在过去苏联的基础之上和当今俄罗斯保守主义价值观的国家定位之上的。

　　对于俄罗斯来说，后续克里米亚政策的发展，应该取决于密切关注乌克兰事件发生的进程，以及俄罗斯将在其中扮演的角色。俄罗斯和乌克兰在克里米亚并入后的竞争已经进入了一个完全不同的阶段，此时一方的优势和不足不再只是起到修辞上的作用，而是直接触及国家建设的各种问题。

资料来源：

http://www.politcom.ru/17975.html.

译者单位：中央编译局俄罗斯研究中心

俄乌民族的历史文化渊源

戴桂菊

一、俄、乌民族的形成

俄罗斯民族与乌克兰民族源自同一个祖先——东斯拉夫人。东斯拉夫人的发祥地位于俄罗斯的伊尔门湖至乌克兰的第聂伯河之间。古代东斯拉夫人以农耕为主。公元862年,来自斯堪的纳维亚半岛的瓦良格人留利克带领武士队来到东斯拉夫人居住的诺夫哥罗德,建立俄国史上第一个王朝——留利克王朝。公元882年,留利克的亲戚奥列格南下抵达基辅并以此为都建立古罗斯国家——基辅罗斯。

公元11世纪,基辅罗斯达到鼎盛时期。12世纪,随着封建割据势力不断加强,基辅大公政权逐渐名存实亡,罗斯境内出现了许多分封公国。其中,较大的有12个,包括西南罗斯的两个公国:加利奇和沃伦公国①,这里是东西斯拉夫人的会合点,也是乌克兰民族的故乡。1237年,蒙古帝国侵入罗斯。1240年,基辅沦陷。其后240年间,整个东北罗斯处于金帐汗国的统治之下,而西部和西南罗斯为躲避蒙古人奴役并入立陶宛和波兰。置身于天主教文化圈中,西部和西南罗斯的东正教徒只能到天主教教堂完成圣事,这些东正教徒被称作东仪天主教

---

① 加里奇公国包括当代乌克兰的伊凡诺—法兰克福州、利沃夫州和杰尔诺波里州南部以及波兰的热舒福斯基州和克拉科夫省的大部分,沃伦公国指当代乌克兰的沃伦州、罗温州、日多米尔州、杰尔诺波里州北部、赫梅尔尼茨基州北部以及波兰的卢布林州东部地区。

徒。久而久之，他们的语言、文化习俗和宗教信仰与东北罗斯人相比出现了本质性的差异。14世纪末—15世纪初，东斯拉夫人最终分成三支：大罗斯（俄罗斯）、小罗斯（乌克兰，对于大罗斯来说，意为"边远地区"）和白罗斯（意为"免税的罗斯"，即不向蒙古人纳税的罗斯）。这样，俄罗斯、乌克兰和白俄罗斯三个民族最终形成。

二、俄、乌之间割舍不断的历史

1480年，东北罗斯摆脱蒙古鞑靼人的桎梏，重新恢复了独立。随后，莫斯科公国将罗斯其他公国重新统一起来。15世纪末—16世纪初，一个统一的中央集权制国家——俄罗斯建立。经过第一任沙皇伊凡四世的改革，16世纪下半叶，俄国的等级代表君主制度确立。随着国家实力的增强，俄国统治者很快走向了领土扩张的道路。伊凡四世时期，俄国人越过乌拉尔山，征服了喀山汗国和西西伯利亚，从而使俄国成为一个地跨欧亚两洲的国度。需要指出的是，伊凡四世只是在大陆蚕食方面取得了一定的成效。由于国力不如瑞典和波兰等对手，俄国发动的为期25年的立沃尼亚战争以俄国的失败而告终，伊凡四世夺得波罗的海出海口的愿望未能实现。1598年至1612年间，俄国因王朝断代出现混乱，波兰人乘虚而入。虽然以米宁和波扎尔斯基为首的俄国义勇军最终赶走波兰侵略者解放了莫斯科，但是当时俄国的整体实力与波兰王国尚无法匹敌。为了蓄积力量，1618年，俄国与波兰签订为期14年的德乌林诺停战协议。据此，斯摩棱斯克、契尔尼哥夫和谢维尔斯克的一些地区割让给波兰。①

17世纪中叶，俄国与波兰王国的力量对比发生了逆转。随着俄国统一市场的形成，其国家实力明显增强，而昔日强大的波兰王国却日趋走向衰落。俄国在将领土向东扩大到堪察加半岛和白令海峡的同时，决定向西收复1618年被迫割让给波兰的西部俄罗斯、东乌克兰和白俄罗斯地区。1648年，乌克兰人爆发了鲍格丹·赫梅尔尼茨基领导的反对波兰民族和宗教压迫的起义。1654年，应赫

---

① 孙成木、刘祖熙、李建主编：《俄国通史简编》（上卷），人民出版社1986年版，第128页。

梅尔尼茨基的请求，俄罗斯同意将东乌克兰并入俄国，同时，向波兰宣战。经过13年的战争，俄国与波兰在安德鲁索沃达成停战协议。据此，俄国收复了斯摩棱斯克、契尔尼哥夫、谢维尔斯克和斯塔罗杜勃等西部地区，将领土扩大到第聂伯河以东和基辅。从此，乌克兰被分为两部分：东部归俄国，西部（第聂伯河以西）归波兰所有。

1700—1721年，彼得大帝发动北方战争击败瑞典人，从而得到波罗的海出海口。18世纪下半叶，俄国除了得到黑海出海口和征服克里米亚①以外，还伙同奥地利和普鲁士三次瓜分波兰，最终得到了波兰62%的领土（包括全部立陶宛、白俄罗斯和大部分乌克兰）。② 奥地利帝国第一次瓜分波兰时（1772年），占领了东加利奇；在第三次瓜分时，又占领了西加利奇。这样，在1772—1918年间，今乌克兰的加利奇一直作为哈布斯堡帝国的一个行省存在。

伴随着十月革命的胜利，乌克兰也于1917年12月建立苏维埃政权，成为乌克兰苏维埃社会主义共和国。内战期间，乌克兰分成两派：中、东部地区支持红军，西部地区则建立了乌克兰人民共和国，支持白军，与红色苏维埃对抗。乌克兰内战以红军的胜利告终。内战一结束，克里米亚便于1921年作为苏维埃社会主义自治共和国加入俄罗斯苏维埃联邦社会主义共和国。此外，依照民族自治原则，列宁于1918年颁令废除旧俄瓜分波兰的条约，从而使波兰恢复了独立。波兰领导人约瑟夫·毕苏斯基希望借机重建大波兰，建立包括波兰、波罗的海三国和乌克兰在内的联邦制国家。1920年4月，毕苏斯基率领波兰军队向苏俄发起进攻并占领了乌克兰首府基辅，苏俄红军反击并收复了基辅。随后，苏俄红军继续向华沙进攻，结果在华沙战役中遭到重创，波军转为反攻。1920年，苏俄与波兰在里加签订了停战协定。据此，西乌克兰和西白俄罗斯再次划归波兰。

1939年8月，苏联与德国签订了为期十年的《互不侵犯条约》。根据该条约的秘密补充备忘录，"当波兰国家的各州出现政区重组时，德国和苏联的利益范

---

① 这里在帝俄时期被命名为"塔夫里达州"。
② 孙成木、刘祖熙、李建主编：《俄国通史简编》（上卷），人民出版社1986年版，第373页。

围将大体以纳雷夫河—维斯瓦河—桑河一线为界"。这样，分布在该界线以东的历史上的西乌克兰地区①被并入苏联乌克兰加盟共和国。1939年9月1日，德国进攻波兰，第二次世界大战爆发。"二战"期间，乌克兰遭到德国武装占领。1943—1944年，苏军解放了乌克兰全境。1945年6月，外喀尔巴阡乌克兰②并入苏联乌克兰加盟共和国。1954年5月，为纪念乌克兰与俄罗斯合并300周年，苏联最高苏维埃主席团下令将克里米亚州划归乌克兰。这样，乌克兰的版图最终被确定下来。1990年7月，乌克兰宣布独立并将官方称谓更改为"乌克兰共和国"。苏联解体后，成为独联体的一个成员国。

从乌克兰领土的今昔变迁不难发现，俄、乌两国的历史紧密相连。在乌克兰的现有版图上，克里米亚半岛与俄罗斯拥有最长时间的共同历史，它从18世纪下半叶就归属俄罗斯帝国；在苏维埃政权建立不久，它又转归俄罗斯苏维埃联邦社会主义共和国管辖；总共仅有60年的时间（1954—2014年）归属乌克兰。与俄罗斯拥有共同历史最短的是西乌克兰地区，即历史上的加利奇公国，它只有60年的时间（1939—1991年）归属苏联且与俄罗斯苏维埃联邦社会主义共和国没有任何行政从属关系。乌克兰的其他地区则在三个世纪的历史长河（17世纪中叶—20世纪中叶）中，一直在俄罗斯与波兰之间徘徊，依据两国实力的消长而不断变换着隶属关系。

三、俄、乌之间密不可分的文化

同祖同宗的历史基因决定了俄罗斯和乌克兰民族文化的密不可分。基辅罗斯是俄罗斯古代国家，也是俄罗斯文明的摇篮。基辅罗斯文化的本源是东斯拉夫多神教文化，它经历了一个从自然崇拜至祖先崇拜再到部落崇拜的发展过程，它是在村社文化的基础上建立和发展起来的。公元988年，基辅罗斯大公宣布拜占庭基督教为国教。经过两个世纪的双重信仰并存阶段，到蒙古鞑靼人入侵前夕，具

---

① 即加里奇地区。
② 外喀尔巴阡乌克兰即今日乌克兰的外喀尔巴阡州，首府是乌日哥罗德。该地区是根据苏联与捷克斯洛伐克签署的协议并入苏联的。

有近东色彩的东正教文化取代多神教文化成为东斯拉夫人文化的主流。蒙古鞑靼人统治时期，东北罗斯与西南罗斯因生活环境不同，其文化特征也逐渐发生分野。东北罗斯成为东正教文化的中心，蒙古鞑靼人的统治加剧了东北罗斯文化的东方性色彩；西南罗斯则在天主教文化的熏陶下更加凸显西方性特征。

自俄、乌民族形成至17世纪中叶，可谓是两种民族文化相对独立发展的时期。然而，即使在这一历史阶段，俄、乌民族文化的联系依然十分密切。在西方的中世纪，神学在精神文化中占据主导地位，世界上历史最悠久的高校大多产生于天主教国家。受其影响，西南罗斯的教育事业也比东北罗斯起步早。1578年，乌克兰按照天主教世界的模式建立了第一所学院派学校——奥斯特洛日希腊斯拉夫语学校。1631年，基辅都主教彼得·莫吉拉在基辅洞窟修道院建立了第一所专门教授希腊语、斯拉夫语和拉丁语的高等学校，这就是基辅神学院的前身。俄罗斯的第一所高校——斯拉夫、希腊、拉丁语学院几乎是基辅高校模式的翻版。为了抵制天主教和新教的扩张，俄罗斯一直从乌克兰聘请精通拉丁语和天主教教义的专家和学者授课。中世纪，乌克兰是俄罗斯的东正教教育启蒙者。

17世纪中叶以后，随着东乌克兰并入俄罗斯，俄罗斯人与东乌克兰人再次成为一个家庭的成员。"彼得改革"被称作俄国近代史的开端，世俗文化的勃兴对俄国东正教文化造成了强烈冲击。自18世纪至帝俄末期，欧化成为俄国文化发展的主要趋势。生活在俄国版图上的俄罗斯和乌克兰民族共同见证了俄国文化的"黄金时代"和"白银时代"。即使在苏维埃政权存在的74年间，俄罗斯与东乌克兰文化也是在同一种官方文化（苏联文化）的影响下发展的。由此，两个民族文化的紧密性可见一斑。如今，与俄罗斯文化联系最密切的乌克兰中、东部地区是乌克兰入俄脱欧的中坚力量；唯一例外的当属西部乌克兰地区。由于自蒙古鞑靼人入侵以后就与东北罗斯文化分道扬镳，西部乌克兰民族与俄罗斯民族的差异最大。这一地区的乌克兰人受西方影响最明显，保持本民族特色最为典型，属于目前乌克兰脱俄入欧的主力军。

总之，乌克兰的大多数地区都与俄罗斯有着不解之缘。至今，俄罗斯族仍是乌克兰的第二大民族，乌克兰最大的宗教依然是东正教，乌克兰最大的宗教组织是莫斯科牧首区乌克兰东正教会（教徒占全国人口的 16.8%），直接归俄罗斯东正教会管辖；在俄罗斯，乌克兰族从人口数量上看属于第三大民族。俄、乌民族的通婚现象在俄罗斯和乌克兰两国都十分普遍。可以说，俄、乌民族至今仍保持着密切的血缘纽带关系。探索俄、乌两个民族和两个国家的历史文化渊源能够为认识乌克兰危机的深层原因提供启迪。

作者单位：北京外国语大学俄语学院

俄乌关系中的大国博弈

王秋文

乌克兰危机爆发以来,随着克里米亚独立公决入俄,俄乌关系及乌克兰局势变得更加复杂,成为牵动国际社会各方博弈的焦点。未来局势如何发展,目前仍有许多变数,各方都在关注中。

一、影响俄乌关系的缘起因素

1. **特殊的历史关系与现实联系**。乌克兰曾是原苏联加盟共和国,1991年苏联解体,1991年8月24日乌克兰独立。独立后的乌克兰仍是一个多民族国家,乌克兰族是主体民族,占总人口的70%以上,俄罗斯族是最大的少数民族,约占20%左右。俄罗斯族在东部南部地区相对比较集中,南部的克里米亚自治共和国,俄罗斯族占67%。2008年乌克兰开始启动入欧进程,于是形成了俄乌欧之间这种历史与现实的联系。

2. **特殊的地理位置成为地缘政治的焦点**。乌克兰位于欧洲东部,东连俄罗斯,南接黑海,北与白俄罗斯毗邻,西与波兰、斯洛伐克、匈牙利、罗马尼亚和摩尔多瓦诸国相连,是欧盟与俄罗斯及独联体国家地缘政治的交叉点。在俄罗斯的地缘政治中,乌克兰是目前俄欧之间最后的屏障。由于克里米亚及塞瓦斯托波尔对于俄罗斯黑海舰队及其海洋战略的重要意义,乌克兰对于俄罗斯地缘政治的重要性更加明显。

3. **制度外因素的影响制约着乌克兰的发展**。乌克兰独立后私有化过程中形成的寡头政治一直是乌克兰社会经济发展的掣肘。不同经济利益之间的联系导致寡头之间不同的政治倾向，严重干扰国家的政治生活，亲欧与亲俄势力针锋相对，对于国家的发展方向没有统一的意见，四届总统都摆脱不了俄欧之困。此次危机的导火索就是亲俄的亚努科维奇宣布中断加入"欧盟"谈判，由此引发了不断蔓延的乌克兰危机。

二、克里米亚公投入俄成为国际社会关注的焦点

乌克兰危机由基辅的抗议示威逐步升级，克里米亚独立入俄以致各方关系尖锐化，背后的原因错综复杂，直接影响到当前国际关系中的各方利益。

（一）从基辅到克里米亚，危机转折

2014年2月初，基辅独立广场上的反对派罢免亚努科维奇、成立临时政府后不久，26日，克里米亚民众走上街头，表示不承认过渡政府，要求加入俄联邦，并请求普京提供帮助，以保障克里米亚的和平。由此，乌克兰危机的焦点，从首都基辅迅速转移到南部的克里米亚。

1. **克里米亚的历史纠葛**。苏联时期，1918—1954年的克里米亚是俄罗斯联邦加盟共和国的一部分，塞瓦斯托波尔为俄罗斯海军基地，即俄罗斯黑海舰队所在地。1954年为纪念乌俄"结盟"300周年，赫鲁晓夫主导的苏联最高苏维埃主席团通过决议，将克里米亚划归乌克兰。苏联解体后，克里米亚成为乌克兰的一部分。于是，克里米亚以及黑海舰队的归属问题便成为困扰俄乌关系的难题。

2. **克里米亚要求加入俄罗斯**。2014年3月6日克里米亚议会通过决议，决定克里米亚以联邦主体的身份加入俄联邦，并将为此举行全民公决。11日，克里米亚议会批准关于克里米亚自治共和国和塞瓦斯托波尔市独立的宣言，定于16日就克里米亚地位问题举行全民公决。

3. **美欧反对并表示制裁**。克里米亚的举动遭到美欧的强烈反对，并表示要严厉制裁俄罗斯。3月2日，除俄罗斯以外的八国集团（G8）成员、即原七国集团（G7）发表声明，指认俄罗斯侵犯乌克兰主权和领土完整，决定暂不参加2014年俄罗斯索契八国集团首脑会议的筹备工作，直至重新出现八国集团国家

能够展开有意义磋商的环境。欧盟委员会、欧洲理事会、北约理事会也发表声明，敦促俄罗斯避免采取导致地区局势进一步紧张的举动，呼吁俄乌双方在联合国安理会或欧安组织协调下通过协商寻求和平解决方案。

3月4日，普京发表讲话，表示尊重克里米亚人民的意愿，认为制裁的影响是双方面的。中国表示密切关注局势发展，呼吁有关各方在尊重国际法和国际关系准则基础上，通过对话和谈判寻求政治解决分歧，维护地区和平稳定，并呼吁国际社会为缓和乌克兰局势作出建设性努力并开展斡旋。

4. **俄罗斯一票否决联合国安理会决议**。3月15日深夜，联合国安理会就美国起草的有关乌克兰问题的决议草案进行投票表决。草案称16日举行的克里米亚公决"无效"，"不能构成任何改变克里米亚现状的基础"。俄罗斯常驻联合国代表丘尔金在投票前说明了俄罗斯的立场，表示俄方决定尊重克里米亚人民的意愿。该决议被俄罗斯一票否决，草案未获通过。中国投了弃权票。中方认为，乌克兰局势发展到今天有着复杂的历史经纬和现实因素，处理起来需要全面的权衡和考量。安理会此时搞决议草案，只能造成各方对立，导致局势更加复杂。

（二）克里米亚入俄后的制裁与反制裁

1. **克里米亚正式入俄**。2014年3月16日克里米亚举行全民公决决定克里米亚的归属，最终以96.77%的支持率决定克里米亚加入俄联邦。俄罗斯当即表示接受。

3月18日，普京就克里米亚入俄发表了长达40分钟的议会演讲。表明了俄罗斯接受克里米亚入俄的理由和态度。普京表示，克里米亚独立公投完全符合民主程序和国际法。克里米亚过去、现在、未来都是俄罗斯"不可分割的"一部分。俄乌和克里米亚的精神价值相连，与乌克兰兄弟般的关系对俄一直很重要。演讲结束10分钟后，俄总统普京与克里米亚总理、议长及塞瓦斯托波尔市市长当场签署了关于克里米亚和塞瓦斯托波尔加入俄罗斯的协议。21日，普京正式签署了经联邦议会批准的克里米亚入俄条约及相关的宪法条例，标志着克里米亚入俄的法律程序全部完成。克里米亚和塞瓦斯托波尔正式加入俄罗斯联邦，组建新的联邦主体克里米亚共和国和塞瓦斯托波尔联邦级城市。

2. **制裁与反制裁**。美欧不承认克里米亚公投,对俄罗斯实施制裁。3月17日,美国宣布了对俄的第一批7人制裁名单,欧盟宣布了21人制裁名单。20日,美欧宣布扩大制裁范围,美国又宣布了第二批制裁名单,包括16名俄罗斯官员、4名富商和"俄罗斯银行"(普京助手富尔先科、俄铁路公司总裁亚库宁在榜)。21日,欧盟又增加了12人的制裁名单,其中职位最高的是俄罗斯副总理罗戈津。制裁内容包括限发签证、冻结资产等。20日,针对美国的"制裁名单",俄罗斯公布了一份对等的9人制裁名单,包括美国政界及国会议员,并声明将对美国的"每一次恶意攻击"做出回应。但随后普京做出缓和姿态,表示俄罗斯当前应自制,暂不对美的制裁措施做出回应制裁。俄的态度是:俄罗斯不寻求对抗,但美欧制裁绝对不可以接受。俄外交部表示,用制裁语言与莫斯科交流"不合适,会适得其反",制裁是"不愿承认现实,希望强加不平衡的方法",是企图惩罚俄罗斯执行独立的对外政策。并再次强调,克里米亚公投完全符合国际法和《联合国宪章》。

克里米亚正式入俄,增加了西方制裁的压力。经济制裁对俄罗斯的影响是有限的,但惩罚性措施双方都要付出代价。德、法、意等国都表示,制裁措施本身也将使自己本国经济面临压力和风险。英国是第一个作出实质性反应的国家,立即暂停了与俄罗斯的军事合作与武器出口。如何制裁俄罗斯,欧洲面临艰难选择。4月2日,北约理事会外长级会议决定暂停与俄罗斯在民间与军事方面的合作。总的来说,美欧的制裁是雷声大,雨点小。

3. **联合国大会通过决议,称克里米亚公投无效**。2014年3月27日,第68届联合国大会投票通过有关乌克兰问题决议,声明对乌克兰主权独立与领土完整的承诺,宣布克里米亚公投无效,不能成为改变克里米亚自治共和国和塞瓦斯托波尔市地位的基础。同时,敦促各方通过直接政治对话和平解决乌克兰危机。决议并未指名提及俄罗斯。根据《联合国宪章》,联大决议具有政治影响力,但没有法律约束力。美、英、法、德等投了赞成票,俄罗斯等投反对票,中国、巴西、印度、南非、乌兹别克斯坦等投了弃权票。

(三) 危机持续发酵，战争威胁箭在弦上，四方会谈寻求政治解决途径

1. 东部局势恶化，战争威胁迫近。4月6日开始，乌克兰东部三座主要城市顿涅茨克、哈尔科夫和卢甘斯克等地的亲俄民众举行集会，冲击占领政府大楼，提出实行联邦制等要求，成立顿涅茨克人民共和国，要求举行全民公投加入俄联邦，并请求普京援助。乌克兰代总统图尔奇诺夫紧急派出"金雕部队"，决定对东部使用武力者采取反恐措施，并下令重新组建6万人的新国民卫队。冲突导致人员伤亡，局势恶化。同时，俄罗斯在乌克兰东部边境集结了大量兵力。但普京表示不会出兵，除非有联合国决议。俄罗斯希望乌克兰形势稳定，但乌克兰人民的意愿必须得到尊重。4月14日，图尔奇诺夫提议联合国向乌东部地区派遣维和部队。

2. 博弈升级，各方克制避免战争。4月12、13日，美欧再次警告，敦促俄罗斯从靠近乌克兰边境地区撤军。4月13日，欧盟外长阿什顿也发表声明敦促俄罗斯从靠近乌克兰地区撤军，停止破坏形势稳定的行动。4月14日，普京与奥巴马通电话，敦促奥巴马劝告乌克兰政府不要对东部示威者使用武力，并拒绝了西方有关俄特工潜入示威者中的指称；而美则证实了中情局局长布伦南访问基辅的消息，美国务卿克里重申美国对乌克兰主权、独立和领土完整的强力支持。俄外长表示，如果乌克兰针对东部地区的俄语居民使用武力，将伤害各方潜在的合作。

3. 四方会谈寻求政治解决途径；普京连线再表俄罗斯的立场和态度。4月17日，俄美欧乌四方会谈在日内瓦举行，会谈通过决议，同意采取切实措施缓和乌克兰紧张局势，要求各方解除武装。四方会谈暂时缓和了局势，但未取得实质性进展，决议措辞宽泛，且落实解除武装也有很大困难。

同日，普京在一年一度的民众连线中重申了俄罗斯对俄乌关系及当前局势的基本立场和态度：（1）俄未曾计划在克里米亚采取军事行动；将同乌克兰建立基于当前地缘政治现实基础上的国家间关系；深信俄乌能够在两国关系框架内达成相互谅解；乌克兰应尊重克里米亚的选择；乌局势的妥协应在国内各派政治力量之间寻找而不是在俄美之间寻找；希望无须被迫行使在乌克兰动用武装力量的

权力。(2) 俄中关系将是世界政治中的重要因素,俄中关系影响现代国际关系的构建。(3) 俄美信任丧失严重,但仍希望发展与美国的关系,继续就反导问题进行谈判。俄方会尽全力保障自己的领土和人民的安全;为了增加信任,需要兼顾彼此的利益,避免国际政治的双重标准和敌意。(4) 欧洲不可能放弃进口俄罗斯天然气损害自己的经济利益,俄罗斯保证履行对欧输送天然气的义务。

三、从乌克兰危机中解读当前国际关系变化的影响因素

乌克兰危机不断升级,局势日益复杂,未来如何发展直接影响当前国际关系的基本格局。

1. **全球化对当前国际关系的影响和制约**。全球化进程使得国际社会的联系日益密切,面临的共同问题越来越多,国家利益之间的关联性越来越密切,因此,如何平衡国际社会的共同发展和国家利益之间的关系便显得越来越重要;如何权衡和划分国内问题和国际问题以及划分标准的国际社会的认同度也变得越来越复杂;区域性问题和不同层次的利益集团之间关系的相对认同和相对稳定对国际社会的共同发展的利弊权衡变得越来越困难。

2. **所谓"后冷战时期"国际关系的新形式**。对于当前乌克兰局势中的国际关系,美国有媒体提出所谓"新冷战"的开始,俄罗斯也称之为是"轻量级的冷战"。实际上,与冷战时期的意识形态对立不同,目前各方对立的核心仍是国家利益之争。这种"后冷战时期"的特点在国际关系中的表现形式是:国家利益之争更加突出,意识形态的对立和冲突淡化,尽量避免直接冲突。这是当前处理国际关系的新挑战,也是乌克兰局势中各方竭力追求的目标。

3. **国力的发展是未来主导国际关系和世界格局的根本因素**。俄罗斯迎头挑战制裁威胁,迅速形成了克里米亚目前的局面,这是苏联解体以来现代俄罗斯在当代国际关系中的里程碑事件,是普京欧亚战略思维的具体体现。普京认为,当今时代正处于"世界发展的新阶段",现阶段国际关系发展的主要特征是地缘政治格局的深度变革。当前国际关系正处于一个构建多极化国际关系体系的过渡期。这对俄罗斯来说,是一个快速发展的战略机遇期,要在大国博弈间获益,维

护俄罗斯的地缘政治利益。克里米亚入俄,激发了俄罗斯沉寂已久的爱国主义和英雄主义,普京社会支持率创五年来新高。这也是普京带领俄罗斯重返大国地位的战略需要。

4. 如何利用外交手段处理国际关系中的复杂问题。克里米亚公投入俄引发相关各方关系紧张,这是俄罗斯对西方全球战略的直接挑战。普京以其强悍的外交风格,坚持意愿,要求尊重俄罗斯的利益。(1)中俄战略协作伙伴关系缓解了俄罗斯的压力,增加了其外交空间;(2)表示无意出兵乌克兰,但保持维护国家利益的权利。既向国际社会释放善意,又施加压力,同时也在积极寻求政治解决途径;(3)充分利用俄罗斯的能源牌作为牵制俄欧关系的重要手段,强调经济制裁将损害双方利益等策略手段都产生了重大影响。

日前,国际问题专家纷纷呼吁,政治途径解决是化解当前乌克兰危机的根本出路,双重标准解决不了乌克兰危机以来的所有问题,有关各方应积极斡旋,共同推动局势向缓和的方向发展。

作者单位:中央编译局俄罗斯研究中心

四方会谈后的乌克兰局势

王秋文

四方会谈后，乌克兰危机局势持续发展。乌克兰总统大选后，新总统能否带领乌克兰走出危局，国际社会都在高度关注。

一、四方会谈达成共识：乌克兰危机应由乌克兰人民自行解决

2014年4月17日，俄、美、欧、乌在瑞士日内瓦就解决乌克兰危机举行四方会谈。美国国务卿克里、俄罗斯外交部部长拉夫罗夫、乌克兰外长德希茨亚和欧盟外交事务主管阿什顿参加会谈，会谈达成了解决乌克兰危机的日内瓦协议。

1. 日内瓦协议的主要内容。赞同有必要采取初步、具体措施以缓和紧张局势，为所有乌克兰公民确保安全。乌克兰境内的所有非法武装都必须解除，占据政府办公地点的人员必须解除武装并且撤离。所有反政府示威者都将得到赦免。

四方会谈的最主要成果是能够达成共识，承认乌克兰危机应由乌克兰人民自行解决。并呼吁欧安组织协助解决乌克兰危局。

2. 评价和态度。会谈结束后，参加会谈的各方对日内瓦协议发表了各自的看法。俄美都明确表示，无意出兵乌克兰。乌临时政府总理亚采纽克表示，乌政府已拟定特赦法案，犯重罪者除外。

二、四方会谈后乌克兰危机局势继续蔓延

1. 冲突升级，东部危机激化

实际上，乌临时政府的"反恐行动"并未停止，只是在日内瓦协议和复活节期间暂时转入"非活跃期"。4月22日，乌代总统图尔奇诺夫要求恢复特别行动。23日，"反恐行动"恢复。24日，俄紧急军演逼乌收兵。俄防长绍伊古表示，俄罗斯是被迫对局势做出反应的。同日，乌宣布这一阶段的"反恐行动"结束。

24日，普京发表电视讲话说：基辅开始用军队对付国内民众，这是严重的犯罪！这将给国家间关系带来严重后果。同日，图尔奇诺夫发表电视讲话，要求俄罗斯从俄乌边境撤军。25日，乌开展"第二阶段"军事行动，全面封锁斯拉维扬斯克。28—29日，美欧宣布对俄的新一轮制裁名单。

乌克兰认为，俄罗斯未在缓和局势上采取任何行动，俄罗斯则要求乌克兰立即停止军事行动。

2. 欧安组织提出克服危机的"路线图"建议

5月7日，欧安组织轮值主席、瑞士联邦主席兼外长迪迪埃·伯克哈尔特访俄，与普京会晤后发表了欧安组织克服危机的"路线图"建议，主要包括：建议停火、缓解紧张局势、在各方之间建立对话和举行选举。伯克哈尔特表示，乌进行全国对话更切合实际，乌克兰人民要参与决定自己的命运。日内瓦会谈各方都同意欧安组织的"路线图"建议。

同日，普京呼吁乌东部原定于5月11日的全民公投延后举行，以便为东南部联邦制拥护者与"基辅现政权"进行政治对话创造必要的条件。同时，普京宣布从俄乌边境撤军。

欧盟对欧安组织的"路线图"建议也表示欢迎。

但基辅对欧安组织的"路线图"有不同的解读。基辅要求民间武装停止对政权的抵抗并拒绝与东南部的民间武装谈判。基辅愿意和地区代表联系甚至接受欧安组织关于举行圆桌会议的建议，但只愿意和反对派领袖对话。

俄认为，乌当局不愿同东南部地区进行对话，这对缓解乌紧张局势和促进乌克兰国内相互理解构成严重阻碍。俄希望欧盟和美国利用自身影响，促使乌当局根据日内瓦协议和欧安组织"路线图"，在总统选举之前讨论有关乌克兰国家体制和尊重乌克兰各地权利的问题。

3. 卫国战争胜利"纪念日"，普京首访塞瓦斯托波尔

5月9日是俄罗斯卫国战争胜利69周年纪念日，俄罗斯在红场举行声势浩大的阅兵式，被称为是冷战结束以来最盛大的阅兵，驻克里米亚和塞瓦斯托波尔的部队参加检阅。

最引人注目的是，克里米亚的塞瓦斯托波尔也举行了阅兵。红场阅兵结束后，普京直接飞赴克里米亚参加塞瓦斯托波尔的阅兵。普京视察了驻塞瓦斯托波尔港的俄黑海舰队，还访问了塞瓦斯托波尔圣弗拉基米尔大教堂。圣弗拉基米尔大教堂被视为是俄罗斯宗教在黑海存在的象征。这是克里米亚入俄以来俄罗斯总统首次到访克里米亚和塞瓦斯托波尔。对此，乌克兰表示抗议。认为普京是未受邀请进入他国领土。美欧等国对普京访问克里米亚也纷纷表示不满。

4. 东部公投独立，分裂倾向蔓延

对于普京延缓公投的呼吁，哈尔科夫决定暂缓。顿涅茨克和卢甘斯克决定照原计划进行，乌当局的阻止也未能奏效。

5月11日，乌东部的顿涅茨克和卢甘斯克州分别就两州的地位问题举行地方性全民公投。公投问题只有一个，内容相同，即"您是否支持关于顿涅茨克人民共和国国家独立的决定？"或"您是否支持关于卢甘斯克人民共和国国家独立的决定？"结果，两州的投票率均超过75%，近九成选票赞成独立。根据公投结果，顿涅茨克人民共和国和卢甘斯克人民共和国宣布成为主权国家，并请求加入俄罗斯。两州表示不参加5月25日的乌总统大选。

对此，乌克兰及国际社会各自表态。乌克兰不承认公投结果。11日，乌外交部发表声明，称公投不会对乌克兰的领土完整和国家体制产生任何法律影响，并指责公投违反了乌克兰宪法和法律。美欧等国也表示不承认公投结果。俄罗斯则表示尊重两州人民的意志表决，并呼吁通过对话实现公投结果。

公投加剧了各方之间的冲突。问题的焦点还是在于如何停止军事行动，是否通过对话解决危机。5月13日，欧乌布鲁塞尔"联合声明"宣布加快双方联系国协定谈判进程，欧盟"重金"援助乌克兰，并呼吁有关各方不要对乌克兰总统大选进行不必要的外部干预。俄美较量也在加剧。针对欧美制裁，俄罗斯开始采取对美太空领域的反制措施以及与美海上战略进行威慑较量。

5. 乌克兰国内首次民族团结圆桌会议召开

5月14日，根据代总统图尔奇诺夫和临时政府总理亚采纽克5月8日联合声明的倡议，首次全乌克兰民族团结圆桌会议在基辅举行。会议希望就乌克兰当前面临的各种严重问题达成共识。出席会议的包括：乌克兰政府和议会领导人、议会各党派代表、两位前总统、地方代表、欧盟代表以及包括美国大使在内的一些外国使节。

图尔奇诺夫在讲话中表示，乌当局愿意对话和倾听所有人的声音，但不会为此而容忍各种非法行为。议会和政府都准备对国家管理体制进行系统改造，准备讨论切合实际的具体建议。对于那些企图对本国开战和企图把外国的意志强加于人的武装分子，乌当局将根据宪法和有关法律采取措施。决不允许在顿涅茨克州、卢甘斯克州和整个乌克兰搞恐怖活动和进行讹诈。亚采纽克在会上表示，应该通过日内瓦模式，即乌欧美俄四方会谈来达成并确认解决乌克兰问题的补充协议。东部地区代表表示不满，认为当局在整顿国内秩序方面实行双重标准，并对中央政府迄今不尝试进行对话表示遗憾。

15日，俄外交部声明，乌克兰民族团结圆桌会议应以实行宪法改革为出发点，确保乌所有地区、所有政治力量参与到这一进程中。然而乌政府宣布展开最后阶段"反恐行动"显示，基辅依然拒绝开启民族和解进程，严重违背日内瓦协议。乌外交部同日声明，对俄决定在乌俄边境举行军演表示不安，并要求俄方从该地区撤军。

三、乌克兰总统大选，新总统如何挽救乌克兰危局

5月25日，乌克兰总统选举在欧美的保驾护航下如期举行。欧美派出了史

上规模最大的观察员团,并重金资助。最终,"巧克力大王"彼得·波罗申科获得54.7%的选票,在首轮选举中胜出,成为第五任乌克兰总统。

1. 波罗申科的态度和姿态

波罗申科当选总统后,一方面表示将开展全国对话,首访顿巴斯,与俄罗斯领导人会晤,讨论解决乌克兰危机的办法;同时下令加强东部"反恐"行动,"清剿"东部民间武装。

6月7日,波罗申科在就职仪式上介绍了解决乌克兰危机的和平计划并提出广泛特赦。他的基本态度是:

(1) 打算用三个月时间解决乌克兰危机。主张继续在乌东南部采取更加有效、期限更短的"特别行动"。

据介绍,波罗申科的解决危机计划中有"三条线":达成国内一致的和平方案;日内瓦或更具代表性模式的国际对话议程;同俄双边谈判议程的具体措施。在国际对话框架下,希望美俄之间在政治方面达成妥协,布鲁塞尔和莫斯科之间在经济方面达成妥协。

(2) 希望就职后首访顿巴斯地区。并准备毫无例外地与顿巴斯所有居民对话,无论他们持有什么政治倾向。

(3) 认为乌克兰领土完整问题不属于讨论范围。表示将全力维护乌克兰主权与独立。对于东部问题,强调不实行联邦制、不给予俄语国家地位,强调乌克兰是一元制国家,但会实行赦免。

(4) 希望乌克兰尽快加入欧盟,并尽快与欧盟签署联系国协定。

2. 各方反应

(1) 美欧力挺乌克兰提前举行选举,为乌总统选举创造条件。奥巴马首次会见波罗申科就承诺向乌政府提供军事和经济支持。

(2) 俄罗斯对于乌克兰提前举行总统选举曾一直持反对态度,认为违反了乌前政权与反对派和欧盟代表达成的年底前选举的协议。后来又表示,先进行全民公决、修改宪法,再依据宪法进行总统选举更为合理。选举前夕俄罗斯改变立场,普京表示尊重乌克兰人民的选择,认为波罗申科有独一无二的机会终止乌克兰东部行动并开展直接对话。对于波罗申科的调解局势计划，俄驻乌大使称"是给人以希望的"。

四、局势依然紧张，波罗申科的和平计划能否促成和解？

总统大选后，东部冲突并未停息，政府军的"特别行动"仍在继续，大量难民流离失所。据统计，仅进入俄罗斯境内的难民已达15万人。乌克兰危机的发展已逐渐酿成一场人道主义灾难。

1. **俄驻乌使馆遭袭**。6月14日俄驻乌使馆遭到冲击，乌代理外长安·杰希察来到集会现场使用粗俗语言形容普京。俄表示抗议并致信联合国，要求乌克兰惩处冲击使馆的责任人并赔偿损失，要求乌总统波罗申科撤换杰希察。18日，波罗申科任命与俄罗斯谈判的特使科里姆金替代代理外长杰希察担任外长。

2. **波罗申科的14点"和平计划"**。6月20日，波罗申科公布了一项包含14个要点的"和平计划"，呼吁立即解除武装，并承诺通过宪法改革，下放权力，恢复东部两州的政府工作，结束冲突。计划将不对未犯下严重罪行的民间武装进行刑事指控，并且保证提供"俄罗斯与乌克兰之间的走廊以方便雇佣兵离开冲突区"。当天，波罗申科签署总统令，决定自当地时间20日22时至27日10时在乌克兰东部地区政府军单方面停火一周。"和平计划"将从下达单方面停火令时起实施。27日深夜，波罗申科将停火令延长至30日22时。

（1）俄罗斯对停火令表示支持，但认为缺少谈判内容的建议是"没有生命力"和"不符合实际的"。认为和平计划不应该是对东部民间武装的最后通牒。停止军事行动所带来的机会，应当用于开启建设性谈判和达成冲突双方的政治妥协。24日，普京建议俄罗斯议会取消关于使用武力的授权。25日，俄罗斯议会通过决议，同意取消授权。此举得到国际社会各方的认可。

（2）美欧对和平计划表示欢迎和支持，同时进一步对俄制裁。

（3）联合国秘书长潘基文也对"和平计划"表示支持，同时强调东部地区的安全和人权状况仍然严峻。

（4）乌东部地区表示，尽管不认为当局真的会停火，但如果看到真正的停火，那么愿意考虑和平计划，也会停火。6月23日，乌克兰、欧盟和俄罗斯三方联络小组与东部民间武装达成在27日前停火的协议。

实际上，停火令后冲突依旧，其中包括一架乌政府军的直升机被击落。

3. **乌欧签署联系国协定**。6月27日，乌总统波罗申科在布鲁塞尔与欧盟签署联系国协定经济部分条款，从而扫清了乌克兰加入欧盟的障碍。波罗申科表示：付出了最高代价，但一切都值得。27日是乌克兰1991年独立以来最重要的一天。协议的签署标志着乌克兰完成"向西"的关键一步。相关协定的签署正是乌克兰危机爆发的导火索。未来局势的发展仍将是一个复杂的过程。

作者单位：中央编译局俄罗斯研究中心

乌克兰危机中国际组织的作用和影响

王秋文

乌克兰危机以来，乌克兰局势已经成为牵动世界格局的焦点，如何解决危机成为全球瞩目的话题。各种国际性组织和区域性组织纷纷发表看法，表达自己的立场与态度，出面斡旋与调停，提出了各种解决危机制约冲突的方案和措施。这其中既包括作为全球性国际组织的联合国，也包括各种利益攸关的区域性组织。这些国际组织在乌克兰危机中的相关行动，直接反映出这些国际组织在当前国际关系格局中的作用和影响。

一、乌克兰危机中的联合国

作为全球性国际组织的联合国从事发之初就连续不断地召开联合国安理会闭门会议、紧急会议以及联合国大会等各种形式的会议讨论乌克兰局势，并为政治解决乌克兰危机寻找途径。相关行动的主要节点如下。

1. **连续召开安理会非正式会议，关注乌克兰局势**。危机之初，联合国安理会十天之内连续五次召开非正式的闭门会议讨论乌克兰局势。可惜讨论结果并未对解决乌克兰危机达成任何一致立场，只是各自表达自己的意见。强调尊重乌克兰宪法，通过谈判解决问题。

2. **俄罗斯一票否决安理会关于克里米亚公投的决议草案**。2014年3月15日，针对克里米亚公投，联合国安理会就美国起草的有关乌克兰问题的决议草案举行投票，俄罗斯投了否决票，安理会决议草案未能通过。根据《联合国宪章》，联合国安理会是唯一有权采取强制行动的机构，但安理会五大常任理事国——美、俄、英、法、中都有一票否决权。

3. **联合国大会通过"乌克兰领土完整"的决议，确认克里米亚独立公投无效**。针对克里米亚已经从俄联邦法律上完成入俄程序，2014年3月27日，第68届联合国大会全体会议就乌克兰等国起草的"乌克兰领土完整"决议草案投票表决。表决通过了决议，确认克里米亚和塞瓦斯托波尔的全民公投"无效"，敦促各方谋求通过直接政治对话和平解决危机。

4. **紧急会议讨论乌克兰危机**。冲突升级，2014年4月14日安理会再次召开紧急会议。与会各方激烈舌战。俄谴责乌政府对集会民众使用武力，指责乌政府应为局势升级负责，要求美国等西方国家遏制乌失控局面，开展全国对话，实现宪法改革。美指责俄罗斯在乌煽动暴力行为，敦促俄方解释在乌边境部署兵力，同时酝酿对俄实施新一轮制裁。

5. **俄罗斯提交俄版乌克兰危机决议草案**。2014年6月，俄罗斯接任安理会轮值主席国，提交了俄版聚焦人道主义问题的乌克兰危机决议草案，呼吁停止乌东暴力，设立人道主义通道，确保人道主义援助安全畅通。安理会西方成员国提出了诸多疑问，批评俄版决议草案。

6. **安理会再次召开紧急会议避免乌克兰爆发全面战争**。尽管2014年9月5日签署了停火协议，但鉴于乌克兰及北约与欧安组织对于俄重型装备自2014年11月7日以来进入乌领土的指控，应美国要求，安理会2014年11月12日再次举行紧急会议讨论乌东危机，担忧危机再度演变为乌东全面战争，呼吁各方遵守"停火协议"的承诺。

7. **联合国安理会一致通过关于乌克兰问题的第2202号决议**。2015年2月，中国担任安理会轮值主席。2月17日，安理会一致通过了关于乌克兰问题的第2202号决议。决议欢迎俄、法、德、乌2月12日关于乌克兰问题的声明，敦促各方全面执行《执行明斯克协议的综合措施》中的相关决定，使上述共识成为推动乌东局势缓和的分水岭，尽早实现乌克兰的和平与安宁。随后，联合国在基辅发布了人道主义响应计划，呼吁国际捐助提供 31600 万美元善款，为 320 万受冲突影响的人口提供人道主义援助。

二、乌克兰危机中的欧盟

欧盟作为欧洲大陆上最大规模的区域性合作的国际组织，也是与乌克兰危机利益最相关的区域性组织，对乌克兰危机密切关注，积极行动。相关行动的主要节点如下。

1. 第一时间决定针对乌克兰发生的暴力事件对乌克兰进行制裁。2014 年 2 月 20 日欧盟紧急外长会议，强烈谴责乌克兰的暴力事件，呼吁停止暴力，寻求政治解决。会议决定对乌克兰进行有针对性的制裁。

2. 第一时间就乌克兰局势表态，呼吁俄罗斯不要派遣部队。2014 年 3 月 1 日俄议会批准普京对克里米亚使用武力的权力，欧盟立即表态表示遗憾，认为这将使情势更加恶化。呼吁俄不要派遣部队，应以和平方式表达意见，遵守联合国宪章、欧安最终议定书、《布达佩斯备忘录》等双边协议。并表示对乌过渡政府的支持，积极斡旋。

3. 欧盟峰会聚焦乌克兰局势，决定对俄增加制裁并取消欧俄峰会。2014 年 3 月 21 日，欧盟峰会专题讨论乌克兰危机。最终决定实行新一轮制裁，并决定取消原定于 6 月举行的欧俄峰会，授权欧盟委员会视局势发展采取进一步制裁措施。

4. 欧盟欢迎欧安组织有关解决乌克兰危机的"路线图"建议。2014 年 5 月 12 日欧盟外长会议决议对欧安组织关于在该组织框架下解决乌克兰危机的建议表示欢迎，赞赏欧安组织特别观察团的工作，呼吁支持特别观察团为解决危机所做的努力。决议支持乌克兰即将举行的总统选举，以确保乌克兰人民行使选择自己未来的权利。

5. 欧洲议会要求欧盟成员国在乌克兰危机问题上统一立场。2014 年 7 月 17 日，欧洲议会全体会议决议，要求欧盟及其成员国在乌克兰危机问题上统一立场，无论是对俄罗斯还是乌克兰都要口径一致。决议支持乌总统波罗申科提出的"15 点东部和平计划"，建议欧盟对俄实施新的制裁，要求欧盟成员国对俄全面实施武器禁售。

6. **欧盟新"三巨头"迎接乌克兰危机考验**。2014年8月30日欧洲理事会特别峰会之后，欧盟领导层新的"三巨头"诞生，当务之急就是应对乌克兰危机。但实际上，欧盟内部对于如何处理乌克兰危机仍然存在较大分歧。

7. **欧盟外长会议未提对俄制裁，转而对乌施压**。俄罗斯对欧洲的态度日趋强硬，但2014年11月17日的欧盟外长会议并未出台新措施制裁俄罗斯。欧盟委员会外交和安全政策高级代表莫盖里尼认为：制裁本身并不是目的。欧盟若出台新的制裁措施，需要与俄罗斯展开对话，乌克兰自身也需要进行改革。

8. **欧盟决议将继续延长对俄制裁期限**。乌克兰危机以来，美欧已对俄实施多轮制裁。2015年12月21日欧盟决定再次将制裁期限延长到2016年7月底。欧盟表示，《明斯克协议》设立的条件是在乌东实现全面和平计划后才能取消制裁，现在还没有满足这一条件，因此才会延长制裁。欧盟将继续关注乌东的和平进展情况来决定制裁期限。

三、乌克兰危机中的欧安组织

"欧安组织"是目前世界上唯一包括所有欧洲国家在内并与北美洲联系在一起的最大的区域性组织。与乌克兰危机密切相关的乌克兰、俄罗斯、欧洲、美国都是欧安组织成员。因此，欧安组织在乌克兰危机中的调解和斡旋得到了俄美乌等相关各方的欢迎与支持。相关行动的主要节点如下。

1. **欧安组织第一时间向乌克兰派出军事观察团**。危机爆发后，乌克兰即请求欧安组织成员国向乌派出军事代表。2014年3月4日欧安组织联席会议，希望欧安组织军事访问团有助于缓解乌紧张局势，通过提供客观的事实评估，推动各方通过对话政治解决危机。3月5日，欧安组织决定向乌派出35人的非武装军事访问团。到6月份欧安组织观察团达到300人。

2. **欧安组织提出解决乌克兰危机"路线图"建议**。2014年5月7日，欧安组织轮值主席、瑞士联邦主席兼外长伯克哈尔特在与俄总统普京会面后提出了解决乌克兰危机的"路线图"建议。"路线图"包括停火、缓解紧张局势、在各方之间建立对话和举行选举，提交日内瓦"四方会谈"签字方讨论。呼吁在欧安组织框架下启动乌全国对话，缓解危机。对此"路线图"建议，相关各方反应良好。6月18日，欧安组织、俄、乌三方落实乌东和平计划联络小组会议召开，就解决危机进行磋商。

3. 欧安组织评估团考察俄乌边境后撰写报告。2014年7月16日，应俄联邦邀请，欧安组织评估团前往俄乌边境展开工作。欧安专家将根据访问结果撰写报告公布结果，评估团将在筹备启动俄乌边境监测机制和组织57国就此问题举行磋商的框架下采取行动。

4. 俄罗斯提出在普京的"七点建议"下与欧安组织合作。2014年9月3日，普京提出解决乌克兰危机的七点建议。内容包括：双方都应停止进攻性军事行动、交换战俘、开辟人道主义通道等。俄表示愿在"七点建议"下与欧安组织合作，就促成缓解乌克兰冲突迈出实际步伐。

5. 欧安组织协调签署停火备忘录。2014年9月5日，欧安组织协调俄乌双方组成的乌克兰问题三方联络小组与民间武装代表签署停火备忘录。备忘录包括停火、监督停火、交换俘虏等措施。媒体报道，这是停火协议实施以来双方规模最大的换俘行动。

6. 俄美外长认可欧安组织努力，应早日缓和乌克兰危机。2014年12月4日，俄美高层会晤。俄外交部表示，认可欧安组织对解决乌克兰危机采取的措施和行动，强调早日缓和乌克兰冲突的重要性。

7. 欧安组织观察员警告：乌东安全局势严重恶化。2015年1月欧安组织观察员警告说，乌东的安全局势正严重恶化。乌政府军和民间武装在顿涅茨克机场附近的激战已达数月，机场的控制权对双方来说都具有象征意义和战略意义。

8. 欧安组织观察：停火协议整体上得到遵守，呼吁加快政治解决乌克兰危机进程。欧安组织认为：落实明斯克相关措施是化解乌克兰危机的最佳途径。2015年3月5日欧安组织观察团表示，停火协议总体上得到遵守，但相对平静的局面也很脆弱，相关各方都应毫无例外地履行明斯克协议规定的所有义务，"严重关切"违反停火协议的行为。9月9日,欧安组织表示:各方肯定乌东部实际停火。

四、乌克兰危机中的北约

北约是美国与西欧、北美主要发达国家为实现防卫协作而建立的一个国际军事集团组织。冷战结束后,北约迅速调整战略,通过北约东扩和推行"和平伙伴关系计划"竭力向中东欧和前苏联地区拓展影响,在欧洲安全事务中发挥着日益重要的作用。在乌克兰危机中,乌克兰是否加入北约成为牵动乌克兰危机走向的重要因素。相关行动的主要节点如下:

1. **乌克兰放弃申请加入北约**。2013年10月23日,北约秘书长拉斯穆森表示,乌克兰已放弃加入北约的努力,但将继续寻求与北约在安全事务上进行更大的合作。正是乌克兰加入北约的努力引发了俄罗斯的强烈反对。俄罗斯把这一地区视为北约不可逾越的界限。

2. **北约声明反对克里米亚公投,暂时中断与俄罗斯合作关系**。2014年3月14日北约声明称,克里米亚公投不具备政治合法性和法律效力,公投"侵犯"乌克兰宪法和国际法,与《联合国宪章》背道而驰,将破坏国际社会为和平和政治解决乌克兰危机所做的努力。4月1日北约和乌克兰发布联合声明,宣布暂时中断与俄罗斯的正常合作关系,但同时保持政治对话以促进乌克兰危机的解决。

3. **冷战后最重要的北约峰会明确针对俄罗斯**。2014年9月4日,北约峰会的主旨就是"统一思想,一致对俄",被视为冷战结束后北约最重要的一次会议,是新冷战的开始。会后的联合声明表示,北约致力于在"北约—乌克兰特殊伙伴关系"框架内支持乌克兰应对危机,协助乌克兰增强自身防卫能力,向乌克兰提供价值约1500万欧元的财政援助。乌克兰方面再次表达了加入北约的意愿,俄方则警告北约不要给予乌克兰成员国资格。

4. **俄罗斯表示:北约在乌克兰危机局势中起破坏作用**。2014年9月17日俄外长拉夫罗夫表示,北约在乌克兰危机中起了破坏作用,实际上是在怂恿乌政府武力解决冲突。他很遗憾某些西方伙伴没有对乌克兰复杂的国内社会政治进程进行认真分析，宁可毫无根据地把事件的全部责任归咎于俄罗斯。

5. **俄要北约保证不接纳乌克兰加入北约，乌克兰总统称将通过公投决定是否加入北约。** 危机一周年之际，乌克兰领导人宣布把加入北约作为政府的首要任务之一，进一步向北约靠拢。普京发言人表示，俄罗斯要求得到百分之百的保证，任何人不得考虑让乌克兰加入北约的问题。如果乌克兰决定改变不结盟立场，那么俄罗斯将要求北约做出乌克兰不加入北约的保证。2014年11月24日乌总统波罗申科表示，将通过全民公决决定乌克兰是否加入北约。

6. **北约扩容快速反应部队，举行"CMX15"危机管理演习。** 2015年2月5日，北约宣布扩容快速反应部队的规模，这是基于北约东部和南部安全环境的变化而做出的"强化集体防务举动"。3月4日开始举行代号"CMX15"的危机管理演习。演习重点是北约与乌克兰的配合。北约试图以此应对俄乌冲突可能长期化和扩大化的危险。9月11日，北约副秘书长表示，北约不打算向乌东派遣军队。

7. **北约秘书长表示乌东仍有战火复燃危险。** 2015年12月17日北约秘书长与乌克兰总统波罗申科会晤后表示，乌东仍有战火复燃的危险，俄罗斯对结束乌克兰危机负有特殊责任。重申北约对乌克兰的政治和实际支持，北约成员国也将在双边层面向乌提供援助。波罗申科表示，乌克兰与北约合作是加强国家防御的关键，双方讨论将加强北约与乌克兰的伙伴关系。

五、如何评价乌克兰危机中国际组织的作用和影响

乌克兰危机中各种国际组织的作用和影响，不仅取决于各个国际组织本身的政策与能力，而且也取决于各个国际组织在当前国际关系格局中各种相互关系的制约与制衡。

1. **各种国际组织作用与影响的制约因素。** 联合国是目前世界上唯一包括所有得到国际承认的主权国家的国际组织。在乌克兰危机中，一方面，作为全球性国际组织的联合国，敦促解决乌克兰危机是其义不容辞的责任和义务；另一方

面,联合国在乌克兰危机中的作用是有限的。国际法专家瓦尔维克认为,拥有一票否决权的俄罗斯按照符合其自身利益的方式行事,任何外部调停都难以发挥作用。联合国也是国际关系格局中实力与力量对比的平台,联合国的影响力与当事方的实力密切相关,联合国的作用在不同情况下是大不相同的。

2. **多方参与使乌克兰危机不断扩大化**。乌克兰危机始终就不是简单的乌克兰问题,而是各种关系较量的复杂焦点。乌克兰危机被认为是冷战结束后欧洲面临的最大的危机,是足以影响当前国际关系格局变化的重要因素,直接反映出相关各方在当前国际关系格局中的力量对比和影响力。乌克兰危机中,不只体现的乌克兰与俄罗斯、乌克兰与欧盟、乌克兰与北约的关系问题,也是俄罗斯与欧盟、俄罗斯与北约,以及俄美、美欧复杂关系的较量,乌克兰局势的发展直接影响着俄乌之间与欧盟及北约的关系。

3. **乌克兰危机的未来走向取决于国际关系格局的相互制约和相互制衡**。世界格局的相互制约和相互制衡是以实力为前提的,利益驱动是影响世界格局的根本。乌克兰危机是当前国际关系格局中相关各方寻求新的平衡关系的较量,是各方力量对比的反映。危机的影响是多层次的,不只是对地区性的大国关系产生重大影响,也将对全球治理和世界和平产生重大影响,其未来走向取决于国际关系格局中力量对比的角力。一方面,俄罗斯能否赢回乌克兰,直接影响美国的全球地位;另一方面,普京的俄罗斯发展战略也面临重重困难。乌克兰危机继续深化将严重损害欧洲乃至全球的安全与经济,政治解决危机符合相关各方的最大利益,如何妥协将是万不得已的最终选择。

作者单位:中央编译局俄罗斯研究中心

乌克兰发生冲突的主要原因在于苏联解体

——戈尔巴乔夫接受德国《明镜周刊》采访

高晓惠 译

2015年1月10日的德国《明镜周刊》发表了对戈尔巴乔夫的采访，1月12日，俄《独立报》征得戈尔巴乔夫本人和《明镜周刊》编辑部的同意，予以全文发表，现全文译载如下。

您对结束冷战做出的贡献比其他任何人都大。现在由于乌克兰危机冷战再起。对您来说，看到持续发展的事件有怎样痛苦的感觉？

有时会出现似曾经历的错觉。或许这是我们谈话的一个好标题。看来一切都在重演。曾有修建柏林墙的时代，又有推倒的时代。不只我一人对今天不再有这面墙做出了贡献。德国政治家维利·勃兰特和东欧的抗议活动起了重要作用。今天又建起了新的墙，新的紧张因素又加剧，局势可能升级。冷战的所有特征已经显现。这种局势在任何时候都可能打中我们，如果我们不采取行动的话。俄罗斯与西方之间失去信任——这是灾难。莫斯科更不相信西方，西方也不相信莫斯科。这很可怕。

您认为，今天已经不能排除在欧洲掀起一场大战甚至第三次世界大战的可能性了吗？

这甚至不能设想。因为这样的战争在今天必然可能演变成核战。这不只是会把我们牵扯进来。看到双方的声明和宣传，我担心变得更糟。如果这种刺激氛围触动了某人的神经，以后我们会挺不过去。

您不会言过其实吧？

我不会轻率地说这些。我是有良心的人。但确实如此。我确实十分担心。

俄罗斯新军事学说称北约东扩至俄罗斯边境是对国家的主要威胁之一。您同意这个观点吗？

北约东扩破坏了1975年赫尔辛基确定的欧洲安全体系。它一百八十度地大转弯，背离了1990年巴黎宪章，即欧洲各国应该共同努力彻底结束冷战。尤其是俄罗斯总统梅德韦杰夫2010年提出的大家坐在一起制定新的安全框架的建议，被西方高度一致地否决。我们今天已经看到这一后果。

乌克兰冲突深深地刺痛了您，而且不仅是在政治领域。

是的，其他的任何反应都很奇怪。因为我是半个乌克兰人。我的母亲是乌克兰人，我的妻子也是。我说的第一个词是用乌克兰语发出的，我听到的第一首歌是乌克兰歌曲。塞瓦斯托波尔边疆区，我在那里出生并成为党的区委书记，在苏联时期同乌克兰的顿涅茨克州合作密切，今天却在这里进行着荒谬绝伦的战争。当时我们互相帮助，我们是朋友，我们生活在一个国家。我还有朋友和亲人在乌克兰，许多俄罗斯人也如此。

您在任苏共中央总书记时，进行了改变，争取公开性和国家改革。在普京领导下，所有这些您政治生命中所追求的东西是不是都破灭了？

我看这个问题的角度完全不同。公开性如同民主一样没有死。俄罗斯整整一代新人的成长环境完全不同，比苏联要自由得多得多。这个时代不可能向后退，它不会破灭。

因为俄罗斯早已不是那种威权统治了。

您这个"早已"是指何时？

苏联前戈尔巴乔夫时代。今天又重新开始限制发表意见的自由、言论自由以及诚实的选举。

那么，我们和你们的理解是一样的。要知道，我已经是一个老人了，我走过了很长的路。我19岁加入苏共，那时我曾写了一篇文章颂扬斯大林。今天我支持那些反对斯大林化的人。勃列日涅夫时代也带有自己的印迹。

普京为什么限制俄罗斯民主？

当普京入主克里姆林宫时，他接收了很沉重的遗产，各个领域都很混乱。经济建筑在废墟上，所有地区都想脱离出去。普京停止了这个过程，这个停下来了。即使普京没有做更多其他的事情，这足以使他过关。是的，他有时采用威权的方法。我多次提到这一点，尤其是我反对普京第三轮连任时。

俄罗斯需要进行前财长库德林说的新一轮自上而下的改革吗？

请转告库德林，我同意他的观点。俄罗斯走上了民主之路，但只走了一半，另一半还需要我们攻克。很遗憾，克里姆林宫现在指望保守主义，甚至指望过去的哲学家和执政者。我认为这是错误的。

普京的动机是什么？早在 2008 年他写道，他只关心保持权力。

不知道，因为我无法探究他的内心。但是民主仍是俄罗斯最重要的课题之一。没有人民的参与不能向前推进。我们需要自由的选举，需要人们普遍参与政治过程。不能像现在这样，早上人们刚听说某个法律，到了晚上就已经通过了。对公民来说，该法反正像是从鼻烟壶中钻出来的小鬼那样出人意料。

俄罗斯人对民主做好准备了吗？要知道，似乎大多数俄罗斯人喜欢普京的威权统治呢？

很遗憾，这个您去问我国那些不太现实的反对派去吧。

这个问题我们想问您。

如果压制异见，这等于是混乱。比如说博主、反腐斗士、政客纳瓦利内因言获罪，遭到软禁。比如说有人通过朋友关系得到政府职务或国有公司经理的职务，糟糕的是我国就有这种事。按现在的标准看，独立的政府只应对人民负责。

您认为，当现在经济瘫痪、卢布贬值的时候，普京有能力改变方针吗？

说实在的，他没有什么好怕的，他很受欢迎。我认为，总统周围的人总会慢慢接受民主的。如果普京感到按其他方式无论如何什么都得不到的话，他就会行动。

2014年11月您的新书发布,您在莫斯科说,普京患了病,这种病在您主政克里姆林宫时您也没躲过,这就是过于自信。顺便说说,普京认为自己排在上帝之后,居第二。

或许,甚至同上帝平起平坐(笑)。当然,普京不是上帝。但是肩负重大责任的人应该坚定果断,对所做决定有所准备,也就是具有健全的自信心。

您经常责备自己是一个不坚定的人,永远动摇不定。

这个似乎不坚定的戈尔巴乔夫面对无数障碍是怎样推动了改革的呢?他怎样宣布了公开性,给予了言论和宗教自由呢?为什么这个不坚定的人给了人们流动的自由?当时,作为苏联公民要出国不得不拖很长时间办手续。这个不坚定的政治家怎样突然决定结束核武竞赛,彻底销毁中远程导弹,销毁一半大规模导弹?所有这一切是如何结合起来呢?如果这不是勇敢,不是坚定,那么当时这是什么呢?

在如今您自己的国家中,人们认为是您搞垮了苏联。这是否刺伤了您?

今天许多人已经知道不是这样的。但很遗憾,即使在普京总统那儿我也听过这样的话。更别提所谓爱国者了。他们更想将我和苏共因背叛国家罪送去审判。

如果苏联继续存在会更好些吗?

毫无疑问。在急促地、令人联想起国家政变的苏联解体当中隐含着乌克兰冲突的深刻原因。

由于国际冲突,由于深刻的经济与食品危机,苏联在1991年解体。

改革反对者的行为致使局势尖锐化。在公开的政治斗争中他们输了。当时他们发动了叛乱。其结果是什么呢,你们知道:改革者的地位受到损害并被极大地削弱了。他们企图夺取政权,同时搞垮了联盟。

我的克里姆林宫继承人叶利钦拿休克疗法"收拾"国家,俄罗斯至今仍未消除其后果。我有过改革纲领。苏联在名称上是国家联盟,但并不是真正的联盟。一些共和国具备很有限的主权,也有一些被削减的权限。但是中央的决策权太大。因此我致力于联邦国家的改革,提出新的联盟条约并应该于1991年8月20日签署这个条约。但当时的官僚阶层害怕新变革。

乌克兰危机与俄罗斯

您是否懊悔,当时,1991年8月,您去了克里米亚,而在中央,在莫斯科发生了事件,因为您在克里米亚受到莫斯科叛乱分子的软禁。而您无法干预事件的发展。

是的,或许当时不应离开。当时摆在我面前的问题是:怎么办?——集中所有力量,昧着自己的良心去屠杀?在拥有大量核武器的苏联,内战可能导致无法预料的灾难。让我们哪怕回忆一下我国的R-36M型洲际弹道导弹,美国人称之为"撒旦",每一个都相当于100个切尔诺贝利。这样的导弹有上千枚。我不准备只是为了自己的仕途而牺牲我们国家以至于全球的命运。这就像烧房子来煮鸡蛋一样。

1991年底离开克里姆林宫前,您在讲话中谈了自己的政绩。您说,任何邻国都无须害怕俄罗斯的坦克。今天这种恐惧又回来了。

很遗憾,我们正在忘记历史教导过我们的东西。

谁对此负有责任?

您现在提出的是最古老的问题:谁之罪?媳妇还是丈母娘?当然两人都有责任(笑)。他们先是吵架,然后和解。不,责任是建立在双方基础上的,即使程度不同。考虑到情形的严重程度,任何人都身不由己。

那么,乌克兰冲突的最大责任应该谁承担呢?俄罗斯还是西方?

谈到这些严肃的政治问题和这次最危险的危机,数学和各种百分比都无济于事。我不想做任何评论,这无益。但是,我想明确地表明:1990年11月,在巴黎欧安组织会议期间谈到新世界秩序的建立。首先老布什和我赞同,但却毫无结果,非军事化政治没有出现。取而代之的是美国形成了胜利者的危险心理。我每次飞美国时都批评这种立场。我想起肯尼迪说的,他呼吁不要诋毁苏联人,他说,当今世界不可能是美式和平——美国人设定的世界。或者将是所有人的世界,或者不是。

难道美国不是冷战的胜利者吗?

没有莫斯科,没有我们,美国难道可以促使发生这些变化?不能!我们当时表明什么是可能的:我们解决了地区冲突,统一了德国,苏联军队撤离东欧,共同停止核武竞赛。美国患了重病,叫"胜利病"。

您怎么解释？

问题或许在于，美国人永远必须树立一个敌人的形象。此外，我觉得，美国人过高估计了军工综合体的作用。这就是说，美国社会是病态的，需要赶紧医治。美国开始创立一个新的世界帝国，超级帝国。

美国何时能接近实现您所描述的政治？

您应该知道答案。当苏联解体，那些不想我们好的人流下了"鳄鱼的眼泪"，而手却在桌子下边不停地搓着。美国人开始用隐形的防卫包围俄罗斯，持续推行北约东扩。不经联合国的同意，北约出兵干预南斯拉夫内战。这开了先例。所有这些在俄罗斯引起反应。克里姆林宫的任何一个首脑都不能对此视而不见。

您向美国和俄罗斯总统致信呼吁……

是的，一年前，1月23日，我给普京和奥巴马写信呼吁谈判，因为乌克兰冲突不仅威胁到乌克兰及其邻国，而且威胁到全世界。这封信发自我的内心深处。

您得到回复了吗？

我碰上了聋子。

这和发生在2014年柏林的事有点相似。在庆祝柏林墙倒塌时没人理睬您的警告。德国人今天批评您持"亲普京"立场，为此您生气吗？

要知道，德国人很喜欢默克尔。因此人们不批评她而批评我。但是像德国人这样的聪明人不应降到小餐馆的水平。

您和默克尔交谈过，你们的谈话进行得怎么样？

在友好的气氛中，我们谈了近一个小时。但双方实力不对等。会见时总理的顾问也是位女士，两位女士面对我一个人。我明显感到，总理受到压力，内外的政治压力。我说，在找到解决办法之前，需要坐下来而不是站起来。仓促决定没有好处。默克尔在这一点上同意我的看法，即使她按另一种方法行事。

总理对您的意见作何反应？

她认为做得对。

在同联邦总理谈话中，您批评西方对俄罗斯的制裁政策了吗？

请去问她，要知道我可能搞错。

但我们想从您这里得到答案。

我已经忘记了这次谈话的所有内容（笑）。请去问总理。顺便说说，我甚至没向普京说过这个。也没对《明镜周刊》说过。因为我了解记者。因此，请不要徒劳地拉我下水。

为什么您认为制裁是错误的？

制裁使双方经济都受到损失。将俄罗斯排除出"八国集团"是错误的。这让人想起血族复仇，但不会有任何结果。既然我们打算保持我们的良好关系，制裁就是不正确的方法。

看来良好关系已经不再。

柏林墙倒塌后，德俄关系有很大进展。我们建立了前所未有的良好关系。这种关系无论如何不能破坏。西方在许多方面将俄罗斯排除在解决全球问题进程之外：同恐怖主义和"伊斯兰国"的斗争，防止气候变化。这能带来什么结果呢？我们要"解冻"我们的关系，我们急需再次解冻。我们俄罗斯人将竭尽全力制止这样做，将来也如此。我认为，俄罗斯将制定有关政策。而在德国，你们却在比赛，看谁在对俄罗斯的关系上持更严厉的立场。

有不少人呼吁对俄罗斯抱理解的态度。德国勃兰登堡州前州长马蒂亚斯·普拉策克建议克里米亚在欧安组织的监督下重新进行全民公决。这可能使吞并克里米亚从国际法的角度上合法化。对这种意见您怎么看？

新德国想到处插手，对一切都有兴趣。克里米亚需要什么样的合法化？半岛居民一致表达了自己的意志。即使全民公决有这样那样的问题，有一点是毫无疑问的：那里的人们明确声明想成为俄罗斯的一部分。

您对德国失望吗？

看来在德国许多人愿意参与重新划分欧洲。对此我不表态，请不要挑拨我。我是俄罗斯人，我不应更多评述德国的内部事务。

但是，这些德国的内部事务涉及全欧洲。

德俄关系影响整个世界的政治氛围。永远都不要忘记这一点，包括在乌克兰危机的形势下。

解决乌克兰危机的可能是什么？

尽快停战。然后国际财团重建被破坏的地区。今天需要实用的解决方案。

如果需要的话，让我们重新请出俾斯麦，他说，德国人任何时候都不应和俄国人打仗，德国要同莫斯科保持良好关系。德国在第二次世界大战时已经试图将自己的疆土扩张到东方。还有些什么教训呢？成千上万的德国人和俄国人为此付出了生命的代价。在我的国家还留下许多记忆：无数的破坏物，久盼丈夫归来的妇女。好在我们两国人民互相和解了。

默克尔说，普京生活在另一个世界。您知道这是指的什么吗？

不，完全不知道。不仅我不知道这个。还记得总统2007年在赫尔辛基安全会议上讲的话吗？普京当时明确地说，俄罗斯有自己的红线，俄罗斯不同意北约直接接近我国边境。顺便说说，对于我们俄罗斯人来说，普京当时没有说出什么新东西。为什么我们的伙伴们如此惊奇？我觉得，德国人民当时确实至少比德国的政治精英们更懂普京。企图摆脱普京这是错误的。

为什么？

这是最愚蠢最危险的决定。普京在自己任期结束后应该让出自己的位置。很遗憾，德国的观点看起来与此不同。比如说，需要更严厉的制裁，需要促使俄罗斯人上街推翻普京。

看来，您对默克尔评价不很高。

正相反，我喜欢她，无论是作为一个人，还是作为一个政治家。但是，这不是说，我没有权利批评她，正如她也有权利批评我一样。这也适用于我与普京的关系。普京是现总统，他为俄罗斯做过许多事情，现在还在做着。

今天您是一个幸福的人吗？

几年前我写道，不存在幸福的改革者。我当时情绪不佳，写的文章也受此影响。是的，如果回头看我是一个幸福的人。领导过一个重大的改革规划和重要的国家——这当然很辉煌。

乌克兰危机与俄罗斯

您在闲暇时做什么？

我和赖莎有过一个共同的爱好：每天我们散步很长时间，走五六公里路。这帮助我克服紧张情绪。很遗憾，现在我的腿已经不允许我这样了。不仅是我这样。施密特前不久站着见我，然后告诉我他坐轮椅，科尔和老布什也借助于外力。我担心，到时候我也要借助外力（笑）。

是否有强烈的无力感？

75岁前我自我感觉良好，全世界到处飞。但是，赖莎1999年去世对我是个沉重打击。此后一年半我一直不是很好。我做过3次手术。都是在德国做的。全世界都在同衰老做斗争，但没有什么成效。我时而感到自己老了，时而感觉自己还年轻。

在您的有生之年您觉得什么最重要？

生活，但不是活着，不是单纯地活着和等待死亡。2月份我打算去美国。几个城市邀请我去讲课。讲课和写书，这是我唯一的收入来源。我还有目标，这支撑着我。

您给自己设定了什么目标？

继续参与关于俄罗斯未来、世界秩序、环境保护等问题的讨论。写书，讲课，与会，定期接受采访。

为了再一次使世界变得更美好？

不求这个。我们开创的东西应该继续下去。公开性和改革继续下去，不会止步。

您怕死吗？

决不怕。我不知道为什么，但不怕。

资料来源：

http://www.ng.ru/ideas/2015-01-12/8_gorbachev.html.

译者单位：中央编译局俄罗斯研究中心

乌克兰危机爆发后维谢格拉德集团四国与俄罗斯的关系

姜 琍

乌克兰危机是1989年以来在维谢格拉德集团周边地区发生的最大安全危机,表面上四国似乎是欧盟和西方对俄罗斯采取强硬态度和反对俄罗斯吞并克里米亚的有力支柱,但事实上,四国对乌克兰危机的反应截然不同。可以说,乌克兰危机既暴露了欧盟对其东部邻国和俄罗斯政策的失败,也暴露了维谢格拉德集团内部的不团结。

近几年受经济危机的影响,四国越来越重视安全领域的合作,积极筹划建立多国防务合作项目,以克服国防开支减少所带来的经费短缺问题。开展如此合作的必要前提条件是四国拥有共同的安全利益、对于面临的安全威胁做出统一的评估。然而,乌克兰危机表明,维谢格拉德集团四国对潜在安全风险的看法明显不同,对俄罗斯的态度存在差异。因此,自冷战结束以来对欧洲的安全稳定造成最大破坏的乌克兰危机成为检验维谢格拉德集团四国凝聚力的有效工具。有捷克分析家认为,无论从军事、战略还是政治的角度看,维谢格拉德集团四国不是西方社会阻挡俄罗斯在东欧地区扩张的坚固城墙,不是北约框架内被加固的堤坝,而是其软肋。

一、维谢格拉德集团四国对乌克兰危机的不同态度

1. 波兰。无论从人口、面积还是经济规模等方面来看,波兰是维谢格拉德集团内最大的国家,也是该集团内唯一对俄罗斯采取强硬态度的国家。基于长期

防范俄罗斯威胁的心理,波兰几乎所有的政党(激进左翼政党除外)和多数民众都认为俄罗斯是其国家安全的潜在威胁。波兰严厉谴责俄罗斯吞并克里米亚,主张欧盟对俄罗斯实行严厉的经济制裁,积极对乌克兰提供经济援助,不断加强与美国的合作,倡导成立欧洲能源联盟。在乌克兰危机爆发后不久,波兰就与波罗的海国家共同呼吁美国在其境内与俄罗斯交界的地方建立军事基地,并向这些地区派遣600名空降兵。波兰也是维谢格拉德集团四国内唯一决定将国内生产总值的2%用于国防开支的国家,积极为北约增强防务能力贡献力量。

2. **匈牙利**。匈牙利对俄罗斯的态度与波兰大相径庭,公开表示反对欧盟制裁俄罗斯,不顾欧盟的意见积极支持俄罗斯倡导的"南溪"天然气管道项目,而且在2004年1月与俄罗斯签署了在帕克斯核电厂新建两台机组的协议,俄罗斯提供核燃料和100亿欧元贷款。2014年议会大选中获得连任的欧尔班政府在匈牙利议会拥有宪法多数,它采取远离传统欧洲民主及其价值观的内政外交,其国家治理模式与俄罗斯非常接近。在维谢格拉德集团四国中,匈牙利对乌克兰危机最为沉默,欧尔班总理甚至表示,"乌克兰的事情不是我们的事情"。欧尔班政府主张与俄罗斯加强合作,其对乌克兰危机的反应符合其长期的国家利益考量,即不能破坏与俄罗斯日益密切的经济关系。另外,匈牙利要求乌克兰境内的匈牙利少数民族获得自治地位,也被欧盟一些国家、美国和乌克兰理解为是对俄罗斯要求乌克兰东部地区实行自治的支持。

3. **捷克**。从乌克兰危机一开始,捷克向国际社会发出的信号就是混乱、模糊的。捷克政界对乌克兰危机存在多种不同的态度,政府领导人在不同情况下的说法也自相矛盾。捷克政界对乌克兰危机的态度有四种:中右翼保守主义政治力量认为俄罗斯是对欧洲秩序的一大威胁,赞同美国和欧盟对俄罗斯制裁、对乌克兰援助;外交部长扎奥拉雷克主张与欧盟主流的意见保持一致,认为必须对俄罗斯制裁;总理索博特卡和财政部长巴比什则采取实用主义态度,重点关注与俄罗斯的经济联系,认为对俄罗斯制裁会影响两国的贸易;捷克和摩拉维亚共产党、现任总统泽曼和前任总统克劳斯采取亲俄态度,泽曼是唯一参加俄罗斯"二战"庆典的欧盟国家元首,克劳斯则声称乌克兰危机是西方国家挑衅的结果。捷克政府领导人一方面谴责俄罗斯侵略乌克兰，表示支持乌克兰的统一、主权和领土完整，另一方面又积极捍卫与俄罗斯的经济关系，反对欧盟采取任何形式的更为广泛和严厉的制裁措施，以免从根本上破坏与俄罗斯的贸易往来。

4. **斯洛伐克**。关于乌克兰危机，斯洛伐克政府与总统发出了不同的声音。与匈牙利的欧尔班政府相似，斯洛伐克的菲乔政府也拥有很高的民众支持率，与俄罗斯发展友好关系是政府的优先方向之一。菲乔政府努力在核能和宽轨铁路建设等方面加强与俄罗斯的经济合作。因此，斯洛伐克政府对乌克兰危机采取了谨慎和不确定的态度，努力避免可能危及与俄罗斯经济关系的行为，一方面支持乌克兰融入欧洲一体化进程，另一方面反对欧盟制裁俄罗斯。菲乔总理批评欧盟对俄罗斯采取制裁措施，认为欧盟解决与俄罗斯紧张关系的唯一途径是对话。而斯洛伐克总统基什卡一直谴责俄罗斯侵略乌克兰，认为俄罗斯借乌克兰危机试图破坏欧洲的统一，支持波兰对俄罗斯采取强硬态度。

二、乌克兰危机后维谢格拉德集团四国对俄罗斯持不同态度的主要原因

维谢格拉德集团四国与俄乌相邻，都很关注俄乌两国的发展，乌克兰危机爆发后四国对俄罗斯采取不同态度的主要原因有以下五个方面：

1. **地理位置**。波兰是欧盟和北约成员国中唯一与乌克兰和俄罗斯都接壤的国家。波兰人认为，如果不对俄罗斯通过武力占领其他国家和改变边界的行为加以制止，俄罗斯就可能继续推行扩张政策，也可能向包括波兰在内的北约国家扩张。

2. **历史原因**。基于历史恩怨波兰人难以信任俄罗斯，对俄罗斯存在较强的戒备心理。20世纪以前，捷克、斯洛伐克地区与俄罗斯的直接联系很少，从没有将俄罗斯视为直接的军事威胁。19世纪民族复兴时期捷克人和斯洛伐克人中间还一度流传着这样一种思想：俄罗斯民族是斯拉夫民族的领袖，可以将他们从德意志化和匈牙利化的压力下解救出来。1945年苏联红军解放了捷克斯洛伐克，至今都给捷克和斯洛伐克人留下良好印象。只是社会主义时期苏联的压制，特别

是1968年苏军入侵捷克斯洛伐克并长期驻军,导致捷克和斯洛伐克人对俄罗斯不信任。尽管1956年苏军也对匈牙利事件进行了军事干预,但匈牙利人对苏联的不良历史记忆相对较少,而俄罗斯改变国家边界以使境外俄罗斯族人回归母国的做法则是匈牙利人长期向往的。因为"一战"结束后产生的《特里亚农条约》使匈牙利失去了大片领土,至今在邻国生活着众多的匈牙利族人。

3. **政党类型**。捷克的右翼政党如公民民主党、"传统、责任和繁荣09党"视俄罗斯为威胁,主张密切与美国的关系以保障捷克乃至欧洲的安全。左翼政党则视俄罗斯为机遇,认为尽管俄罗斯对北约心存不满,但它也希望政治稳定、经济增长并与原卫星国发展友好关系。在斯洛伐克,中右翼政党执政时将发展与俄罗斯的关系置于欧洲一体化的框架内,有时为了捍卫欧盟的价值观不惜与俄罗斯发生冲突;中左翼政党执政期间,斯洛伐克则倾向于对俄罗斯采取实用主义态度,尽可能不与其发生冲突并努力加强经济合作。

4. **经济关系**。维谢格拉德集团四国都高度依赖俄罗斯的能源供应,特别是石油和天然气,匈牙利、捷克和斯洛伐克还依赖俄罗斯的核燃料供应。另外,波兰、捷克和斯洛伐克是俄罗斯能源向西欧输送的过境国。2013年捷克与俄罗斯的贸易额占其贸易总额的4.5%,斯洛伐克与俄罗斯的贸易额占其贸易总额的4%,匈牙利向俄罗斯出口占其出口总额的9%。

5. **国内的政治形势**。有斯洛伐克分析家认为,菲措总理在2014年总统选举中落败,致使其领导的方向党在斯洛伐克政坛上一党独大的地位受到冲击。为了在2016年议会大选前为方向党争取选民,他需要在乌克兰危机问题上采取与总统基什卡和反对党明显不同的立场。

虽然在欧盟制裁俄罗斯问题上,维谢格拉德集团四国中除波兰以外的其他三国表现出不同程度的反对态度,但它们最终都通过了欧盟的制裁措施。作为欧盟的成员国,它们意识到自己的责任和义务,但与此同时,它们又希望尽可能更多地维护民族利益。

作者单位:中国社会科学院俄罗斯东欧中亚研究所

<<< 俄罗斯问题研究（2014—2015）

乌克兰危机对中东欧国家安全的影响

张 弘

  乌克兰危机是冷战结束后欧洲大陆出现的最大的一次安全危机，乌克兰政府与亲俄组织之间的武装冲突持续时间长达两年多，伤亡人数超过万人。① 这次危机可以说是冷战结束后欧洲大陆出现的最大规模的地区战争，深刻地改变了欧洲地缘政治形势，冷战后形成的相对稳定的欧洲安全体系发生了动摇，一种新形式的"冷战"疑云重新笼罩欧洲大陆。北约与俄罗斯在乌克兰危机问题上互相谴责与"亮剑"，在乌克兰周边地区频繁进行大规模军演，将双方关系推至擦枪走火的危险边缘。2014年9月，北约国家在英国威尔士举行领导人峰会，在会后发表的《威尔士宣言》中指出："俄罗斯对乌克兰的侵略行动是整个欧洲自由与和平面临的最根本挑战"，北约"决心捍卫成员国共同安全、繁荣、自由的价值观，通过集体防御保障成员国安全"。为此，峰会通过了体现北约集体防御宗旨

---

① 根据联合国公布的数据，在乌克兰东部的武装冲突已经造成超过6832人死亡和超过1.7万人受伤。在冲突中，双方使用了战斗机、坦克、迫击炮、大口径火炮和火箭炮。参见俄新社2015年7月28日电，http://rian.com.ua/politics/20150728/371304511.html。
另据乌克兰政府网2015年10月29日披露，因为战争迁移到乌克兰中西部的人口超过150余万，http://www.kmu.gov.ua/control/ru/publish/article?art_id=248547070&cat_id=244843950。
根据乌克兰《镜报》周刊2015年6月27日报道，在其他国家的乌克兰难民人数超过90万人，其中在俄罗斯有74.65万人，在白俄罗斯有8.12万人，http://zn.ua/UKRAINE/oon-naschitala-bolee-900-tysyach-ukrainskih-bezhencev-180783_.html。

的"战备行动计划",将矛头直指俄罗斯。① 俄罗斯则在2014年12月出台了修改过的新版军事学说。新学说强调,一些国家干涉俄罗斯周边国家及俄罗斯盟国的内政,违反《联合国宪章》和其他国际法准则,对俄罗斯构成了实质威胁。②

中东欧国家虽然已经加入欧盟和北约,但由于特殊的历史记忆和地缘政治环境,使得他们的安全感受和安全诉求不同于欧盟中的"老欧洲国家"。乌克兰危机给中东欧国家安全造成的影响也有明显差异。在危机面前,中东欧国家不仅迅速调整自身的国防安全政策,而且还积极推动北约和欧盟对俄罗斯政策的转变。③ 中东欧国家正在由北约和欧盟内部的政策跟随者转变为推动北约和欧盟对俄政策调整的积极参与者。

一、促使中东欧国家国防安全政策的转变

乌克兰危机的爆发改变了中东欧国家的安全认知。俄罗斯不仅是北约内部讨论的永恒话题,也极具争议性。北约内的中东欧国家特别是波兰、波罗的海三国由于历史和地理原因,将俄罗斯视为主要威胁来源,一直担心俄军事入侵。乌克兰危机进一步增强和"验证了"中东欧国家对俄的担心。对这些国家来说,加入北约的最大好处就是获得北约,主要是美国的安全保证。北约内的西欧国家则不将俄视为主要安全威胁,而是视其为重要经贸对象及解决欧洲安全问题的关键角色。在现阶段内,俄罗斯再次成为北约的主要对手,北约内部对俄罗斯问题的讨论开始升温,主张遏制俄罗斯的声音明显加强。中东欧国家本就视俄为最大威胁,乌克兰危机爆发后更主张加大对俄遏制力度,使得德国、法国等主张缓和与俄关系、对俄保持接触政策的国家承受压力增大,如时任波兰总理图斯克曾意有

---

① 参见北约网站: Wales Summit Declaration, http://www.nato.int/cps/en/natohq/official_texts_112964.htm。

② 参见俄新社2014年12月26日电, Новая редакция военной доктрины России, http://ria.ru/trend/doctrine_military_russia_27122014。

③ 在乌克兰危机中,大部分中东欧国家的立场比较强硬,在经济和军事上积极支持乌克兰政府以及对俄罗斯的经济制裁,只有匈牙利的欧尔班政府比较"特立独行",唱衰欧盟对俄罗斯的制裁作用。

所指地提及出卖捷克的"慕尼黑协定",声称西方不能再对俄搞绥靖。①

乌克兰危机使得中东欧国家的国防政策从消极的分享安全承诺向积极地加强自身国防安全建设转型。冷战结束后,欧盟国家的国防预算开支不断缩水,特别是中东欧国家在安全问题上一直扮演着搭便车的角色。乌克兰危机爆发以后,中东欧国家的国防政策出现明显调整,大部分中东欧国家政府都承诺未来增加国防预算。拉脱维亚、立陶宛、波兰和罗马尼亚在2015年已增加国防预算。其中,波兰承诺在2016年国防预算达到国内生产总值的2%,罗马尼亚的国防预算将逐步提高并在2017年达到其国内生产总值的2%,立陶宛和拉脱维亚宣布在2020年前将国防预算增加到北约规定的国内生产总值的2%。②

此外,中东欧国家也加强了与美国的双边军事合作。2014年9月,波兰新任政府总理科帕奇在施政演说中强调,鉴于波兰东部边境的危机,新政府将尽一切努力确保波兰家庭不会受到可能的威胁。波兰政府还将设法增加美国在波兰的军事存在。一些中东欧国家也积极支持美国在该地区部署反导装置。2014年,美国在罗马尼亚部署的首个"宙斯盾"系统投入使用,预计在2018年前还将在波兰部署第二个系统。2015年6月,美国防长卡特在爱沙尼亚宣布,美国将在包括波兰在内的中东欧六个国家部署大约250辆坦克、装甲车和其他军事装备。部分装备可能还会部署在德国,那里有美国的军事基地。③

一直以来,在欧盟外交和安全事务中发挥主导作用的是传统的欧洲三套马车:德国、法国和英国,中东欧国家在欧盟中的声音相对较弱。这里既有中东欧国家自身影响力较弱的原因,也有历史惯性的作用。乌克兰危机的爆发恰逢中东欧国家入盟十周年,在度过了自身政治经济转型困难期之后,中东欧国家在欧盟内部决策机制中越来越表现出自身的独立性,来自中东欧国家的政治家在欧盟委

---

① 转引自张健:《乌克兰危机背景下北约转型前景》,载《现代国际关系》2014年5期。
② 参见丁宏:《北约多国军费将继续下降》,引自"中国国防科技信息网"2015年2月27日报道,http://www.dsti.net/Information/News/93068。
③ 参见《美国决定在中东欧国家部署军事装备》,"中国国际广播电台国际在线"2015年6月23日报道,http://gb.cri.cn/42071/2015/06/24/8011s5006781.htm。

员会和欧洲议会中发挥出越来越大的作用。波兰前总理图斯克在2014年12月就任欧洲理事会主席。捷克将军彼得·帕维尔在2015年6月就任北约军事委员会主席。欧盟和北约领导人的轮换虽然有其规律性，但越来越多的中东欧政治家活跃在欧盟和北约组织内部无形中增加了中东欧国家的声音。乌克兰危机促使中东欧国家在欧洲安全事务上扮演更加积极的角色。中东欧国家不仅积极调整自身国防安全政策，而且在欧洲地区安全政策上的立场也发生了较大变化。不同于老欧洲国家的忌惮，中东欧国家在处理原苏联地区的安全问题上表现出更加积极的态度。波兰和波罗的海三国公开支持乌克兰政府的军事活动，向乌克兰政府提供了大量的军事和资金支持。此外，北约国家中的美国、英国和波兰都有军事教官在乌克兰西部帮助训练军事人员。乌克兰危机使中东欧国家更加积极地介入地区安全事务，提高了其在欧盟内部的声音。

二、影响中东欧国家对北约转型的立场转变

中东欧国家在加入北约组织之初，更多地选择了跟随美国的立场。中东欧国家作为北约的新成员国在安全政策上紧跟美国的步伐，甚至不惜在地区安全和全球反恐问题上与老欧洲国家博弈。在冷战结束后的大部分时间里，北约与俄虽然一直明争暗斗，但基本保持了对话与和解。特别是"9·11"事件后，北约与俄关系大大改善。2008年俄格战争之后，北约与俄罗斯关系曾经再度趋于紧张。但是，奥巴马上台后重启与俄关系，双方关系又很快改善。北约2010年版新战略概念更进一步展现了对俄关系"新思维"，认为俄不再是主要安全威胁。[①]

在北约内部，西欧与中东欧国家对北约如何转型的分歧和争议很大。乌克兰危机爆发后，北约内部分歧再次浮上台面，北约在诸多问题上面临困难选择。一直以来，北约内部对于是否接纳原苏联地区国家存在分歧，其中以德法英为代表的老欧洲国家顾及与俄罗斯的关系反对北约继续扩大，波兰和波罗的海国家则积

---

① 参见"Active Engagement, Modern Defence", Strategic Concept for the Defence and Security of the Members of the North Atlantic Treaty Organization adopted by Heads of State and Government in Lisbon, http://www.nato.int/cps/en/natolive/official_ texts_ 68580.htm。

极支持北约扩大,支持美国提倡的接纳乌克兰和格鲁吉亚加入北约的要求,新老欧洲的分歧在 2008 年的北约峰会上表现明显。老欧洲国家在欧洲安全问题上比较注意考虑俄方感受,因此对美国在欧洲建立反导系统不太热心,对北约接纳乌克兰等前苏联国家持反对态度。2008 年,正是由于德国和法国的反对,美国布什政府将乌克兰和格鲁吉亚两国纳入北约"成员国行动计划"的建议遭到搁置。乌克兰危机爆发以后,德法领导人为了调解危机也不止一次地公开表示不会接纳乌克兰加入北约,但波兰和波罗的海国家却在北约内部要求对俄罗斯的威胁做出直接反应。

乌克兰危机激活了中东欧国家对北约的需求,同时也改变了中东欧国家对北约转型的立场。[①] 为了应对乌克兰危机带来的安全威胁,中东欧国家对于北约职能和定位的立场发生了巨大的变化,从单纯地跟随美国战略转变为主导影响北约转型的积极因素,强烈要求北约回归传统的集体安全防卫职能,从全球事务和反恐活动中抽身。英国皇家三军研究所国际部主任埃亚尔称,"我们花了 20 年时间告诉东欧人不要偏执,不要活在过去,要将俄罗斯作为一个正常国家看待","但现在事实证明他们是对的",北约要获取他们的信任需要做很多工作。[②] 美国也深刻感受到中东欧国家的安全信任压力,必须安抚靠近俄罗斯的中东欧国家。中东欧国家在北约组织内部声音的提升不仅给法德英等老欧洲国家形成较大的外交压力,一定程度上也缩小了美欧在全球安全事务中的立场分歧。

---

① 在 2008 年北约扩大会议上,中东欧国家中的波兰和立陶宛支持格鲁吉亚和乌克兰加入北约。但是,到了乌克兰危机爆发之后,波兰的立场开始后退。为了安抚俄罗斯,波兰明确表示乌克兰加入北约问题不在日程之中。据路透社 2014 年 6 月 10 日报道,时任波兰外长西科尔斯基表示,乌克兰加入北约不应列入议事日程。http://www.reuters.com/article/2014/06/10/us-ukraine-crisis-lavrov-russia-idUSKBN0EL14P20140610.

② 参见 Sam Jones," Nato: Northern exposure ", *Financial Times*, Apri, 18, 2014. 转引自张健:《乌克兰危机背景下北约转型前景》,载《现代国际关系》2014 年 5 期。

三、未来发展

乌克兰危机已经成为改变中东欧国家外交和安全政策的重大事件。尽管中东欧国家在欧盟经济中的比重仍然较弱,但这并不影响其在欧盟未来的外交和安全政策调整中的作用。乌克兰危机改变了中东欧国家在安全政策上的消极态度,激发了该地区国家在欧盟和北约的活力和影响力。中东欧国家外交和安全政策的主动性越来越大,未来将会成为影响欧盟外交和安全政策的重要力量之一。鉴于中东欧国家与俄罗斯关系中存在的历史隔阂及其特殊的地缘环境,以及在乌克兰危机中的特殊安全感受,中东欧国家也可能会成为欧盟与俄罗斯改善关系和结束对俄制裁政策的主要障碍。

乌克兰危机折射出中东欧国家的安全政策尚待完善。中东欧国家在乌克兰危机中的激进政策有其必然性,但是效果并不理想。中东欧国家从地缘政治和意识形态的角度出发,支持乌克兰加入北约在短期内很难具有操作性。中东欧国家单纯从自身安全体验去推动北约继续扩大明显无助于欧洲安全体系恢复,更有可能导致北约与俄罗斯"新冷战"的长期化。作为北约与俄罗斯接壤的前沿国家,在安全政策上奉行单边主义会造成更多的对立和敌意,中东欧国家应该避免与俄罗斯继续"零和游戏"。在欧洲安全体制的建设过程中,中东欧国家已经成为欧盟与俄罗斯安全合作的阻碍因素,这种将俄罗斯排除在外的欧洲安全体系缺乏稳定性和持续性。乌克兰危机表明,一味追求单边安全利益最大化会导致均势破坏,构建多边共赢的欧洲安全体系是解决地区安全危机的最佳选择。

作者单位:中国社会科学院俄罗斯东欧中亚研究所

中东欧国家发展与相互关系

东欧地区的历史进化

——兼谈（中）东欧落后的历史原因

朱晓中

东西欧之间的政治、经济和社会差异及其生成原因是 20 世纪中叶以来国际（比较）政治学、历史学、（比较）经济学和社会学不懈研究的对象。在中东欧国家"回归欧洲"的进程中，人们旧话重提。

从历史的观点看，东欧的进化是一个长期的历史过程。几个世纪以来，这一地区的大致范围在易北河到萨尔河、黑海到亚德里亚海之间。在长期的历史进化过程中，东欧地区形成了许多共同的特征，但也存在明显的经济、社会和文化差异。探讨东西欧之间这些差异生成的原因，不仅有助于人们深刻理解欧洲的政治、经济乃至社会发展史，亦有助于理解今天中东欧国家"回归欧洲"的动机不仅有政治的，更带有历史和经济的丰富内涵。

最初的差异

多数研究者认为，东欧在被吸纳进世界市场体系前便已经落后。这种落后植根于十分遥远的过去，而不是最近几个世纪强加给东欧地区的扭曲所造成的。早在中世纪初期（5—8 世纪），东西欧之间基本的区别便已存在。从 7 世纪起，欧洲一分为二：西方的罗马—日耳曼世界和东方的拜占庭—伊斯兰世界。此时欧洲西部的定居类型和民族已见雏形，而欧洲东部的定居类型和种族构成依然处于混合状态。

易北河—萨尔河以东的欧洲是西欧同亚洲结合的特殊结合部。东欧本身折射出整个欧洲大陆一分为二的发展趋向：一部分是拉丁文化，面向西方；另一部分同希腊结缘，面向东方。在10世纪后半期，整个欧洲都接受了基督教文化。也正是在这时，波兰人、匈牙利人和罗斯人建立了基督教国家。但后来，东欧没有出现西方意义上的封建主义，因为建立在私法基础上的社会和制度体系已经超出了罗马法传统。在东欧，封建主义虽然已经建立起来，但封建主义的实质从来没有融入东欧人的基本生活层面。

正如马克·布洛赫指出的，西方"经典"封建主义模式的特征是罗马（古典）和日耳曼（野蛮）成分和谐和有比例的混合。① 在东方，这样的混和被证明是不可能的。在东欧的北部，亚细亚（野蛮的）成分占主导。在南部，拜占庭把这种因素同它自己对在"精密防御"型体制中的古典的理解结合起来。在西欧，人们清楚地看到卡罗林帝国的边界，其东边界是易北河、萨尔河和莱塔河（Leitha，发源于维也纳盆地，在匈牙利汇入多瑙河湾，历史上是奥地利和匈牙利的界河）。罗马天主教—封建社会开始统治欧洲的理念在查理曼大帝统治时结束，时值公元800年。在11—13世纪时，西欧的边界大幅向东移动，直到多瑙河下游、东喀尔巴阡山和把波兰同俄罗斯隔开的森林带。原本是地理形态的欧洲现在变成为罗马天主教、文化和人们称之为"结构"认同的同义词。

所有这些给东欧的西部地区以两面性：西欧的结构性因素已扎根，但只限于表面。甚至在匈牙利，封建的忠诚也只是与西欧基本"相似"，这种忠诚缺少制度性和西欧式的连续性。因此，它一直没有变成为中央国家权力的真正障碍。实际上，西欧封建主义的一个基本特征是，随着中央执行机构的非一体化，封建制度用社会关系取代了国家。行政、军事、司法和国家的其他功能，从主权中分离出来，在基于私法的封建社会中逐渐分离。在这种环境中，社会契约（后来变得十分重要）被接受。意识形态和政治的分离，精神和世俗领域的分离，通过城市化进行的权力的持续"非集权化"，最终导致西方的整合不可能从"上面开始"。

---

① [法] 马克·布洛赫：《封建社会》（下卷），商务印书馆2004年版，第700页。

真正在经济上和社会结构上明显地将欧洲一分为二是在1500年左右（广袤的东半部变为"再版农奴制"的地域），这条分界线令人惊异地与公元800年划定的易北河—莱塔河边界线完全重合。这种现象最终强化了易北河—萨尔河分界线。这条分界线以东，人们可以区分出东欧与西欧深刻不同的社会发展的版本和次形态。

16—17世纪的变化

15世纪末16世纪初，欧洲发生了巨大变化，但东欧地区的发展明显放缓。匈牙利王国（包括今天南斯拉夫的北部）的发展受阻是因为1526—1541年间被土耳其占领所致。在16世纪初已步入资本主义初期阶段的人们在10年间就退回到了他们的游牧祖先那里。在17世纪，匈牙利第一次走上了不同于西方的道路。当西欧向资本主义进化时，易北河以东地区突然偏离了这种进程，建立起了基于无兵役租佃（制）的自我管理的大庄园。奴隶再次被束缚于土地，封建赋税以农作物和劳动实现。"再版农奴制"逐渐取代惯常的货币租金。这种变化同时发生在波兰、匈牙利和俄罗斯。欧洲的东西两部分明显分道扬镳。应该指出的是，在巴尔干，土耳其的统治不能成为这一地区落后的唯一理由，最初的后退实际发生在奥斯曼占领之前。

东欧新出现的落后状态同世界经济体系的转变有关。中世纪的"世界贸易"传统上同奢侈品有关，随着它让位于近代的大众消费品贸易，世界贸易的路线发生了巨大变化。传统的立凡特路线（从近东经东地中海盆地和东欧）被大西洋沿岸的商路（从波罗的海港口到西班牙南端的吉尔巴特海峡通向西地中海）以及东西欧之间的陆路贸易通道所取代。大宗商品的运输也开始从东欧转向波罗的海。发生在正在形成中的近代世界经济中的劳动分工，使东欧国家沦为谷物和家禽的供应者。

世界经济转型开始后，欧洲最边缘国家特有的社会结构特征在世界经济的"排位"中开始发挥决定性作用。在僵化的封建条件下，阻碍农民演化为资产阶级，导致贵族过分膨胀；躲在贵族特权盾牌后面的贵族使自己免遭资产阶级的冲击。由此，东欧国家在新的世界经济体系中只占有次要的和边缘的地位。它们没有走向资本主义，而是蹒跚于"晚期封建主义"的泥潭中。经济和社会发展的落后在政治层面的表现是，贵族巩固了非中央集权化的统治，僵化的封建制度、庄园和地区机构的存在使得国家机构以这种或那种方式适应"再版农奴制"的形成来反对政治权力的集权化。①

西欧"双元革命"的挑战

在19世纪西欧的"双元革命"（英国工业革命和法国社会政治革命②）的影响下，工业化的资产阶级民主开始在西欧形成并在19世纪上半叶迅速发展，这导致东西欧差距进一步扩大（东西欧国家人均国民生产总值的差距在50年间从1∶2扩大到1∶3）。同时，"双元革命"和世界体系的大转型也向东欧提出了多重挑战。

首先，开拓新的出口市场要求消除贵族特权和农奴制的束缚等刚性障碍。西欧的工业化为日益增长的食品和原材料需求开辟了市场。新的巨大的市场促使东欧农业从低效率的农奴制劳动转向现代化。同时东欧需要建立支持资本主义经济的西欧式制度；第二，法国大革命的理念和英国工业经济的诱惑给社会造成巨大的威胁，给改革封建体制和适应西方的变化提供了可能。

为应对第一个挑战，东欧国家自上而下开始了一系列的改革：在奥匈帝国，通过妥协，以绥靖和改革的方式避免革命；在俄国有斯托雷平改革，旨在把1861年改革推向前进。

虽然遇到了这样或那样的阻碍，资本主义依然在发展。经济的持续发展激化了落后的东欧社会政治转型中的冲突。走在资本主义转型前面的是土地贵族和军事管理精英。这是一个特定的替代阶级。他们出现时这一地区的市民和新兴资产者羸弱，或没有这样的阶层。

---

① 有关这一问题的详细讨论可参阅[英]佩里·安德森：《绝对主义国家的系谱》，上海人民出版社2001年版。

② 参阅[英]艾瑞克·霍布斯鲍姆：《革命的年代》，江苏人民出版社1999年版，第1—6页。

在1914年以前的一个世纪中，东欧的"赶上"战略产生了危机。即使在经济条件相对较好的国度中，民族的发展也因受到早期问题的阻碍而不可能持续。正是这些问题使得第一次世界大战后，部分东欧国家试图以社会主义革命来克服落后和解决各种问题。他们把民族独立同"经济民族主义"联系起来，从20世纪20年代初期开始强调进口替代，为此，增加工业品关税。东欧地区工业化程度较高的国家（奥地利、捷克斯洛伐克和德国）则同时重视农业发展，使之自给自足。

20世纪30年代，东欧国家的经济和政治行为出现差异。波兰和匈牙利的经济不太成功，而捷克斯洛伐克则与西欧齐头并进，并将自己转变为民主的国家。巴尔干国家实施专制，但工业发展较为迅速。随着欧洲形势的不断恶化，东欧国家被一步步逼向边缘化，国内反对西欧社会发展道路的呼声导致非理性思想的兴起。非理性思想是一种在经济上未能赶上的失败感，具有边缘化特征的意识形态。失败自然引起要求修改列强制定的游戏规则，以便使自己在"不合理的"规则中保证竞争优势。在这种情况下，野蛮的非理性即是理性。独裁统治、纳粹式体制和基于激愤民族主义的假法西斯主义弥漫于从希特勒德国到巴尔干的整个欧洲东部地区。

"二战"后的发展路径

第二次世界大战后不久，具有苏联特点的社会主义模式开始在东欧国家生根开花。苏联模式以统一的正教方式被移植到东欧，使得易北河以东的欧洲比以前更加同质化。苏联模式的社会主义曾给人们以巨大的希望：赶上甚至超过西方国家。因为，苏联的社会主义在10年里弥补了一个世纪的时间（斯大林语）。因此，东欧国家无论国情如何，普遍开始强迫工业化。工业化极大地改变了东欧国家的经济结构。同战前相比，工业生产增长了10—15倍。农业人口从占全国人口的40%—60%下降到15%—30%。国民生产总值的二分之一到三分之二来自工业。工业化不仅改变了这一地区国家内部的经济结构，同时也使东欧国家在国际分工中的位置发生了改变。

尽管制度体系相同,而且有着极其类似的社会结构,但东欧国家的发展水平大相径庭。而且,东欧国家早期产生的政治、制度和文化方面的差异,给后来政治和经济多样化的解决之道和政策打下了烙印。例如,东欧的经济以三种方式运行:(1)"经典的"苏联模式;(2)南斯拉夫的自治;(3)匈牙利(经历了1957年、1968年和20世纪70年代末期的经济改革后)发展了一个把中央计划经济和市场利润结合起来的改良的体系。出口导向也开始取代"古典的"进口替代。此间,东欧国家之间显现出因不同的内部发展模式而导致的次地区差异。

无论人们在政治上和经济上如何评论1945—1989年这段历史,有一个不争的事实是,它以某种方式程度不同地反映出以往千年的政治、经济和社会发展进程所积淀下来的结构烙印。而且,该地区的历史与这一地区的边界的确定密不可分(边界具有血族特征)。东欧作为一个历史地区发展了千年。历史的连续性以某种方式决定着这一地区的变化和如何应对新的挑战。历史总是提供各种选择:在历史的关键时刻进行转轨便是一种选择。

在解释一个地区或国家的落后状态时,人们更多地使用依附论。但依附从来都不是一个国家落后的全部原因。东欧的政治经济发展事实表明,虽然政治形势会对经济发展产生某种影响,但既不是像经典作家或依附论理论家们所宣称的那种直截了当的方式,也并非如现代化理论家们所宣称的同西方的联系或采用西方的方式必然促进发展。

东欧国家的历史表明,那种认为同西方联系会产生平等和平行的经济后果的观点是站不住脚的,因为,虽然建立独立国家实现了民族主义者的政治目标,并模仿西欧国家建立了政治制度,但它不能自然而然地克服经济落后性。东欧国家存在各种深刻影响其生活的历史建构。在这里,"过去"依然制约着走向未来的道路。

作者单位:中国社会科学院俄罗斯东欧中亚研究所

近年来中东欧国家政治发展的新特点

高 歌

近年来，中东欧国家议会制和多党制运转正常，通过选举获取权力已成为常态，政局基本保持稳定。与此同时，由于中东欧国家加入欧盟以及国际金融危机和欧元区债务危机的爆发在一定程度上改变了其政治制度运作的环境，加之这些国家历史经历、政治文化乃至某些领导人执政理念的影响，中东欧国家的政治发展呈现出以下新的特点。

一、议会和政府变动较为频繁

2014年，共有塞尔维亚、匈牙利、马其顿、斯洛文尼亚、保加利亚和波黑六国进行了议会选举。除匈牙利和波黑外，其他四国均为提前选举。其中，马其顿是2006年以来第三次提前议会选举，斯洛文尼亚是2008年以来第二次提前议会选举。同年2月，罗马尼亚因国家自由党退出执政联盟引发政府变动；3月，新政府宣誓就职。9月，波兰总理唐纳德·图斯克因当选欧洲理事会主席辞去总理职务，波兰组建新政府。

近年来，议会未满四年任期便提前选举的情况在中东欧国家屡见不鲜。2007年的波兰，2008年的塞尔维亚，2009年和2012年的黑山，2012年的斯洛伐克和2013年的捷克，议会选举都是提前进行的。除议会选举导致政府更迭外，多数国家政府在任期内也发生了变动。最令人印象深刻的是波兰、捷克和匈牙利入盟后随即发生的政府变动。2004年5月2日，就在波兰入盟后的次日，总理莱谢克·米莱尔辞职。6月26日，捷克总理弗拉迪米尔·什皮德拉宣布辞职，并于7月1日正式递交辞呈。8月26日，匈牙利总理迈杰希·彼得辞职。此后，2005年和2009年在捷克，2006年和2007年在波兰，2007年、2009年和2012年在罗马尼亚，2009年在匈牙利，2013年在保加利亚和斯洛文尼亚等都出现了政府变动。

二、新党不断涌现并迅速上位

  2014年4月马其顿议会选举后进入议会的马其顿公民选择2013年5月由前社会民主联盟成员建立的新党。2014年7月斯洛文尼亚议会选举中获胜组阁的米罗·采拉尔党6月才刚刚成立，获得席位的联合左翼是当年3月由3个左翼政党组成的选举联盟，阿伦卡·布拉图舍克联盟则是5月由前任总理阿伦卡·布拉图舍克和一些前"积极的斯洛文尼亚"党成员组建的政党。2014年10月保加利亚议会选举后进入议会的"保加利亚无审查党"和"保加利亚复兴选择党"也都是当年成立的新党。

  近年来，政党成立不久即进入议会，甚至入主政府已成为中东欧国家较为普遍的现象。在黑山，2009年1月由塞尔维亚人民党和黑山人民社会主义党合并而来的"新塞尔维亚民主党"仅两个月后便在议会选举中取得了第三名的成绩；2012年它与"变化运动"组成的民主阵线通过选举成为议会第二大政治联盟。在保加利亚，在2009年7月议会选举中大获全胜并上台执政的"欧洲发展公民党"于2006年12月成立，在这次选举中进入议会的"阿塔卡联盟"和"秩序、法律和正义党"也是分别于选举前两个月和2005年底成立的新党。在匈牙利，2010年4月议会选举中，"绿党LMP"刚成立一年便进入议会。在捷克，2009年6月从"基督教与民主联盟—捷克斯洛伐克人民党"中分裂出来的"传统、责任、繁荣09党"在2010年5月议会选举中异军突起，成为仅次于社会民主党和公民民主党的议会第三大党，加入公民民主党为首的政府；2011年成立的"ANO2011党"在2013年10月议会选举中名列第二，仅比第一位的社会民主党少3个席位，也是在这次选举中，当年6月成立的"直接民主黎明运动"得以进入议会。在斯洛伐克，2009年2月成立的自由和团结党及6月由匈牙利族联盟党分裂而来的"桥"在2010年6月议会选举后进入议会并参加了以民主基督教联盟—民主党为首的政府；在2012年3月议会选举中位列第三的"普通人和独立人组织"2011年10月才注册为独立政党。在波兰，2010年10月由前"公民纲领党"成员创建的"帕利科特运动"在一年后的议会选举中脱颖而出，位居第三。在克罗地亚，2011年12月议会选举后成为议会党的劳动党组建于2010年。在斯洛文尼亚，2011年12月议会选举中名列第一的"积极的斯洛文尼亚党"和名列第四的"维兰特公民名单党"都是成立不足两个月的新党。

三、具有民粹主义倾向的政党力量增强

2014年，青年民主主义者联盟—匈牙利公民联盟在匈牙利议会选举中获胜，得以连续执政。保加利亚欧洲发展公民党赢得议会选举，重返执政舞台；此前的2009—2013年，欧洲发展公民党曾执掌过政权。

近年来，一些带有民粹主义色彩的政党已成为各自国内重要的政治力量。比如，波兰法律与公正党在2005—2007年执政，其中2006—2007年与自卫党和"波兰家庭联盟"组成联合政府；斯洛伐克方向—社会民主党在2006—2010年与人民党—争取民主斯洛伐克运动和民族党联合执政，2012年再度执政；罗马尼亚民主自由党在2008—2012年执掌政权。保加利亚"阿塔卡"联盟和匈牙利"尤比克"党虽未执政，但也是各自国内颇有影响的政治力量。"阿塔卡"联盟在2005—2014年间始终保持了议会第四大党地位，只是在2014年议会选举中得票率下降，在进入议会的8个政党中倒数第二；"尤比克"党则自2010年以来一直是议会第三大党。

四、一些国家的政党格局仍未定型

在2014年进行议会选举的6个国家中，匈牙利和马其顿分别保持了青年民主主义者联盟—匈牙利公民联盟和马其顿内部革命组织—争取马其顿民族统一民主党一党独大的格局，保加利亚也延续了欧洲发展公民党和社会党竞争的局面。塞尔维亚经过独立后的4次选举，大致形成了民主党与前进党的竞争态势，但政

党权力转换不够规则，有些党，如社会党、社会民主党、新塞尔维亚党等既参加民主党也参加前进党领导的政府。斯洛文尼亚的政党格局处于不断变动之中。自制度剧变直至2004年，除去"德莫斯"联盟执政的两年外，一直由自由民主党执掌政权。2004后，民主党与社会民主人士党轮流坐庄。2013年2月，议会通过不信任投票，解散民主党政府。3月，"积极的斯洛文尼亚党"上台。2014年5月，"积极的斯洛文尼亚党"为首的政府辞职。7月，在提前举行的议会选举中，刚刚成立的米罗·采拉尔党获胜，成为新一届政府的主人。波黑在2000年后也突破了由三个民族主义政党——波什尼亚克族的民主行动党、塞尔维亚族的塞尔维亚民主党和克罗地亚族的波黑克罗地亚民主共同体共同执政的局面。2014年大选中，民主行动党拔得头筹，独立社会民主联盟、塞尔维亚民主党和现任波黑主席团主席、克罗地亚的泽利科·科姆希奇领导的民主阵线名列前茅。上届政府的执政党波黑社会民主党、波黑克罗地亚民主共同体和"克罗地亚民主共同体1990"成绩不佳。

近年来，一些国家已经打破了制度剧变后一段时间内形成的左右翼政党轮流执政的政党格局。2005年后，波兰左翼政党——民主左派联盟党被边缘化，选举成了两个右翼政党——法律与公正党和公民纲领党之间的竞争。2006年后，内部革命组织—争取马其顿民族统一民主党和"欧洲的黑山"一直分别在马其顿和黑山执政。2010年后，匈牙利青年民主主义者联盟—匈牙利公民联盟一党独大。而在罗马尼亚，不同组合的左右翼政党先后登台。2008年年底议会选举后，民主自由党和社会民主党—保守党联盟联合执政。2009年10月，社会民主党退出政府。2012年5月，社会民主党、国家自由党和保守党组成社会自由联盟入主政府。2014年2月，国家自由党退出政府，社会自由联盟破裂。3月，由社会民主党、保守党、全国进步联盟和匈牙利族民主联盟等党派组成的政府宣誓就职。

五、个别国家出现集权倾向

2014年，青年民主主义者联盟—匈牙利公民联盟和基督教民主人民党执政联盟再次赢得匈牙利议会选举并占据议会三分之二席位。内部革命组织—争取马其顿民族统一民主党连续第三次在马其顿议会选举中取得胜利，该党的格奥尔基·伊万诺夫在总统选举中获胜连任。斯洛伐克总理罗伯特·菲乔和罗马尼亚总理维克多·蓬塔竞选总统，表现出他们及其所在的执政党垄断权力的企图，但均未能当选。

近年来，匈牙利的集权倾向最为突出。自 2010 年以来，青年民主主义者联盟—匈牙利公民联盟和基督教民主人民党竞选联盟在议会选举中大获全胜，占据议会三分之二多数。从那时起，青年民主主义者联盟—匈牙利公民联盟利用在议会中的绝对优势，通过议会出台了《国籍法修正案》《媒体法》《基本法》和《中央银行法》等一系列不符合民主原则的法律。2014 年连续执政后，青年民主主义者联盟—匈牙利公民联盟为首的执政联盟延续一贯的做法，集权倾向有增无减。此外，2006 年后至今，内部革命组织—争取马其顿民族统一民主党和"欧洲的黑山"已分别在马其顿和黑山执政八年之久，权力集中化趋向也很明显。

六、国内政治与欧盟政治联结并相互影响

2014 年 5 月底，波兰、匈牙利、捷克、斯洛伐克、斯洛文尼亚、罗马尼亚、保加利亚和克罗地亚八个欧盟成员国进行了欧洲议会选举。不仅如此，在保加利亚，欧洲议会选举结果还直接导致了国内政治变动。6 月，保加利亚因执政的社会党在欧洲议会选举中大败于欧洲发展公民党，决定提前举行议会选举。

近年来，欧盟的中东欧成员国分别于 2004 年、2007 年和 2009 年举行了欧洲议会选举，欧洲议会选举已成为中东欧国家国内政治与欧盟政治联结的重要舞台，大体上反映了各国的政党格局和政治态势。欧洲议会选举结果引发国内政治变动的情况也并非特例。早在十年前的 2004 年，捷克总理什皮德拉就因他所在的社会民主党在欧洲议会选举中惨败辞去了总理和社会民主党主席职务，匈牙利总理迈杰希的下台也与他所在的社会党在欧洲议会选举中失利不无关系。此外，2007 年罗马尼亚的国内政治危机导致其推后半年举行欧洲议会选举；2008 年欧盟委员会冻结和取消给保加利亚的援助款项后，保加利亚先后增设副总理职位、欧盟资金管理委员会、部长职位来管理欧盟援助资金；2008 年波兰总统莱赫·

卡钦斯基与总理图斯克，2012年罗马尼亚总统特拉扬·伯塞斯库与总理蓬塔都曾为欧盟峰会代表资格争得不可开交；斯洛伐克更是在2011年因议会未能通过欧洲金融稳定机制扩容议案而导致政府下台。

七、欧洲怀疑主义仍有一定的影响力

在2014年欧洲议会选举中，中东欧国家的投票率整体过低，投票率最高的保加利亚为35.84%，低于欧盟42.54%的平均数，而投票率最低的斯洛伐克仅为13.05%。[1] 过低的投票率表明中东欧国家对欧盟的归属感不强，欧洲怀疑主义情绪仍有一定的市场。这种情绪使得认同欧洲怀疑主义或带有欧洲怀疑主义倾向的政党能够得到选民的支持。在2014年欧洲议会选举中，波兰法律与公正党在本国51个席位中获得19席，与公民纲领党并列第一，匈牙利青年民主主义者联盟—匈牙利公民联盟在本国21个席位中获得12席，名列第一，"尤比克"党位居第二，获得3席。[2]

近年来，欧洲怀疑主义在中东欧国家泛起，2004和2009年中东欧国家在欧洲议会选举中的投票率均低于欧盟平均数，其中2004年波兰和斯洛伐克、2009年斯洛伐克的投票率不及欧盟平均数的一半。2007年罗马尼亚和保加利亚单独举行的欧洲议会选举的投票率也分别只有29.47%和29.22%。[3] 在上述选举中，认同欧洲怀疑主义或带有欧洲怀疑主义倾向的政党成绩不错。在本国政坛上这类政党也表现不俗。波兰法律与公正党，匈牙利青年民主主义者联盟—匈牙利公民联盟，斯洛伐克民族党、自由和团结等政党曾经或仍在执政。

我们通常用政权完成"两度易位"作为民主制度巩固的标准，并据此认为，20世纪90年代中后期以来，民主制度已在绝大多数中东欧国家得到巩固。然而，近年来中东欧国家政治发展的新特点却对上述判断提出了挑战：议会和政府更迭虽是民主制度的应有之义，但过于频繁的更迭往往不利于民主制度的稳定；新党

---

① 参见 http://www.europarl.europa.eu/elections 2014-results/en/turnout.html。
② 参见 http://www.europarl.europa.eu/elections 2014-results/en/seats-member-state-absolut.html。
③ 参见 http://www.europarl.europa.eu/elections 2014-results/en/turnout.html。

的不断涌现和政党格局的变动致使多党制缺乏民主国家应有的稳定性；以匈牙利为代表的个别国家出现集权倾向以及一些国家民粹主义、欧洲怀疑主义倾向的加强更对巩固民主制度造成不良影响。如何认识这些不利于民主制度稳定和巩固的现象呢？这些现象的出现是不是表明照搬西方的民主制度不能完全适应中东欧国家的实际？这些现象是不是会发展成亨廷顿在他那本著名论著《第三波》中所称的"第三波回潮"呢？凡此种种，值得进一步观察和思考。

作者单位：中国社会科学院俄罗斯东欧中亚研究所

塞尔维亚转型现状及特点

左 娅

从 1991 年南斯拉夫联邦解体至今,塞尔维亚走出了一条曲折而独特的转型之路,不仅要实现从社会主义到资本主义的制度转轨,还经历了战争与制裁、国家重组与分裂,这样的历史背景对塞尔维亚的转型道路产生了深刻影响,无论是转型条件、内容、类型,还是效绩,塞尔维亚都呈现出不同于其他中东欧国家的转型特征。

一、塞尔维亚转型的主要成就和问题

如果以 1990 年塞尔维亚（当时仍然是南联邦六个共和国之一）举行首次多党选举为转型的起点,那么 24 年[①]以来,塞尔维亚的转型尽管不如波兰等中东欧国家那般瞩目,但也取得了一定的成就:民主制度得到巩固,市场经济制度已基本到位,摆脱了国际孤立,欧洲一体化进程取得一定进展。

政治方面,多党议会制尚不成熟,但已朝着西方政治体制的方向发展,无论是总统选举还是议会选举都能和平实现权力移交,现已不可能出现类似乌克兰等国以街头政治来推翻选举结果的情况。政党政治方面,由于政党的政治倾向不明确,因此分化组合仍然十分严重,党派数量相当可观。2014 年议会选举后共有 18 个党派进入议会,虽然相比两年前进入议会的 45 个党派数量大为减少,但在

---

① 本文写作时间为 2014 年。

欧洲仍属罕见。由于执政党本身的不稳定，进而造成了政府的不稳定和频繁更替，稳定的左右翼政党轮流执政的局面尚未形成。各政党竞选获胜上台执政后，更多地关心本党或本集团的利益，而非从全社会着眼，从而影响到社会整体和持续的发展。

经济方面，塞尔维亚经济自2000年以来逐步复苏，在过去十多年间发生了实质性变化，已经建立了市场经济的框架，恢复了宏观经济的稳定。2001—2006年塞尔维亚平均年增长率为3.5%，2004—2008年平均年增长率超过5%。2009年因受国际金融危机的影响，五年来首次出现负增长，此后经济持续低迷。塞尔维亚政府2013年出台了一系列新的政策措施，推动宏观经济企稳向好，取得一定成效，国内生产总值重回上升轨道。塞尔维亚已在贸易自由化、企业重组和私有化方面取得一定进展，但许多大型企业，如电力公司、电信公司、天然气公司等仍未完全实现私有化。目前主要经济问题包括：（1）高失业率和居民收入低下；（2）经济依赖于制造业和出口，外国直接投资不足；（3）预算赤字和公共债务不断增长，塞尔维亚的公共债务总额占国内生产总值的比重从2008年到2013年翻了一番。

外交方面，塞尔维亚奉行以欧盟、美国、俄罗斯、中国为支柱的外交政策。塞尔维亚作为巴尔干地缘政治的中心及欧洲主要贸易通道的枢纽，战略地位十分重要，塞尔维亚试图利用这种优势更好地实现自己的国家利益。加入欧盟是塞尔维亚最主要的外交诉求，自2012年获得候选国资格后，2014年初已开始入盟谈判，欧盟在2014年10月发布的入盟进展报告中充分肯定塞尔维亚取得的成绩，认为其是表现最好的西巴尔干国家，但目前来看，塞尔维亚还无法在短期内达到入盟目标。在欧洲一体化的共同目标下，塞尔维亚与邻国特别是与原南国家的关系得到极大改善，地区合作得到加强。在致力于欧洲一体化的同时，塞尔维亚继续同俄罗斯保持传统友谊，两国2012年签署战略伙伴关系条约。乌克兰危机后，俄塞双方高层交往非常频繁，俄罗斯试图加强在塞尔维亚的影响以获取在乌克兰问题上的支持，10月普京访塞期间表示未来三年俄罗斯对塞投资可达100亿美元，作为回报塞尔维亚承诺不对俄罗斯实施制裁。近年来，中塞关系发展迅速，塞尔维亚是最早同中国建立战略伙伴关系的中东欧国家，中国在塞尔维亚投资了多个基础设施项目。由此可见，塞尔维亚全方位外交已取得不俗成绩。

从心理层面上看，塞尔维亚人对铁托及其时代抱有浓浓的怀旧之情，不论是学者还是民众，他们多半都认同铁托，认为铁托领导南斯拉夫的时代是一个黄金般的岁月，国家在世界舞台上有地位，民众生活有尊严，不同民族之间的关系总体上说比较和谐。不过，塞尔维亚人怀念铁托不等于认同原来的南斯拉夫共产主义者联盟，怀念铁托时代也不意味着留恋当时的社会主义制度。

二、塞尔维亚转型的特殊性

由于塞尔维亚在转型进程中面临独特的历史背景，因此从转型内容、进程和成效上都具有特殊性。

1. **塞尔维亚转型伴随着国家解体和民族国家建立**。20世纪90年代初，包括塞尔维亚在内的原南斯拉夫各共和国在进行了首次多党制选举后，由于对未来国家体制问题发生根本分歧，导致国家解体并爆发民族冲突最终演变为持续数年的战争。90年代末塞尔维亚又因科索沃问题遭遇北约空袭及国际制裁。新世纪之初，塞尔维亚终于步入国家发展的正常轨道，却因为黑山和科索沃的分离行动导致转型进程受阻。鉴于塞尔维亚转型的复杂性，对转型起点的界定，存在两种不同观点，其一，认为多党制建立是转型开始的标志；其二，认为转型应该从2000年米洛舍维奇下台、实现民主变革开始，而整个90年代被认为是过渡时期，其论据是，政治方面，尽管2000年前建立了多党制框架，但执政党几乎完全控制了所有的国家机构和组织，而且干预市民社会、严格管控媒体、引导大众文化的取向，实际上消除了政治多元化的可能；经济方面，虽然有名义上的市场经济结构及相应法规，但在严格意义上塞尔维亚没有可运作的市场体系，国家对经济活动有决定性影响，直到2000年米洛舍维奇下台、民主势力掌权后塞尔维亚才进行实质性的转型。因此相比其他中东欧国家的转型，塞尔维亚不仅要实现国家政治经济体制的全面转型，还要应对国家分裂和重建的巨大挑战，其难度可想而知。

2. **塞尔维亚的转型进程在很大程度上受到了民族问题的影响**。从南联邦到塞尔维亚的几次国家分裂，尽管有经济、政治、社会等各方面的原因，但归根结底还是民族问题。2000年后，塞尔维亚彻底摆脱国际孤立和制裁，从战争时期转向和平时期，国家步入新的发展轨道，但长期存在的民族宗教矛盾并没有彻底消退，仍然影响着转型进程。比如众所周知的科索沃问题，时至今日也没有解决。此外塞尔维亚国内的民族主义势力仍有相当大的政治影响力，政治精英利用民族主义情绪煽动民众，如在2003年和2007年的议会选举中民族主义政党塞尔维亚激进党都是第一大党，证明民族主义势力在塞尔维亚具有一定的群众基础。民族问题还对地区关系产生不利影响，2014年11月塞尔维亚激进党主席舍舍利暂时获释后即发表极端言论，引起克罗地亚抗议，塞尔维亚与阿尔巴尼亚的关系也因科索沃问题素有嫌隙。

3. **外部约束贯穿塞尔维亚转型的整个进程，目前来看这种外部约束力主要来自欧盟**。"回归欧洲"是中东欧国家转型中的独特目标，自始至终约束和决定着中东欧国家的转型进程及其发展，塞尔维亚也不例外，欧盟显然已成为塞尔维亚转型进程的重要参与者，而不是旁观者。1993年欧共体哥本哈根首脑会议提出了明确的入盟标准：建立稳定的机构以保障民主、法治、人权和少数民族权利，存在有效的市场经济，具有履行成员国义务的能力，包括赞同实施政治、经济和货币联盟的目标，哥本哈根入盟标准明确了中东欧国家的转型方向，这也成为塞尔维亚改革和发展的重要动力。除此之外，欧盟还通过"稳定与联系进程"对包括塞尔维亚在内的西巴尔干国家提出额外条件，比如：同海牙国际法庭合作、改善邻国关系、加强区域合作等。不仅如此，自1997年颁布《2000年议程》起，欧盟每年对候选国及潜在候选国的转型进程进行评估，督促其对弱项限时整改，这在相当大程度上推动了转型的速度。可以说，塞尔维亚转型伴随着欧洲一体化进程，两者相互作用，一方面入盟标准制约规划着塞尔维亚转型的方方面面；另一方面，转型及其成效决定了塞尔维亚入盟的进度。

4. **在对转型的接受度上，塞尔维亚的政治思想分化明显**。由于历史的传统和东正教的保守性，社会主义在塞尔维亚比其他中东欧国家扎根得更深入更牢固，因此塞尔维亚对社会主义的记忆比别的转型国家更加积极。大部分塞尔维亚人怀有对社会主义的美好回忆，相反，对进入一种崭新的完全不同的市场化体系感到不适应。仅有少数塞尔维亚人接受了新的法治的思想体系、政治多元化和基于私有制的市场经济，并成功适应了新的社会条件。因此在转型进程中，塞尔维亚社会分化明显，使得各领域的改革难以推进。反观其他中东欧转型国家，绝大多数公民都把旧体制视为镇压和剥夺的工具，从而就全面转型达成强烈的社会共识，把转型初期出现的种种困难看作一时的"阵痛"，转型阻力相对较小。

作者单位：中国社会科学院俄罗斯东欧中亚研究所

保加利亚社会党的政治教育

黄立茀 李 锐 刘 凡

1919年3月,初掌政权的布尔什维克党在思想文化领域面临着各种非无产阶级意识形态尖锐的阶级斗争。为了应对斗争,列宁在俄共(布)八大党纲草案中提出改造学校,使之能够传播共产主义思想,造就共产主义新人。根据列宁的思想,苏维埃政权创立了以各级党校、中学高年级、高校政治思想教育课程为依托的政治思想教育体系。这种体系成为社会主义国家特有的政治教育模式,后来在其他社会主义国家也得到推广。

一、保加利亚社会党提出政治教育的背景

保加利亚社会党前身是保加利亚社会民主工党,成立于1891年7月20日。1919年5月25日在其"二十二大"上改名为共产党,并参加第三国际。1944年后连续执政。在社会主义时期,保共亦实行了苏联式政治教育模式,作为进行政党建设的重要组成部分和巩固执政地位的重要手段。

苏联戈尔巴乔夫改革以后,1989年在波、匈、捷、民德共产党先后改行多党制的背景下,保共紧随其后,在1990年2月的"十四大"上改弦易辙,决定走民主社会主义道路,并于4月改名为社会党。在1990年6月举行的大国民议会选举中,社会党击败其他参选政党,获胜执政,成为东欧社会主义诸国中唯一一个在剧变过程中通过竞选保持执政地位的共产党。但是好景不长,在1991年10月举行的大选中,由十几个右翼党派组成的民主力量联盟胜出并上台执政,

对社会党党员进行清洗。面对执政47年后第一次失去政权、经济方面遭到残酷清算的极端困境，保加利亚社会党痛定思痛，被迫调整战略。为了提高政治竞争能力，再度出山，保加利亚社会党对作为政党建设重要手段之一的政治教育进行了改革，使政治教育执行机构、指导思想、教育内容、教育形式、教育对象呈现出与以往不同的新面貌。

二、政治教育的主要内容

1990年年初，保加利亚社会党转型之后调整了理论基础。20世纪90年代初，成立历史政治研究中心，其主要任务之一便是进行政治教育。1990年9月底"三十九大"决定，将社会党改造为"民主社会主义现代左派党"，接受欧洲文明在自由、民主、正义和人道主义方面的最高成就，完全接受社会党国际1989年6月的原则声明，并愿加入社会党国际。转型以后，作为保加利亚社会党理论基础的民主社会主义理论，亦成为政治教育的理论依据。

拟定系列研讨题目，是进行政治教育的重要步骤。题目的选定非常谨慎。政治教育的题目由历史政治研究中心在全面分析国内外形势和民意的基础上拟定，交由党的领导机构定夺。党的领导确定政治教育题目的原则有两个：一是符合党的主导意识形态，不宣传反对派的观点；二是必须为社会十分关心的问题。

政治教育的题目分为两个层面，一是常规性的题目，主要包括六个方面的内容：

第一，社会主义意识形态与运动——历史与现实。学习从1891年建党以后社会党各个阶段的历史与理论，包括马克思社会主义、共产主义以及转型之后民主社会主义的理论。转型以后，如何看待保加利亚社会主义时期的历史，成为社会各派思想分野的焦点。社会党亦不能回避。社会党明确持欧洲左翼的立场，肯定社会主义时期历史的成就，但是，并不是用陈旧的观点看待这段历史。为了说明自己从哪里来，为什么变，向哪里去？中心从2008年开始，组织撰写了四卷本的《保加利亚社会主义史研究》，该书囊括了1891年建党到当代转型的进程。该书的写作宗旨，是从当代的视角，运用新的资料（包括社会主义时期解密档案），反对极端主义，对党的全部历史进行新的实事求是的评价。该书四卷的内容分别是：第一卷《保加利亚社会主义史（1891—1944）》；第二卷《社会主义时期的历史（1944—1989）》；第三卷《转型时期一（1990—2008）》；第四卷《转型时期二（2008—2012）》。该书四卷已于2010—2012年出齐。

第二，当代主要思潮与政治运动。为了扩大社会党成员的政治视野，还对当代各种政治运动，如保守运动、新民粹主义运动以及当代其他政治运动等进行比较研究和开展讨论。

第三，民主社会与法制国家——原则、政权与机构。为了提高执政能力，还对保加利亚国家立法、司法、行政机关的原则、结构与运作进行研习。

第四，社会党国际、欧洲社会党联盟的意识形态提纲和组织发展。作为社会党国际和欧洲社会党联盟的成员，应了解和熟悉这两个组织的理论、宗旨、组织等的历史与现状。

第五，国家与地方层面的公共政策。研习保加利亚社会党关于公共政策的内容与实践。

第六，在当代保加利亚现实中与媒体打交道。为了提高政治竞争能力，对与电视、报纸、网络等媒体打交道的技巧进行研习。

第二个层面的问题是紧跟实践，紧密联系现实的问题。如少数民族政策问题。转型以后，保加利亚少数民族问题（保加利亚国民中保族占84%，土耳其族占9%，罗姆族即吉卜赛人占5%）更为突出，成为保社会党关注的重点问题之一。

转型时期由于政治经济动荡，少数民族几乎被甩到社会之外，出现"被边缘化"和极端贫困的状态。欧洲执行民族融合政策，却未必适合保加利亚的国情，在保加利亚出现了反吉卜赛、反犹的危险趋向。同时，亦有些政治家利用少数民族群体做文章，企图超越宪法法律界限，分裂国家，谋取利益。例如，代表土耳其族利益的"争取权利与自由运动"两次在议会提出动议，试图改共和体制为联邦体制；然而伊斯兰教居民在保加利亚居民中仅占8%。在过去25年中，中心举行过多次圆桌会议，邀请保加利亚境内所有不同民族群体的代表，倾听他们关于民族问题的意见,为社会党民族问题决策提供咨询。

此外,近期讨论过的问题还有:保加利亚转型;苏联解体以后俄罗斯的转型;对欧洲债务危机趋势的研判;希腊的主权债务危机和选举问题,等等。

三、政治教育的主要对象和方式

保加利亚转型之后,宪法规定不能在企事业机关单位、学校进行一党意识形态的宣传,因此保加利亚社会党政治教育的对象主要是本党的广大党员、干部、党的积极分子。这也促使党创新政治教育形式,政治教育主要依托党举办的活动,如由中心举办研讨会、讲演会等。

保加利亚社会党亦失去社会主义时期由国家出资进行政治教育的条件,自筹资金进行政治教育。为了保持自己的执政理念,社会党一般来说拒绝企业家资助,因而资金运转困难。为此寻求社会党国际的资金支持,通过国际合作进行培训、举办研讨会、组织图书出版,是社会党政治教育的另一种方式。在这方面,德国社会民主党艾伯特基金会给予保加利亚社会党很多帮助。1994年9月保加利亚社会党尚在野时,艾伯特基金会在保加利亚建立了第一个办公室。自2003年5月以来,艾伯特基金会项目团队一直由1名主任与5名工作人员组成,与保社会党历史政治研究中心一起制定项目计划并合作执行计划。项目运作的主要方式是举办国家、地区和国际性的专题讨论会、研讨会和会议。在艾伯特基金会项目下,有超过1000名保加利亚社会党成员和积极分子接受了德国社会党的培训。同时,基金会每年还支持2—4个具体技术实习机会。基金会另一主要活动是资助出版。前述四卷本的《保加利亚社会主义史研究》,就是在艾伯特基金会部分资助下出版的。

四、政治教育的作用

保加利亚社会党以政治教育作为提高党政治竞争力和执政能力的重要手段。社会党在野时期,在社会党国际的帮助支持下,政治教育非但没有萎缩,反而得到重要发展。保加利亚社会党历史政治研究中心学者叶夫根尼充分肯定政治教育对党的转型和现代化的作用,包括:(1)通过研习社会党历史和理论,提高党员的历史和理论素养,使其认识到民主社会主义发展的历史趋势,自觉树立理论信仰;通过对积极分子进行相应的理论培训,提高积极分子对党的认同。(2)对特定群体,如青年人、妇女进行培训。如建立社会党妇女联合会,扩大了社会党的群众基础。(3)社会党领导通过各种政治讨论广泛了解、认识当代政治思潮、政治运动,以及现实中迫切需解决的问题,为其科学决策提供了依据。(4)通过研习保加利亚国家立法、司法、行政机关的原则、结构与运作,研习公共政策以及与媒体打交道等政治技巧,提高社会党成员的政治能力和竞争力。

政治教育使社会党在把握保加利亚社会脉搏、提高政治竞争力方面发挥了积极作用。在2005年6月举行的大选中,社会党的竞选纲领提出以"社会政策为中心"的口号,在对外政策上提出在入约加盟进程中维护民族利益、让美国尽快从伊拉克撤军等主张,这些口号和主张适应了选民的诉求,受到选民的普遍欢迎。社会党从1997年在野之后经过8年励精图治,终于重掌政权至2009年。2013年5月举行了第42届议会大选,以社会党为首的"为了保加利亚"联盟(2001年5月由社会党同其他14个小党和组织组成)成为进入议会的第二大执政党,并组织了联合政府执政。保加利亚社会党转型以来三起三落,第四度执政,在东欧左翼政党中属于较好地适应了转型形势的政党。

作者单位:中国社会科学院世界历史研究所

欧洲议会选举中的中东欧国家

贾瑞霞

一、中东欧成员国在本届欧洲议会选举中的基本情况

2014年5月下旬,28个欧盟成员国陆续进行了第八届欧洲议会选举。中东欧十一国分别选举出199名欧洲议会议员。(见表1)

表1　2014年中东欧成员国在欧洲议会内的党团构成

欧洲议会党团	波兰	罗马尼亚	匈牙利	捷克	保加利亚	斯洛伐克	立陶宛	克罗地亚	斯洛文尼亚	拉脱维亚	爱沙尼亚	合计
人民党党团(EPP)	23	14	12	7	7	6	2	5	5	4	1	86
社会党党团(S&D)	5	16	4	4	4	4	2	2	1	1	1	44
欧洲自由民主联盟(ALDE)		2		4	4	1	3	2	1		3	20
绿党/欧洲自由联盟(Greens/EFA)			2				1	1	1	1	1	7
欧洲保守与改革党团(ECR)	19			2	2	2	1	1		1		28

(续表)

欧洲议会党团	波兰	罗马尼亚	匈牙利	捷克	保加利亚	斯洛伐克	立陶宛	克罗地亚	斯洛文尼亚	拉脱维亚	爱沙尼亚	合计
欧洲联合左派—北欧绿色左派（GUE/NGL）				3								3
欧洲自由与直接民主党团（EFD）			1				2			1		4
不结盟议员（NI）	4	3										7
合计	51	32	21	21	17	13	11	11	8	8	6	199

资料来源：http://www.results-elections2014.eu/，根据欧洲议会网站数据整理。

在本届欧洲议会选举中，波兰执政的公民纲领党以微弱优势领先于主要反对党——法律与公正党。公民纲领党获得19个议席，比后者多一席。上述两党议席达到37个，占波兰全部51个议席的73%左右。19位公民纲领党议员与4位农民党议员加入人民党党团，法律与公正党则加入欧洲保守与改革党团。相比上一届欧洲议会，法律与公正党支持率提高了4.4个百分点，增加4个议席；公民纲领党支持率下滑12.3个百分点，失去6个议席。

罗马尼亚执政的社会民主联盟[①]在欧洲议会选举中以接近38%的支持率获得了该国32个席位中的半数。中右的国家自由党与民主自由党分别获得15%与12%的支持率，各自分得6个和5个议席。人民运动党以及匈牙利民主联盟各获2个议席。国家自由党、民主自由党、人民运动党以及匈牙利民主联盟的14个当选议员加入了人民党党团。从国家自由党脱离出来、以独立候选人身份参选的

---

① 由社会民主党（SDP）、保守党（CP）以及罗马尼亚全国进步联盟（UNPR）组成。

米尔恰·迪亚科努凭借6.8%的支持率位列社会民主联盟、国家自由党与民主自由党之后,排名第四。他与另外一位国家自由党议员加入了欧洲自由民主联盟党团。

匈牙利青民盟获得欧洲议会12个议席,在该国21个席位中占据绝对多数。极右的"尤比克"党3位成员入主欧洲议会,目前属于独立议员。

在这次欧洲议会大选中,捷克有38个政党竞争21个欧洲议会席位,最后7个政党胜出。"ANO 2011""TOP 09"与捷克社会民主党分别获得16.31%、15.97%以及14.17%支持率而位列前三,都获得了4个议席。上述党派总体支持欧洲一体化。波西米亚与摩拉维亚共产党位居第四,获得3个议席,属于欧洲联合左派—北欧绿色左派党团。

部分国家的选举结果对执政党或执政联盟不利,如保加利亚、斯洛伐克、克罗地亚以及斯洛文尼亚。保加利亚反对党公民党在这次大选中获得30.4%的支持率,在17个议席中获得7席;而执政的社会党只有4席;代表土耳其族利益的"权利与自由运动"也获得了4个席位;另外2个议席被"保加利亚无审查党"与"改革者集团"占据。持极端民粹立场的"阿塔卡"因支持率不足3%而失去了上届议会曾有的2个席位。斯洛伐克在欧洲议会有13个席位。执政的方向党在选举中保持第一但票数显著下降,其24%的支持率低于2009年的32%,席位由5个降为4个。中右党派共获得54%的支持率,但9个议席被7个政党瓜分。克罗地亚2013年7月加入欧盟,已经举行过一次欧洲议会选举,今年5月是第二次参加欧洲议会选举。反对党获得41%的选票,在欧洲议会拥有6席;而执政联盟以不到30%的支持率只占据4个欧洲议会议席。克罗地亚的选举结果对执政联盟不利。斯洛文尼亚执政的中左政党——"积极的斯洛文尼亚党"在此次欧洲议会选举中失利,没有获得席位;在野的斯洛文尼亚民主党与其他中右党派共赢得欧洲议会5个席位;其余3个议席被其他中左政党占据。波罗的海三国也基本是执政联盟各党派获得多数议席。

二、中东欧各国在本届欧洲议会选举中的特点

1. 总体上各国主要政党在欧洲议会占据优势，政治光谱保持一致

本届选举对多数中东欧国家来说，国内政治力量的对比也反映其中。中东欧国家的中右政党在此次选举中基本保持了优势，独立参选并获得多数议席；也有一些国家的中右政党组建联盟参选以与中左政党抗衡，但碎片化明显。中右政党多数都加入了欧洲议会人民党党团。

公民纲领党、法律与公正党是波兰两大主要政党，两党在欧洲议会的席位也不相上下。执政的公民纲领党得到32.1%的选票，囊括了波兰51个议席的19席；法律与公正党拥有18席。2014年4月，匈牙利举行了国内议会选举，青民盟赢得胜利，获得133个席位，占议会绝对多数，继续执掌政权；极右的"尤比克"党在议会位列第三。这个政治光谱也同样折射到欧洲议会中：青民盟以超过51%的选票获得欧洲议会12个席位；"尤比克"党则是3位成员入主欧洲议会。保加利亚在野的中右政党在选举中优势明显，公民党在这次大选中获得30.4%的支持率，在17个议席中获得6席。克罗地亚民主联盟领导的反对党阵营在欧洲议会选举中获得41.4%的选票，赢得该国11个欧洲议会席位中的6个。斯洛伐克在欧洲议会拥有13个席位，中右的反对党联盟在选举中赢得9个席位，被7个中右政党瓜分，碎片化严重。

2. 一些国家的新政治力量崭露头角

欧洲议会选举把一些中东欧国家的新政党推到了前台。如捷克的"ANO 2011"成立于2011年，2013年10月首次进入捷克议会下院。在本届欧洲议会选举中"ANO 2011"支持率在捷克国内排名第一，该党在捷克联合政府中地位稳固。成立于2009年的中右政党"TOP 09"居第二位，也获得4个欧洲议会议席。这两个政党都是第一次进入欧洲议会，其在欧盟层面以及捷克国内的政治生命力令人关注。多年来，捷克政治舞台上多党林立、实力相当，这一局面未来或许会被上述新生政治力量打破。欧洲议会选举前新成立的可持续发展克罗地亚党由克罗地亚前社会民主党人组建，在选举中获得9.4%的选票，位列该国参选政党第三位，在欧洲议会赢得一席。

波兰的新右派大会党成立于2011年,在5月的选举中获得7.2%的支持率首次进入欧洲议会,拥有4个席位,属于独立议员。这个党获得了波兰不少18—25岁年轻人的支持,而来自青年一代的支持对任何一个政党都是非常重要的。该党奉行经济自由主义与社会保守主义,但其领导人主张取消女性选举权并且称呼欧盟为"共产主义工程"。未来这个新政党在欧洲议会如何发挥政治作用也值得关注。

3. 疑欧政党进入欧洲议会

在本届欧洲议会选举中,波兰的法律与公正党得到31.8%的选票,获得18个议会席位。由于公民纲领党政府严格执行紧缩财政政策以及经济不景气,法律与公正党在波兰国内的民意调查中一度领先于执政党。法律与公正党是欧洲保守与改革党团成员,该党团以疑欧立场著称;而法律与公正党在该党团内的影响力较大。此次法律与公正党获得如此多的席位,今后其对欧洲一体化可能会发出更多质疑之声;也会强化波兰社会的疑欧倾向。

捷克在这次欧洲议会选举中有7个政党获得席位,其中2个政党反对欧洲一体化,包括2010年至2013年6月曾经执政的公民党,其疑欧立场坚定。在欧洲议会大选中公民党只获得7.67%选票,这是它1992年以来最差的选举结果,但估计这并不影响其在欧洲议会坚持自己的立场。还有刚够欧洲议会门槛的自由公民党未来的表现也值得关注。

本届欧洲议会选举中,中东欧国家中左政党获得的支持率并不乐观。一些中左政府面临危机或可能被中右政府取代,如斯洛文尼亚、保加利亚、捷克。中东欧国家2015—2016年将举行议会选举,现在执政的政党或许也会面临反对党的挑战,如波兰、克罗地亚、斯洛伐克等。中东欧各国的中左政党也需要反思,这次大选席位有所下降给极端党派进入议会制造了机会。传统政党的不作为或保守引起选民反感,在一定程度上把选票"推"给了极端党派。尽管投票率如此之低,但这恰恰给支持一体化的新一代政治家们一个富有挑战的工作机会:动员并重新唤起中东欧国家公众对欧洲一体化的热情与参与。

作者单位:中国社会科学院欧洲研究所

欧盟基金在罗马尼亚的使用和绩效评估*

曲 岩

欧盟向来注重成员国均衡协调发展。早在欧共体时期，其成员国之间经济发展的差异性已经存在，如何实现区域平衡发展对于欧盟长远发展目标非常关键。2004年、2007年和2013年，欧盟先后三次东扩，欧盟地理版图和经济规模都实现了前所未有的扩大，东扩的国际影响力和地缘政治意义极其重要。与此同时，东扩也给欧盟带来了前所未有的挑战。由于新成员国中大多数经济发展水平落后，使得欧盟内部经济发展差距愈发明显和突出，实现区域平衡发展再一次成为欧盟发展以及欧洲一体化的关键性问题。为弥合新成员国与老成员国的差距，欧盟推行区域政策，中东欧地区的欧盟新成员国逐渐成为区域政策的最大受益者。

一、欧盟基金运行机制

区域政策的财政工具包括结构基金、凝聚基金、农村发展基金和海洋及渔业基金。其中结构基金（structural funds）作为区域政策实施中最主要的财政工具，在推动消除地区和国家间差异方面起关键性作用。结构基金分为两部分：地区发展基金（European Regional Development Fund）和社会基金（European Social Fund）。其中地区发展基金主要优先资助创新研究、中小企业发展、低碳经济、

---

* 本文写作时间为2014年，截至2015年12月，罗马尼亚对2007—2013年度欧盟基金吸收率大幅提升，已达60%。

地区跨境合作等领域。社会基金主要针对个人，致力于增加就业和教育机会，并关注贫困人口。所谓"欧盟基金"主要指占欧盟区域政策预算比重较高的结构基金与凝聚基金。

欧盟基金在拨付过程中强调创造地区自主的、可持续发展的能力，并非是长期经济援助。为此，成员国对涉及本国具体经济利益的区域政策提出行动计划并且负责具体实施操作，在欧盟委员会与成员国共同协商下，确定优先支持领域和使用原则。而欧盟预算的具体使用规则由欧盟委员会负责提出，并由欧洲理事会和欧洲议会共同审议决定。获得资助项目的成员国，需要专门管理机构筛选、监管并评估申请基金的项目，欧盟委员会也会监管成员国的每个行动计划。欧盟基金的目标不仅在于缩小地区间和成员国之间的经济发展差距，更是希望欠发达国家和地区通过管理基金实现在制度建设上缩小与其他地区和国家的差距。

在2007—2013年度财政预算（欧盟财政预算每七年为一个单位）中，用于实施区域政策的资金约为3480亿欧元，其中2780亿欧元为结构基金，700亿欧元为凝聚基金。2014—2020年度预算中，用于区域政策的资金增长到3510亿欧元。按照欧盟2007—2013年度预算规模，区域政策规模略小于共同农业政策（Common Agricultural Policy），在欧盟预算中占据重要地位，是欧盟实现2020战略的重要投资工具。

二、罗马尼亚利用欧盟基金的情况

罗马尼亚是欧盟中经济较为落后的成员国，据欧盟统计局数据显示，2013年按购买力标准衡量的人均国内生产总值（GDP per capita in PPS）仅为欧盟27国的54%。由于经济发展落后，该国更加需要获得欧盟区域政策支持。据测算，罗马尼亚接受的欧盟基金预算占中东欧十国欧盟基金总额的13%，其比重仅次于波兰、捷克和匈牙利。

在2007—2013预算年度中，为了配合欧盟区域政策，罗马尼亚政府专门制定了七大行动计划，即划分七个领域吸收欧盟资金：交通计划、环境计划、地区计划、人力资源发展计划、经济竞争力增长计划、行政能力发展计划和技术支持计划。这些计划基本覆盖了罗马尼亚亟待改善和发展的领域，但各个计划的实施状况不尽相同。

欧盟基金预算拨款最多的是交通计划，共计约44.26亿欧元，资金来源是凝聚基金与地区发展基金。该行动计划的目标是为国家提供现代化可持续发展的基础建设，为罗马尼亚经济发展作出积极贡献。该计划既覆盖了罗马尼亚的偏远地区，也照顾到了跨国交通设施建设，既包括移植欧洲的交通法律等软性措施，也包括对硬件设施的基本投资。该计划的吸收率不高，截止到2014年8月，官方统计吸收率仅为33.13%。

仅次于交通计划的是环境计划，欧盟预算拨款约为44.12亿欧元，资金来源是凝聚基金与地区发展基金。该行动计划的目标是改善罗马尼亚的生存条件与环境，特别是要使其符合欧洲环境标准，涉及水系统和污水处理系统的更新与现代化、垃圾处理与污染地区治理、供热系统更新重建、自然保护与自然灾害防治的基础设施建设等多个发展方向。该计划的吸收率也仅为34.07%。

地区计划的欧盟预算拨款约为39.66亿欧元，资金来源是地区发展基金。该计划的主要目标是平衡经济、社会和各地区的发展，关注城市发展，并且注重罗马尼亚欠发达地区。该计划的基金吸收率约为49.01%。

为创造更多就业机会，培养人才，罗马尼亚还制定了人力资源发展计划，欧盟预算拨款约为34.76亿欧元，资金来源是社会基金。通过这项计划，更多的罗马尼亚人能有机会享受专业培训和奖学金。同时，计划还支持创新和创业，提供就业服务，改善就业措施等。该计划的基金吸收率是七个行动计划中最低的，仅为28.75%。

签署项目合同数量最多的是经济竞争力增长计划，欧盟预算拨款约为25.54亿欧元，来源是地区发展基金。该计划也是受益方共筹资金最多的一项。其目的主要是提高罗马尼亚公司的生产力，缩小它们与欧盟的差距。该计划主要针对的是中小企业，鼓励并刺激公司的创新与技术发展。遗憾的是，该项计划的基金吸收率也并不高，仅为36.4%。

行政能力发展计划与技术支持计划是预算拨款最少的两个项目。其中行政能力发展计划的欧盟预算拨款约为 2.08 亿欧元，资金来源是社会基金，该计划吸收率是七大计划中最高的，约为 63.95%。技术支持计划预算拨款约为 1.7 亿欧元，资金来源是地区发展基金，吸收率约为 34.44%。

预算拨款最多的交通计划与环境计划主要针对罗马尼亚的基础设施建设。这一方面说明了罗马尼亚在政治、经济、社会等各个基础领域与欧盟的平均水平还有一定差距，另一方面也可以看出欧盟在输出资金的同时，输出的还有规则、制度和标准。为更好地管理欧盟基金，罗马尼亚政府于 2011 年 9 月成立了欧盟基金部，主要任务是与各部门协调合作，确保欧盟基金的正常运作。欧盟基金部与财政部共同负责技术支持计划的基金管理，其他各大计划的落实主要是由政府相关部委负责，对申请项目进行审批、监督和管理。

三、欧盟基金在罗马尼亚的绩效评估

尽管罗马尼亚政府积极配合欧盟预算资金使用，但罗马尼亚却并非区域政策的最大受益者，其中关键问题在于，该国对欧盟基金的吸收率在欧盟中最低。应当说，欧盟基金对于罗马尼亚而言既是机遇又是挑战。这产生了一个严重的"悖论"：经济落后的罗马尼亚在面对为其摆脱困境的欧盟基金时本应持积极的态度来使用，而现实情况却是欧盟基金使用远远达不到预算，存在巨大的浪费。

首先，罗马尼亚政府部门行政管理能力不足，严重阻碍了欧盟基金的吸收。欧盟委员会评估报告认为，行政管理能力不足是罗马尼亚对欧盟资金的吸收率低的核心原因。行政管理能力不足的主要表现可以归纳为四个方面。首先是人事管理。行政能力不足的原因部分是由于地方行政机构管理基金的人员不足；管理基金的人员专业知识储备不够，而真正的有经验的专家更倾向于在私人部门工作而不是留在公共部门。其次是信息政策管理。欧盟基金受益者认为罗马尼亚项目评估和选择缺少透明度，缺少相关信息，行动计划的项目申请手册更新不及时等。另外，罗马尼亚政府的频繁变动导致政策没有延续性，严重影响中长期战略与政策的制定。第三方面是项目管理。项目申请书撰写缺乏专业性指导，地方与中央机构的配合不够，导致项目提案的拒绝率很高。项目评估、选择和签订的过程太

长，效率低下。另外，欧盟基金受益者表示，项目实施中基本都会遇到报销严重推迟的问题。最后一个方面是，政府各大机构的腐败和官僚主义作风严重，严重阻碍了基金运作的效率。

其次，由于经济危机的影响，罗马尼亚国内经济形势不景气，也阻碍了基金的吸收。欧盟面对经济危机，采取应对措施，修订了欧盟结构基金相关程序和规则，以保障各成员国在经济危机的背景下更好地吸收欧盟基金。但由于欧盟基金拨付采取的大多是报销制，在项目审批结束后需要受益方先自行垫付所需资金。因此，共筹资金（co-financing）是在经济危机背景下吸收欧盟基金的最大困难之一。尤其是对于受到经济危机严重影响的中小企业而言，获得银行贷款的困难增加，更加难以筹到项目所需资金。另一方面，由于政府财政预算缩减，各大部委面临裁员。虽然欧盟基金管理人手不足，但不可能为此再招收新的人员。

最后，与 2004 年入盟的中东欧国家相比，2007 年加入欧盟的罗马尼亚缺少经验，也影响基金的吸收。缺乏经验，不仅仅指缺乏对欧盟基金运作的理解，更是指缺乏对欧盟规则与运行框架的理解。对罗马尼亚来说，如何在欧盟框架下实现本国经济复兴与增长，缩小与老成员国的差距，仍是一个新鲜并且严峻的课题。

罗马尼亚欧盟基金吸收率和使用绩效低下的状况反映了欧盟基金在新入盟的中东欧国家遇到的阻碍和挑战，分析其中的原因，以此来理解中东欧国家融入欧盟、欧盟实现内部均衡的复杂性和艰巨性，对于思考中东欧国家转型、中东欧国家在欧盟中的处境、欧洲一体化等极具现实意义的问题不无裨益。

作者单位：中国社会科学院俄罗斯东欧中亚研究所

冷战后德国与中东欧国家的经济关系

朱晓中

1990年后,随着中东欧国家向市场经济转型,特别是1991年欧共体/欧盟同部分中东欧国家签署《联系国协定》、1993年出台哥本哈根入盟标准明确了中东欧国家入盟前景后,德国资本开始大量流入中东欧国家,并同中东欧国家,特别是维谢格拉德集团国家(V4)建立了日益密切的经济关系。由于地理相近,德国公司利用中东欧国家劳动力质优价廉的优势将其制造业和商品生产链东移。

在1990—1997年间,德国11%的对外直接投资的目的地在中东欧国家,德国的对外直接投资主要分布在V4国家,并在这些国家里建立了制造业中心。德国在中东欧并购和建立了2300家企业。最初,德国对这些国家的投资集中在交通运输、通信和能源领域。从20世纪90年代末期起,德国开始增加对中东欧国家制造业的投资。这类投资占德国对V4国家投资的四分之三。到20世纪90年代末,V4成员国20%—30%的外国直接投资来自德国。德国的投资推动了中东欧地区的贸易增长。到21世纪初时,德国已经成为中东欧国家最大的单一贸易和投资国。2004年,德国同所有中东欧国家贸易的份额提高到21%。

中东欧国家也因长期获得德国的投资及德国离岸制造业而获益:中东欧国家的制造业水平得以提高,制造业在世界制造业出口中的份额得以扩大,与德国的经济关系成为V4国家经济发展的驱动之一。

20世纪90年代中期之后,由于劳动力成本的差异、地理接近和文化类似导致许多德国公司将其相当部分产业转移至中东欧国家，特别是 V4 国家。其中以汽车行业最为典型。

德国的直接投资在中东欧国家创造了产业集群，V4 国家的诸多本土公司成为了许多德国企业供应链上关键的生产商。德国和 V4 成员国之间的许多贸易发生在特定公司或特定垂直生产链内。如今，生产的早期阶段通常在 V4 国家，而研发、设计和营销在德国。

德国的若干制造业企业因 V4 国家较高的劳动生产率和较低的劳动力成本而获益。V4 国家的劳动力可谓物美价廉。这些国家 80%—90% 的年轻人受过基础教育，但工资水平较低。在 1990 年，V4 国家制造业的平均工资只有德国工人的 10%。在 2010 年，德国制造业领域的平均工资为每小时 44 美元，而 V4 国家只有 8—12 美元。此外，中东欧国家的劳动力市场活跃，在雇用和解雇方面更灵活，税率也比德国低。

虽然德国不是唯一将制造业转移至中东欧国家的西欧国家，但德国是利用直接投资建立企业间供应网络（化学、机械、电气设备和汽车领域）而收获最多的国家。地理接近也给德国提供了他国无法企及的优势。斯图加特、巴伐利亚和柏林的制造业中心比西欧其他国家更接近波兰或匈牙利的分包商。

维谢格拉德集团国家也因德国的直接投资和制造业离岸的目的地而获益。首先，外资大量长期流入。在 20 世纪 90 年代，外国直接投资占这些国家 GDP 的 10%—15%。它使得这些国家主要的基础设施得以改善。在 2008 年金融危机爆发之前，流入中东欧国家的外国直接投资多达 650 亿美元，相当于这些国家 2004—2007 年 GDP 的 5%。其中三分之一流入的外资用于建立这一地区的制造业基地。随着外国直接投资和外国公司的进入也带来了新技术，同德国和西欧国家公司的伙伴关系的溢出效应使得 V4 国家的许多公司进入较高附加值的生产领域。这对这些国家尤其重要，因为他们支出的研发费用很低。

德国—中东欧国家供应链的形成给 V4 国家的宏观经济带来重大影响。首先，V4 国家同德国的贸易在前者 GDP 的比重较大（图 1）。其次，V4 的商业活动日益与德国同步，除匈牙利外，V4 其他国家的产出与这些国家同德国的相关性不断增加呈正相关。换句话说，V4国家的产出与其对德国出口的附加值规模有关。

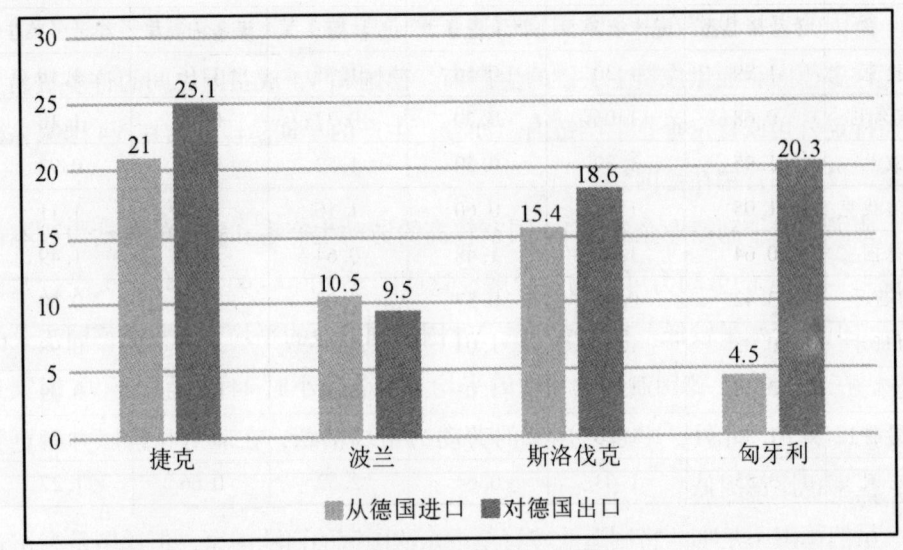

图1 2012年V4国家与德国的贸易占本国GDP的比重

资料来源：IMF, German-Central European Supply Chain-Cluster Report, Country Report No. 13/263, May 2013, https://www.imf.org/external/pubs/ft/scr/2013/cr13263.pdf.

德国—中东欧供应链的进化受到对V4成员国大量外国直接投资的支持。对V4的外国直接投资很大一部分是绿地投资。绿地投资同生产能力的扩张有关。这种投资的外部融资的渠道相对稳定，不易突然中止或大幅下降。投向V4成员国的外国直接投资大多投向了汽车和交通设备领域，这使得德国的乘用车生产外迁成为可能。2009年，外迁企业的乘用车生产量首次超过了德国国内的乘用车生产量。

德国—中东欧供应链的生成导致大量的技术转移。数据显示，V4国家技术密集型的出口增长尤快（表1）。同时，这些领域在国内附加值出口中的份额不断增加。

表1 1995和2009年V4国家制造业中显性比较优势指数

	1995年制造业			2009年制造业		
	劳动密集型	资本密集型	知识密集型	劳动密集型	资本密集型	知识密集型
捷克	1.29	1.30	0.56	1.01	1.16	1.18
匈牙利	0.68	1.06	0.50	0.37	0.77	1.18
波兰	1.95	1.39	0.59	1.52	1.39	0.93
斯洛伐克	1.05	1.61	0.60	1.16	1.41	1.11
德国	0.64	1.07	1.48	0.64	1.20	1.49
葡萄牙	3.42	0.94	0.57	2.08	1.43	0.60
西班牙	0.93	1.21	1.04	0.97	1.29	0.98
爱尔兰	0.34	1.79	1.01	0.11	0.72	0.89
希腊	1.56	1.26	0.03	0.33	0.72	0.20
中国	3.55	1.03	0.64	2.52	0.66	1.27

资料来源：IMF, German-Central European Supply Chain-Cluster Report, Country Report No. 13/263,, May 2013, https://www.imf.org/external/pubs/ft/scr/2013/cr13263.pdf.

随着技术转移，V4国家的显性比较优势指数不断进化。表1解释了V4、德国和其他欧洲国家制造业中显性比较优势指数。德国—中东欧供应链一体化大幅提升了V4成员国知识密集型领域中的竞争力。除波兰外，V4中的其他成员国在知识密集型制造业中已经赶上德国的水平，这是德国供应链中重要的一环。与此同时，出现了劳动密集型和知识密集型中的伴随性丢失。当然，除匈牙利之外，V4其他成员国这两个领域中的显性比较优势指数依然较大。

为了维持其作为德国—中东欧供应链中的一部分（或实际上向扩展成为他们自己更专业化的出口生产），V4成员国很可能需要继续投资人力资本和升级劳动力技能以巩固其在这一地区的比较优势。

V4成员国通过贸易和供应链推动增长和收入趋同可以刺激劳动生产率收益，贸易提高了生产性领域的专业化，继而对整个经济产生效益。V4成员国经济发展普遍较快，不能简单地解释为初始收入较低，而是这些国家参与德国—中东欧供应链加速了收入趋同。在过去 20 年间，收入趋同是欧洲的一个普遍现象。但更快地技术赶上，改善市场功能，与德国更大的生产和商业关系以及较好的制度是中东欧国家发展快于发达国家的重要原因。

当然，更大的贸易开放性也增加了德国和 V4 国家面临全球冲击的风险。德国国内需求溢出对 V4 国家的影响不断增加，但依然较小，而 V4 国家更大的开放性降低了源于德国国内需求减少对这些国家造成的负面影响。2011 年，V4 国家受到德国国内需求冲击的影响只比 1996 年大一点（类似于对其他欧元区国家的影响）。这一现象可以用供应链贸易一体化来解释。德国的最终需求不是 V4 出口德国的主要决定性因素。相反，来自世界其他地方的溢出影响更大。面对欧洲国家需求的冲击，2011 年德国和 V4 成员国的实际 GDP 探底程度大于 1996 年。这是因为德国和 V4 的经济更开放，更易于受到全球经济波动的影响。全球层面上的政策协调对德国和 V4 国家的影响远远大于德国财政政策对 V4 国家的影响。

基于德国和其他西欧国家的外国直接投资，V4 国家创造了一个全新的制造业基地以取代 20 世纪 90 年代私有化浪潮中老旧无效的企业。在金融危机爆发之前的 10 年间，V4 国家制造业产品出口市场份额几乎翻了一番。其中绝大多数出口到德国和其他西欧国家。V4 国家现在成为了皮革、纺织品、塑料和汽车生产的中心。中东欧现在被称之为"老欧洲的新的生产臂膀"。

由于德国资本的大量流入，中东欧国家成为仅次于中国的世界上成长最快的汽车生产地。最初中东欧国家只能生产零部件，现在可以生产减震器、转向系统、电气设备，甚至组装成车。欧洲最大的商用卡车工厂是大众设在波兰的工厂，其产品的 95% 供出口。这些大型制造业中心通常由德国人所有，对当地经济产生了大量的附带效应，数以百计的中小企业成长为供应链。

对 V4 国家而言，它们目前同德国的经济关系是收益与危险并存。目前，同德国的经济联系所获得的收益超过了风险。德国的经济衰退或德国停止投资对这些国家都是灾难性的，会产生威胁到其经济基础的涟漪效应。V4 国家的公众和许多政治家都承认，他们的国家因同德国的经济关系而获益。在 2012 年，波兰、捷克和斯洛伐克 54%—73% 的受访者认为，他们因加入欧盟而实际获益了。波兰因历史上曾遭受德国的入侵而一直对德国怀有戒心，但随着同德国的商业联系不断加深，政治家的观点开始发生变化，希望德国在欧洲的经济稳定和欧洲一体化进程中发挥更大和更积极的作用。

德国—中东欧供应链也蕴藏着危险，即高度依赖对德国的出口和获得来自德国公司的投资。在2008年之前，外国公司占匈牙利就业的47%、投资的82%和工业出口的89%。其中，德国拥有匈牙利所有生产性资产的20%。其他V4成员国出口总额的70%由外资公司完成，德国是最大的利益攸关者。仅向德国出口的制造业产品就占捷克、匈牙利和斯洛伐克GDP的13%—19%。此外，V4国家处于生产链的下游。正如汽车行业所显示的，德国公司正向市场的更复杂的阶段进发，组装转移到中东欧国家。而产生最大利润的生产链部分——研发、设计、营销和机器母机的制造依然在德国。

作者单位：中国社会科学院俄罗斯东欧中亚研究所

德国与匈牙利的关系

贺 婷

德国与匈牙利并非邻国,但在历史发展的长河中,德国和匈牙利的命运却多次交错。"一战"中两国各有所图谋,组成同盟,却均成为战败国,失去了大片领土。相似的命运让两次世界大战之间两国的目的有了某种程度的重合。为收复失去的土地,实现地缘扩张的目标,德国和匈牙利再次联合。随着第二次世界大战的结束,两国再一次成为战败国。大国主导下的雅尔塔体系在东西方之间拉起了铁幕。在东西方大国的势力划分下,德国和匈牙利的命运有所不同,匈牙利被划到苏联的势力范围内,而德国却被两方分据,民主德国和联邦德国分别有了不同的发展方向。1973年12月21日,联邦德国加入联合国后,匈牙利与联邦德国正式建立外交关系,匈牙利与民主德国的关系则在社会主义的共同背景下发展。1989年后,伴随着东欧社会主义阵营的瓦解和柏林墙的拆除,两国关系进入了新的发展阶段。

第一阶段:1989—1992年(德匈关系的基础)

1989年5月2日,匈牙利拆除了与奥地利边界的铁丝网,只要持有效护照的人员就可自由进出。大批民主德国公民借到匈牙利旅游之机,经奥地利进入联邦德国。6月27日,奥地利外交部长阿洛伊斯·莫克和匈牙利外交部长霍恩·久拉一起象征性地割断边界隔离网,表明匈牙利拆除5月2日开始设立的边境监察设施。8月19日,匈牙利改革派政治家波日高伊和联邦德国的欧洲议会议员奥托·冯·哈布斯堡安排了泛欧洲野餐活动,奥地利和匈牙利交界的过境点肖普朗开放3小时。当天约有600名民主德国公民借机逃入奥地利。1989年9月10日,经与联邦德国协商,匈牙利政府允许滞留在其境内的民主德国公民按本人意愿自由出境,同时宣布单方面废除1969年同民主德国签署的《关于禁止对方无有效证件公民去第三国的双边协定》。此后,越来越多的民主德国民众取道匈牙利进入联邦德国。匈牙利的这一举措打破了长期以来横亘在联邦德国和民主德国之间的障碍,为两德统一拉开了序幕。

1989年10月18日,匈牙利国会通过宪法修正案,将匈牙利人民共和国改为匈牙利共和国,宣布实行议会民主和市场经济。1990年10月3日,民主德国并入联邦德国,德国统一。雅尔塔体系不复存在,冷战正式结束。1989年匈牙利开放边境对两德统一的贡献令德国人对匈牙利人始终心存感激。匈牙利借由这一事件在国际舞台、尤其在与德国的关系中有了一次引人注目的表现,为下一阶段德匈关系的发展奠定了重要的基础。

第二阶段:1992—2004年(寻求共同利益的新阶段)

1992年2月6日,德匈两国签署《友好合作和欧洲伙伴关系条约》,开始了寻求共同利益的新阶段。

尽管随着华约的解散,两大军事集团对峙的局面结束,但仍然存在诸多不稳定因素。中东欧地区的民族冲突始终未能解决,欧亚大陆政局不稳。匈牙利作为欧洲小国,没有能力保障自己的安全。除了与周边邻国签订双边条约,建立诸如维谢格拉德集团的地区合作组织以保障自身安全外,匈牙利还试图加入欧洲现有的多边安全合作组织——北约,以寻求更大的安全保障。在东扩问题上,北约一度表现积极,德国也持赞成意见。德国认为,将中东欧国家吸纳到北约这一安全网络中,将有助于这一地区的稳定,对东西欧都有好处;如果中东欧国家加入北约,西方可以不再担心出现大规模移民,德国可以有稳定的边界。如果北约不吸纳中东欧国家,这一地区将成为夹在东西方之间的战略要地,可能导致德国和俄罗斯在这一地区发生利益冲突。为此,德国将匈牙利视为向东的桥头堡而非缓冲带，对匈牙利的军事发展给予了一定的支持。1996年，两国国防部签署了一项军事技术合作协议。① 1997年7月，北约国家首脑会议在马德里举行，邀请包括匈牙利在内的三个中东欧国家加入北约。1999年2月10日，匈牙利总统签署了加入北约的文件。此后德匈两国在安全领域的合作多是基于北约框架。两国都参与了部分北约军事行动，在北约对阿富汗和科索沃的军事行动中进行合作。匈牙利派驻阿富汗的军事小组从德国那里得到了技术设备的支持。德国在阿富汗和科索沃得到了匈牙利军事医疗站的帮助。②

冷战结束后，受地缘政治和小国禀赋的制约以及文化认同和价值取向的影响，匈牙利对外政策的主要方向是尽快加入欧洲现有的政治、经济和军事机构。两德统一后的德国，综合实力增强，力求在冷战后欧洲的国际体系中重新发挥大国作用。中东欧地区不仅对德国的国家安全有重要意义，对德国的经济也有重要意义。德国认为，只有在一体化的欧洲，德国才能实现利益最大化，而中东欧国家正处在欧洲一体化的前沿。对德国而言，帮助匈牙利等中东欧国家加速转型，并加入欧洲一体化，有助于德国东部区域的安全稳定，有助于德国重新树立在欧洲的角色和地位，有助于开辟新的商品市场，同时还可以打消邻国对德国的顾忌。德国和匈牙利等中东欧地区的国家利益有一定程度的重合，两国在政治层面的合作越来越密切。

德国在欧盟东扩的进程中始终持支持态度。1993年6月，欧盟哥本哈根首脑会议首次承诺将接纳中东欧联系国入盟，并公布了入盟标准，即所谓"哥本哈根标准"。这一标准出台后，德国利用1994年下半年担任轮值主席国的机会，将东扩作为重要政治议题，并将这一议题列入德国政府的工作重点。1994年12月，德国在埃森主持了欧盟首脑会议，讨论了欧盟同中东欧联系国关系的最新发展，要求欧盟委员会制定中东欧国家入盟的核心战略，即《中东欧国家准备加入欧盟战略》。德国的努力对推动匈牙利等中东欧国家入盟具有重要意义。

---

① 参见 Jana Vrbová, Germany and the East Central Europe since 1990, Prague, 1999, p.206.

② 参见 Bővítenék a magyar-német katonai együttműködést, http://2010-2014.kormany.hu/hu/honvedelmi-miniszterium/hirek/bovitenek-a-magyar-nemet-katonai-egyuttmukodest.

第三阶段：2004年以后（德匈关系不断发展）

2004年5月1日，匈牙利等十国正式加入欧盟。欧盟的这次扩大是历史上规模最大的一次，使得欧盟的经济总量上升，市场扩大，成为世界上最大的经济和贸易实体，不仅惠及匈牙利等新入盟国家，更让德国等老欧盟国家受益。德国和匈牙利的双边合作与多边合作愈加频繁。欧盟内部便利的商品和人口流动，有利于贸易的促进，德国和匈牙利之间的贸易量逐步攀升，合作领域不断拓宽，人员的流动也带来了技术的流动，促进双方经济的增长。

2008年金融危机给全球经济带了负面影响，随之而来的欧洲部分国家的主权债务危机更使欧盟经济雪上加霜。匈牙利也受到影响，一度需要国际货币基金组织的贷款来渡过难关。受欧盟国家经济不景气的影响，2009年匈牙利的进出口总额出现了大幅下降。2010年后匈牙利经济逐步复苏。2014年，匈牙利经济整体表现出强劲的回升，国内生产总值达1372.38亿美元，增长3.6%，高于欧盟28国1.4%的平均增速，基本恢复至危机前水平。匈牙利的进出口主要依赖欧盟成员国，2013年出口额的77.1%去往欧盟成员国，进口额的71.6%来源于欧盟成员国。2013年匈牙利前四大出口市场为德国、罗马尼亚、奥地利和斯洛伐克，前四大进口来源国为德国、俄罗斯、奥地利、斯洛伐克。[①] 德国是匈牙利第一大出口目的国、第一大进口来源国，是匈牙利在欧盟内最重要的贸易伙伴。

匈牙利曾是中东欧国家中引进外资最多的国家之一。国际金融危机爆发后，外资纷纷抽逃。2009年的外国直接投资剧减至22.8亿美元，仅占GDP的1.8%。受国际金融危机和欧洲主权债务危机影响，匈牙利吸收外资势头有所减弱。但德国仍为匈牙利第一大外资来源地，德国投资领域主要集中在金融、通讯、汽车、电子等行业。匈牙利可以提供廉价且训练有素的劳动力，德国可以提供先进的技术，德国在匈牙利的投资是德国与匈牙利经济关系中的重要组成部分。

---

① 参见匈牙利中央数据局，http://www.ksh.hu。

德国和匈牙利的贸易联系十分密切,但这种关系并不平衡,匈牙利经济对德国的依赖度较高,匈牙利的进出口严重依赖德国,对德国资本的依赖度也较高,但匈牙利却只是德国第十六大贸易伙伴。这种不平衡是两国的资源禀赋和经济总量决定的。德国经济发展稳定,对外投资稳定增长,从长远来讲,在全球经济和安全局势没有大变动的前提下,匈牙利经济在可预见的未来仍可依赖德国。2015年初德国总理默克尔访问匈牙利前的一次调查结果显示,匈牙利人认为德国是匈牙利最重要盟友,支持两国之间密切的政治与经济合作。32%的被访者称德国是匈牙利的首席盟友,多达52%的被访者说他们支持德国与匈牙利之间更紧密的政治关系,52%的被访者认为加深两国经济关系很重要。①

德国和匈牙利虽非邻国,却因共同的利益诉求有过命运的交集,这些交集成为当前两国关系的基础,但历史不能决定未来,现实中的关系发展更多是基于当前共同的利益和今后发展的可能性。在欧洲一体化大背景下,两国有着共同的发展目标,在两国关系中继续探寻可持续发展的契合点,是今后德国和匈牙利双边关系持续发展的关键。

作者单位:中国社会科学院俄罗斯东欧中亚研究所

---

① 参见邱伟仪:《调查发现:匈牙利人认为德国是最重要盟友》,载《新导报》2015年2月10日,http://www.xindb.com/news/xiongyalixinwen/2015/0210/14213.html。

简析冷战后罗马尼亚与德国的关系

曲 岩

罗马尼亚地处欧洲东南部，与德国并不接壤，但同处欧洲大陆的两个国家在历史上有着诸多交集，形成了民族之间、国家之间千丝万缕的联系，这种联系一直延续至今。罗德两国自19世纪建交以来，经历了"一战""二战"、冷战等国际风云变幻，经历了欧盟东扩与欧洲一体化不断加深的历史进程，置身其中，两国有着密切的联系与互动。罗德两国之间的关系是小国和大国关系的一个缩影，梳理罗马尼亚与德国的关系，对于理解欧盟框架下国家之间的互动、新入盟的中东欧国家和老成员之间的关系以及地区一体化进程都有启发意义。

一、冷战后罗德关系的恢复

罗马尼亚剧变后，政治上建立了多党议会民主制，经济上逐渐向市场经济转轨，外交上积极发展与美国的关系，融入欧洲，申请加入北约和欧盟，努力在国际舞台上重塑国家形象。罗马尼亚与德国的关系随之进入新的阶段。1992年4月21日，时任罗马尼亚外交部长的纳斯塔塞与时任德国外交部长的根舍在罗马尼亚首都布加勒斯特签订《罗德友好合作与欧洲伙伴关系协定》，强调加强两国在欧洲以及世界舞台上的合作与对话，支持鼓励两国在金融、农业、环保、交通、文化等各领域的全面交流与合作。该协定为两国关系的发展确立了方向，两国在各个领域的具体合作都是建立在该协定的基础之上。

德国为罗马尼亚入盟以及更好地融入欧洲提供了巨大的援助。1994年5月6

日，罗德两国外长签订罗德技术合作条约，双方就技术合作的方向和方式达成一致，德国承诺派专家进行技术援助，提供物质和设备支持，提供专业技术培训。德国的援助主要集中在帮助罗马尼亚搭建市场经济框架，帮助罗马尼亚在转型中尽快达到国际市场的标准。此外，罗马尼亚财政部每年都会与德国政策性银行复兴信贷银行（KfW）签署政府间财政合作的协议，复兴信贷银行提供借款，用以支持罗马尼亚中小企业的发展。在欧盟成员国中，德国是对罗马尼亚提供援助最多的国家之一。1990—2005 年，德国向罗马尼亚提供了总金额超过 1.28 亿欧元的免偿还经济援助。[1]

虽然德国政府对待欧盟东扩态度积极，并且向罗马尼亚提供了大量经济援助，但德国民众对欧盟东扩并不抱乐观态度。欧盟所做的民意调查显示，德国民众不看好欧盟东扩，有66%的民众不支持欧盟扩大。罗马尼亚入盟进程中，德国是最后一个经议会投票批准罗马尼亚入盟协定的欧盟成员国。

二、欧盟框架下的制约与互动

虽然罗马尼亚最终于 2007 年 1 月 1 日正式成为欧盟成员国，但并没有作为平等的成员享受到与老成员国一样的待遇。作为老成员国的代表，德国在向罗马尼亚开放劳动力市场和罗马尼亚加入申根区问题上表现消极，甚至明确反对。2014 年 1 月 1 日，在 7 年的限制之后，德国成为最后一批对罗马尼亚放开劳动力流动限制的欧盟成员国之一。德国担心的是放开劳动力流动限制之后大批贫穷移民尤其是茨冈人涌入，抢占低收入劳动力市场，并享受同等的社会福利。对此，罗马尼亚总理蓬塔曾表示，那些想要移民的罗马尼亚人早已经离开。2015 年罗马尼亚总统约翰尼斯访德时也表示，真正需要关注的问题是罗马尼亚大量掌握技术和有能力的劳动者离开祖国，这对于罗马尼亚来说是巨大的损失。不过，德国联邦移民难民局调查报告显示，自 2014 年 1 月 1 日起，来自罗马尼亚的移民人

---

[1] 参见罗马尼亚政府 2012 年 9 月 26 日第 951 项决议，http://gov.ro/ro/print? modul=subpagina&link=nota-de-fundamentare-hg-nr-951-26-09—2012。

数与之前相比有明显增加。在此之前，罗马尼亚人更多地选择西班牙、意大利等语言和生活习惯更为相近的地方作为移民目的地国。但是，由于金融危机的影响，这些国家近年来经济状况变差，就业市场形势严峻，因此，更多的罗马尼亚人转而选择经济形势更好的德国。2014年8月，德国出台新规定，失业超过6个月以及恶意骗取社会福利的外国移民，将被驱逐出境。显然，在对劳动力自由流动的问题上，以德国为代表的老成员国还是忧心忡忡。

罗马尼亚加入申根区的进程困难重重。按照正常进度，罗马尼亚本应在2011年加入申根区，虽然目前罗马尼亚已获得申根评估小组的肯定评价以及欧洲议会的支持，但由于包括德国在内的多个欧盟成员国反对，至今罗马尼亚未能如愿。德国没有积极地支持罗马尼亚加入申根区，它给出的理由是，虽然在欧盟的约束下罗马尼亚已经取得了巨大进步，但是仍然没有达到申根区的标准，不能放开对罗马尼亚的边境管制。以德国为代表的老成员国真正忧虑的是，一旦罗马尼亚成为申根区的东部边境国，那么边境控制不力就会威胁整个申根区乃至欧盟的安全。2013年德国内务部长明确表示，如果罗马尼亚坚持要举行欧盟内务部长理事会对罗马尼亚加入申根区问题进行投票表决，德国将投反对票。2015年2月，罗马尼亚新任总统约翰尼斯访问德国时也明确提出，罗马尼亚加入申根区的问题需要德国的支持。但默克尔并没有给出明确的积极答复。德国在罗马尼亚加入申根区问题上的态度，反映了老成员国对罗马尼亚的不信任。

三、罗马尼亚的德意志族人问题

德意志族人在罗马尼亚土地上已经生活大约800年。"二战"以后，生活在罗马尼亚的德意志族人数剧减。后期由于罗马尼亚对待少数民族政策不友好，再加上土地和财产充公政策，又有一部分德意志族人离开了罗马尼亚。20世纪70年代，罗马尼亚领导人齐奥塞斯库与联邦德国总理施密特曾有过秘密约定，罗马尼亚给德意志族人发放签证，联邦德国付给罗马尼亚相应报酬。就这样，大批德意志族人被"卖"到了德国。1989年剧变之后，又有大批的德意志族人离开罗马尼亚。这样一来，留在罗马尼亚的德意志人越来越少。据2011年人口普查数据显示，当时大约有3万多德意志族人生活在罗马尼亚。这些德意志族人成立了自己的社会组织与政党，积极参与罗马尼亚国内的政治社会活动，在争取本民族权益的同时，也为罗德两国的友好往来搭建了桥梁，做出了贡献。

德国很注重境外德意志族人的权益。1992年在与罗马尼亚签订的友好合作伙伴关系协定中明确提出要保障在罗马尼亚的德意志族人权益。在此基础上，两国共同成立了罗马尼亚德意志少数民族政府委员会，从社会、经济、文化和民族身份保护的角度给予德意志族人支持。2014年4月，该委员会在柏林召开第17次会议，讨论有关少数民族语言教育、保护艺术文化遗产、老年人社会保障等问题。德国政府每年都会留有一部分预算，用于支持罗马尼亚德意志族人的语言教育、文化保护、资助中小企业、加强德意志族人的社会保障等。2014年，德国用于支持罗马尼亚德意志族人的资金总额约为300万欧元。

四、经济领域的交往与合作

罗马尼亚和德国之间的经济交往十分密切。欧盟东扩对德国而言收获颇多。德国除了获得了大量劳动力之外，还扩大了市场。从罗马尼亚统计局历年的统计数据可以看出，德国一直是罗马尼亚最大的贸易伙伴。2013年罗马尼亚从德国进口额度为102.41亿欧元，占罗马尼亚进口总额的18.53%，比2012年增长了7.43%。2013年罗马尼亚对德出口额度为91.93亿欧元，占罗马尼亚出口总额的18.55%。罗马尼亚从德国进口最多的一直是机械设备、电子设备。据罗马尼亚统计数据显示，自1990年以来，德国一直占据着罗马尼亚外国直接投资榜上的第三名。2013年德国对罗马尼亚的直接投资数额是67.44亿欧元，占罗马尼亚外国直接投资总额的11.2%。投资方向主要是汽车配件领域，其他优先投资领域还包括批发贸易与零售贸易、建筑业、旅游业和交通。① 据罗马尼亚国家贸易注册办公室统计，2015年2月在罗马尼亚共有20709家德国资本注册公司，其中活跃

---

① 参见罗马尼亚国家银行有关外国直接投资的报告，http://www.bnr.ro/Regular-publications-2504.aspx#ctl00_ctl00_CPH1_CPH1_14364_lnkTitle。

的公司大约有8000家①。为推动两国贸易往来，布加勒斯特还成立了德国—罗马尼亚贸易事务所，代表在罗马尼亚的大部分德国企业的利益，致力于推动双边经济关系。另外，在布加勒斯特、锡比乌、布拉索夫、蒂米什瓦拉、克鲁日—那波卡等地还成立有德国商务俱乐部，为德国私人企业提供商务服务与论坛。

小　结

在2014年11月举行的总统大选中，德意志族候选人约翰尼斯在第一轮落后的情况下第二轮得票率反超竞争对手蓬塔，意外获胜当选罗马尼亚新总统。他曾任锡比乌市市长，罗马尼亚德意志人民主论坛党主席。罗马尼亚宪法规定，总统在外交事务中代表罗马尼亚，签订国际协议，有权委派并召回驻外使节，批准建立或撤销外交使团。因此有分析认为，新总统的身份会给罗马尼亚外交带来新气象，尤其是在与德国的关系上。有国际问题专家指出，过去罗马尼亚过于注重与美国的关系，现在推进与德国的关系有利于刺激投资，也有利于罗马尼亚尽快加入申根区。

在欧盟框架下，罗马尼亚与德国应是平等、自由和互助的关系。但实际上，作为后加入欧盟的罗马尼亚，在入盟、加入申根区等问题上，欧盟制定标准对这些后进国家进行制约。虽然这种制约在积极的意义上可以理解为敦促罗马尼亚达到欧盟标准，但也可以理解为欧盟老成员国与新成员国的不平等关系。德国作为老成员国，是欧盟标准的制定者，从这个意义上说德国对罗马尼亚这样的新成员国具有支配的权力，只是这种支配的权力不再表现为赤裸裸的武力和政治捆绑，而是更为软性的制度约束。

作者单位：中国社会科学院俄罗斯东欧中亚研究所

---

① 参见罗马尼亚司法部商务注册局相关数据，http://www.onrc.ro/index.php/ro/statistici。

中欧 V4 集团国家对美国加强在欧洲军事存在的反应

姜 琍

V4 集团是维谢格拉德集团的简称,是由中欧的四国(匈牙利、波兰、捷克和斯洛伐克)组成的中欧地区合作组织。

2014年6月3—4日,美国总统奥巴马访问波兰,他发表讲话称美国计划扩大在欧洲特别是在北约新成员国的军事部署。奥巴马请求美国国会批准高达10亿美元的款项以提高欧洲盟友的军事能力,认为美国对中东欧国家安全承担义务是其自身安全的基石。然而,在2009年9月,新上任的奥巴马政府曾宣布放弃布什政府制定的在中东欧建立导弹防御基地的计划,全然不顾美国与波兰、捷克已经签订关于部署导弹防御系统的协定,中东欧国家领导人还联名发表公开信呼吁美国在改善与俄罗斯关系时不要忽略中东欧地区。现在,在美俄关系因乌克兰危机跌至谷底之时,奥巴马努力使中东欧国家相信,美国没有忘记它们,会保护它们的安全。那么,中欧 V4 集团国家,特别是波兰、捷克、斯洛伐克对于美国拟加强在中东欧地区的军事存在持何种态度?它们持不同反应的原因又是什么?

一、波兰一如既往希望美国在其境内保持长久军事存在

1989年政局剧变后,波兰历届政府积极支持美国在中东欧地区的政治、军事和经济存在,它是中东欧地区唯一与美国始终保持密切交往、相互理解和信任关系的国家。波兰一方面支持美国发挥重要影响力的跨大西洋组织,另一方面努力成为中东欧国家的"领头羊",发挥连接美国与中东欧国家纽带的作用。

波兰人一直对在本国领土上驻扎美国军人和部署美国军事设施很感兴趣。尽管波兰对2009年奥巴马政府改变中东欧的反导计划有些失望,但对美国在欧洲部署新导弹防御系统表示理解和支持,承诺以相应的规模参与新的反导计划。

随着乌克兰危机爆发和克里米亚并入俄罗斯,中东欧国家中最担心俄罗斯力量增强的波罗的海三国、波兰和罗马尼亚希望美国能够提供给它们更多的帮助,波罗的海三国和波兰还希望美国在其境内与俄罗斯交界的地方建立军事基地,并向这些地区派遣600名空降兵。"美国在英国、西班牙、葡萄牙、希腊和意大利建立了军事基地,为什么不在我们这里建立呢?"波兰外长西科尔斯基发出了这样的疑问。波兰期望美国在其领土上保持永久军事存在的原因主要有以下三个方面:

第一,防范俄罗斯威胁的心理。波兰位于德国和俄罗斯之间,复杂和敏感的地缘政治地位导致其有着较大的安全担忧。1989年政局剧变后,波俄两国在政治和经济领域互不信任,两国关系不时降至冰点。在2010年斯摩棱斯克空难事件发生后,两国关系有所缓和,但仍有相当一部分波兰政治精英和民众基于历史恩怨难以信任俄罗斯,对俄罗斯存在较强的戒备心理。俄罗斯将克里米亚纳入自己的版图,使波兰人防范俄罗斯威胁的意识进一步增强。迄今为止,在波兰和其他冷战后加入北约的国家境内没有部署任何北约的军事基地,波兰人不能确定北约第五条款的规定,即对任何一个成员国的袭击都被视为对所有成员国的攻击,是否仅是纸上谈兵。他们认为,一旦境内没有美国军事基地,即便在国家安全出现问题而北约没有做出任何反应的情况下,美国人也会赶来帮助他们。

第二,强烈的政治抱负。从人口、面积和经济规模等方面来看,波兰是中东欧地区最大的国家。在加入欧盟以前,波兰已逐渐发展成为中东欧地区的强国和中欧V4集团国家的非正式领导者,但它的抱负并非止于在中东欧地区获得最重要的地位,它期望像法国和德国那样在欧洲政治中扮演领导角色。转型25年以来,波兰的国内生产总值呈双倍增长。从2008年国际金融危机爆发至今,波兰是中东欧地区乃至欧盟范围内唯一没有出现经济衰退的国家。经济的稳定增长更加增强了波兰人的政治抱负。波兰不仅努力促进V4集团国家之间的合作、积极推动欧盟"东方伙伴关系计划"、重视与北欧国家特别是瑞典的合作、与法德重启"魏玛三角"合作机制,而且强调与美国发展特殊友好关系。它希望通过支持美国在欧洲、中东欧地区和本国的政治和军事存在,进一步加强与美国的联盟伙伴关系,从而提高其国际地位,增强其在欧洲的影响力。

第三,对欧洲大国有着根深蒂固的不信任。18世纪,波兰的领土先后三次被临近的大国俄罗斯、普鲁士和奥地利瓜分。直至1918年第一次世界大战结束后,波兰国家才得以恢复。1939年在《苏德互不侵犯条约》的《秘密附属协定书》基础上,波兰的领土又一次被两个临近的大国苏联和德国瓜分,当时波兰没有得到它亲近的欧洲大国英国和法国的帮助。在社会主义时期,欧洲大国对苏联粗暴干涉东欧国家内政持审慎态度。不良的历史记忆使波兰人难以信任欧洲大国并指望获得它们的保护,他们长期担忧德国与俄罗斯结盟或者西方大国与俄罗斯在损害波兰利益的基础上进行合作。波兰人不信任欧洲大国,却对美国充满了信任,主要原因是:1918年威尔逊总统支持波兰恢复独立,20世纪80年代末美国支持"团结工会"的活动,美国人给他们带来自由和民主,美国是超级大国,可以更好地平衡俄罗斯的影响。

二、捷克政界对美国加强在欧洲的军事存在意见不一

在奥巴马总统于华沙宣称美国拟向欧洲派遣更多的军人、调动更多的军事设备以应对新的安全挑战的当天,捷克总理索博特卡表示:"捷克没有因乌克兰危机而感到在军事上直接受到威胁,国内安全形势不需要本国军队以外的其他部队留驻,因此捷克现在和以后都不会要求加强北约部队在欧洲的军事存在。"他主张通过政治途径解决乌克兰危机,反对采用军事手段。索博特卡总理关于捷克不需要北约其他成员国部队保护的说辞,遭到泽曼总统、执政联盟伙伴基督教与民主联盟—捷克斯洛伐克人民党和反对党公民民主党的批评。

泽曼总统认为,美国在欧洲加强军事存在基本上是象征性的,主要是派遣几百名空降兵过来,用不着介意。基督教与民主联盟—捷克斯洛伐克人民党主席、副总理别洛布拉德克称,虽然捷克境内不需要有北约的部队,但不可以反对北约

军事力量驻扎在那些要求加强北约在本国军事存在的盟国的领土上。反对党公民民主党和"传统、责任、繁荣09党"支持加强北约部队在欧洲的军事存在,而反对党捷克和摩拉维亚共产党、"直接民主黎明运动"不赞同美国扩大在欧洲的军事部署,认为此举反而会加剧欧洲大陆的紧张局势。

其实,在2014年5月,国防部长特洛普尼茨基关于北约可能在捷克境内部署兵力的言论已经在捷克政界引起激烈的讨论。鉴于乌克兰与俄罗斯之间的紧张局势升级,北约欧洲盟军最高司令布里德洛夫声称,北约将不得不考虑让自己的部队长久驻扎在东欧成员国境内。特洛普尼茨基随即在接受路透社记者访问时表示:"在我们这里任何国外部队长期驻扎是个问题,我们这代人经历了'正常化'时期8万苏军留驻捷克斯洛伐克的那段历史。"他认为,北约成员国对俄罗斯威胁做出不同反应是合乎情理的,捷克可以参加美国与波兰空军定期举行的演习,这是捷克对俄罗斯侵略乌克兰做出反应的一种方式。

捷克托波拉内克政府曾经不顾北约一些成员国的反对,与美国布什政府进行关于在捷克境内建立雷达预警基地的双边谈判,并且签订了相关协议。当时的政府领导人将与美国的反导合作视若继1991年苏军完全撤离、1999年加入北约后完成地缘政治格局重新组合的战略转折点,以便捷克彻底摆脱俄罗斯的影响,更深地融入欧洲—大西洋结构。他们对于2009年奥巴马政府改变中欧反导计划深感失望,托波拉内克总理当时不无遗憾地表示:"20年来,我们努力成为好的盟友、好的合作伙伴以及欧洲大西洋结构的组成部分。美国人这时候决定不在我们这里建立雷达基地是个坏消息,这表明他们对于我们这个地方没有足够的兴趣,致使我们在安全、结盟和建立伙伴关系等方面根基不稳,这是一种威胁。"

时隔5年后,捷克政府领导人不再积极支持美国、北约加强在欧洲的军事存在,主要有以下三个方面的原因:第一,捷克地处北约中心位置,对俄罗斯威胁的担忧较小;第二,5年前积极支持美国在中欧反导计划的是以公民民主党为首的中右翼政府,如今的政府是以捷克社会民主党为首的中左翼政府,捷克社会民主党5年前就反对美国人在本国境内建立雷达基地;第三,捷克人对美国人特别是奥巴马总统的信任有所下降。5年前,尽管多数捷克民众从健康、环境、安全和主权等方面考虑反对在本国境内建立美国的反导基地，但有不少人认为，在俄罗斯力图恢复在中东欧的影响力并施压阻止美国反导计划的情况下，奥巴马政府为了缓和与俄罗斯的紧张关系不惜削弱与中东欧地区的联盟关系，是1938年"慕尼黑阴谋"的重演。

三、斯洛伐克总理反对在本国境内部署北约或美国的军事力量

5年前，斯洛伐克总理菲措表示，只要他还是总理，就不会同意在斯洛伐克境内部署反导防御系统的组成部分，无论它属于美国还是北约。如今，波兰和波罗的海三国要求北约在中东欧地区加大军事活动以应对俄罗斯威胁，美国总统奥巴马承诺将向欧洲派遣更多的军人和调动更多的军事设备，二度出任总理的菲措依旧持拒绝态度。他说："我想象不出来，在我们这里有外国军人守卫的反导站。斯洛伐克已经有外国军人留驻本国领土的历史经验，1968年苏联军队入侵捷克斯洛伐克后就留下不走了，因此这个话题对于我们来说特别敏感。"他指出，斯洛伐克可以为北约其他成员国军人的训练提供培训中心，以尽北约成员国的义务。

斯洛伐克欧洲和北大西洋关系中心主任翁德列伊察克认为，菲措总理把北约部队留驻斯洛伐克与1968年苏军占领捷克斯洛伐克做比较让人难以理解，北约是民主国家的大家庭，它试图表达与中欧盟国之间的团结互助，与苏军留驻捷克斯洛伐克有本质的区别。他还指出，菲措总理发表的言论不仅将破坏与波兰的战略伙伴关系，而且将影响V4集团国家的合作。

斯洛伐克新总统基什卡的外交政策顾问布多拉也表示，菲措总理将1968年以苏联为首的华约军队粗暴入侵捷克斯洛伐克与现在北约和美国努力保障盟国的安全相提并论，是完全错误的，表明他在西方和东方之间犹豫不决、立场不鲜明。布多拉强调，苏联公开破坏国际法、人权并违反《赫尔辛基协议》，斯洛伐克人不可以把它视为伙伴。

斯洛伐克与乌克兰交界，但它没有像波兰那样强烈地感受到俄罗斯的威胁，其主要原因是斯洛伐克与俄罗斯的关系比较好。在1994—1998年梅恰尔政府执

政期间，斯洛伐克因与俄罗斯在政治、经济和军事等领域紧密合作致使其加入欧盟和北约的进程受阻；1998—2006年祖林达政府执政期间，斯洛伐克努力融入欧洲一体化进程，与俄罗斯的关系明显疏远。2006年菲措就任总理后表示，片面亲西方的做法对斯洛伐克不利，应该进一步加强与俄罗斯的关系。在菲措的支持和推动下，斯俄关系得到显著提升。近几年来，俄罗斯不断扩大在斯洛伐克的投资规模，两国在能源、金融和基础设施等领域的合作日益深化。

小 结

奥巴马总统在访问波兰期间向波兰人和所有欧洲人保证，他们不用担心俄罗斯进一步扩张，一旦形势恶化，美国不会袖手旁观，作为欧洲国家的盟友它有义务保护其领土完整。为此，美国政府打算增加在欧洲的军事力量。由于近10年来，俄罗斯通过金融业、房地产市场和能源领域的投资向欧洲国家渗透，欧洲难以在俄罗斯问题上用一个声音说话。在V4集团国家中，波兰热切期望北约和美国在欧洲、中东欧和其领土上扩大军事部署，捷克和斯洛伐克的政府领导人反对北约或美国军事力量驻扎在其领土上。中欧国家对乌克兰危机和俄罗斯威胁做出的反应不同，与其历史经验、地理位置、政治抱负和领导人的执政思维有关。

在V4集团国家政治学者中间存在这样一种观点，奥巴马总统宣称将扩大在欧洲的军事部署只是一种姿态。尽管10亿美元不是一个小数目，但与美国在欧洲军事基地的全部费用相比，非常具有象征意义。他们认为，第二次世界大战以来第一次出现了用武力改变欧洲边界的事情，如果美国人想帮助欧洲盟友应对俄罗斯威胁，仅靠言语远远不够。

作者单位：中国社会科学院俄罗斯东欧中亚研究所

中东欧国家区域经济合作：问题与挑战

贾瑞霞

20世纪90年代初，中东欧国家结束了在经互会内40余年的区域经济合作。经过漫长的准备，多数中东欧国家在21世纪初陆续融入欧盟的区域一体化。这是中东欧对国际格局变化以及全球化的理性应对。时下，国际金融危机与欧债危机余波未散，干扰了中东欧国家在欧盟内一体化的正常进程，也影响到一些中东欧国家对欧盟一体化的态度。一些中东欧成员国或突破欧盟立法框架，不积极支持欧盟为解决危机而出台的举措；或国内极右势力通过选举进入议会或政府，利用公众不满情绪反对欧盟一体化。而危机也进一步拉大了部分中东欧国家与欧盟发达成员的差距，离散着欧盟一体化的凝聚力。

一、挑战欧盟价值观底线

危机压力下，一些中东欧成员国屡屡挑战欧盟的民主、法制底线，匈牙利首当其冲。欧盟认为欧尔班领导的青民盟自2010年4月执政以来，匈牙利民主出现大倒退，终结了多党政治，形成中央集权体制。青民盟利用在国会的绝对优势，屡屡突破欧盟立法底线。新宪法以及一系列新法律因违背民主原则、削弱有关国家机关独立性而遭到国内外的广泛批评。欧盟批评匈政府利用一次性措施抑制预算赤字，认为匈牙利征收暴利税破坏了欧盟课税法律。罗马尼亚、保加利亚入盟以来一直置于欧盟合作与核查机制下，欧盟定期出版报告评估两国入盟后的法制趋同。欧盟认为罗马尼亚政府侵蚀欧盟倡导的民主规范，特别反映在弹劾伯塞斯库总统一事上。一些欧盟国家领导人如默克尔责备罗马尼亚政府削弱法治原则与蔑视欧洲价值观。2012年7月，欧委会在其公布的对罗马尼亚的监督核查报告中指出，近期罗马尼亚发生的一系列事件"将过去5年的所有进展都置于险境"。随后原定讨论罗马尼亚加入申根区的欧盟司法与内政部长理事会会议也被取消。保加利亚在反腐败与打击有组织犯罪、司法管理方面也遭到欧盟诟病。欧洲反欺诈办公室（OLAF）官员指出，2011年该机构对欧盟27个成员国展开了463项欺诈调查，保加利亚就占78项；其中农业领域有60项调查均涉及欧盟资金管理问题。

二、质疑一体化举措

欧盟为解决危机出台一系列创新举措，但面临一些中东欧成员的抵制或消极态度。2012年，在"财政公约"问题上，27个欧盟成员国中，除英国外，捷克亦持拒绝态度；而保加利亚央行行长认为"财政公约"只适用于欧元区国家，而非欧盟范围；保加利亚政府表示其不会向国际货币基金组织注入资金帮助富裕国家。银行业联盟也很难得到中东欧成员的支持，保加利亚社会党主席斯塔尼舍夫表示，保加利亚是欧盟财政和银行系统最稳定的成员国之一，加入欧盟银行联盟不是保加利亚的当务之急。波兰财长表示，波兰要等明白该联盟对其成员意味着什么之后才能表态，这是波兰头一次没有积极支持德国主导的欧盟事务。斯洛伐克虽表示支持银行业联盟，但希望保护其国内银行金融利益。捷克政府表示反对银行业联盟，认为这样会严重危害本国经济，因为90%以上的捷克银行为外国所有者拥有。中东欧的很多银行在20世纪90年代都卖给了西欧，如波兰三分之二的银行为外国所有，保加利亚银行业与希腊银行关系密切。此外，建立欧洲稳定机制要求成员国贡献新的援助基金，但保加利亚、波兰表示难以接受，因为其生活标准远低于那些受援国（如希腊），这无异于让穷人帮助富人。

在讨论2014—2020年度欧盟预算时，德国呼吁削减预算并加强对成员国财政预算的监督。按照时任轮值主席国塞浦路斯的建议，削减主要集中于基础设施建设以及农业支出方面。但削减预算遭到中东欧国家反对。因为这些国家是欧盟预算尤其是凝聚基金、结构基金的主要获益者。2013年2月,经过18个月的艰苦谈判,欧盟新财政预算获得通过,预算总额为9600亿欧元,比2013—2017财政年度预算减少3%,这也是欧盟首次实质性削减预算。英国、荷兰、德国等发达成员国由于债务危机、经济衰退而不愿承担更多的财政贡献,英国还要求削减欧盟层面的行政管理成本。入盟以来,新成员国从欧盟资金中获益匪浅。现在欧盟也面临紧缩财政压力,这对新成员国期待未来7年能从欧盟得到财政资助而言,并非是个好消息。而捷克更是因为相比2013—2017财年少获得60亿欧元而耿耿于怀。

三、公众支持率下降,民粹或极端政党入主政府

1997年的"哥本哈根入盟标准"明确提出,支持市场经济与民主是入盟的必备条件。所以观察中东欧成员国公众对市场经济、民主的支持,可以看出这些国家的人民在多大程度上认同欧盟倡导的价值观。欧洲复兴与开发银行联合世界银行在2010年进行的一项调查表明,金融危机使人们对市场经济与民主的支持都在下降,这不仅反映在欧盟发达市场经济体内,也表现在中东欧新成员内部。法国、德国、意大利、瑞典与英国5个参照国的平均调查数据显示,仅有42%的居民支持"市场经济与民主";在接受调查的9个中东欧成员国里,支持"市场经济与民主"的民众比例都低于5个参照国,除保加利亚、斯洛文尼亚与爱沙尼亚高于30%,其他中东欧成员都在30%以下。拉脱维亚仅有14%的支持率;波兰为26%;立陶宛为27%;在罗马尼亚和匈牙利,只有28%的受访者认为市场经济好于其他经济体制;斯洛伐克这一指标为29%。

以上调查表明,新成员国公民在入盟3—6年,尤其是遭受金融危机冲击后,对欧盟倡导的主流价值观念信心不足,而这也会反映在他们对待本国政府经济政策的态度或选举投票中。一些持民粹立场的政党入选议会或执掌政权,匈牙利的青民盟政府即是一例,青民盟自2010年上台后,一系列举措招致欧盟严厉诟病。2014年4、5月间匈牙利举行议会选举,尽管左翼政党努力争取选民,但青民盟在经济增长背景下继续执政的概率很大。2012年12月9日,罗马尼亚举行议会

大选,民粹主义的人民党作为新政党进入议会并位居第三大党,其对罗马尼亚政治生态的影响值得关注。2013年2月,保加利亚公民党政府在社会抗议压力下辞职。5月,保加利亚提前举行议会大选,社会党联合土族政党组建新政府并依靠极右政党"阿塔卡"支持。"阿塔卡"具有强烈的民族主义色彩,反对欧盟方针政策。联合政府对"阿塔卡"的依赖影响了公众对其信任度。中东欧成员国政治生态的"恶化"对欧盟一体化也是不容忽视的挑战。

四、发展差距加大

国际金融危机以及欧债危机所带来的负面影响冲击着欧盟一体化进展与欧洲的繁荣和稳定。按照人均国内生产总值标准,保加利亚目前是欧盟最穷的国家。2010年,保加利亚人均国内生产总值为欧盟平均水平的43%,排在罗马尼亚(45%)之后。2011年,保加利亚贫困人口接近其总人口的一半,拉脱维亚与罗马尼亚贫困人口占比超过40%,立陶宛与匈牙利超过30%。如何在欧债危机拖延不决的情况下保持新成员不断趋同与追赶,这对欧盟也是一种预警。如果欧盟不能尽早妥善解决债务危机,带领28个乃至更多成员国走上新的增长与发展道路,那么欧盟必将面临成员国公众的质疑,特别是对当下资本主义市场经济体制的质疑。

结　语

20世纪90年代以来,欧洲变得更偏好区域合作。区域合作的核心是解决和平构建与维持和平秩序的问题。在欧盟内部,区域合作深刻地改变了成员国间的关系,也改变了成员国与世界其他国家的关系。西欧一体化的初衷——建立煤钢联营以消除德法军事冲突——得以实现,同时西欧大国对国际事务的影响得以恢复。《新欧洲巴黎宪章》为欧洲重新整合指出了方向,"欧洲对抗和分裂的时代已经结束",各国关系将建立在"彼此合作和尊重的基础上"。欧洲的区域经济合作出现趋同,东欧向西欧"回归"。区域合作旧的基础逐渐消解,新基础在慢慢夯实。冷战结束后,在构建和平、稳定与繁荣的国际社会的努力中,区域合作应该发挥积极的作用。对于小国来说，参与区域合作可以使其进入主流的国际秩序框架，获得政治经济等方面的安全保证。

2014年，部分中东欧国家加入欧盟已是第十个年头。十年在历史长河中转瞬即逝，但仍会有一些值得我们反思的东西留下印记。十年之中，一些中东欧新成员国经济获得显著发展，甚至超过个别老成员国，从欧盟的"边缘"向着"中心"迈进，这将会改写欧盟现有的经济格局乃至决策影响，也会给欧盟的区域合作刻上新的特征。欧盟如何在一体化框架内引导中东欧国家实践其民主法制价值观，促进欧洲繁荣和平，并非轻松的任务。而中东欧国家如何恰当厘清参与区域一体化的权利与义务，聚合而不是离散一体化成果，也是一项艰巨的工作。

关注中东欧国家的区域经济合作的历史，或许可以部分理解中东欧国家为什么要加入欧盟。俄罗斯学者奥尔利克与什梅列夫指出，20世纪，中东欧历经了三次世界性战争——两次"热战"和一次"冷战"。现在中东欧不只是"十字路口的社会"，而且是能够改变或影响整个欧洲命运的社会。未来的欧盟还会发生新的社会经济分野，如欧盟扩大到巴尔干西部地区，不平衡也会再度出现，那么区域合作作为一种校正力量，应该发挥更多的"正能量"。

作者单位：中国社会科学院欧洲研究所

中塞关系的演变及特点

左 娅

塞尔维亚成为独立国家以后,国内外局势发生了深刻变化,塞尔维亚外交政策随即做出调整,相应地,中塞关系也经历了从磨合到深化的过程。目前,中塞关系现状不仅在巴尔干,而且在整个中东欧地区都可圈可点,成为"该地区双边关系发展的典范"。

一、中塞关系的演变

中国和塞尔维亚传统友好,20世纪90年代初南斯拉夫解体后,塞尔维亚和黑山组成南斯拉夫联盟共和国(后改名为塞黑),继而迅速获得中国承认。但是由于塞尔维亚在整个20世纪90年代卷入多场战争,政局持续动荡,陷入严重的国际孤立,从而影响了其对外关系的发展,中塞关系明显趋冷。不过,在北约轰炸、科索沃单方面宣布独立等多个涉及塞尔维亚核心利益的重大问题上,中国都给予塞尔维亚支持与帮助。2006年塞尔维亚与黑山和平分手,塞尔维亚成为独立国家,国内实现了和平与稳定,此后中塞关系进入新纪元,大致可以分为以下三个阶段。

第一阶段:(2006—2008年)提升两国关系质量,加强高层接触,增进了解。

随着塞尔维亚国内局势趋稳,中塞之间的双边政治和经济关系有所回暖,双方进行了一系列较高级别的会晤。但总的来说,这一时期欧盟和俄罗斯还是塞尔维亚外交政策的优先方向,而中国也没有把塞尔维亚视为重要的合作伙伴。

第二阶段：(2009—2011) 建立战略合作伙伴关系，两国合作进入快车道。

2008年科索沃单方面宣布独立，主要西方国家均随即予以承认，塞尔维亚陷入前所未有的外交困境。在这种形势下，塞尔维亚把目光投向了中国，这是因为中塞之间不存在利益冲突，在重大国际问题上能够保持一致；同时，中国身为联合国常任理事国，享有重要的国际地位。2009年塞尔维亚总统塔迪奇访华前夕，塞尔维亚将中国提升为与欧盟、俄罗斯和美国并列的四大外交支柱之一，并于访华期间签署了《中塞关于建立战略伙伴关系的联合声明》，塞尔维亚成为中东欧地区第一个同中国建立战略伙伴关系的国家。战略伙伴关系的建立标志着两国合作进入快车道。

第三阶段：(2012年至今) 在中国—中东欧合作框架下深化中塞关系。

2012年温家宝总理提出了全面发展同中东欧国家关系的12点计划，标志着中国—中东欧国家关系步入新的发展阶段。2013年习近平主席关于丝绸之路经济带构想的提出，进一步提升了包括塞尔维亚在内的中东欧地区在中国外交中的重要性。这一系列重要举措无疑为中塞关系注入一针强心剂，双方在政治、经济、文化等领域的交流与合作愈加密切和富有成效。2013年塞尔维亚总统尼科利奇来华访问期间签署了《中塞关于深化战略伙伴关系的联合声明》。2014年，塞尔维亚作为东道主举办了第三届中国—中东欧国家领导人会晤，中塞两国在基础设施、交通运输、金融、农业、电信和文化等领域交流方面签署了13项协议和备忘录。

二、中塞关系现状及特点

第一，中塞两国高水平的政治互信是发展多领域、多层次、多渠道合作的基础和依托。

中塞两国间不存在原则性争议问题，而且在重大国际问题上能够相互合作与支持，最典型的例子便是中国的台湾、西藏问题，以及塞尔维亚的科索沃问题。可见，与其他中东欧国家相比，中塞关系发展的动力不仅来源于经贸领域，更有牢固的政治基础和利益需求。因此，从中塞关系演变的基本脉络可以看到，两国政治关系的建立与深化要先于经济合作,这也正是中塞发展全面合作的基础与依托。

第二,经济合作是深化中塞关系的亮点和动力。

随着"一带一路"战略构想的提出,塞尔维亚成为欧亚物流的重要枢纽,中塞两国经济合作面临前所未有的历史机遇。从塞尔维亚方面来看,在欧洲经济危机尚未复苏的大环境下,塞尔维亚对欧盟的兴趣不断下降,转而向东方寻求合作,这与中国"向西看"的政策不谋而合,中国企业希望借由塞尔维亚市场继而进入欧盟大市场,塞尔维亚前总统塔迪奇就曾说过:"中国企业来塞尔维亚不是投资一个市场,而是面对整个欧盟市场,这正是我们的优势所在。"近年来中塞在经贸领域的合作欣欣向荣,不仅合作项目数量在西巴尔干国家中最多,项目金额也相当可观,在中东欧乃至欧洲具有广泛影响。

表1 中国在塞尔维亚投资的主要项目

项目名称	项目价值	承建方融资方	所属领域
修建科斯托拉茨350兆瓦的新电站和该电站厂区内德尔姆诺矿井的扩建项目	约为7.15—9.7亿欧元	中国机械设备工程股份有限公司承建,中国进出口银行提供10亿欧元低息贷款	能源
塞尔维亚尼古拉泰斯拉褐煤电站项目	预估价值20亿欧元	中国环保能源控股有限公司承建,中国财团融资	能源
建造全长1.5千米的贝尔格莱德跨多瑙河大桥项目(已竣工)	总投资约为1.7亿欧元	中国进出口银行提供贷款、中国路桥负责设计和施工	基础设施
布达佩斯—贝尔格莱德—巴尔铁路现代化改造项目	塞尔维亚段项目价值约8亿欧元	计划项目资金由俄罗斯和欧盟IPA基金,以及中国—中东欧100亿专项资金提供,但尚未落实	基础设施

（续表）

项目名称	项目价值	承建方融资方	所属领域
建造总长50千米的泛欧11号公路走廊的E763高速公路项目	总价值3.33美元	山东高速承建，中国进出口银行提供优惠出口买方信贷	基础设施
中国江淮汽车集团同塞尔维亚红旗卡车厂就组装卡车项目结束第一轮谈判	未知	该项目计划拟以合资企业的形式实施	生产
恒康家居在塞尔维亚建立第一个海外生产基地	总投资约900万欧元	拟采用绿地投资方式	生产

资料来源：塞尔维亚经济部，中国驻塞尔维亚经商处。

从表1可见，中国同塞尔维亚的大型经济合作项目主要集中于基建和能源领域，这一方面出于塞尔维亚的需求，另一方面在于中国可以通过这些项目加强在该地区的政治影响，同时搭建对外运输的新通道。但双方合作领域狭窄的问题也显而易见。

另外，中国在塞尔维亚的投资模式在很大程度上是基于中国进出口银行、国开行等中国银行及基金同中国路桥公司、中远集团、中水集团等国有企业的密切合作。迄今为止的项目合作主要依靠贷款的方式实现，而不是投资，85%—90%的项目由中国提供低息长期贷款，附加前提是该项目由中国公司承包。这种合作模式在欧洲市场会遇到很多阻力和障碍，塞方也对此表示不满，一些项目因此进展缓慢。两国应当探讨新的合作模式，尤其是融资模式，如通过特许经营、"企业垫资建设+政府逐年回购"等模式。

第三，中塞合作的发展与深化在中国—中东欧合作框架内得以实现。

尽管塞尔维亚是第一个同中国建立战略伙伴关系的中东欧国家，但总的来看两国关系实质性的提升源于中国—中东欧合作机制的建立，中塞合作的很多内容都是在中国—中东欧合作框架内得以实现。从中国—中东欧合作机制的建立到"一带一路"构想的提出，显然，中国对塞尔维亚的政策是涵盖在中国—

中东欧政策之下的，以地区关系推动双边关系的发展。值得注意的是，由于中东欧各国差异性明显，利益需求各不相同，某些国家间关系较为微妙，因此中国在开展合作项目，尤其是涉及多个国家时，应充分做好调研、沟通和协调的工作。

三、影响中塞关系的若干变量

目前，中塞关系发展势头良好，双方均认为深化战略伙伴关系符合两国利益。同时也应注意到，长期来看，中塞关系的走向将受到如下变量的影响。

首先是国际政治大背景，主要是欧盟因素。李克强总理在访问塞尔维亚时强调中国—中东欧合作是中欧合作不可或缺的一部分，可见欧盟是中国在同包括塞尔维亚在内的中东欧国家发展关系时必须考量的重要因素。而基于欧盟在中东欧地区的影响力，以及塞尔维亚的欧盟候选国身份，塞尔维亚在对外政策上需要同欧盟保持一定程度的一致性，在法律法规上也必须向欧盟趋同，同中国合作时不得不受到来自欧盟的制约。因此中国在与塞尔维亚开展合作时，除了了解对象国的相关规定，还应吃透欧盟的法律法规，避免因为对投资、雇工、环保等方面的要求缺乏认知而蒙受损失。

其次是中塞两国国内政治状况。目前塞尔维亚国内政治局势稳定，执政党奉行"两扇门"的外交政策，在致力于入盟的同时，也积极发展同中国和俄罗斯的关系。近年来中国采取了一系列积极主动的外交举措，对海外市场的需求进一步增加，日益重视同中东欧国家的关系。因此双方国内政局的现状和发展趋势对中塞关系的下一步发展是有利的。但不可忽视的是，塞尔维亚各政党政见分歧明显，如自由民主党主张完全一边倒、"向西靠"的外交政策，一旦塞尔维亚国内政局更迭，反对派上台，可能会对中塞合作造成一定影响。

第三个变量来自双方在合作中的收益程度。如前文所述，中塞关系提升的内在动力源于相互间政治经济的需求。目前来看，这种需求在相当大程度上得到了满足。政治上，双方获得了在涉及国家核心利益上的相互支持；经济上，中国与塞尔维亚的合作项目进展顺利，特别是跨多瑙河大桥的按期建成，使双方对互利共赢的合作模式充满期待。然而，随着科索沃问题的降温，塞尔维亚对中国的外交诉求可能有所减弱，同时，贸易失衡、合作领域单一、合作项目中融资方式的分歧等弊端逐渐显现，企业所期待的回报难以实现，在市场经济的条件下双方合作的可持续性将受到影响。

作者单位：中国社会科学院俄罗斯东欧中亚研究所

中东欧国家选举聚焦

2014年斯洛伐克总统选举评析

姜 琍

2014年3月，斯洛伐克举行了1993年独立以来第五次总统选举，同时也是1999年开始全民直选总统以来的第四次选举。在3月15日举行的第一轮选举中，共有14名候选人竞选。由于无人获得超过50%的有效选票，得票率名列前两位的现任总理罗伯特·菲措（得票率为28%）与独立候选人、慈善家安德烈·基什卡（得票率为24%）进入第二轮角逐。在3月29日举行的第二轮选举中，从未涉足政界的基什卡出人意料地以59.4%的得票率打败得票率仅为40.6%的菲措。基什卡当选新一届总统导致斯洛伐克目前的政治力量对比发生变化，菲措领导的方向—社会民主党在国家权力体系中的绝对主导地位受到一定的影响。

一、基什卡和菲措的基本情况及其竞选总统的原因

基什卡生于1963年，1989年政局剧变后不久去了美国。1991年12月回国创办公司。2006年出售公司获利17亿斯洛伐克克朗，约合5000万欧元。同年，与人合伙创建名为"好天使"的慈善机构。2012年10月，基什卡宣布竞选总统。

毫无从政经验的基什卡决定竞选总统的原因主要有：第一，他在经商和做慈善的过程中发现斯洛伐克社会存在许多不良现象，试图从上面推动斯洛伐克社会向好的方向转变，以便形成良好的营商环境，促使更多的人脱离贫困。第二，他坚信，一个政党不能将一个国家所有的权力都集中在自己手中，他认为自己是无

党派人士，能够做到真正独立，在权力制衡机制中发挥作用。

菲措是近十年来斯洛伐克最受欢迎的政治家，1964年出生，1987年加入斯洛伐克共产党，1992—1998年是从斯洛伐克共产党转型过来的民主左派党的议员，1996—1998年任该党副主席。1999年12月，他创建了方向党（后改名为方向—社会民主党），并率领该党在2006年、2010年和2012年议会大选中获胜，2006—2010年以及从2012年4月至今他两度出任总理。执政两年来，该党一直保持35%—45%的支持率。

2013年12月，菲措总理公开宣称竞选总统。在斯洛伐克这样一个典型的议会制国家，政府是国家权力的最高执行机关，总统的权限并不大。那么，菲措缘何希望从总理变为总统呢？他表示：第一，因为其他总统候选人都会与政府对抗，他竞选总统是为了保障斯洛伐克局势的稳定和社会和谐；第二，一旦当选，他可以利用自己长期的从政经验和与其他两位宪政领导人的良好关系（均来自方向—社会民主党）更好地为斯洛伐克效力。

斯洛伐克政治学者们则认为，菲措竞选总统的原因主要有三点：第一，他是方向—社会民主党内竞选总统的唯一合适人选，其他人似乎无力赢得总统选举；第二，在2016年议会大选后，他有可能失去总理的位置，但如果他竞选总统成功，就能保障他至少在今后5年拥有权力；第三，方向—社会民主党已经不是铁板一块，出现了分裂的趋势，他厌倦了各种争吵，担任总统会相对轻松。

对于菲措决定竞选总统，方向—社会民主党的领导层表示尊重和支持，但并不是所有的人都赞同他的决定，因为他身份的变换会引起党内和国内形势的混乱。反对党基督教民主运动的主席扬·费格尔预见到，菲措政治生活的鼎盛期可能在2014年结束，他竞选总统的结果不外乎两种：对方向—社会民主党来说得不偿失的胜利或菲措个人的失败。

二、基什卡击败菲措的原因

菲措是代表左翼力量竞选总统的唯一人选，而右翼力量很分散，没能推举出共同的候选人，所以在竞选民调中菲措的支持率始终位居第一。然而，政治新手

基什卡却击败了菲措,原因主要有:

(一)许多选民和在野党担心菲措与方向—社会民主党积聚太多的权力

许多选民和在野党反对将国家所有的权力交给一个政党,视总统选举为阻止一党控制所有权力机构的重要步骤。结果,在第一轮总统选举中名列第三、第四名的独立候选人普罗哈兹卡、克涅什科以及所有反对党领导人的呼吁下,基什卡将所有支持菲措以外其他总统候选人的选民都争取过来了。

(二)一些选民对传统政党和政治家不信任

2012年拉季乔娃政府提前垮台后,在中右翼选民中间弥漫着对政党政治的不满情绪,他们希望在政治舞台上看到不是来自传统政党的新人。在第一轮投票中,三位独立候选人基什卡、普罗哈兹卡和克涅什科的支持率加起来达到58%,超过菲措支持率的两倍。基什卡当选总统前没有加入任何政党,从未踏入政界,与任何腐败丑闻无关,也不会像一些政治家那样造成社会两极分化,当选总统后能维护全体公民的利益,因此他赢得了很多选民的信任。相反,尽管菲措宣称他有意成为一个促使全民族团结而不是分裂的总统,但事实上他将斯洛伐克社会分裂为两个观点相左的阵营,谁也不相信他当选总统后能够超脱党派利益。

(三)菲措没能将支持自己的选民动员起来

正如菲措本人所说的那样,总统选举其实是关于他和方向—社会民主党的全民公决。从2006年起,菲措的支持率不断上升,但支持他的民众更希望他继续担任总理而不是成为总统,因为作为总理菲措能更多地解决他们面临的问题。菲措也没有向自己的选民解释他想成为总统的原因,以致与2012年议会大选时相比,几乎有25万菲措的支持者没有去参加总统选举。相反,反对菲措的候选人则成功地将中右翼选民动员起来,第二轮参加投票的人数明显多于第一轮,参选率从第一轮的43.4%提高到50.48%。

(四)基什卡的竞选策略较为成功

基什卡是此次总统选举中第一位宣布竞选总统的人。一年多来,他走访了全国各地的普通民众。在竞选活动中,他呼吁保持总统和政府权力的合理平衡,加强司法独立和惩治腐败,努力展示自己是民众利益的代言人形象。从2013年1

月至 2014 年 3 月，基什卡的支持率从 5.8% 上升到 26.4%，成为仅次于菲措的热门人选。在第二轮投票前，他面对菲措的挑衅性言辞表现得体，又一次给自己加了分。与基什卡相比，菲措的竞选策略比较糟糕，竞选活动杂乱无序，没有给选民展示积极、正面的形象，反而采取了攻击对手、诋毁对手名誉的策略，惹怒了反对菲措的选民，也没赢得原本支持他的选民的好感。

三、基什卡当选总统对斯洛伐克政坛的影响

2014 年 6 月 15 日，基什卡就任新一届总统。斯洛伐克政坛将会随之发生以下三个方面的变化：

(一) 总统的地位与影响力得到加强

基什卡认为，总统应是国家政治生活中一个活跃的行为体。他在竞选总统期间以民众的代表自居，表示要促使斯洛伐克政治大众化。他当选总统后的根本任务之一是恢复民众对总统的信任，为民众争取利益，并阻止政府制定对民众不利的法律。他强调，不允许一个政党统治整个国家，总统应该成为国家权力的有效制衡。今后，他很有可能在宪法框架内积极平衡方向—社会民主党一党政府的影响力。

斯洛伐克政治学者认为，尽管基什卡对一些问题的看法与反对党的政治家较接近，并且在竞选总统过程中得到反对党的支持，但他不大可能成为反对党的代言人，也不会致力于建立一个新的权力中心。一旦他成为一个真正独立、不与任何政党和赞助商保持密切关系的总统，他就有可能在斯洛伐克政治舞台上树立起自己的威信并发挥重要的作用。

(二) 菲措和方向—社会民主党有可能改变执政方式

此次总统选举使菲措这位长期以来最受欢迎、最值得信赖的政治家遭遇政治生涯中最惨痛的失败，一些反对党呼吁菲措递交辞呈，但斯洛伐克政治学者们认为，他不会辞职和退出政坛，否则他的选民会认为他在逃避现实，没有能力承受失败。在未来两年中，他有可能改变自己的执政方式，会更多地倾听民意，对反对派的态度也会变得温和一些。

对于方向—社会民主党来说,总统选举的结果是一个警告。基什卡在第二轮投票中获得130多万张选票,比方向—社会民主党在2012年议会选举中获得的选票还多17万张。这使方向—社会民主党今后不得不尊重总统的权限,并会努力与反对派开展更广泛的合作,以缓和左、右翼政党间的对抗。在改变了执政方式后,方向—社会民主党可能会变得更加强大。

(三) 总统与总理的关系比较微妙

在竞选总统的过程中,基什卡与菲措互相质疑和批评对方,菲措还故意诘难、诋毁基什卡。基什卡对政治和经济发展的观点比较接近中右翼政党,而且他为了捍卫民众的利益会与菲措政府抗争。两位国家最高领导人很可能进入"冷战"状态,这不仅会造成政治局势不稳定,而且会损害斯洛伐克的国际声誉。为了国家和民众的利益,两位昔日的竞争对手必须消除成见,这需要双方付出诚意和努力。

作者单位:中国社会科学院俄罗斯东欧中亚研究所

2014年塞尔维亚大选述评

左 娅

2014年3月16日塞尔维亚提前举行议会选举，4月27日新政府成立，塞尔维亚前进党主席、前第一副总理亚历山大·武契奇任总理。新政府由19人组成，下辖16个部，相比上一届政府少了2个部，其中5位部长是无党派的专家型人士，因此本届政府被称为"专家型"政府。

一、意料之内的大选结果

上一届塞尔维亚政府于2012年7月成立，执政一年后，由于在政策目标上的分歧，第一副总理武契奇提议，对内阁成员一年来的工作进行考评，撤换不称职成员，以期提高政府行政效率，改善工作成绩。随后11名内阁部长被撤换，政府进行了改组，改组后个别小党退出了政府，使政府的合法性和稳定性受到影响。为了加强政府的合法性和稳定性，顺利推进政府工作，塞尔维亚总统尼科利奇于2014年1月29日宣布解散议会，并定于3月16日提前举行议会选举。此次选举是自1990年多党选举以来的第十次选举，共有19个政党和政党联盟角逐议会中的250个席位。

根据最终计票结果，以塞尔维亚前进党为核心的"我们相信的未来"竞选联盟获得了48.44%的选票，即158个议席，高居榜首；塞尔维亚社会党竞选联盟获得14.05%的选票，以44个议席名列第二；民主党获得了19个议席，新民主党联盟获得了18个议席，伏伊伏丁那省匈牙利少数民族联盟、桑扎克区民主行动党和阿尔巴尼亚族的民主行动党各获 2 个议席。

塞尔维亚前进党无疑是本次大选的最大赢家,根据选前的民意调查,前进党票数最高,遥遥领先于第二位的社会党。塞尔维亚前进党成立于 2008 年 10 月 21 日,是塞尔维亚最年轻的政党之一。该党最初由 21 名原塞尔维亚激进党成员组成,属于中右翼政党,主张在维护国家利益的同时完全融入欧洲一体化。2012 年塞尔维亚前进党首次参加议会选举便取得不俗的成绩,成为议会第一大党。同年,塞尔维亚前进党主席尼科利奇当选总统。之后,武契奇出任前进党党首并担任塞尔维亚政府副总理。武契奇上任不久便着手制定并相继出台国家反腐败战略"五年行动计划"等相应法规,反腐斗争卓有成效,仅半年就有约 90 人因为涉嫌贪污被逮捕,包括塞尔维亚亿万富翁、零售业巨头和巴尔干地区最有影响力人物之一米罗斯拉夫·米斯科维奇。武契奇因此获得了超高人气,被称为"反腐先锋",在 2013 年 3 月的民意调查中获得 71%的个人支持率,此次担任总理可谓众望所归。

本次议会大选具有以下特点:

1. 与上一届议会相比,本次议会大选的选票高度集中,进入议会的党派数量大幅减少。根据此次选举结果,共有 18 个党派进入议会,而两年前的议会选举后有 45 个党派进入议会,曾经创造了欧洲纪录。从历史上来看,如此集中的票选结果只发生过两次,即 1990 年的塞尔维亚社会党和 2000 年的塞尔维亚民主联盟。塞尔维亚前进党获得史无前例的大权,表明选民对该党尤其是武契奇打击腐败和有组织犯罪政策的高度认同和期待。

2. 反对派惨败,欧洲一体化成为共识。2014 年初,塞尔维亚正式开启入盟谈判,全国上下入盟情绪高涨,对选举结果产生重要影响。在本次选举中,反对欧洲一体化的塞尔维亚民主党和塞尔维亚激进党都未能进入议会,反对派的边缘化前所未有,而议会党派无一例外地全部支持欧洲一体化。欧盟对选举结果表示相当满意,欧盟外交事务与安全政策高级代表阿什顿在新政府成立的第二天即到访贝尔格莱德,称塞尔维亚是"巴尔干国家的榜样"。

3. 科索沃不再是选战议题。在竞选演讲中,几乎所有党派都围绕着欧洲一体化、吸引外资、创造就业机会、基础设施现代化、打击腐败和有组织犯罪的主题，鲜有提及科索沃问题。无论是政治家还是普通百姓都已经清楚地认识到，科索沃的未来走向已不在塞尔维亚的掌控范围，科索沃之于塞尔维亚的重要性仅在于其与入盟挂钩。

二、新政府的施政纲领

关于经济改革。新总理武契奇在就职报告中强调，新政府的首要任务是经济改革，发展私有部门及通过缩减消费实行财政整顿，使塞尔维亚在两三年后成为东南欧最具活力和吸引力的经济体。最困难的部分是减少公共行政部门的支出和精简人员，新政府将采取措施增加私营部门的吸引力，对中小企业进行政策倾斜，使从公共行政部门裁减下来的部分工人再就业或新创业。2014年6月以来，新政府出台了一整套关于劳动、私有化、破产、公务员等的法律，以创建良好的市场环境，消除腐败，改革经营方式。

关于入盟谈判。武契奇称政府将继续推进入盟谈判，争取年内开始新的谈判章节，2018年结束入盟谈判。同时地区合作也是政府优先事项和目标之一，这种合作将建立在相互尊重的基础之上，武契奇同时宣布波黑是他以总理身份访问的首个国家。

关于科索沃。新政府强调不会改变对科索沃的政策，将继续与科索沃方面就关系正常化进行对话。武契奇重申，塞尔维亚不会承认科索沃独立，对双方尚存的问题，将通过欧盟斡旋下的对话寻求解决方案，他将亲自代表塞尔维亚与科索沃方面谈判。

另外，新政府还将坚决打击腐败和有组织犯罪，实施司法改革，提高新闻自由，改善儿童医疗条件，加强政策执行力。

三、新政府面临的挑战

由于塞尔维亚前进党在政府中占据绝对多数，总统尼科利奇也来自该党，而反对党力量薄弱，因此执政党地位相当稳固，有利于各项政策措施的贯彻实施。

目前来看，新政府今后最大的挑战是实现经济复苏、建设法治国家，以及为吸引外资创造更好的经营环境。主要有以下几点：

1. 能否完成入盟谈判。塞尔维亚当局乐观相信将在2018年完成入盟谈判，2020年正式入盟。欧盟在同塞尔维亚的入盟谈判中，首先启动的是包括与科索沃关系正常化内容的第35章。欧盟规定，如果这一章节谈判没有取得进展将会推迟其余谈判章节的开启，因此与科索沃关系的正常化将直接影响塞尔维亚入盟谈判的速度。塞尔维亚目前最大的难题是，一方面由于科索沃塞族居民反对，以及塞尔维亚与科索沃对关系正常化协定内容的解读不同，该协定执行起来必然难度很大，如果该协定不能顺利实施，那么入盟依旧是水中月、镜中花；另一方面，欧盟始终未对"正常化"做出明确的解释，这也成为欧塞双方在具体谈判中需要协调和解决的问题。随着谈判的进行，欧盟是否会提出新的条件，甚至迫使塞尔维亚承认科索沃也未可知。

2. 能否继续推进司法和行政改革。欧盟扩大专员菲勒指出，塞尔维亚在系统性的改革方面面临严重的挑战。司法改革和社会经济改革势在必行，但难度极大，不仅仅是改革本身的难度和复杂度，更有来自既得利益群体的阻力。在塞尔维亚，公共部门规模庞大、人员冗余。武契奇政府把增收节支列为头等大事，并将继续精简公共部门，大概裁员3万人，这必将产生巨大不满，新政府改革面临的困难重重。

3. 能否实现经济复苏，改善民生。受欧元区经济危机的影响，塞尔维亚陷入经济衰退，出口贸易不景气，外国直接投资流入量减少，通货膨胀加剧，失业率进一步增加至27%。据世界经济论坛发布的《2012—2013年全球竞争力报告》，在144个经济体中，塞尔维亚位列第90位，在欧洲国家中位居末位。公共债务过去两年增加了53亿欧元，比去年翻了一番。2014年预算赤字达到创纪录的7%，而欧盟要求预算赤字降低到国内生产总值的3%以下，公共债务不超过国内生产总值的60%，塞尔维亚显然差距甚远。

4. 能否坚决惩治腐败，打击有组织犯罪。近年来，塞尔维亚通过完善法律制度和机构设置，制定一系列措施，在预防打击腐败和有组织犯罪方面取得了一定的成效，审理了一些大案要案，逮捕了一批贪官污吏和要犯。但反腐败形势依然严峻，根据"透明国际"公布的2013年世界各国腐败认知指数，塞尔维亚位列第72位，在欧洲排名仅高于阿尔巴尼亚。有组织犯罪团伙在塞尔维亚建有据点，并同高级官员和军事组织勾结，引发腐败、灰色经济等一系列问题。

5. 能否构建长期稳定的睦邻关系。由于历史的原因，塞尔维亚同邻国关系一直较为敏感。欧盟对西巴尔干国家提出的入盟标准之一就是改善邻国关系，在此压力下，邻国关系逐渐好转，地区合作不断加强。但2014年以来，围绕前南战争期间所犯罪行的争论使塞尔维亚同邻国关系再度紧张。年初，塞尔维亚同克罗地亚就前南战争中犯下的种族清洗互相提交了起诉书，闹上了海牙法庭，双方各执一词。不久，塞尔维亚又对5名波黑战争中的波什尼亚克族军官提出通缉和引渡要求，此举引起波什尼亚克族民众的愤慨。可见，尽管近20年过去了，但是塞尔维亚与邻国仍有诸多问题存在争议，如何构建可持续的和平与发展关系是新政府面临的难题。

作者单位：中国社会科学院俄罗斯东欧中亚研究所

2014年匈牙利议会大选述评

贺 婷

2014年4月6日，匈牙利举行议会选举。根据国家选举办公室公布的最终计票结果，青年民主主义者联盟—匈牙利公民联盟（简称"青民盟"）与基督教民主人民党（简称"基民党"）组成的联盟在个人选区的选举中大获全胜，赢得了106个选区中的96个，左翼政党联盟赢得剩下的10个。在新议会的199个议席中，青民盟和基民党组成的联盟共获得133个议席，占66.83%，左翼政党联盟获得38个议席，占19.1%，极右翼政党"尤比克"获得23个议席，占11.56%，"政治可以是别样的"赢得5个议席，占2.51%。青民盟和基民党组成的联盟不仅成功实现了连任，并且继续占据议会中三分之二以上的席位。

在2010年的议会选举中，青民盟和基民党组成的联盟获得议会386个席位中的262个，占67.88%，匈牙利社会党获得59个席位，占15.28%，"尤比克"获47个席位，占12.18%，"政治可以是别样的"获16个席位，占4.15%。与四年前的情况相比，在这次大选中，青民盟的优势仍在，左翼政党的境况没有明显改善，极右翼势力有所壮大。

一、青民盟优势仍在

从选举结果来看，青民盟仍然是匈牙利最受欢迎的政党，它与基民党组成的联盟不仅在个人选区选举中赢得了最多的选区，而且还在国家政党选举名单中拿到了最多的选票。大选前，各民意调查和研究机构的报告都显示，青民盟已胜券在握，唯一的悬念是能否获得三分之二多数席位。与2010年相比，青民盟与基民党组成的联盟获得的选票减少了，得票率也下降了。但获得44.87%的政党全国选举名单选票，以及赢得个人选区的绝大多数席位，还是帮助青民盟与基民党组成的联盟成功占据了议会三分之二的议席。

包括欧洲安全与合作组织在内的一些机构认为，青民盟与基民党组成的联盟的获胜与选举法的修改有一定联系。这次选举是2012年1月1日生效的匈牙利议会新选举法通过后举行的首次选举。新选举法是在青民盟的主张下通过的。根据新选举法，议会选举由此前的两轮制改为一轮制，议员席位由以前的386个减为199个。其中106个席位通过个人选区直接选举产生，即选区中获得票数最多的竞选人直接获胜；其余93个席位由提出全国选举名单的政党根据所获选票的多少进行分配。匈牙利全国现有800多万选民，每位选民在投票时要投两张票，一张投给其支持的个人选区候选人，一张投给其支持的全国选举名单中的政党。此次参加个人选区竞选的共有1531人，提出全国选举名单的政党有18个。新的选区划分方式，使得作为青民盟竞争对手的左翼政党联盟占优势的选区变大，左翼政党联盟为取胜需要获得更多的选票。根据匈牙利媒体报导，每个参加竞选的政党获得席位所需的选票数相差较大。每获得一个议席，青民盟大约需要31833票，左翼联盟需要66309票，"尤比克"需要84879票，"政治可以是别样的"需要94424票。

此外，新选举法有利于获得多数选票的政党。全国选举名单中有18个政党，投给全国选举名单的有效选票共有5047363张，其中4个政党或政党联盟取得了进入议会所需的5%以上的选票：青民盟和基民党组成的联盟获得44.87%选票，左翼政党联盟获得25.57%的选票，"尤比克"获得20.22%的选票，"政治可以是别样的"获得5.34%的选票。根据选举结果进行议席分配后，获得44.87%选票的青民盟和基民党组成的联盟却获得了三分之二以上多数的席位，这是新选举法对赢家的倾斜。

新选举法给予境外匈牙利族人投票权，这在关键时刻帮助了青民盟。这些居住在境外的匈牙利族人大多居住在周边的邻国。"一战"结束后，根据1920年

《特里亚农条约》，匈牙利失去了三分之二的领土及在这些领土上居住的匈牙利族人，他们成了居住在匈牙利邻国的匈牙利族人。这一事件的影响延续至今。青民盟领导的政府在2010—2014任期内就积极推动法案赋予境外匈牙利族人投票权，而事实上，占总票数2.5%的境外选票中的95.5%投给了青民盟，这些选票使得青民盟与基民党组成的联盟所控制的议席从132个增加到133个，这多增加的一个席位决定了它拥有足以再次修改宪法的三分之二以上多数。

在2010—2014任期内，尽管青民盟通过的多项法律引起国内外的不满，但欧尔班政府出台的一些快速改善民众生活的政策，包括改善就业、降低水电气费用、减轻家庭的外币债务等获得了选民的支持。这些优惠政策容易取得普通民众的好感，帮助青民盟在选举中获得更多选票。

二、左翼政党联盟一盘散沙

与青民盟相比，看似阵容强大的左翼政党联盟其实散沙一盘。这个联盟由匈牙利社会党、"民主联盟"、"团结2014"、匈牙利自由党和"为了匈牙利对话"5个政党于2014年1月14日匆匆组成，提名匈牙利社会党主席麦施戴尔哈兹·阿提拉为总理候选人。这5个政党除匈牙利社会党是传统左翼政党外，均是近几年新组建的政党："民主联盟"是由匈牙利社会党原核心成员、前总理久尔恰尼·费伦茨及其追随者于2011年离开社会党自立门户而成；"团结2014"由2009—2010年间任总理的鲍伊瑙依·戈尔东于2012年秋组建；匈牙利自由党由2008—2009年任自由民主主义者联盟主席的佛多尔·盖博尔于2013年春组建；"为了匈牙利对话"则是在2013年"政治可以是别样的"决定放弃与"团结2014"组成联盟后，由主张联盟的原"政治可以是别样的"成员组成的左翼绿党。

这5个政党中实力最强的匈牙利社会党没有摆脱之前执政时期的负面形象，在2010年选举失利后也没能调整政策，在2010—2014年间的民意支持率始终远远低于青民盟。其他新成立的政党都还没有自己稳定的选民基础。

这5个政党组成的竞选联盟，是为了合作对抗青民盟而走到一起的，其内部分歧或许要超过它们一致对抗青民盟的目标。因此，它们没有提出有新意的竞选纲领，在竞选中的表现也没有新意，而是花了很长时间决定竞选名单，以致很多中间选民倒向其他政党。最终的选举结果并不理想，左翼政党联盟只在匈牙利社会党和自民盟的传统选区中胜出。议会选举结束后，左翼政党联盟为保持议会第二大党地位，仍作为政党联盟在议会中活动。但在5月欧洲议会选举中它们却各自为政。

三、极右翼势力有所壮大

从某种意义上讲，极右翼政党"尤比克"是这次选举真正的赢家。它在这次选举中获得的选票超过了2010年。在106个个人选区中的41个，"尤比克"都名列第二。在东北部工业重镇米什科尔茨，"尤比克"获得的选票几乎赶上了青民盟。左翼政党联盟所获选票分散在各个政党手中，如果他们不在议会中联盟，"尤比克"甚至有机会成为议会第二大党。从这点上看，相比左翼政党，"尤比克"或许是青民盟在下次选举中最大的威胁力量。如果青民盟不在这一任期内采取应对策略，"尤比克"的势力有可能更加壮大。

在这次选举中，"尤比克"一改往昔的激进政策，采用较为温和的竞选策略，这是它赢得选票的一种有效手段。此外，"尤比克"在这次选举中获得的新选票一部分来自于海外选民，这或许跟它们的极端民族主义主张有关。在境外匈牙利族人的问题上，"尤比克"甚至会采取比青民盟更为激进的策略。在这方面，它也是青民盟的竞争对手。2010—2014年间，青民盟和左翼政党联盟都把彼此当成劲敌，忽略了"尤比克"。这也是它逐渐壮大，并能在这次选举中获得更多选票的原因之一。

四、青民盟的政策走向

2014年5月6日，匈牙利新一届议会正式宣告成立，议员宣誓就职。5月10日，匈牙利议会以130票赞成、57票反对的投票结果选举青民盟主席欧尔班·维克托为匈牙利总理，欧尔班随后宣誓就职，开始他的第三个总理任期。青民盟与基民党组成的联盟获得三分之二多数席位，意味着它们在接下来的四年中可以按照自己的意愿推动任何法案和动议的通过。

在5月欧洲议会选举和10月匈牙利地方选举中,青民盟的优势依然明显,在欧洲议会中占12个席位。在10月12日举行的地方自治选举中,青民盟与基民党组成的联盟赢得了首都布达佩斯市长的职位以及23个州级市市长职位中的20个,并在首都和各州的议会中获得多数席位。这进一步巩固了青民盟在匈牙利政治舞台上的地位。值得注意的是,极右翼政党"尤比克"在地方议会中获得的席位与左翼政党不相上下。这表明匈牙利政党中左右翼力量间的不平衡,右翼势力占绝对优势,极右翼势力对青民盟的威胁甚至有可能超过左翼政党,这或许会使青民盟的政策走向有所调整,采取一些接近极右的措施以争取更多亲右选民。

从目前情况看,欧尔班政府对内对外政策的方向将基本坚持此前的态度,继续实行"非正统"经济政策(指欧尔班政府2010年以来实行的一系列与其他欧盟国家不同的政策,比如为应对经济衰退,向外资银行等部门征收特别税等)和向东方开放的外交政策。2014年年初以来,匈牙利的经济增长速度稳定,政府预计2014年经济增长为3.1%。欧洲复兴开发银行已经将对匈牙利的2014年国内生产总值增长预测从1.6%上调至2.8%,2015年增长预测为2.2%。匈牙利经济形势向好将有利于青民盟巩固执政地位,但如何进一步巩固选民基础,保持优势,欧尔班政府仍面临挑战。

作者单位:中国社会科学院俄罗斯东欧中亚研究所

2014年马其顿总统和议会选举述评

高 歌

2014年是马其顿总统选举年。执政两党——内部革命组织—争取马其顿民族统一民主党（下称"内革组织"）和一体化民主联盟在推举总统候选人问题上发生分歧，执政联盟破裂。一体化民主联盟要求提前进行议会选举，内革组织表示同意。3月，议会通过决议，解散议会，提前一年举行议会选举。4月，总统和议会选举举行。

一、选举基本情况

4月13日，马其顿举行独立以来的第五次总统选举。共有四名候选人参选，分别是：现任总统、内革组织的格奥尔基·伊万诺夫、社会民主联盟的史蒂沃·潘达洛夫斯基、阿尔巴尼亚族民主党（下称"阿族民主党"）的伊利亚兹·哈利米和马其顿公民选择的佐兰·波波夫斯基。一体化民主联盟对总统选举持抵制态度。伊万诺夫、潘达洛夫斯基、哈利米和波波夫斯基分获51.69%、37.51%、4.48%和3.61%的选票，但由于投票率只有48.86%，无人获得登记选民中过半数的支持，得票居前两位的伊万诺夫和潘达洛夫斯基进入第二轮角逐。

4月27日，马其顿举行总统选举第二轮投票。伊万诺夫和潘达洛夫斯基的得票率分别为55.28%和41.14%，投票率为54.38%，伊万诺夫当选，得以连任总统。

同日，马其顿举行独立以来第八次议会选举，这也是自2006年以来连续第三次提前议会选举。共有14个政党和政党联盟参选，竞争主要在执政党内革组织与反对党社会民主联盟以及两个阿尔巴尼亚族政党——执政党一体化民主联盟与反对党阿族民主党间展开。根据马其顿国家选举委员会公布的选举结果，内革组织名列第一，社会民主联盟、一体化民主联盟和阿族民主党分列第二、第三、第四位，投票率为62.96%。

2014年马其顿议会选举结果

政党	选票数	得票率	席位数
内革组织	481.615	42.97%	61
社会民主联盟	283.955	25.34%	34
一体化民主联盟	153.646	13.71%	19
阿族民主党	66.393	5.92%	7
马其顿公民选择	31.610	2.82%	1
民族民主复兴	17.783	1.59%	1

资料来源：Republic of Macedonia State Election Commission, http://rezultati.sec.mk/Parliamentary/Results? cs=en-US&r=2&rd=r&eu=All&m=All&ps=All。

5月12日，伊万诺夫就职，开始他的第二个总统任期，并授权内革组织领导人、现任总理尼古拉·格鲁埃夫斯基组阁。6月19日，议会批准以格鲁埃夫斯基为总理、由内革组织和一体化民主联盟组成的政府。

二、内革组织获胜原因

伊万诺夫和内革组织的获胜得益于马其顿经济的恢复、内革组织吸引民众的政策、其内部的凝聚力和作为执政党所掌握的资源优势。首先，2013年，随着欧元区特别是德国经济的复苏，马其顿经济恢复增长，实际国内生产总值增长率超过预期的2.8%，达到3.1%。这有助于提升民众对内革组织执政的信心。其次，内革组织执政期间，致力于改善商业环境，吸引外资，促进经济发展，并采取提高工人工资、退休金及给农民的补贴等措施。竞选期间，更是做出取消贫困人口的电费、取暖费及没有偿付的银行贷款等承诺。再次，内革组织的凝聚力有所加强，许多曾经分裂出去的派别重新回到党内，壮大了党的力量。最后，内革组织利用手中掌握的行政、司法资源以及对媒体的控制为竞选服务。这也是选举结果遭反对党非议的一个重要原因。

与内革组织相比，社会民主联盟可用的资源有限。例如，欧洲安全与合作组织关于选举的初步报告称，在总统选举第一轮投票前，伊万诺夫有23小时的付费政治宣传时间，潘达洛夫斯基只有3小时，在第二轮投票前也是如此。提前议会选举更打乱了社会民主联盟的阵脚，令其没有足够时间完成革新，树立新形象。

三、选举与马其顿政治局势

伊万诺夫的连任和内革组织的继续执政进一步巩固了内革组织在马其顿政坛的主导地位，有利于保证政策延续性和政局稳定。首先，总统伊万诺夫和总理格鲁埃夫斯基同属内革组织，观点、立场相近，从2009年至今共事多年，合作密切。其次，内革组织在议会123个席位中占61席，只差1席便拥有绝对多数。与执政伙伴一体化民主联盟共有80席，接近席位总数的三分之二。而社会民主联盟只有34席，其对议会的抵制不会影响到议会的正常运作。这为政府出台政策措施、维护自身稳定提供了条件。再次，政府延续了2008年以来的模式，仍由内革组织和一体化民主联盟组成，由格鲁埃夫斯基任总理，人员变动不大。改善就业状况、吸引外国直接投资、加快经济增长、推动欧洲—大西洋一体化进程、严厉打击犯罪、促进和谐民族关系和发展教育事业仍是政府的优先任务。

然而，选举没有缓解长期存在的党派之争和民族之争。在执政联盟内部，内革组织与一体化民主联盟虽合作多年，但分歧犹存。提前议会选举的举行就直接起因于两党在推举总统候选人问题上的冲突。伊万诺夫当选后，一体化民主联盟不予承认，并不顾内革组织在与之协商政府组成时施加的压力，拒不参加伊万诺夫的就职典礼。在执政联盟之外，内革组织与主要反对党社会民主联盟的争斗更为激烈。社会民主联盟指责总统和议会选举中存在欺诈行为，不承认选举的合法性。为此，它没有出席总统就职典礼，抵制参与议会活动，甚至考虑建立影子政府。6月，社会民主联盟提出结束抵制的五个条件：组成看守政府、政党和国家行为分离、更好地管理媒体、修改选举法、进行人口普查以准确确定选民数量，遭内革组织拒绝。9月，内革组织敦促社会民主联盟在10月8日欧盟委员会发表对马其顿入盟进展的年度评估报告前回归议会，社会民主联盟则重申其结束抵制的条件，拒绝返回议会。10月，议会决定在12月中上旬启动程序，撤销抵制议会的31名社会民主联盟议员的授权。除抵制议会外，社会民主联盟还指控内务部长在2006年为内革组织非法接受现金礼物。格鲁埃夫斯基则控告选举前夕社会民主联盟对他在2003—2004年间接受150万欧元贿赂、力促将一家银行出卖给塞尔维亚商人的指控是诽谤，要求50万欧元赔偿。9月，斯科普里法院开庭审理此案，格鲁埃夫斯基将赔偿从50万欧元减少到5万欧元。法院判处社会民主联盟败诉，赔偿给格鲁埃夫斯基5万欧元。另一反对党阿族民主党虽参加了总统就职典礼和议会活动，但反对政府提议的宪法修正案，要求扩大阿族的文化和政治权利。在7月议会通过宪法修正案时，阿族民主党的7名议员除1人弃权外，都投了反对票。8月，阿族民主党与一体化民主联盟的议员竟然在议会大打出手，阿族民主党威胁要离开议会。在社会上，马其顿族与阿尔巴尼亚族的矛盾依然尖锐。5月，在斯科普里，一名马族青少年在追逐偷其自行车的阿族小偷时被后者杀害，引发马族民众抗议。抗议者与警察发生冲突，局势一度紧张。6月，6名阿族人被指控在2012年杀害5名马族人，被判终身监禁。7月，阿族抗议者走上斯科普里街头，要求释放6名被定罪的阿族人，并与警察冲突，局势再度不稳。9月，数十名阿族人在斯科普里集会，宣称要建立一个独立共和国。

可以说，党派之争和民族之争是内革组织为首的政府面临的重大挑战，也是导致马其顿政局波动的主要原因。

四、选举与马其顿民主化进程

在欧安组织观察员看来，此次马其顿总统和议会选举的投票过程组织良好，进行顺利，但竞选期间存在一系列严重缺陷，没有满足对欧安组织的重大承诺，包括国家与政党行为分离、保证公平竞争、媒体中立、选民名单的精确性、通过有效的投诉程序获得赔偿的可能性。上述评价得到欧盟驻马其顿代表团和美国驻马其顿大使馆的认同。这从一个侧面说明马其顿的民主化进程尚有很大的发展空间。

2006年以来，马其顿已连续三次提前进行议会选举，形成内革组织一党独大的局面，这难免使人们对马其顿的民主化进程心存担忧。更为重要的是，选举是民主制度的核心，而非它的全部，民主制度还包括公民自由、媒体独立、政治参与、民主政治文化等诸多方面。2011年初政府以涉嫌税务问题为由调查马其顿几家支持反对派的媒体，法院冻结其账户；2012年底警察将反对派议员和新闻工作者驱逐出议会大厅后，执政党通过2013年预算；2014年选举后社会民主联盟抵制议会；以及近年来腐败案件增加、民族矛盾加深、政党间政治对话缺乏、社会上不宽容气氛加剧等都不利于民主化进程的推进。

无国界记者组织发布的"世界自由指数2013"认为，马其顿在媒体自由方面的表现是东南欧地区最差的，在179个国家中排在第123位，比2009年下降了89位。经济学人智库发布的"民主指数2013"把所考察的167个国家归为完全民主、有缺陷的民主、混合政体和集权主义政体四类，马其顿排在第74位，在有缺陷的民主国家中居倒数第三位，在同组的中东欧国家中位列末位。"自由之家"发布的"转轨中的国家2014"报告指出马其顿在媒体独立性和反腐败方面退步显著，只能算作"转轨"或"混合"政体。这些指数和报告在某种程度上反映了马其顿民主化较为迟缓的进度。

2014年马其顿总统和议会选举后，先前的政治格局得以延续，内革组织也将延续先前的政策和执政方式。这种情况之下，马其顿民主化进程在短时间内很难取得突破性进展。

作者单位：中国社会科学院俄罗斯东欧中亚研究所

从转型的视角看斯洛文尼亚第八届议会大选

徐 刚

2014年7月13日，斯洛文尼亚举行议会选举。这是斯洛文尼亚转型20多年来举行的第八届议会选举，自2011年来该国已经两次提前进行大选并更换了三任政府。为什么被誉为"转型优等生"的斯洛文尼亚陷入了"频繁提前解散政府"的怪圈？斯洛文尼亚的转型存在什么问题？新任政府在执政过程中将面临哪些挑战？斯洛文尼亚的问题在中东欧转型国家中是否具有共性？本文拟对这些问题进行尝试性回答。

20多年的政局发展：从平稳到易变

转型的前20年，斯洛文尼亚政局相当稳定，经济也比较成功，被誉为"欧盟的优等生"。斯洛文尼亚是前南斯拉夫地区第一个加入欧盟的国家，也是第一个加入欧元区的中东欧国家。然而，2008年国际金融危机及2010年欧债危机发生后，斯洛文尼亚不仅经济遭受巨大冲击，政局也因此频繁变动。2011年12月，由于时任总理博鲁特·帕霍尔及其内阁未能通过议会信任投票表决，斯洛文尼亚提前举行大选，这是该国第一次提前进行议会选举。2012年2月，民主党主席雅奈兹·扬沙成功组阁并出任总理。2013年2月，议会通过对扬沙的不信任案，扬沙政府解散，由"积极的斯洛文尼亚党"主席阿伦卡·布拉图舍克出任总理、组成新政府上台执政。2014年5月，布拉图舍克向总统帕霍尔和议长扬科·韦贝尔递交辞呈，以"促成提前大选"。这样，斯洛文尼亚已经连续三届政府提前终止任期。由于议会内部未能依法在两周的期限内推举出合适的总理候选人，总统帕霍尔于6月1日宣布解散国民议会，并将选举日期定在7月13日。

为什么近年来斯洛文尼亚政府执政时间都不长，特别是最近两届政府仅执政一年左右？如果说前两届政府提前下台除了执政联盟内部存有分歧外，最重要的是因为政府应对经济不力，那么布拉图舍克突然辞职的原因则较为复杂。过去一年以来，每况愈下的国家财政趋向稳定，连年衰退的经济转好并超过预期，更为重要的是，债台高筑的斯洛文尼亚成功避免申请国际救助。选择在这个时候辞职，除了布拉图舍克认为的"出于国内政治需要、提前举行大选使国家走向稳定"等原因外，竞选"积极的斯洛文尼亚党"主席时败给该党的创始人、卢布尔雅那市市长佐兰·扬科维奇也是一个重要因素。归根到底，政局的变动是各党派、各政治人士在恢复国家经济发展上斗争的结果。换句话说，国家经济发展出现的问题转化成为政党竞争的政治问题，而连年不断的党争与内耗又明显增大了国家摆脱经济困境的压力与难度，由此形成了一个恶性循环。

第八届议会大选开始前，斯洛文尼亚不少新的政党成立，且多以个人姓名命名，如"阿伦卡·布拉图舍克联盟"和"米罗·采拉尔党"，两党的成立日期距离大选仅有40多天。颇让人觉得意外的是，在进入议会的7个政党中，"米罗·采拉尔党"获得36个议席，得票率为34.61%，大大领先于其他政党。民主党获得21个议席，比上届大选减少5席。

无论作为个人还是其组建的政党来说，米罗·采拉尔都是斯洛文尼亚政界的"新人"。采拉尔的主要职业是从事法律教学与实践，在选举前，他担任卢布尔雅那大学法律系教授、国民议会的法律顾问。不过，他有较强的政治背景，其父米罗斯拉夫·采拉尔曾是一名奥运会体操冠军和律师，其母兹登卡·采拉尔则曾是斯洛文尼亚第一位女总检察长，还曾担任司法部部长和自由民主党副主席。采拉尔领导6月2日新成立的政党参加这届议会选举，看似不经意，但成为"黑马"也并非毫无征兆。从斯洛文尼亚各大民调机构在议会选举前进行的调查来看，采拉尔党的民意支持率一直领先于其他所有参加议会选举的政党。选举结束后，不少分析评论人士纷纷指出，采拉尔党的获胜并非意外。虽然最大的竞争对手民主党在选举结束后表达了不满，该党主席米兰·兹韦尔表示此次议会选举既不自由也不公平，选举的结果是不合法的，因为民主党在选举前三周被禁止参加选举前的活动，从而无法平等参与此次选举，不过，这并没有影响采拉尔顺利登上总理宝座。9月18日，采拉尔党与退休者民主党、社会民主党组成联合政府上台执政。

前几任政府频频倒阁的原因主要在于改善经济不力和腐败问题。采拉尔党清楚地知道这一点，在竞选时采拉尔提出："一心向善，拒绝腐败"，保持国家的信誉度和对外开放度，管控好国家的政治和经济发展，并要证明斯洛文尼亚是一个福利国家。同时，他承诺，一旦其领导的政党获胜，他将努力解决赤字问题。同时，他主张实行有限度的私有化政策，着重考虑落实若干大型企业的私有化，包括国家电信运营商斯洛文尼亚电信和卢布尔雅那机场等。这种非盲目和过度的私有化政策在很大程度上契合了欧盟的理念。这些承诺和主张无疑切中了当前斯洛文尼亚国家发展的要害，并给选民带来信心。除此之外，有评论指出，采拉尔党获得较高支持率的关键之处还在于其无污点的公开记录。这一点或许不是采拉尔的主动行为，却是选民厌恶腐败的意向表达和对新的政治家们的期待。

新任政府面临的挑战：多重性和不确定性

采拉尔领导新一届政府是否会改变斯洛文尼亚政局的乱象，并使该国经济重新起飞，有待进一步的观察。但肯定的是，对于没有从政经验的采拉尔来说，这既是机遇，也是挑战。

首先，改善经济和民生的挑战。本届大选各政党主要争论的一个核心问题就是如何应对国家的经济困难。2011年、2012年和2013年斯洛文尼亚的国内生产总值增长率分别是-0.2%、-2.3%和-2.4%，失业率居高不下，这三年分别为8.1%、12.0%和13.4%。债务占国内生产总值的比重一路攀升，债务违约风险增加，国际社会普遍产生斯洛文尼亚是否会成为下一个塞浦路斯的担忧，欧盟也分别在2013年和2014年向斯洛文尼亚发出警告。据斯洛文尼亚国家统计局的最新数据，2014年债务占国内生产总值的比重高达81%，大大超过了60%的红线，仅为此支付的利息就超过11亿欧元。另据世界经济论坛发布的年度《全球竞争力报告》，斯洛文尼亚的全球竞争力从2009—2010年度至今的5年分别为第37、45、57、56和62位，基本呈逐年下降趋势，且幅度不小。另据加拿大研究所2014年10月最新的经济自由度评级，斯洛文尼亚经济自由度下降8个位置，排名第105位，成为欧盟国家中排名最后的国家。该研究所认为，出现这种情况的原因在于斯洛文尼亚过多的公共管理、高税收、僵化的劳动力市场、繁琐的规则、对外商投资的负面态度以及较弱的法律体系。这一系列问题对于新任政府来说都是巨大的挑战，对其执政合法性也是重要的考验。

其次，解决腐败问题的挑战。根据透明国际公布的腐败指数排序，斯洛文尼亚2011年排第35位，2012年排第37位，到2013年排第44位。斯洛文尼亚反腐败委员会称，腐败问题已成为体制问题，是一种"国家腐败"。近年来，斯洛文尼亚政界领导人贪腐丑闻以及政府职能部门失职、渎职或不作为的事件时有发生，2013年前总理扬沙因贪污被判入狱两年还引发了其支持者的游行示威。多数民众对政府失去信心，甚至对选举丧失热情，期盼出现"焕然一新"的政府。有评论分析，采拉尔的获胜原因之一在于他的新奇性。易言之，民众对此前的政治家们产生了厌倦心理，将希望寄托于一个新进政坛的政治家。而这里面一个明显的逻辑是，假如采拉尔的施政不符合民众的期许，他同样可能会被民众抛弃。如何实现其所宣示的"重建法治""反对腐败""使国家面貌焕然一新"，恐怕是他和新任政府重要的功课之一。

此外，过去几年斯洛文尼亚执政联盟内部破裂与分化的现象屡见不鲜，而且执政联盟内的退休者民主党和社会民主党均有参与执政的经验。如何巩固执政联盟，也是采拉尔需要认真思考的问题。

转型评估：斯洛文尼亚只是个案？

斯洛文尼亚已经处在转型期的一个十字路口。曾经被誉为转型最为成功的国家如今不仅风光不再，而且诸多结构性问题暴露无遗。其中到底是何缘故呢？有斯洛文尼亚学者批评，该国加入欧盟后故步自封、不思进取，社会和经济体系变革滞后。也有欧盟官员指出，只有欧盟成员国的身份并不能确保国家繁荣。两个观点引发的一个思考是，转型与入盟是相互关联但并非完全相同的进程，入盟不是转型的终点，转型也离不开欧盟的大背景。对于新任政府来说，不仅有巩固执政联盟、加强形象建设等任务，也有改善经济和民生的重担，还需要有协调国家发展与欧盟要求的能力。深谙国家发展、转型道路与欧盟发展之间的关系则是实现国家稳定和发展的长远之计。从这个层面讲，斯洛文尼亚的问题在新入盟的中东欧转型国家中具有普遍性意义。

作者单位：中国社会科学院俄罗斯东欧中亚研究所

浅析 2014 年保加利亚议会大选

李丽娜

2014年10月5日，保加利亚举行了提前议会大选，有8个政党或政党联盟进入新一届议会。鲍里索夫领导的中右翼政党——保加利亚欧洲发展公民党再度胜出，但其获得的席位数未达到单独组阁的要求。经过一个月的磋商，欧洲发展公民党与议会第四大党——"改革者集团"组成少数派联合政府。

一、议会大选情况

在这次提前议会选举中，18个政党、7个政党联盟和3个独立候选人，共6062名候选人角逐议会的240个席位。根据10月9日保加利亚中央选举委员会公布的大选最终结果，实际投票数为3501296，投票率为48.66%。欧洲发展公民党以32.67%的得票率赢得议会84个席位，名列第一。上届执政党——社会党虽名列第二，但得票率仅为15.40%，获得39席。土耳其族"争取权利与自由运动"党位居第三，得票率为14.84%，占38席。上届议会第四大党、极端民族主义的"阿塔卡"联盟支持率大幅下降，得票率为4.52%，占11席。另有"改革者集团"、爱国阵线、"保加利亚无审查党"和保加利亚复兴选择党4个新的政党或政党联盟进入议会，在议会中分别占23、19、15和11席。

二、提前大选的背景及选情分析

本次议会大选是保加利亚近两年来的第二次提前大选。短时间内频繁的提前进行议会选举，反映出保加利亚政坛极度的不稳定性。欧洲安全与合作组织关于此次选举的报告称："10月5日的选举是在政治和经济危机的背景下及选民对政治和政党不信任的思潮影响下举行的。"探究此次大选的政治和经济危机背景至少要追溯到2013年初。

2013年初，因政府的紧缩政策和电价大幅上涨引发了大规模群众抗议行动，导致鲍里索夫领导的欧洲发展公民党政府于2月20日辞职，此时距离届满不到半年。2月28日，总统罗森·普列夫内利埃夫宣布原定于7月举行的议会大选提前至5月12日进行。提前大选结果显示，欧洲发展公民党获得30.54%的选票，占议会97个席位，仍处于议会第一大党的地位。由于未达到议会多数席位，欧洲发展公民党需要与其他政党联合组阁，然而其他三个进入议会的政党——社会党、"争取权利与自由运动"党和"阿塔卡"联盟都拒绝与其合作，欧洲发展公民党最终失去组阁权，换由议会第二大党社会党组阁。社会党和"争取权利与自由运动"党的议席数刚好120席，仍不过半数，但在"阿塔卡"联盟的支持下成功组建联合政府，无党派专家奥雷沙尔斯基担任总理。

社会党和"争取权利与自由运动"党联合政府自上台后就面临极大的外部压力。一方面，最大的反对党欧洲发展公民党相继于2013年9月和10月，2014年2月、5月和6月五次提出对联合政府的不信任案。虽然因"阿塔卡"联盟支持政府，不信任案均未获通过，但极大地影响了政府的稳定性。另一方面的压力来自持续一年多的民众抗议行动。6月14日，政府任命媒体大亨德梁·佩耶夫斯基为国家安全局长，此举有个人利益控制公共机构之嫌，引发民众的强烈不满，当晚仅在首都索非亚就爆发了上万群众的抗议。虽然此后政府撤回任命，抗议仍未停止，群众提出了包括呼吁奥雷沙尔斯基政府辞职等要求。7月23日，反政府抗议达到高潮，100多名议员、部长及记者被抗议者困在议会大楼中长达8小时。面对声势浩大的反抗浪潮，社会党却并不打算辞职。10月8日，宪法法院做出允许佩耶夫斯基回到议会任职的决定，几百人上街抗议。10月23日，索非亚大学学生加入反政府抗议的队伍。他们占领了索非亚大学的主教学楼并要求问责他们的教授，特别是法律史教授、同时也是宪法法院主席的迪米特尔·托古舍夫。这亦得到其他城市大学生的响应。大学生的加入为反政府抗议提供了新的动力。直到2014年1月13日，索非亚大学抗议学生才宣布完全放弃占领。此后，大大小小的抗议行动仍一波接一波地进行，政治危机一直延续到联合政府下台。

奥雷沙尔斯基政府提前结束任期的另一个重要原因出自执政联盟内部。在2014年5月25日的欧洲议会选举中社会党再次败给欧洲发展公民党。"争取权利与自由运动"党认为应提前举行大选，以保证政府的稳定性。这使执政联盟分崩离析，直接促成了政府的倒台。6月27日，各党派达成一致，确定10月5日举行议会提前大选。7月23日，奥雷沙尔斯基政府递交辞呈，总统解散议会，并任命看守政府，为提前大选做准备。

10月5日提前大选的投票率较上次大选有所降低。这一方面是由于频繁的选举使民众感到疲倦；另一方面也说明选民对政治和政党的信任度进一步下降。不仅如此，进入议会的政党和政党联盟从上届的4个增加到本届的8个，其中4个是第一次进入议会，也反映出选民对原来所支持的政党的失望，他们将改变和希望寄托到了新党身上。欧洲安全与合作组织国际观察员表示：尽管本次选举在技术上管理得较好，也能保证对自由的基本尊重，但各地对贿选和其他不法行为的指控以及缺乏竞选资金仍然影响着民众对选举公正性的信心。

欧洲发展公民党在上届提前议会大选和欧洲议会选举中都处于领先地位，在本次大选中取得胜利也是自然的。社会党因上述受到的打击，本次获得的席位较上届议会减少了一半多。"争取权利与自由运动"党有所进步，得票率和席位数几乎要赶上社会党。"阿塔卡"联盟则越来越不得民心，沦为议会第七。新入议会的党派具有两个明显特征：一是通过党派联合增加实力。"改革者集团"由5个小党组成。爱国阵线由两个党组成。二是以民族、民粹主义吸引选民。爱国阵线是民族主义政党的联盟。"保加利亚无审查党"属于民粹主义政党。保加利亚复兴选择党是个例外，它是2014年从社会党分离出来的政党，由前总统珀尔瓦诺夫领导。

三、新政府面临的挑战

保加利亚欧洲发展公民党虽在此次大选中获胜，但由于它在议会的议席数近年来一再下降，由2009年的117席降到2013年的97席，再到2014年的84席，远远低于单独组阁所需的121席的要求，必须与其他政党联合执政。欧洲发展公民党与各议会党团进行了艰苦的合作谈判。除去上届的两个执政党——社会党和"争取权利与自由运动"党，欧洲发展公民党能够联合的最大党派是"改革者集团"，然而"改革者集团"却提出了难题：因不满鲍里索夫独断专行的作风，不支持他任总理。在这个问题上拉锯了很久，最终达成一致：两党联合执政，鲍里索夫任总理。两党在议会占107席，仍不到议会的半数。鉴于爱国阵线和保加利亚复兴选择党都表示支持欧洲发展公民党领导的政府，新政府获得了137名议员的支持。11月7日，新一届议会以149票赞成委任鲍里索夫为总理，同时以136票赞成、97票反对、1票弃权通过了两党联合政府的部长任命。其中10人来自欧洲发展公民党，7人来自"改革者集团"，1人来自保加利亚复兴选择党。

少数派联合政府虽然获得了议会多数的支持，但能维持多久，很难预测。联合政府的威胁更多地来自内部：一是欧洲发展公民党和"改革者集团"的关系并不和谐。这种不和谐在最根本的总理人选问题上已见端倪，虽然"改革者集团"最终妥协，但与欧洲发展公民党的芥蒂并未消除。二是"改革者集团"由5个小党组成，内部经常发生争执，是个不稳定因素。三是欧洲发展公民党、"改革者集团"、爱国阵线和保加利亚复兴选择党的优先目标不尽相同，新政府能在多大程度上保持一致是个未知数。

在经济和外交方面，鲍里索夫政府同样任务艰巨。鲍里索夫声称将领导一个"亲欧洲的改革政府"，重点目标是加快经济增长，改善商业环境和巩固财政，重塑欧盟对保加利亚的信任。新政府的首要任务是修改2014年国家预算法并尽快制定2015年国家预算法。11月11日，新政府通过了预算修改草案，将2014年预算赤字修订为国内生产总值的3.7%，以弥补增加的支出和低于计划的收入。政府也将努力把赤字控制在欧盟设定的范围之内。政府的另一个迫切任务是改革中央银行的监管制度并更换央行行长。保加利亚已向欧盟承诺将改革存款保险法，并于2014年底实施欧盟针对银行改组的新指令。保加利亚企业商业银行作为该国的第四大银行，负债60亿列弗，处理其破产事宜对新政府来说将是巨大的挑战。破产程序将考验保加利亚的司法和行政程序，产生大量的诉讼，许多国有和私营企业会蒙受损失，也将给经济增长带来负面影响。新政府还不得不面对国有企业亏损问题，包括铁路、邮政和能源部门，制定合理的应对方案以减少损失。除此之外，如何发展经济，改善民生，治理腐败；如何处理与欧盟和俄罗斯的关系，妥善解决南溪管道项目问题，都将是新政府面临的挑战。

作者单位：中国社会科学院俄罗斯东欧中亚研究所

简析 2014 年罗马尼亚总统选举

曲 岩

2014 年 11 月 16 日,罗马尼亚进行了总统选举第二轮投票,选举 1989 年剧变以来的第五任总统。右翼政党国家自由党领导人克劳斯·约翰尼斯以 54.43% 的得票率当选。此次选举颇具戏剧性,选举结果出人意料。年轻人与海外移民积极参与,选民投票率创下 14 年来历次总统选举最高纪录。从中我们可以看到罗马尼亚政治生态的一些新变化。

一、两轮总统选举

罗马尼亚宪法规定,总统任期五年,可以连任,但不得超过两届。虽然罗马尼亚是议会制国家,但总统职位并非虚设。宪法规定,总统有权提名总理候选人,经议会投票通过即可任命。如果议会三次驳回总统提名,总统有权解散议会。总统还有权决定和干预司法机构关键职位的任命,比如最高法院院长与副院长、反贪局局长等。除此之外,在外交政策与地缘安全领域,总统也更有发言权。有学者认为,罗马尼亚是强总统议会制国家。因此,总统竞选历来竞争激烈。

在本次选举的 14 位候选人中,现任总理维克多·蓬塔和右翼政党国家自由党领导人克劳斯·约翰尼斯是热门人选。蓬塔 1972 年出生于布加勒斯特,1995 年毕业于布加勒斯特大学法学系。曾担任最高法院有关腐败案件的公诉人。2010 年蓬塔成为社会民主党主席。2012 年 5 月,议会不信任案导致刚刚执政 4 个月的温古里亚努政府下台，蓬塔被任命为罗马尼亚总理。在2012年12月的议会选举中，社会民主党与国家自由党组成的社会自由联盟获得议会61%的席位，蓬塔再次被任命为总理。但随后不久，因对政府人事任命产生分歧，社会民主党与国家自由党分裂。社会民主党与罗马尼亚进步国家联盟、保守党组成社会民主联盟，蓬塔出任主席。2014年，社会民主联盟推举蓬塔为总统候选人。选举前的民调显示，蓬塔的支持率明显高于其他候选人。另一位候选人克劳斯·约翰尼斯1959年出生于罗马尼亚历史名城锡比乌，德意志族，曾是一名物理教师。2002—2013年一直担任少数民族政党"罗马尼亚日耳曼人民主论坛"的主席，2013年成为右翼政党国家自由党党员，随后被选为主席。约翰尼斯在2000年、2004年、2008年和2012年连续高票当选锡比乌市市长，并在任期内充分展示了治理才能，使锡比乌成为罗马尼亚最受欢迎的旅游目的地和外国投资目的地之一，并在2007年当选欧洲文化首都。2014年国家自由党与民主自由党组成基督教自由联盟，推选约翰尼斯为总统竞选候选人。约翰尼斯的竞选宣言是"让罗马尼亚成为正常的国家""让罗马尼亚成为把事情做好的国家"，主张反贪腐，加强司法独立，强调经济自由竞争。他在竞选演讲中说，希望能给国家带来新的执政理念，少作秀，少喊口号，多解决实际问题。

按照罗马尼亚总统选举程序，候选人在第一轮获得50%及以上的得票率即告当选，若无候选人在第一轮投票中得票率超过50%，在第一轮投票中得票最多的两位候选人将参加第二轮角逐。2014年11月2日，罗马尼亚总统大选第一轮投票结束，本轮投票率为53%，较2009年选举有所下降。在第一轮投票中，14名候选人均未获得50%以上的票数。其中，现任总理蓬塔得票率为40.44%，紧随其后的约翰尼斯得票率为30.37%。11月16日进行第二轮投票，蓬塔与约翰尼斯再次展开角逐。令人惊讶的是，这轮投票率大幅上升，达到62%，为14年来最高。结果更是出人意料，约翰尼斯以54.43%的得票率胜出，成为罗马尼亚1989年以来第一位非罗马尼亚裔、非东正教教徒的民选总统。

二、选举结果分析

与第一轮投票相比，第二轮投票的投票率提升近10%，而在第一轮投票中遥遥领先的蓬塔却在第二轮败北。两周时间里，罗马尼亚究竟发生了什么，以致投票结果发生逆转？

民调机构相关调查结果显示，约翰尼斯深受年轻人与知识分子的青睐。在18至30岁年龄段中，有70.1%的选民把票投给了约翰尼斯。从受教育程度来看，受过高等教育的选民中有68.23%都选择了约翰尼斯。在经济发展较好的地区（首都布加勒斯特和特兰西瓦尼亚地区），约翰尼斯也收获了多数选票。据统计，第一轮中投给其他中右翼候选人的票在第二轮中大多流向约翰尼斯。如第一轮中支持莫妮卡·马科维伊的选民在第二轮中有90%都转而投给约翰尼斯。海外罗马尼亚人也是约翰尼斯的票仓。在第一轮投票中，海外罗马尼亚人投票受阻，在第二轮中超过80%的海外罗马尼亚选民把选票投给了约翰尼斯。另外，在第一轮中蓬塔有明显优势的许多地区，如雅西、康斯坦察等在第二轮中倒戈约翰尼斯。从投票率上来看，有大概175万人只参加了第二轮投票，在这些人中有67%选择了约翰尼斯。

导致两轮投票产生巨大差异的直接原因是海外投票者的推动。在第一轮投票中，由于罗马尼亚外交部组织不力，海外投票站过少，选民排了长队等待投票，却因为投票站按时关闭，失去了投票权利。因不满投票权被侵犯，海外罗马尼亚人组织了游行示威，抗议政府在选举工作中的失误，在法国、意大利、德国甚至爆发了与当地警察的冲突。经由社交网络的迅速传播，海外事件很快在国内发酵，在罗马尼亚的克鲁日、布加勒斯特等几个大城市，很多年轻人尤其是大学生走上街头，声援海外罗马尼亚人，呼吁政府投入更多人力物力改善海外投票工作，并把反对的矛头直指蓬塔。在各方压力下，外交部长引咎辞职。有媒体认为，蓬塔政府有意阻挠海外选民投票，因为他们中多数有右翼倾向，在2009年大选中，伯塞斯库在第二轮投票中也同样得到了来自海外的支持。这一系列事件给蓬塔造成了不良影响，左右了中间选民，严重影响了他的支持率。媒体在本次选举中的作用也不容小觑。电视新闻、网络媒体充斥着海外罗马尼亚选民投票受阻的消息，再加上社交媒体的传播，诱发了罗马尼亚国内几个大城市的示威游行。

投票结果产生逆转的更深层次原因是罗马尼亚民众对蓬塔领导的政府有着诸多不满。蓬塔是有史以来最年轻的罗马尼亚总理,多年从事反腐败事务,倡导社会公平与正义,呼吁提高社会福利,这些本应为其带来良好的口碑,但蓬塔上台以后并没有实现上台前许下的承诺。政府贪腐行为没有减少,很多社会民主党党员甚至还牵涉其中,造成了极其恶劣的社会影响。另一方面,社会民主党已经在议会占据多数席位,如果蓬塔当选总统,权力将无法受到制衡,这可能是受教育程度较高的选民不选蓬塔的重要原因之一。

三、新总统的机遇与挑战

约翰尼斯上任后将面临巨大挑战。首先是如何与隶属不同党派的蓬塔领导的政府和谐共处。目前没有迹象显示蓬塔会在2016年议会选举前辞职。总统与总理分属不同政治派别原本有利于权力制衡,但在民主政治体制尚不成熟的罗马尼亚,这种权力制衡却极易演变为阻碍国家发展与政治稳定的巨大障碍。近年来,罗马尼亚一直处于府院之争的煎熬之中。与伯塞斯库站同一阵营的前总理博克因罗马尼亚民众抗议紧缩政策而引咎辞职,随后不久,社会民主党主席蓬塔当选总理,自此以后,总统与总理之间的矛盾逐渐升级。约翰尼斯当选之后,蓬塔曾表示会支持约翰尼斯。虽然近年来罗马尼亚的左右翼政党之间差别逐渐缩小,为获得议会多数席位,约翰尼斯隶属的右翼政党国家自由党还曾与蓬塔隶属的中左翼社会民主党组成政治联盟,但这种为获得议会多数席位的短暂联盟并不稳定,而议员退党再加入新党的现象也屡见不鲜。同时,社会民主联盟是否能在议会中保有多数席位,蓬塔政府是否能坚持到2016年议会选举也是一个难以预料的未知数。而罗马尼亚现在最需要的恰恰是团结与稳定。因为只有这样,才能保证经济的恢复与发展。

约翰尼斯面临的另一个巨大挑战是如何更有效地打击腐败。腐败问题一直都在困扰着罗马尼亚。欧盟专门设立了合作与审核机制,监督其打击腐败的行动,促进其司法体制改革。罗马尼亚总统有权干预司法机构重要职位的任命。约翰尼斯上台之后,需要利用手中的权力,继续坚持打击腐败行为,支持反腐机构的工作，坚持司法独立，建设法治国家。

  罗马尼亚经历了20余年的转型，加入欧盟也已7年，但经济状况仍然不见起色。在这次总统选举中，国内外的选民通过选票表达了希望改革的强烈心声，他们把希望寄托在新任总统身上，期待罗马尼亚在他的带领下能有一个光明的未来。约翰尼斯的支持者认为，他实干、诚实、低调，将会给罗马尼亚政坛带来新的气象。约翰尼斯在竞选中也宣称，他要把罗马尼亚建设成为"正常的国家"。他的当选赢得了西方尤其是德国对罗马尼亚的信任，这种信任也许能给罗马尼亚带来更多的投资。虽然罗马尼亚国内外都对约翰尼斯充满信心，但他仍然面临着严峻的考验。约翰尼斯需要扮演好协调者的角色，协调各党派之间的利益，协调社会不同阶层之间的利益，协调国家与社会的关系，协调政府与市场的关系，保证国家的稳定，促进经济的复苏，这样才能不辜负所有投票者对他的期望。

     作者单位：中国社会科学院俄罗斯东欧中亚研究所

交流与信息

交流与信息

普京的克里米亚自白

王秋文 编写

2014年3月18日,俄总统普京就克里米亚问题发表了长达40分钟的议会演讲,坦率地表达了对历史与未来的看法,希望平等、坦率、真诚地与西方对话。之后,俄媒体纷纷发表评论,称普京的演讲是一篇特殊檄文。3月21日,俄罗斯《导报》发表题为《普京总统的克里米亚自白》一文,称普京的议会演讲更像是总统的内心自白,表达了对克里米亚真实的感情,这在世界政治史上从未有过。现把普京的议会演讲摘录如下。

今天,对我们来说,是解决一个具有至关重要的历史意义的问题。3月16日在克里米亚举行了全民公决,此次公决完全符合民主程序和国际法准则。参与公决的有82%的居民,其中超过96%的选民支持克里米亚并入俄罗斯,这个数字非常具有说服力。

要想知道为什么要进行公决,只需要了解一下克里米亚的历史。克里米亚始终是俄罗斯不可分割的一部分,任何时间与历史变迁都无法改变这一点。

克里米亚的一切几乎都贯穿着我们共同的历史和自豪感,是各族人民文化和传统的特有融合。这里有塞瓦斯托波尔,俄罗斯黑海舰队的故乡。克里米亚的每一个地方都是我们内心最珍视的地方。

克里米亚是独一无二的多民族文化混合体。俄罗斯人、乌克兰人、克里米亚鞑靼人与其他民族在这里肩并肩地生活和劳作,保持着各自的习惯、传统、语言和信仰。我们将会满怀尊敬地对待居住在克里米亚的少数民族，这是他们共同的家园。克里米亚将有三个平等的官方语言——俄语、乌克兰语和克里米亚鞑靼语。

1954年，根据决定将克里米亚划入乌克兰，明显有违宪法，即使在当时也是如此。克里米亚自古以来就是俄罗斯的土地，而塞瓦斯托波尔是俄罗斯的城市。

俄乌和克里米亚的精神价值相连，俄乌之间的兄弟关系是我们最重要的关系。我们希望能和乌克兰保持友谊，希望乌克兰是强大的主权国家。只有乌克兰人自己可以整顿好秩序。

克里米亚和塞瓦斯托波尔的居民求助俄罗斯保护他们的利益和人身安全。我们当然不能忽视这样的请求，我们要保卫人民和平自由地表达意愿的权利，让克里米亚人民决定自己的命运。克里米亚议会宣布独立，安排全民公决，这些举动完全符合联合国有关民族自决的章程。联合国安理会文件并不禁止单方面的独立声明。克里米亚的行动完全符合规定。

俄罗斯真心希望能与西方的盟友展开对话。希望能加强彼此之间的信任，希望我们之间的关系是平等、坦率与真诚的。俄罗斯和其他国家一样，有自己的国家利益，需要得到理解和尊重。

考虑到种种内外因素，俄罗斯也面临着艰难的选择。俄罗斯人也有不同的观点，但是绝大多数俄罗斯公民的立场都是显而易见的。这是俄罗斯的政治决定。它的根据只能是人民的意志。

作者单位：中央编译局俄罗斯研究中心

交流与信息 >>>

克里米亚入俄后的首次地方选举

王秋文 编写

2014年9月14日，俄罗斯举行一年一度的地方选举"统一投票"，选举地方行政长官及地方议会议员。这是俄罗斯近年来规模最大的一次地方选举。俄罗斯80多个联邦主体举行了6000多场选举，超过7500万人登记投票。3月份刚刚脱乌并入俄罗斯的克里米亚和塞瓦斯托波尔两个联邦主体首次迎来"统一投票日"，并举行了并入俄罗斯后的首次地方议会选举，备受各界关注。

据报道，来自不同政党和公共组织的803名候选人竞争75个克里米亚议会议员席位，并就当地市级议员的人选进行投票。获选议会将选出克里米亚和塞瓦斯托波尔的地方行政长官。克里米亚所有主要政党都表达了对普京总统的支持，投票率约60%。

根据克里米亚选举委员会的统计结果，统一俄罗斯党在克里米亚议会选举中遥遥领先，获得70%以上的选票，其他党派得票率均未超过10%。

统一俄罗斯党主席、俄罗斯总理梅德韦杰夫表示，投票结果证明俄罗斯在克里米亚的行为是合法的，也显示出克里米亚人民对总统的支持，对克里米亚和俄罗斯重新统一政治进程的支持。

统一俄罗斯党的领先得票，说明执政党"再次获得选民信任"。

由普京总统指定的克里米亚新总理阿克肖诺夫表示，这是克里米亚半岛上第一次举行的公平选举。他向媒体表示："这是在克里米亚的历史中，第一次通过诚实手段所获得的竞选结果。"

克里米亚选举委员会副主席阿列克谢·孔德拉坚科告诉俄新社记者，选举中没有出现可能影响选举结果的严重违规现象。但他承诺选举委员会将"彻查"质疑选举程序的投诉。

克里米亚公投委员会委员长马里谢夫表示投票的过程中也存在问题。也有评论说，克里米亚鞑靼人决意抵制地方选举。

显然，克里姆林宫对此次克里米亚的地方选举肯定是相当重视，并以此表明，克里米亚半岛完全掌握在俄罗斯手中。由此可见，此次克里米亚的投票结果不具悬念。因此有评论称，这是"预料之中的选举结果"。

对于此次选举，乌克兰政府并不承认。乌方认为：克里米亚进行此次选举是违法的。组织进行选举的相关负责人会被控告渎职。

9月15日乌克兰外交部发表声明谴责克里米亚的选举违法。声明称，克里米亚和塞瓦斯托波尔的议会选举非法，两地过去和现在都是乌克兰主权领土不可分割的一部分，受乌克兰宪法约束。也有外媒报道，美国表示克里米亚地方选举不合法。

最终的选举结果：统一俄罗斯党获得克里米亚议会75个议席中的70个议席。根据克里米亚宪法，由议会投票选举克里米亚行政长官，任期5年，不得连任两次以上。根据克里米亚议会的投票结果，2014年4月由普京总统任命的克里米亚现任代理行政长官、统一俄罗斯党人阿克肖诺夫获得全部75张议员选票正式当选。阿克肖诺夫随后在议会宣誓就职，表示将遵守俄罗斯和克里米亚宪法，执行俄罗斯总统令和政府令，尊重和保障公民权利和自由，忠实为克里米亚共和国各族人民服务。

作者单位：中央编译局俄罗斯研究中心

俄罗斯人送别 2014 迎接 2015

徐向梅 编写

2014年12月24日，全俄社会舆论研究中心发布民调结果，主题是"2014年给俄罗斯人留下了什么样的记忆，人们打算怎样迎接2015年"。总体上，过去的一年留给大多数俄罗斯人的是正面的记忆，他们对即将到来的2015年寄予希望。

在三个最重要的年度世界性事件问题上，45%的受访者选择了乌克兰的政治危机和国内战争，17%的受访者选择了克里米亚归并俄罗斯，15%的受访者选择了索契冬奥会，之后依次是俄罗斯与西方的对立，价格上涨、汇率和经济危机等。对俄罗斯国内来说2014年最重要的事件依次为：克里米亚归并俄罗斯（34%），索契冬奥会（27%），卢布贬值、通货膨胀和危机（13%），乌克兰战争、人道主义援助（13%）、俄罗斯与西方的对立（8%）等。

71%的受访者认为普京是俄罗斯年度政治家，比去年高出1.5倍（44%）。排在第二位的是外交部长谢尔盖·拉夫罗夫（8%），第三位是总理梅德韦杰夫（5%）。冰王子叶甫盖尼·普留申科连续第三年成为最受欢迎的运动员。最受欢迎的演员是德米特里·纳吉耶夫。最受欢迎的音乐家由菲利普·基尔科洛夫与伊戈尔·克鲁特姆分享。达里娅·顿佐娃蝉联最受喜爱的作家。

最受欢迎的电视节目依次为：第一频道的脱口秀《说吧》（12%），《声音》（7%），《新闻》和《消息》（都是5%）。俄罗斯人最喜爱的电视剧是《体育教师》。最好的电影是《斯大林格勒》。

2014年岁末，俄罗斯人以前所未有的积极乐观情绪和良好的心态辞旧迎新，持这种态度的人创历史纪录，达到41%。还有45%的受访者既没感受到痛苦，也没觉得怎么高兴。只有10%的人比较悲观，对明年没啥好的期待。

对大多数国民（54%）来说，2014年总体上是好的（2013年只有46%），其中5%的人认为2014年是非常成功的一年。反映年度个人状况的指数从2013年的6提高到20，这是近6年来最高的指标。33%的受访者提到了这段时期的各种困难，其中6%认为"非常艰难"。

反映年度国家状况的指数倒是下降了，从2013年的-16降到2014年的-25。只有3%的人认为国家在2014年堪称非常成功，33%的人认为总体上是好的。52%的人认为最近这12个月是很困难的时段，9%认为很不好。

至于对2015年的预期，乐观与悲观程度与2013年相比没什么改变。从个人和家庭的角度讲，预期明年将非常顺利的占11%，预期总体上不错的占54%，认为会更困难的占26%。从国家层面看，预期明年会很好的占9%，认为总体会不错的占44%，认为会更困难的占35%。

尽管正在经历困难，但俄罗斯人照样迎接新年。像往年一样，大多数（74%）的人计划在家里迎接新年，1/7的家庭打算去做客，只有3%的受访者打算去餐厅或俱乐部，还有1%的家庭计划到疗养胜地度假。最近10年中，受访者中没有打算出国迎新年的。

因为通货膨胀俄罗斯人打算比2013年多花6%的钱迎接新年，平均支出大概是8628卢布，主要是用于年夜饭、购买礼物或看戏、去餐厅、新年枞树等。

作者单位：中央编译局俄罗斯研究中心

杜马通过监控互联网知名博主的法律

高晓惠 编写

俄罗斯国家杜马于2014年4月22日通过、普京总统于5月5日签署严控互联网的知名博主新规则法。

根据法律,传播信息并给读者和用户提供解释可能性的搜索系统、博客、社交网络、论坛和资源等,都应告知俄罗斯监察委员会自己活动的原则。此外,还必须保证在俄罗斯境内保存网络用户接收、转发、加工的语音、文本、图像、视频等电子信息以及用户本人的信息6个月。

法律规定,超过3000粉丝的博主(网页日均访问量超过3000人次)必须列入俄罗斯监察委员会名录,他们必须遵守媒体目前需要遵守的限制:检查所发布信息的可信性,不传播公民的私生活信息,不传播过激行为和色情的材料,不传播包含污言秽语的材料,履行竞选前的宣传规则,明确标示用户的年龄限制。此外,博主必须发布自己的姓、姓名的首字母和网址。如果不能确定知名博主身份,那么俄罗斯监察委员会将向网络接入商(服务商)发送必须提供相应材料的通知。

不受俄罗斯监察委员会监管的有下列情况:近3个月博客的日访问量少于3000人次。一旦超过这个数就需报告。如不报告,网页半年后会自动关闭。凡违反的博主,自然人将罚款1万—3万卢布不等;如果博主在一年之内一再违反规定,将增加相应的罚款,自然人是3万—5万卢布不等,法人是30万—50万卢布不等或者行政拘留30天。

社会和网络联盟对此法的反应是消极的,说这是将博主与媒体同等对待,限制博主的自由。

4月24日,普京对该法做出评价。一方面支持该法的基本的思想,他说,"如果某个人能影响几千几万人,那么原则上这个博主与媒体没有多大区别"。另一方面,他提请在实施这一法律时要谨慎。

作者单位:中央编译局俄罗斯研究中心

俄罗斯尝试缩减公务员数量

高晓惠 编写

俄罗斯总理梅德韦杰夫委托财政部在2014年7月1日前提交将公务员缩减10%的建议。总理认为，国家需要现代的、精炼的、高效的国家机关。

俄曾尝试定期优化国家机关。2010年决定分阶段地缩减官员数量20%：到2011年4月前缩减5%，到2012年4月前缩减10%，到2013年4月1日前再缩减5%。但根据国家统计局的资料，到2013年底，联邦级国家机关人数超过793000人，这只比2010年初的计划缩减了8%。

还尝试使国家机关达到最优规模。也就是说不仅光缩减官员的队伍，还要提高执政的效率。但是，机关改革计划都是官员自己写的。这就是问题所在。当然国家官员的数量不无重要，但国家官员的质量也重要，也就是说官员们能为居民提供什么质量的公共服务。

同时在各级队伍中又面临严重的干部来源危机。长期以来干部主要来自于圣彼得堡和强力部门。而具有良好专业素养的人才远远不够。原因之一是缺乏竞争。在国家管理领域没有建立"劳动市场"。

结果，缩减官员数量的努力是不减反增。

作者单位：中央编译局俄罗斯研究中心

中俄两国在世界反法西斯战争中的地位和贡献

——2015 年圣彼得堡国际学术研讨会

《俄罗斯研究信息》编辑部

2015 年正值世界反法西斯战争胜利 70 周年之际,6 月 26 日,由中央编译局和俄罗斯圣彼得堡大学共同主办、中央编译局俄罗斯研究中心承办的"中俄两国在世界反法西斯战争中的地位和贡献"国际学术研讨会在俄罗斯圣彼得堡举行。这次研讨会是中国国务院新闻办组织的"感知中国·俄罗斯行"活动的重要内容之一,也是中俄两国学术界纪念世界反法西斯战争胜利 70 周年的一次重要学术交流活动。出席会议的有中央编译局副局长魏海生、国务院新闻办对外推广局局长张雁彬、中国驻圣彼得堡总领馆副总领事于骏,圣彼得堡国立大学外事常务副校长果戈列夫斯基,以及来自中央编译局、中共党史研究室、中国社会科学院、北京大学、中国人民大学、华东师范大学、圣彼得堡大学、俄罗斯科学院、莫斯科大学等中俄两国科研机构和高等院校的专家学者。

中央编译局副局长魏海生在致辞中表示,中俄两国学者集聚一堂,共同纪念世界反法西斯战争胜利 70 周年,深入研讨中俄两国为世界反法西斯战争胜利做出的巨大贡献、建立的不朽功勋,以及对当今世界、对中俄关系发展所产生的深远影响,这对于铭记历史、缅怀先烈,弘扬两国人民在患难与共、并肩战斗中结下的深厚友谊,共同维护"二战"胜利成果和国际公平正义,促进世界和平繁荣,推动建设人类命运共同体,具有重要的意义。国务院新闻办对外推广局局长张雁彬致辞着重介绍了"感知中国"活动的总体情况,他表示,2015 年是世界反法西斯战争胜利 70 周年,国际社会将举行一系列纪念活动,中俄两国举办的

交流与信息

纪念活动是国际社会纪念活动的重要组成部分。"中俄两国在世界反法西斯战争中的地位和贡献"国际研讨会契合了国际社会的纪念主题,具有重大意义。中国驻圣彼得堡总领馆副总领事于骏在致辞中表示,在圣彼得堡大学举办的这次国际学术研讨会对于促进中俄两国学术交流,增进两国学者之间的相互了解具有积极作用,希望参会各位专家学者携手谱写中俄友好交流的新篇章。圣彼得堡国立大学外事常务副校长果戈列夫斯基在致辞中表示,当前中俄两国关系处于历史最好时期,中俄战略合作关系保证了亚太地区的安全与和平,但我们仍要铭记历史,历史对青年人的影响巨大,要让他们了解真正的历史进程,因此,这次"中俄两国在世界反法西斯战争中的地位和贡献"国际研讨会的召开既有意义又非常及时。

围绕"中俄两国在世界反法西斯战争中的地位和贡献"的中心主题,与会专家学者就第二次世界大战以及世界反法西斯战争中的一系列具体问题进行了认真仔细的探讨与交流,涉及中俄两国在世界反法西斯战争中做出的贡献、两国人民在战争中团结互助的意义、第二次世界大战历史定位、中国和苏联在东亚地缘政治地位的变化、中俄关系的现实走向、"一带一路"战略对于俄罗斯的机遇与前景等历史与现实的问题,这对促进中俄两国的社会发展与共同合作将产生积极影响。会议一致认为,第二次世界大战是德意日法西斯强加给世界人民的一场最残酷的战争,造成了历史上空前的浩劫,性质不容篡改。我们必须以史为鉴,全面正确认识这场战争,坚决反对任何否认、歪曲、篡改第二次世界大战历史的企图和行径,共同维护国际社会的公平正义,共同创造人类和平发展的美好未来。战争胜利后,中俄两国坚决维护世界反法西斯战争的胜利成果,为推动以联合国为核心的国际和平秩序做出了历史贡献。当前中俄全面战略协作伙伴关系不断迈上新台阶,中俄两国人民将携手前进,共护和平,深化利益交融,共同推动中俄两国的繁荣发展,造福两国人民。

中俄两国的人口变化与家庭政策

——第十三届中俄经济社会发展比较论坛

《俄罗斯研究信息》编辑部

2015年10月23日由中央编译局俄罗斯研究中心与俄罗斯圣彼得堡大学联合举办的第十三届中俄经济社会发展比较论坛在俄罗斯圣彼得堡大学举行。本届论坛的主题是"中国与俄罗斯的人口变化及家庭政策"。中央编译局世界发展战略研究部副主任周红云，圣彼得堡市立法委员会议员、俄罗斯国立赫尔岑师范大学社会学系系主任 А.В.沃龙佐夫，圣彼得堡大学社会学系副系主任 Ю.В.阿索恰科夫、圣彼得堡大学名誉教授博罗诺耶夫院士分别致辞。来自中俄两国的20多位专家学者参加了会议。

2015年的国际局势复杂多变，中俄两国的社会发展也面临着各自不同的问题。在人口变化和人口与家庭政策的发展变化方面，中俄两国既有巨大的差异，也有共同的问题。俄罗斯的人口政策是鼓励生育政策，而中国的人口政策是控制生育政策。2015年，两国都有一些新的发展变化和政策变化，本届论坛关于"中俄人口与家庭政策变化"的主题具有重要的现实意义。

俄罗斯的人口问题是制约其社会经济发展的长期问题，俄罗斯的鼓励生育政策一直以来也在不断地出台各种新的措施。为了继续支持出生率，2015年俄罗斯总统普京还在民众连线中鼓励民众多生孩子。还将2013年开始推行的"母亲资本"资金计划继续延迟，具体内容是：育有不止一个孩子，但育有第二个及之后的孩子时未办理领取补助金手续的家庭即享有获得"母亲资本"的权利,可获得资金,用于改善住房条件,增加父母中一方的储蓄退休金或用于孩子的教育。2015年又实行新的刺激措施,即对生育第三胎的家庭给予平均7000卢布的补助。政策效果作用明显。从2014年开始,俄罗斯的人口状况出现了出生率上升、死亡率下降、人均寿命延长的可喜局面。

中国的人口政策也经历了一个复杂的发展变化过程,经历了从鼓励生育到计划生育的人口控制过程。中国的独生子女政策也已经推行了30多年。到2015年,由于人口发展过程中的问题以及独生子女政策产生的一系列问题,2015年中国人口控制政策的巨大变化,就是终于结束了30多年来的独生子女政策,逐步实施全面放开二孩政策。在中国未来的人口发展问题上,更多地是要解决人口资源的平衡发展,人口问题的可持续发展以及人口素质的不断提高等方面的问题。

中俄两国人口政策的巨大差异和鲜明对比,既是东西方文化传统的巨大差异,也是两国不同的社会经济发展历史的结果。

围绕"中俄人口变化与家庭政策"的主题,与会学者还对中俄两国人口问题中的一系列具体问题进行了详细的探讨与交流。包括:人口再生产现状及发展规律,人口指标和人口构成,人口社会学,人口经济学方法论,人力资源再生产研究现状,人口变化带来的社会问题和经济问题,现代人口政策,移民进程的特点及其对经济社会发展产生的影响,国内外劳动移民的特征、中俄家庭政策的实施等等。研究和解决这些问题将对中俄两国人口与家庭政策的不断完善产生积极影响。

与会学者们还表示,尽管中俄两国的人口状况和人口政策差异很大,但在许多全球性的人口问题方面,如:人口变化规律、老龄化趋势以及家庭政策实施等很多领域仍有许多值得互相借鉴和参考的地方,凸显了中俄社会发展比较研究的价值和意义。

本届论坛还开设了青年学者会议板块,邀请相关专业的博士硕士生参与大会讨论,推动了年轻学者的研究热情,也为中俄论坛注入了新生力量。中俄经济社会发展比较论坛为中俄学者开展社会问题调查进行比较研究搭建了一个良好的学术交流平台。

交流与信息 >>>

山雨欲来风满楼*

——1990 年访苏札记

李兴耕

1990 年 5 月，正值苏共"二十八大"召开前夕，中央编译局代表团应邀访问苏共中央马列主义研究院，并出席在莫斯科红场举行的纪念卫国战争胜利 45 周年阅兵观礼活动。我作为代表团成员参访，对当时的苏共状况和苏联社会进行了近距离观察。

一、交流历史

从 20 世纪 50 年代起，中央编译局与苏共中央马列主义研究院已有过多年交往的历史。但在 60 年代中苏论战后，双方中断了联系。

从 80 年代开始，中苏关系逐渐转暖。双方的联系逐渐恢复起来。1989 年 3 月 7 日，苏联驻华大使馆参赞阿吉耶夫、一等秘书托卡耶夫等首次访问了中央编译局。同年 11 月 7 日，中央编译局的研究人员应邀出席了苏联使馆举办的纪念十月革命 72 周年招待会，并与朱维奇参赞、阿吉耶夫参赞等使馆人员进行友好交谈。此后，苏联使馆多次邀请我局专家学者参加苏方举办的各种招待会及其他活动。

1990 年 1 月，中央编译局准备组团访问苏共中央马列主义研究院，访苏的主要目的是了解马克思主义经典著作的编译、出版和研究状况，相互交流经验，考

---

* 本文写于 2015 年 11 月。

察苏联现状。中央外事领导小组批准了我局的访苏报告。苏联使馆向我局发出了正式邀请函。

二、莫斯科之行

5月3日，中央编译局代表团离京赴莫斯科，开始了为期两周的访苏活动，苏共中央马列主义研究院院长斯米尔诺夫亲自到机场迎接。并安排代表团下榻于季米特洛夫大街的苏共中央招待所"十月宾馆"①。

1. **访问苏共中央马列研究院，了解马列经典著作编译工作及"二十八大"前夕苏共的基本情况。**5月4日，代表团前往威廉·皮克大街4号苏共中央马列主义研究院（这里原先是共产国际领导机关所在地）。会议厅里悬挂着共产国际主席季米特洛夫的画像②。斯米尔诺夫院长、姆切特洛夫副院长、国际共运部主任米纳耶夫等会见了代表团。双方分别介绍了各自的情况。斯米尔诺夫院长表示，苏方准备组团于当年秋天回访。

代表团成员分别与研究院各下属部门（马恩部、列宁部、苏共党史部等）有关人员座谈。苏共党史部当代史室主任利皮茨基介绍说，苏共党内目前存在三个派别：第一派是"民主纲领派"③，代表人物是叶利钦、阿法纳西耶夫（此人后来退出民主纲领派，另组"民主俄罗斯"）、特拉夫金、绍斯塔科夫斯基等；第二派是"马克思主义纲领派"，代表人物是普里加林、布兹加林和科尔加诺夫等，持中间派立场；第三派是"共产主义倡议派"，持左翼立场，坚持民主集中制原则，代表人物是丘利金。利皮茨基说，苏共内部争论激烈，前景黯淡，在"二十八大"之后可能分裂。从利皮茨基的谈话中，可以明显感觉到，即使在马列研究院内部，也已发生分化。既有戈尔巴乔夫"改革"的拥护者，也有反对

---

① 目前这个宾馆已改名"总统宾馆"。
② 苏联解体后，这座大楼改为"俄罗斯社会民族问题独立研究所"，接着又改称"俄罗斯科学院综合问题研究所"，楼内仍悬挂着季米特洛夫的画像。
③ 民主纲领派在1990年7月苏共"二十八大"后改组为"共产党人民主运动"。利皮茨基本人也属于这一派。

者。但研究院的大部分人员仍在认真地从事马列经典著作、特别是《马克思恩格斯全集》历史考证版（MEGA）的编译工作。

随后，笔者与代表团成员去看望了50年代在中央编译局当过专家的潘克拉托娃。她现已83岁，其孙女继承老祖母的事业，也在苏共中央马列研究院列宁部工作。她家里的生活比较困难，每月退休金只有120卢布。

2. 旁听苏共党内生活问题讨论会。5月5日，代表团前往苏联国民经济成就展览馆参加《真理报》举办的活动，旁听了关于党的生活问题的一场讨论会。当时恰好苏共中央政治局委员利加乔夫在主席台上回答群众提出的问题，涉及立陶宛独立、苏共"二十八大"、党的分裂、俄罗斯联邦总统等热点问题。利加乔夫被"自由派"称为"保守派"。

之后，代表团访问了列宁博物馆以及莫斯科郊区的哥尔克。哥尔克是列宁从1918年起因病疗养的地方，直到1924年去世。

3. 访问马列研究院国际共运部。5月7日上午，代表团成员分别与研究院各部门座谈。我与国际共运部座谈。共运部主任米纳耶夫、两位副主任菲尔索夫和叶若夫，还有来自远东研究所的格里戈里耶夫和舍维廖夫参加座谈。我介绍了编译局国际共运所的概况、研究课题及今后的计划等。双方都很感兴趣，希望保持联系，进行学术交流。5月7日下午，代表团参观了位于伏尔洪卡大街16号的原莫斯科"中山大学"（俄文名"孙逸仙中国劳动者共产主义大学"）旧址。这里是邓小平、董必武、王稼祥、博古等中共领导人曾经学习过的地方。这座大楼现已改为农业科学研究所。

4. 阿尔巴特街上的政治讽刺画。代表团还参观了莫斯科大学、列宁山观景台①，以及阿尔巴特街。阿尔巴特街上的纪念品中有一种套娃（俄文叫"马特廖什卡"）上画着苏联历届领导人列宁、斯大林、赫鲁晓夫、勃列日涅夫、安德罗波夫、契尔年科、戈尔巴乔夫的漫画像，一个套着一个。也有人在发表演说。还有一个地方挂着许多政治讽刺画：其中一幅画的是戈尔巴乔夫赶着农民拉犁耕

---

① 现已改名"麻雀山观景台"。

地，地上写着俄文"改革"。另一幅画是戈尔巴乔夫坐在坦克上向立陶宛进军。还有一幅是戈尔巴乔夫和赖莎坐在列宁和斯大林的像前讨乞。这些漫画显然是对戈尔巴乔夫改革及其对外政策进行讽刺。《共青团真理报》曾刊登一组年轻人所崇拜的人物照片，其中有：尼古拉二世、普加乔娃（流行女歌手），还有一位气功师。这从一个侧面表明当时苏联青年的思想状况。

电视节目上在讨论是否使用"同志"的称呼。有人反对，有人赞成。另一个节目是列宁格勒市政府领导人与群众对话，讨论土豆的价格问题，争论很激烈。也许这是当时"公开性"的体现。

俄报纸报道，一些人发起成立社会民主党，并建立了"社会民主联盟"。有的报纸说，苏共在十大城市（包括莫斯科、列宁格勒、新西伯利亚、秋明等）不占多数。反对派内部矛盾重重。只在反对苏共中央这一点上是一致的。苏共经费困难，党校、社会科学院、马列研究院等可能裁员。苏共的机关报《真理报》也可能发生变化。由于东欧各国纷纷退出，《和平与社会主义问题》杂志将停办。

5. 访问苏共中央档案馆。5月8日，代表团访问苏共中央档案馆，了解马列经典著作原稿及共产国际等历史档案的保存情况及开放计划。工作人员向代表团展示了马克思和列宁的几份珍贵手稿。随后，访问苏联政治书籍出版社。出版社送给代表团一些新出版的俄文图书，其中有《社会民主党词典》《严酷的人民悲剧——学者和政论家论斯大林主义的实质》和《揭开新的篇章——国际问题：事件和人物》等。

6. 参加苏联卫国战争胜利45周年阅兵活动。5月9日是苏联卫国战争胜利45周年纪念日。代表团成员应邀参加了在红场举行的阅兵式观礼活动。参加检阅的除苏军各兵种以及军事院校学员方队外，还有"二战"期间苏军老战士及在易北河会师的同盟国老战士。装甲车在隆隆声中驶过红场，各种型号的飞机从空中飞过。我们在观礼台上隐约看到戈尔巴乔夫等苏联领导人在列宁墓上进行检阅。

5月9日晚，我们会见了在莫斯科工作的几位中国同志，他们谈到苏联国内政治混乱，斗争激烈，苏共党内派别林立，经济状况严峻，各种商品、特别是日用品奇缺。在1500种商品中，有1100种短缺。商店里买不到啤酒、伏特加、奶酪、彩电等，有些日用品实行内部配给，民众不满情绪严重。

5月10日，莫斯科电视台报道，"俄罗斯联邦社会民主党"宣布成立。代表团前往苏共中央宣传部，会见宣传部副部长利亚布夫。他告诉我们，苏共内部存在三派：新保守派、激进派和中间派。这与此前利皮茨基介绍的情况基本一致。

三、访问基辅

5月11—13日，代表团访问了基辅。这里是古"基辅罗斯"的发源地，被称为"俄罗斯众城之母"。基辅在卫国战争期间遭到严重破坏，现在那里的许多建筑都是战后重建的，比较整齐壮观。居民一般讲乌克兰语，与俄语略有差别。多数人也能讲俄语。代表团访问了乌克兰共产党中央党史研究所，以及观列宁博物馆、卫国战争胜利纪念馆。

四、访问列宁格勒

5月14—16日，代表团访问了列宁格勒，参观了斯莫尔尼宫的列宁办公室及住处、艾尔米塔日博物馆。接着访问了列宁格勒党史研究所，登上"阿芙洛尔"号巡洋舰参观——十月革命的一声炮响，就是从这里发出的。之后前往芬兰湾畔的拉兹里夫参观。列宁在十月革命前夕，为躲避敌人追捕，曾住在这里的草棚进行写作，领导布尔什维克的斗争。16日晚乘火车回莫斯科。5月17日结束对苏联的访问回国。

五、观察与思考

中央编译局代表团的这次访问苏联，先后到达莫斯科、基辅和列宁格勒，三地各具特色：莫斯科作为首都，是苏联政治经济文化中心；列宁格勒是彼得大帝创建的都城，又是列宁领导的十月革命发源地；基辅是乌克兰首都，是古"基辅罗斯"的发源地。印象各不相同：莫斯科繁华热闹，车水马龙，人们比较关心政治话题；列宁格勒比莫斯科冷清得多，人们的穿着也比较朴素，这里到处可以感到浓厚的俄罗斯历史文化气息；基辅具有鲜明的乌克兰民族特色，人们有着很强的民族自尊感，对中国友好。

代表团先后访问了苏共中央及地方领导机关、理论宣传部门、研究和出版机构，与各界进行了广泛交流，参观了历史文化遗迹和著名景区，近距离观察了民众的日常生活，加深了对苏联历史和现状的了解，体会到苏联人民对中国的友好情谊，他们真诚希望保持并发展两国间的交往和合作。通过这次访问，我们对苏联的政治、经济和社会状况有了亲身感受，对苏共及其改革道路的成败得失有了进一步体会。在访苏期间，我们在报纸上经常看到苏联领导人的长篇大论，在电视中听到他们喋喋不休的讲话，空话连篇，互相指责，却很少提出解决群众关心的实际问题的有效措施，对民生艰难视而不见，背离了共产党的基本宗旨，以致出现政局混乱、风雨飘摇、民不聊生的局面。在我看来，这也许是导致苏联解体、苏共垮台的重要原因。至于俄罗斯与乌克兰由亲密的兄弟民族走向反目成仇、水火不容，是我们当初访问莫斯科、列宁格勒和基辅时根本没有料到的，这真是一场历史悲剧！

1990年10月，斯米尔诺夫院长率领苏共中央马列主义研究院代表团回访中国。10月13日斯米尔诺夫在编译局做了题为"马克思主义与改革"的报告。10月15日，苏共中央马列研究院社会主义基本问题研究部主任斯拉文与编译局国际共运史研究所研究人员座谈。10月22日，编译局与苏共中央马列研究院签署了备忘录，双方同意加强交流合作。但一年之后，随着苏联解体和苏共垮台，苏共马列研究院已不复存在。尽管如此，编译局与苏共马列研究院的这段交往历史还是值得记录下来。原苏共马列研究院的一些专家学者（例如巴加图里亚、瓦西娜）等，仍与我局保持学术联系，多次访问我局，在编译马克思主义经典著作方面给予宝贵支持。

作者单位：中央编译局俄罗斯研究中心

中央编译局俄罗斯研究中心简介

中共中央编译局俄罗斯研究中心于1999年11月3日正式成立，是中共中央编译局最早成立的局属非实体、非营利性的学术研究协调组织之一。创办人和第一任主任为原副局长李兴耕，第二任主任为局原秘书长张海滨，第三任主任为局原秘书长杨金海，现任主任为徐向梅研究员。俄罗斯研究中心的日常事务最初由中央编译局世界社会主义研究所负责管理。2011年因机构调整，俄罗斯研究中心的日常事务转由世界发展战略研究部负责。中心成员包括世界发展战略研究部、马克思主义研究部、马列著作翻译部、中央文献翻译部和马列主义文献信息部从事相关问题研究和翻译的同志。

中心宗旨是依托和整合中共中央编译局俄罗斯问题研究及编译方面的力量，广泛联系国内外相关学术机构及研究人员，从事有关俄罗斯兼及中东欧和中亚历史与现状问题的研究，重点是当前俄罗斯政治、经济、社会领域中的重大现实问题及政党、思潮、流派的理论与实践，为中央决策机构服务。

中心成立以来主要开展了以下工作：

1. 国际国内学术交流

中俄经济社会发展比较论坛是由中共中央编译局和俄罗斯圣彼得堡大学联合创办的国际学术交流平台，合作具体事宜由我局俄罗斯研究中心负责协调和组织。目前论坛已经形成中俄双方的长期合作机制，从2003年至今已分别在中俄两国举办十三届国际会议，针对中俄两国社会、政治和经济发展的重要问题进行深入探讨。

第一届：2003年11月在中央编译局举行，主题是："市场经济与公民社会"；

第二届：2004年6月在圣彼得堡大学举行，主题是："市场经济与社会公正"；

第三届：2004年11月在南京师范大学举行，主题是："政治改革与社会稳定"；

第四届：2006年10月在圣彼得堡大学举行，主题是："俄中社会政治发展模式比较"；

第五届：2007年11月在山东大学举行，主题是："社会转型与政党的变迁"；

第六届：2008年10月在圣彼得堡大学举行，主题是："中俄社会分化及其政策有效性"；

第七届：2009年10月在天津师范大学举行，主题是："多民族国家民主政治建设中的政治稳定问题"；

第八届：2011年5月在中央编译局举行，主题是："《民主与现代化——有关21世纪的挑战》新书发布会暨'多民族社会的民主制度'国际学术研讨会"；

第九届：2011年11月在圣彼得堡大学举行，主题是："俄罗斯与中国现代化的比较分析"；

第十届：2012年10月在中国青年政治学院举行，主题是："全球化背景下的中俄青年问题"；

第十一届：2013年10月在圣彼得堡大学举行，主题是："社会发展与生态文明"；

第十二届：2014年11月在上海交通大学举行，主题是："经济全球化与中俄文化现代化"；

第十三届：2015年10月在圣彼得堡大学举行，主题是："中国与俄罗斯的人口变化及家庭政策"。

参加论坛的包括中国、俄罗斯、美国、日本、德国等许多国家的知名学者，以及部分政界和社会人士。论坛在国内外产生良好的社会影响。其中2011年5月的第八届论坛——《民主与现代化——有关21世纪的挑战》新书发布会暨"多民族社会的民主制度"国际学术研讨会，被作为重要学术事项在当年秋季的俄罗斯雅罗斯拉夫尔总统论坛上做了专题介绍。

2015年6月，中央编译局承接国务院新闻办公室任务，委托俄罗斯研究中心承办，在圣彼得堡大学成功组织中国政府"感知中国"系列重要活动——"中俄两国在世界反法西斯战争中的地位和贡献"学术研讨会。

此外我中心还独立或与国内其他学术单位联合举办了多次国内学术研讨会，针对苏联历史问题、俄罗斯当前形势进行深入探讨。比如：

2000年，与中央党校党建研究部召开两次关于俄罗斯国家杜马选举的讨论会；

2001年6月，与上海华东师大俄罗斯研究中心在上海联合举办"俄罗斯社会转型学术研讨会"；

2002年12月，在编译局主办"普京时代的俄罗斯"学术研讨会；

2007年9月，与南京师范大学及中国社会科学院马克思主义研究院在南京联合举办了"十月革命与东方社会主义"国际学术研讨会；

2007年10月，与北京大学国际关系学院、北京市共运史学会在昌平联合举办"从十月革命到中国特色社会主义道路——纪念十月革命90周年"学术研讨会；

2013年9月，在编译局主办"《苏联史》新书发布会暨苏联历史重要问题"研讨会；

2014年11月，在编译局主办"四卷本《俄罗斯问题研究》（2010—2013）跟踪研究文集新书发布会暨近期俄罗斯形势"研讨会；等等。

与此同时，中心经常邀请一些国外知名学者和政治家来我局访问并做学术报告。如：俄罗斯著名学者罗伊·麦德韦杰夫、亚·布兹加林、弗·伊诺泽姆采夫等。

中心还不定期举办中心成员内部科研成果汇报交流会，互相通报各自的研究领域、成果以及相关信息，并对苏联历史问题，叶利钦和普京时代的俄罗斯政治、经济与社会问题交流看法。

中心不定期邀请俄罗斯专家与中心成员共同举办俄语沙龙，目的是提高中心研究人员的俄语交流水平，加强信息沟通。俄语沙龙至今已成功举办近30场。

2. 出版期刊

俄罗斯研究中心在2000年曾经编辑出版5期《俄罗斯研究信息》内刊，后因经费问题停刊。2010年，在中央编译局社科基金和东方历史学会（北京）的大力支持下，中心决定重新启动这项工作，开始不定期组织编辑出版内部杂志《俄罗斯研究信息》。

《俄罗斯研究信息》长期辟有热点聚焦、政党政治、社会经济透视、中东欧观察、历史之窗、信息园等栏目，及时反映俄罗斯、中东欧和中亚国家当前政治、经济和社会发展的最新动态以及学术研究动态，以及苏联历史研究的一些新材料和观点。为这个刊物撰稿和提供资料的除了我局的研究和翻译人员外，还有国内外学术研究机构及高校的专家学者和翻译工作者。

《俄罗斯研究信息》每期2.6万字左右，从2010年至2014年底已编辑出版40期，逾100万字。杂志以内部赠阅方式发行，赠阅范围涵盖中央政策研究室、国务院研究室、中联部、外交部等中央国家有关部委，中国社会科学院、中央党校和高等院校相关学术单位和学者。《俄罗斯研究信息》出版后受到中央有关部门、学术机构、同行专家学者的好评，成为我中心与国内学术界交流的重要平台。2015年的资料信息准备以《俄罗斯问题研究》跟踪研究文集形式公开出版。

3. 学术研究

中央编译局俄罗斯研究中心的工作重点是俄罗斯当代政治、经济、社会问题以及苏联历史问题的研究和重要文献译介。

下面是我局科研人员近年有关俄罗斯和苏联历史方面的专著、编著和译著（1996年至今，不完全统计，不含我局人员参加外单位著作）：

1.《俄罗斯问题研究（2010）》（徐向梅主编，2014年中央编译出版社）；

2.《俄罗斯问题研究（2011）》（徐向梅主编，2014年中央编译出版社）；

3.《俄罗斯问题研究（2012）》（徐向梅主编，2014年中央编译出版社）；

4.《俄罗斯问题研究（2013）》（徐向梅主编，2014年中央编译出版社）；

5.《苏联史》，共9卷，2013年出版5卷（郑异凡主编，2013年人民出版社）；

6.《雾霭——俄罗斯百年忧思录》（述弢译，2013年社会科学文献出版社）；

7.《民主与现代化——有关21世纪挑战的争论》（徐向梅、高晓惠、李铁军、彭晓宇等译，2011年中央编译出版社）；

8.《苏联真相——对101个重要问题的思考》（郑异凡为五主编之一，2010年新华出版社）；

9.《布哈林文选》（郑异凡编，2010年人民出版社）；

10.《托洛茨基文选》（郑异凡编，2010年人民出版社）；

11.《列宁传》（季正聚著，2009年人民日报出版社）；

12.《斯大林传》（戴隆斌著，2009年人民日报出版社）；

13.《马克思人学思想的现代解读——弗罗洛夫人道主义思想研究》（姚颖著，2009年中央编译出版社）；

14.《二十世纪俄罗斯档案文件》11卷，（李京洲、赵国顺等译，人民出版社正陆续出版）；

15.《托洛茨基读本》（郑异凡编，2008年中央编译出版社）；

16.《全球化的边界》（赵国顺、李京洲等译，2008年中央编译出版社）；

17.《俄国熊看中国龙——17—20世纪中国在俄罗斯的形象》（孙凌齐等译，2007年重庆出版社）；

18.《奔向自由》（何宏江、李京洲、赵国顺等译，2007 年中央编译出版社）；

19.《当代俄罗斯政党》（刘淑春、李兴耕、高晓惠、曲延明等著，2006 年中央编译出版社）；

20.《由乱而治——俄罗斯政治历程（1990—2005）》（徐向梅著，2006 年中央文献出版社）；

21.《布哈林论》（郑异凡著，2006 年中央编译出版社）；

22.《被无知侮辱的思想——马克思社会理想的当代解读》（孙凌齐译，2006 年中央编译出版社）；

23.《市场经济与公民社会——中国与俄罗斯》国际会议论文集（俞可平主编，2005 年中央编译出版社）；

24.《史海探索》（郑异凡著，2005 年安徽大学出版社）；

25.《俄罗斯银行制度转轨研究》（徐向梅著，2005 年中国金融出版社）；

26.《历史性突破——俄罗斯学者论新经济政策》（王丽华主编，2005 年人民出版社）；

27.《让历史来审判》（何宏江等译，2005 年人民出版社）；

28.《大元帅斯大林》（何宏江、李京洲等译，2005 年社科文献出版社）；

29.《赫鲁晓夫回忆录》（张祖武译，2005 年中央编译出版社）；

30.《戈尔巴乔夫回忆录》（张祖武等译，2004 年中央编译出版社）；

31.《全球化与人类命运》（何宏江、刘燕明等译，2004 年新华出版社）；

32.《赫鲁晓夫画传》（邢艳琦著，2004 年华东师范大学出版社）；

33.《前车之鉴——俄罗斯关于苏联剧变问题的各种观点综述》（李兴耕、翟民刚、高晓惠等著，2003 年人民出版社）；

34.《现代化之路——中国、俄罗斯、东欧国家改革比较》（徐向梅主编，2003 年当代世界出版社）；

35.《苏联外交秘闻》(李京洲等译,2003 年东方出版社);

36.《苏联历史档案选编》34 卷(郑异凡任副总编并担任 5 部分卷主编,戴隆斌、孙凌齐、赵国顺等各任一分卷主编,2002 年社科文献出版社);

37.《俄罗斯思考》(何宏江等译,2002 年军谊出版社);

38.《肖洛霍夫评传》(孙凌齐译,2002 年中央编译出版社);

39.《不惑集——苏联历史问题文集》(郑异凡著,2000 年辽宁教育出版社);

40.《斯大林模式研究》(李宗禹、郑异凡等著,1999 年中央编译出版社);

41.《列别德将军》(邢艳琦等译,1999 年东方出版社);

42.《风雨浮萍——俄国侨民在中国(1917—1945)》(李兴耕、张海滨、徐向梅等著,1997 年中央编译出版社);

43.《"十月"的选择——90 年代国外学者论十月革命》(刘淑春、翟民刚、王丽华等译,1997 年中央编译出版社);

44.《天鹅之歌——关于列宁晚期思想的对话》(郑异凡著,1996 年辽宁教育出版社)。

图书在版编目(CIP)数据

俄罗斯问题研究.2014—2015/徐向梅主编.—北京：
中央编译出版社,2016.6

ISBN 978-7-5117-3039-8

Ⅰ.①俄… Ⅱ.①徐… Ⅲ.①俄罗斯-研究 Ⅳ.①D751.2

中国版本图书馆 CIP 数据核字(2016)第 140083 号

俄罗斯问题研究.2014—2015

| 出 版 人：葛海彦
| 责任编辑：薛迎春
| 责任印制：尹 珺
| 出版发行：中央编译出版社
| 地　　址：北京西城区车公庄大街乙 5 号鸿儒大厦 B 座(100044)
| 电　　话：(010) 52612345（总编室） 　 (010) 52612335（编辑室）
| 　　　　(010) 52612316（发行部） 　 (010) 52612315（网络销售）
| 　　　　(010) 52612346（馆配部） 　 (010) 66509618（读者服务部）
| 传　　真：(010) 66515838
| 经　　销：全国新华书店
| 印　　刷：北京中兴印刷有限公司
| 开　　本：787 毫米×1092 毫米　1/16
| 字　　数：416 千字
| 印　　张：27.5
| 版　　次：2016 年 6 月第 1 版第 1 次印刷
| 定　　价：82.00 元

网　　址：www.cctphome.com　　　　邮　　箱：cctp@cctphome.com
新浪微博：@中央编译出版社　　　　　微　　信：中央编译出版社（ID：cctphome）

本社常年法律顾问：北京嘉润律师事务所律师　李敬伟　问小牛
凡有印装质量问题，本社负责调换。电话：(010)55626985